PIANO JAZZ

Isabelle Leymarie

Redbook

PIANO JAZZ

Isabelle Leymarie

MA
NON
TROPPO

Título original: *Piano Jazz, une histoire*

© 2019 Isabelle Leymarie y Éditions du Jasmin, Clichy, France

© 2019, Redbook Ediciones, s. l., Barcelona

Diseño de cubierta: Regina Richling

Diseño de interior: David Saavedra

ISBN: 978-84-120812-4-4

Depósito legal: B-23.740-2019

Impreso por Sagrafic, Pasaje Carsi 6, 08025 Barcelona

Impreso en España - *Printed in Spain*

índice

Introducción

Entona una dulce melodía y canta tus canciones
Para que te vuelvan a recordar.
Isaías 23 :16

Tócalo con sentimiento, si no, mejor no toques.
Consejo dado al pianista Marcus Roberts
por su madre

Instrumento de música completo, a la vez melódico, armónico y percusivo, el piano es autosuficiente. Ha desempeñado un papel esencial en la historia del jazz desde sus inicios como instrumento solista y de acompañamiento, y este papel esencial lo sigue aún desempeñando. Es, asimismo, una imprescindible herramienta de trabajo para compositores y arreglistas. "Yo diría que todos los estilos fueron elaborados a partir de ideas encontradas en el piano. El piano da la base armónica y también la base rítmica", afirmaba Thelonious Monk.[1] "Creo que la razón por la cual me gusta tanto el piano como medio de expresión es que permite elegir, en la punta de los dedos, entre la delicadeza de frases sencillas y la complejidad de los ricos acordes de una big band", declaraba Dave Brubeck.[2] Y, apuntaba Dizzy Gillespie, "yo sabía que las alternativas como solista, en cualquier instrumento, eran mucho menos limitadas si sabías tocar el piano. Las diversas combinaciones de notas y acordes las tienes ahí delante, como en ningún otro instrumento. A veces me iba a ensayar pronto y tocaba el piano antes de que los muchachos aparecieran. Introducía cambios en los acordes, invirtiéndolos y sustituyendo diversas notas para ver cómo los distintos sonidos conducían, de forma natural o sorprendente, a otros".[3]

---

[1] Bill Gotlieb, "Thelonious Monk: Genius of Bop".
[2] Notas del CD *Brubeck Plays Brubeck*, Hallmark Records.
[3] Dizzy Gillespie & Al Fraser, *To Be or not to Bop – Memorias de Dizzy Gillespie*, p. 83.

Tocar como solista es la verdadera prueba de fuego del piano jazz. Es en el momento en que se encuentra solo frente al teclado, ante el desafío de restituir la riqueza y la pulsación rítmica de una orquesta, que el pianista puede verdaderamente mostrar su valor.

El piano, en Estados Unidos, estuvo presente desde los comienzos en los cabarets, teatros, burdeles y cafés, y luego en los cines, acompañando las películas mudas. En Nueva Orleans, se supone que el corneta Freddie Keppard (1889-1933) fue el primero que utilizó el piano en una banda de jazz al agregarlo a su Olympia Orchestra, activa desde 1906 hasta fines de la década de 1910. Puede que Louis Keppard, el hermano de Freddie, haya sido el pianista de este grupo. El tipo de trío compuesto por piano, contrabajo y batería es uno de los más populares en el jazz. El primero de estos tríos lo formó probablemente el pianista Jess Stacy en 1935, y tres años más tarde, Mary Lou Williams grabó con el mismo tipo de grupo. Keppard no era pianista (sabía sin embargo tocar el acordeón), pero muchos directores de orquesta, compositores y arreglistas, desde Fletcher Henderson hasta Duke Ellington, Bennie Moten, Count Basie, Tadd Dameron, George Russell y Stan Kenton fueron pianistas, así como también lo fueron o son numerosos cantantes como Sarah Vaughan, Nat 'King' Cole, Shirley Horn, Ray Charles, Nina Simone y Andy Bey, aunque Cole, Horn, Charles, Simone y Bey sean considerados tanto pianistas como cantantes. Muchos artistas conocidos como cantantes, entre los cuales Dinah Washington, Carmen McRae, Diane Schuur, Harry Connick, Jr., Mose Allison, Patricia Barber, Diana Krall, Ian Shaw, Liane Carroll y, en el ámbito conexo del góspel y de la soul music Aretha Franklin, por no mencionar más que a ella, han sido o son excelentes pianistas que se acompañaban o se acompañan a menudo ellos mismos. Sarah Vaughan fue segunda pianista de la orquesta de Billy Eckstine (Linton Garner, hermano de Erroll Garner, era el principal pianista). Afirmaba haber siempre querido grabar un disco de piano en solitario, pero, impresionada ante tal desafío, decidió finalmente no intentarlo. Numerosos otros instrumentistas entre los cuales Bix Beiderbecke (con, en particular, su grabación al piano de "In a Mist" en 1927), Ben Webster, Dizzy Gillespie, Charles Mingus, Art Blakey, Miles Davis, Milt Jackson, Jimmy Heath, Eddie Harris, Jack DeJohnette, Billy Cobham, Lenny White, Ray Brown, Bob Brookmeyer, Wynton Marsalis y Craig Handy fueron o son pianistas muy competentes. "Nunca había verdaderamente entendido el contrabajo hasta que empecé a estudiar armonía, específicamente en el piano", confiaba Mingus.[4] Gillespie y Davis solían mostrar acordes en el piano a sus músicos, y Mingus, Davis, Gillespie, Jackson e Ike Quebec tocan el piano en algunas de sus grabaciones. Mingus, por ejemplo, en "Smooch", con Miles Davis, Davis en "Sid's Ahead" (también conocido como 'Weirdo') e "I Know", Gillespie en "Ko-Ko", grabado con Charlie Parker, Que-

---

[4]   Stéphane Ollivier, *Charles Mingus*, p. 18.

bec en el disco *Blue* and *Sentimental*, y DeJohnette en "Eiderdown" (en *Cosmic Chicken*). En 1965 Milt Jackson fue filmado en un estudio parisino tocando el piano –acompañado por una sección rítmica francesa– con un estilo semejante al que lo caracteriza en el vibráfono, el saxofonista Eddie Harris colaboró como pianista con Gene Ammons y Billie Holiday; y Gillespie tocaba tan bien el piano que en 1955 Miles Davis lo mencionó al crítico de jazz Leonard Feather como uno de sus pianistas predilectos junto con Art Tatum, Bud Powell y Ahmad Jamal.

Tras la abolición de la esclavitud, el piano y otros instrumentos de teclado se pusieron de moda en América, tanto entre los negros como entre los blancos. "Cuando eran esclavos, explica Eileen Southern refiriéndose a la situación en Estados Unidos, los músicos negros tenían obviamente poco acceso al piano, pero al liberarse manifestaron una marcada predilección por los instrumentos de teclado. Algunas familias compraron pequeños órganos (órganos Estey o armonios, por ejemplo) para tocar en casa (los pianos eran muy caros), pagando a menudo cincuenta *cents* al contado y cincuenta *cents* por semana durante el resto de su vida… A principios del siglo XX, algunos negros de la clase media empezaron a adquirir pianos para tocar en casa. Algunos testimonios revelan que no sólo las muchachas de clase media recibían clases de piano sino también a veces los hombres".[5] El piano mecánico (llamado más tarde "pianola") apareció a fines del siglo XIX. También gozó de gran popularidad y muchos músicos como Fats Waller y Duke Ellington aprendieron a tocar algunas piezas asistidos por estos pianos.

"Puesto que la diversidad histórica del vocabulario del jazz es más grande que la de otros estilos musicales nacidos en Estados Unidos, existen numerosos modelos en los cuales inspirarse", apuntaba el pianista Billy Taylor.[6] En efecto, el jazz asimiló una considerable variedad de géneros musicales, desde el blues y el góspel hasta el repertorio de Tin Pan Alley,[7] las comedias musicales, el cine, la música clásica y varias músicas del mundo, y los que lo practican tienden a ser músicos particularmente abiertos y curiosos. Hoy en día, las contribuciones de América Latina y de otros lugares fuera de Estados Unidos cobran cada vez más protagonismo. En el jazz, como en todas las otras artes, cada creador ha ampliado su campo, consolidando o renovando estilos existentes o creando nuevos modos de expresión.

El sonido es fundamental para todos los buenos músicos, y aunque el piano, con sus intervalos fijos, no tiene la flexibilidad de los instrumentos de viento –los pianistas deben siempre adaptarse a los instrumentos que tocan– algunos grandes pianistas se reconocen no sólo por su estilo sino también por su sonido. "Me parece que el

---

[5]   *The Music of Black Americans*, p. 312.
[6]   *Jazz Piano – A Jazz History*, pp. 11-12.
[7]   Nombre dado a la calle 28 Oeste, entre la Quinta y la Sexta Avenida, donde se concentraban la mayoría de las editores musicales.

sonido es lo más importante. Porque si tienes el sonido más el sentido del tempo, tendrás todo lo demás", consideraba Michel Petrucciani.[8] Craig Taborn coincide, afirmando: "Siempre he sido consciente del sonido". Asistí un día en Nueva York a un concierto del pianista argentino Jorge Dalto. Herbie Hancock estaba entre el público. Despúes de un rato subió al escenario para improvisar sobre la marcha, y en el momento en que empezó a tocar, el sonido del piano cambió completamente, como si se tratara de otro instrumento. Cada uno de estos dos músicos tenía su propio estilo, pero también un sonido radicalmente diferente. Esto fue particularmente evidente aquel día.

Los primeros pianistas de blues y de boogie-woogie, por ejemplo, preferían a menudo viejos pianos verticales, quizás menos intimidatorios que los pianos de cola, pero escogidos especialmente porque tenían un sonido particular, un poco metálico, cuyas vibraciones recordaban las placas de metal que algunos músicos de África Occidental añaden a sus instrumentos de cuerdas o sus tambores o los enormes altoparlantes que utilizan algunos músicos jamaiquinos. "El piano vertical del saloon es un instrumento distinto, diferente por su carácter del piano de cola de concierto, escribe Rudy Blesh. Con sus mecanismos más flojos, cae, en cierta manera, en un estado de 'desafinación' permanente más o menos vinculado con las disonancias del jazz, la escala del blues y la manera africana de concebir la altura del sonido. Se le añade frecuentemente un dispositivo llamado 'mandolina', que le confiere un sonido percusivo nasal y punteado que recuerda un poco el clavecín. Los viejos músicos, con su 'horror de un sonido limpio', obtienen un sonido sucio y áspero insertando periódicos viejos o papel de manila en las cuerdas. Su manera de marcar el ritmo con el pie, de golpear o tamborilear con las falanges en el tablero de madera frontal constituye una parte percusiva y rítmica de la música."[9] Aun el más moderno Herbie Nichols aprobaba esta preferencia por pianos un poco "escacharrados": "El 'sonido del jazz' es, sin duda, algo lleno de vida, y como pianista lo encuentro especialmente en los viejos pianos verticales. A veces estos pianos destartalados, con sus cuerdas amortiguadas, sus extraños cuadros de madera y sus 'tripas' irregulares producen armónicos rápidos y resonantes de manera peculiar. Cada nota rebota como un bombo. Por eso, cuando no tengo presiones económicas, me doy rienda suelta osando algún ataque poco ortodoxo para sacar esos 'sonidos' extraños que, lo sé, se encuentran agazapados dentro del instrumento".[10] Por virtuoso que fuera, a Art Tatum también le encantaban los pianos viejos, y aunque en sus conciertos Keith Jarrett toca en los mejores pianos, sabemos que declaró: "*The rough edge of desire comes through better on a rough instrument*" (El áspero filo del deseo se manifiesta mejor a través de un áspero instrumento). La

---

[8]   Ben Sidran, *Talking Jazz*, p. 95.
[9]   *Shining Trumpets*, p. 296.
[10]   Notas del LP original *The Herbie Nichols Trio*, Blue Note.

cualidad y la duración de la nota con sus cuatro fases: ataque, decaimiento, sostenimiento y relajación, lo que se llama en términos técnicos "envolvente acústico",
son también fundamentales, como lo explicaron Danilo Pérez y otros pianistas.

Sin embargo, los instrumentos de mala calidad o desafinados incomodan a los
pianistas de jazz, ya que –en los clubes por lo menos– raramente pueden escoger sus pianos. "Hay algo que no soporto en el oficio de pianista, confiaba Oscar
Peterson. Los otros músicos tocan cada noche con el mismo instrumento, pero
nosotros tenemos que arreglárnoslas con lo que se nos da, pianos de todas formas y dimensiones, afinados o desafinados, con teclas duras o flojas, pedales que
funcionan o no funcionan correctamente".[11] John Hicks recordaba que cuando
acompañaba, en el sur de Estados Unidos, al cantante y guitarrista de blues Little
Milton, el piano estaba tan desafinado que tenía que transponer cada pieza. Herman Chittison notaba que los dueños de clubes u hoteles gastaban fortunas en de-
coración, pero una miseria para los pianos, y un día le exigió al dueño del hotel en
el que le habían dado un instrumento pésimo, que le comprara uno decente. Keith

---

[11]   Jack Batten, *Oscar Peterson: The Man and His Jazz*, p. 142.

Jarrett se quejó del piano que le habían atribuido erróneamente para su famoso concierto de Colonia al grado de negarse a tocar (hizo sin embargo el concierto, que fue grabado con el título de *Köln Concert*). Y nueve años antes, en el Molde Jazz Festival de 1966, cuando formaba parte del cuarteto de Charles Lloyd, tocó con fuego y maestría, pero en un piano horriblemente desafinado. Jay McShann decía a propósito del tipo de pianos que le asignaban regularmente cuando estaba de gira: "¡Ay, qué pianos nos encontrábamos! Yo tocaba en una tonalidad y la banda en otra. Algunos eran tan malos que me escapaba para comprarme una botella y regresaba al hotel".[12] En 1979 Bill Evans, en un concierto televisado, se quejó también de lo malo que era el piano. Jimmy Smith, que fue primero pianista, explicaba que se volvió organista por lo desafinado que siempre estaban los pianos en los que tenía que tocar, y Chick Corea se puso un día tan disgustado por los malos pianos que le daban en sus conciertos, que se volvió baterista… hasta que Stan Getz lo contrató y pudo disponer de pianos impecables.

Algunos pianistas de jazz han explorado las diferentes partes del piano para ampliar su registro sonoro, punteando las cuerdas con los dedos o golpeándolas con macillas, tamborileando en las partes de madera o de metal, cambiando la posición de los martillos o "preparando" el piano, como lo hacía John Cage, con varios objetos insertados entre las cuerdas. Entre quienes utilizaron o siguen utilizando algunas de estas técnicas encontramos en particular a Paul Bley, Herbie Hancock y Chick Corea (especialmente durante sus conciertos en dúo de 1978), John Taylor, Danilo Pérez, Omar Sosa, Jacky Terrasson, Gerald Clayton, Eric Lewis, Kris Bowers, Christian Sands, Bojan Zulfikpašić y Gwilym Simcock.

Nos parece oportuno mencionar aquí que un estudio comparativo sobre el funcionamiento del cerebro entre pianistas de jazz y pianistas clásicos, realizado por Roberta Blanco y otros investigadores, mostró una mayor flexibilidad en el cerebro de los instrumentistas de jazz. "Efectivamente, en los pianistas de jazz encontramos evidencia neural de esta flexibilidad respecto a la planificación de armonías al tocar el piano, aseveró Blanco. Cuando les pedimos que tocaran un acorde armónicamente inesperado dentro de una progresión de acordes estándar, sus cerebros se pusieron a reprogramar sus acciones más rápidamente que los de los pianistas clásicos".[13]

Antes de que se abrieran escuelas y talleres especializados, el aprendizaje del jazz solía ser arduo y personal. Jelly Roll Morton, Fats Waller, Earl Hines y Mary Lou Williams, por ejemplo, fueron esencialmente autodidactas que enfrentaron solos sus limitaciones. Sin embargo, la dificultad misma de este aprendizaje daba generalmente lugar a una mayor individualidad. Ronnie Lynn

---

[12]   Bill Crow, *Jazz Anecdotes*, p. 37.
[13]   "Miles Davis is not Mozart: The Brains of jazz and classical pianists work differently", 15 enero 2018, *www.cbs.mpg.de.*

Patterson, por ejemplo, pianista estadounidense muy original radicado ahora en Francia, es autodidacta y sólo empezó su aprendizaje a los veintiún años, lo que no le impide tener una profunda comprensión de la armonía. Walter Bishop, Jr. recordaba sus años de formación: "Era alrededor de 1944. Yo era un muchacho con más valor que conocimientos. Tenía tantas ganas de aprender y de pertenecer al mundo del jazz que iba a dondequiera a improvisar. Pasé por toda clase de humillaciones, me echaban del estrado o alguien empezaba a tocar un tema que yo no conocía o que conocía mal cuando yo estaba sentado al piano, o un instrumentista de viento llamaba a un amigo: 'Oye Joe, súbete, vente a tocar con nosotros', como si yo no estuviera allí. De cierta manera, esto me sirvió: me volví más aguerrido y eficaz. Volvía a mi casa, me encerraba en mi cuarto y practicaba mi piano durante horas. Si me ponían una trampa en alguna pieza, nunca más caería en ella".[14] Hampton Hawes observó semejante situación en el Minton's Playhouse, en Harlem: "Me pasé una semana viendo a esos tipos saboteándose, poniéndoles trampas a los que llegaban de fuera, humillándolos a tal punto que acababan empacando sus trastos y largándose después de un tema".[15] Estas tribulaciones se conocen en la jerga jazzista estadounidense como "*paying one's dues*", pagar la novatada. Sin embargo, me parece que los jóvenes músicos de hoy, egresados en su mayoría de escuelas de jazz o de conservatorios y muy bien preparados musicalmente, sufren mucho menos que los de las generaciones anteriores. En aquellos tiempos se se aprendía a fuerza de empeño y algunos pianistas ni siquiera querían mostrar lo que hacían por temor a que les robaran algunas ideas, como lo observé una y otra vez en Nueva York durante una época. Algunos viejos *bluesmen*, y también Freddie Keppard, que rechazó una oferta del sello Victor, se negaban a grabar por las mismas razones: no querían que les robaran las ideas.

Aunque los pianistas de jazz hayan sido o sigan siendo compositores de talento, muchos temas también están escritos a la carrera antes de ensayos o en los estudios justo antes de las sesiones de grabación, o sólo fueron concebidos para improvisar sobre una estructura armónica sencilla (lo que se llama en la jerga "*blowing tunes*"). Las primeras composiciones de Duke Ellington, por ejemplo, eran interpretadas de oído por sus músicos con lo que se llama "*head arrangements*". Algunas provenían de riffs improvisados durante los ensayos. Los pianistas de jazz, desde el stride hasta hoy, se inspiraron también a menudo en el repertorio clásico, desde Bach y Chopin hasta Ravel, Debussy, Scriabin, Bartók, Granados y muchos otros compositores, improvisando con virtuosismo sobre obras conocidas.

Algunos pianistas han claramente expresado sus conceptos musicales y prodigado consejos sobre la manera de practicar y de dominar el lenguaje del jazz.

---

[14] Robert Reisner (ed.), *Bird, The Legend of Charlie Parker*, p. 45.
[15] *Raise Up Off Me*.

Duke Ellington

Los pianistas abordan el jazz de manera sumamente variable. Por ejemplo, George Shearing y Bill Evans, que tenían una sólida formación clásica, preconizaban el estudio de la música clásica, mientras que Mary Lou Williams, que había aprendido *in situ*, prefería un método más intuitivo. Según ella, este método intuitivo correspondía mejor al verdadero espíritu del jazz. Algunos músicos recomiendan aprender de oído (recuerdo una masterclass con el bajista Rufus Reid, que nos tatareaba largas frases y nos regañaba si no podíamos repetirlas perfectamente, y el pianista Barry Harris enseña de manera similar). Otros, al contrario, aseveran que saber leer la música enriquece al jazzman.

Si, en el piano, es generalmente la mano derecha la que ejecuta las frases, muchos pianistas tocan de manera contrapuntística. Algunos jazzmen, como Albert Ammons y Oscar Peterson, consideran que es la mano izquierda la que dirige (*leads*). Desafiado una vez por Art Tatum, que le reprochaba la debilidad de su mano izquierda, Bud Powell tocó todo un set con sólo ésta. Viene también a la mente "Blues Theme for Left Hand Only", grabado en 1959 por Phineas Newborn en *Piano Portraits*. Uno de los jóvenes pianistas cuya mano izquierda no deja de maravillarme es Sullivan Fortner, que toca muchas veces la melodía con esta mano mientras la derecha ejecuta contrapunto o acordes, o toca sólo con la mano izquierda con desenfado, sin siquiera mirar el teclado. En la mayoría de los casos, sin embargo, se establece un diálogo entre las manos. Por otra parte, si bien algunos pianistas descartaron el swing, otros, en cambio, afirman con Duke Ellington que *"it don't mean a thing if it ain't got that swing"* (tocarás sin ningún fin si no tienes ese swing).

El jazz ha sido clasificado en categorías bastante artificiales y reductoras como "New Orleans", "hot jazz", "stride", "Dixieland", "swing", "bebop", "hard bop", "funk", "cool", "mainstream", "progressive", "West Coast", "Third Stream", "easy listening", "smooth", "mellow", "avant-garde", "acid jazz", categorías que los propios músicos, Duke Ellington y Charles Mingus entre otros, han frecuentemente rechazado, incluso la misma palabra "jazz". "Jazz, es un nombre que los blancos le dieron a la música… Jazz puede significar cualquier cosa: divertirse, joder, un salón de baile… ", decía Sidney Bechet.[16] Art Tatum, en particular, no consideraba que lo que tocaba era "jazz", y Cecil Taylor le contestó una vez a un periodista: "Mire, yo no sé lo que es el jazz. Y pienso que lo que la mayoría de la gente cree que es 'jazz', no lo es. De hecho, creo que la palabra no quiere decir nada…".[17] "Esta música no puede ser definida", afirma el saxofonista Branford Marsalis refiriéndose al jazz. Por cierto, pasa lo mismo con todas las formas de arte: a los creadores les repugna que los encierren en compartimentos. ¡"Impresionismo", "fauvismo" o "cubismo", a los pintores nunca se les ocurrieron estas denominaciones! Debussy odiaba el calificativo de "impresionista" que se le endilgaba. Degas también lo reprobaba, prefiriendo el de "independiente". Y Camille Lemonnier, escritor belga del siglo XIX, muchas veces comparado con Émile Zola, exclamaba indignado: "Me evado hacia latitudes cambiantes y no me dejo catalogar con etiquetas". Los títulos de algunos capítulos de este libro son por necesidad arbitrarios, somos muy conscientes de esto, ya que muchos músicos de jazz crearon estilos fuera de toda categorización o lograron expresarse en estilos diferentes. Los grandes creadores han siempre transgredido las reglas… y con razón, la iconoclasia es la madre de la invención. "Aprende las reglas y luego rómpelas con buen gusto", recomendaba George Shearing. "No hay música mala, sólo mal gusto", proclamaba Ravel. "Nunca conoceremos a quienes respetaron las reglas porque nunca cambiaron nada", proclama Herbie Hancock.[18] Y como lo declaraban Art Tatum y Thelonious Monk: *"The piano ain't got no wrong notes"* (El piano no tiene notas equivocadas). Lo que recomendaba Charlie Parker: *"Don't play the saxophone, let it play you"* (no toques el saxofón, deja que te toque a ti) se puede aplicar al piano. Art Tatum dijo también algo parecido y dejar que el piano cante, es lo que los más grandes pianistas lograron.

---

[16]   *Treat It Gentle: An Autobiography*, p. 8.
[17]   Entrevista por Chris Funkhouser, 3 septiembre 1993, *Hambone*, No. 12.
[18]   Mark C. Horn, "Herbie Hancock on Playing With Miles Davis and the Meaning of Life".

Piano jazz
clásico

El ragtime

Es difícil fechar con precisión el inicio del ragtime, que precedió el advenimiento del jazz. En la segunda mitad del siglo XIX, estilos de piano inspirados en Chopin, Liszt y otros compositores románticos europeos comenzaron a gestarse en las Américas, de Argentina hasta Estados Unidos. Al mismo tiempo, bajo la influencia de músicos negros, compases ternarios de origen europeo se metamorfosearon en compases binarios con más swing, y las melodías europeas se pimentaron con síncopas, acentos, desplazamientos de ritmo, retrasos y anticipaciones. El fraseo tradicional se dislocó y una célula rítmica, llamada "cinquillo" por los cubanos, que consiste en negra- corchea-negra-corchea-negra, se coló en las músicas negras del Nuevo Mundo, desde la habanera y el tango (brasileño y argentino) hasta el ragtime, dando lugar a músicas de marcadas idiosincrasias.

Esos nuevos géneros mestizados, criollos, ya anunciaban el jazz, así como otros géneros de música popular latinoamericana, algunos de los cuales serían más tarde incorporados en el vocabulario del jazz. En Estados Unidos, esta manera sincopada de tocar las melodías, *to rag them*, como decían entonces los músicos afroamericanos (*ragged*, en inglés, con esta acepción, significa "destrozado", "irregular"), de romper el ritmo, inyectó sangre nueva en la música norte y suramericana. Según el pianista Walter 'One-Leg Shadow' Gould, nacido en Filadelfia en 1875, había antes de su nacimiento un pianista llamado "Old Man" Sam Moore que tocaba cuadrillas y escocesas a manera de rags, pero el ragtime propiamente dicho apareció en la década de los 1890.

Dos precursores de este género fueron los pianistas y compositores afroamericanos Thomas "Blind Tom" Wiggins y John William "Blind" Boone, de los que, hasta recientemente, poco se ha hablado en las historias de la música estadounidense.

Thomas 'Blind Tom' Wiggins

Thomas 'Blind Tom' Wiggins y John William 'Blind' Boone

También conocido como Thomas Bethune (del apellido de su dueño, el general James Neil Bethune), Thomas Wiggins (Harris County, Georgia, 1849-Hoboken, Nueva Jersey, 1908), nacido esclavo en una plantación, ciego y probablemente autista, fue un prodigio musical. Autodidacta, era capaz de reproducir de oído todas las piezas que escuchaba, y conocía unas 700 piezas de memoria. Dio conciertos en Europa, alcanzando fama internacional y proporcionando ingresos considerables para el general Bethune, que controlaba su carrera. Pese a su talento, tuvo una vida trágica llena de obstáculos y sinsabores, y murió en la miseria. Nunca grabó, pero dejó algunas composiciones para piano, entre ellas "The Battle of Manassas", "Grand March Resurrection", "Water in the Moonlight" y "Sewing Song: Imitation of a Sewing Machine".

John William Boone (Miami, Misuri, 1864-Warrensburg, Misuri, 1927), también ciego, tocaba de oído y, como Wiggins, podía reproducir en el piano todas las piezas que oía. Su extenso repertorio incluía canciones populares, negro spirituals y música clásica.

Su madre, una exesclava, era lavandera, y su padre tocaba el cornetín en una banda militar de la Seventh Missouri State Militia Cavalry. A los seis meses Boone perdió la vista. Desde muy joven dio muestras de dones musicales excepcionales. En Warrensburg, pequeña ciudad donde se radicó su familia, formó su primera banda a los cinco años con niños de su barrio e instrumentos hechos con objetos encontrados en la calle. Más tarde estudió música clásica con una maestra blanca, Mary R. Sampson, quien lo ayudó a perfeccionar su técnica. Superando su pobreza, su ceguera y el racismo, actuó en varios lugares de Estados Unidos en 1917, como la costa este y Nueva York, donde se quedó un mes, y hasta en Canadá y México. En 1912 grabó rollos para piano mecánico para la firma QRS. Entre sus composiciones se destacan "The Marshfield Tornado" –probablemente una de sus mejores obras– "Carrie's Gone to Kansas City" y "Gavotte chromatique". Su casa de Columbia, en Misuri, fue restaurada y ahora existe en esta ciudad una John William Boone Heritage Foundation.

Los albores

Muchos "*ticklers*" (literalmente "cosquilleros"), palabra que designaba, de manera bastante despectiva, a los pianistas negros que tocaban de oído, eran itinerantes. Para lograr su sustento, desempeñaban esencialmente su oficio en *honky tonks*[19] (tugurios también llamados *jook joints*) y con compañías de *vodevil* (espectáculos de variedades). Autodidactas en su mayoría, aunque frecuentemente excelentes músicos, tenían una manera exuberante de tocar que recordaba, decía Willie 'The Lion' Smith, los *shouts* (gritos o exclamaciones de exaltación lanzados por los fieles) de las iglesias negras.[20] En sus comienzos el "jig piano" (también conocido como "slow drag" en el Midwest), como se llamó primero al ragtime, suscitó el desprecio de la burguesía afroamericana, que lo asociaba con tavernas de mala muerte y burdeles. "En aquella época, recordaba Smith, los negros que iban a la iglesia no permitían que se tocara ragtime, que consideraban inmoral. Este sentimiento se debía en parte a que las canciones populares de los saloons tenían letras pícaras, y al oír melodías al estilo rag, la gente pensaba inmediatamente en las groserías y en las broncas del barrio rojo que habían presenciado o de las cuales habían oído hablar". Eubie Blake tenía semejantes recuerdos de su infancia: un día que estaba tocando "Traumerei" de Schumann al estilo rag en el órgano de su casa, su madre entró en tromba y le gritó que no toleraría el ragtime bajo su techo. Esa fue la primera vez que oyó la palabra "ragtime". "Somos la única raza que tiró su música a la basura, nos dejamos lavar el cerebro por los blancos que no podían tocarla, se lamentaba Blake. Decían que el

---

[19]   El nombre "*honky-tonk*" viene del piano mecánico Tonkunst, fabricado por los Hermanos Tonk.

[20]   En el góspel se llama *shout* a una manera fogosa de tocar música o de cantar que exacerba la tensión y suscita el fervor de los fieles.

ragtime era 'grosero', que no era arte. Noten que nunca uso la vulgar palabra 'jazz', siempre digo 'ragtime'... En aquella época, se pensaba que los negros no sabían leer la música. Fingíamos que así era, y todos se maravillaban creyendo que tocábamos la música de variedades y los rags de oído".[21]

El ragtime se deriva esencialmente de marchas y two-steps, pero también de cakewalks, *cotillions* (género cercano a la contradanza), *coon songs* (canciones que ridiculizaban a los negros), melodías latinoamericanas y otros tipos de música. "Harlem Rag" de Tom Million Turpin (primer rag publicado por un músico negro), así como algunos rags de Scott Joplin, como "The Entertainer" y "Heliotrope Bouquet", eran presentados como two steps. "A Ragtime Nightmare" de Turpin, por ejemplo, era presentado en la partitura como "march and two step". Al igual que las marchas, los rags tienen compases de dos por cuatro o, más raramente, de cuatro por cuatro. La mano izquierda mantiene una pulsación regular mientras que la mano derecha crea ritmos que se cruzan con los de la mano izquierda, creando una poliritmia.

El ragtime, con su carácter algo rígido, surgió por primera vez en el Midwest, en San Luis y Sedalia en el Misuri en particular, y allí empezó a florecer. A fines del siglo XIX se convirtió en uno de los géneros musicales más populares de Estados Unidos, lo que no impidió a la American Federation of Musicians tacharlo de "basura musical", y más tarde al compositor Virgil Thomson declararlo "pobre en cuanto a invención musical y superficial en cuanto a la expresión".[22]

Los rags impresos, interpretados como partituras clásicas, consistían en partes de dieciséis compases llamadas "*strains*" con, a menudo, modulaciones de una parte a otra que traían cambios de color, y a veces una introducción y una sección llamada "trío".[23] Los rags, insistía Scott Joplin, que tenía grandes inquietudes musicales y tomaba su música en serio, debían ser tocados de manera majestuosa. Sin embargo, algunos músicos se permitían más libertad cuando improvisaban, y ejecutaban los rags con tempos muy veloces.

En 1912 el ragtime llegó a Europa, donde influenció a compositores como Claude Debussy ("Gollywog Cakewalk"), Igor Stravinsky ("Rag Time", "Ragtime pour onze instruments"), Erik Satie ("Ragtime du paquebot"), Darius Milhaud ("Trois rag caprices") y Arthur Honegger ("Le Nègre"). En Estados Unidos cobró también protagonismo. "El ragtime es un elemento constitutivo de la música americana, nunca morirá", se entusiasmó John Philip Sousa, cuyas marchas sirvieron de modelo para varios compositores de ragtime, e inspiraron entre otros a Irving Berlin ("Alexander Ragtime Band"), Charles Ives ("Set of Four Ragtime Pieces") y Paul Hindemith ("Ragtime").

---

[21]   Floyd Levin, *Classic Jazz: A Personal View of the Music and the Musicians*, worldcat.org.
[22]   *American Music Since 1910*, p. 4.
[23]   Estructura que recuerda la del danzón cubano, que es contemporáneo del ragtime.

Scott Joplin

Scott Joplin dominó la música popular afroamericana de su época. Pianista, compositor fecundo de altos ideales, cantante y corneta ocasional, es considerado el padre del ragtime "clásico" (término acuñado por el editor de música John Stillwell Stark). Se han escrito varias biografías sobre Joplin, cuyos detalles no siempre concuerdan. Nació probablemente en Linden, pequeña ciudad del nordeste de Texas, hacia fines de 1867 o principios de 1868, y creció un poco más al norte, cerca de la frontera con Arkansas. Su padre tocaba el violín y su madre cantaba y tocaba el banjo. Joplin empezó a tomar clases de música con un maestro negro, practicando en el piano de la familia blanca para la que

Scott Joplin

su madre lavaba la ropa, y con un maestro alemán, Julius Weiss, que le enseñó piezas clásicas. Con la ayuda de éste, sus padres lograron comprarle un piano vertical. A los catorce años, Joplin perdió a su madre y se vio obligado a ganarse la vida. Algunos años más tarde formó un cuarteto vocal y comenzó a dar clases de mandolina y de guitarra. Hacia 1885 se estableció en San Luis, Misuri, ciudad con una activa población negra. Allí conoció a algunos pianistas locales, entre ellos al joven James Sylvester Scott, que más tarde también compondría ragtimes. A fines de la década de 1880 trabajó brevemente para los ferrocarriles y recorrió el Sur como pianista. En 1891 tocó en la región de Texarkana con un grupo de *minstrels* (cómicos que bailaban y cantaban canciones que ridiculizaban a los negros). Dos años más tarde se trasladó a Chicago con motivo de la Feria Mundial, la que le daría un importante impulso al ragtime. Allí tocaba el pianista Jesse Picket (conocido ulteriormente como 'Old Man' Jesse Picket), entre otras su famosa composición "The Dream" (también conocida como "The Bull Diker's Dream"), basada en la línea de bajo sincopada de la habanera y presentada como "tango-rag".[24]

---

[24] "The Dream" constituye una muestra de las primeras influencias de los ritmos afrolatinos en Estados Unidos fuera de Nueva Orleans. Eubie Blake (Véase el capítulo "Stride") conoció a Pickett en Baltimore, donde éste tocaba en un burdel. "The Dream" fue también interpretado por Blake, John 'Jack the Bear' Wilson –pianista fumador de opio que trabajaba en el distrito rojo de Baltimore– y James P. Johnson.

En Chicago, Joplin se dedicó mayormente a tocar la corneta, y conoció al joven pianista Louis Chauvin, con el que compondría más tarde "Heliotrope Bouquet". En 1894 se instaló en Sedalia, pequeña y floreciente ciudad de Misuri con, también, una comunidad negra. Sedalia atraía a vaqueros, comerciantes y empleados de ferrocarriles con sus numerosos burdeles, hasta tal punto que el periódico *St. Louis Post-Dispatch* la tildaba en 1877 de "Sodoma y Gomorra del siglo XIX". Allí Joplin tocó también la corneta, con una banda de metales compuesta por doce músicos negros, la Sedalia Queen City Concert Band, organizó su propia formación, y conoció a los futuros compositores de ragtime Arthur Marshall, Scott Hayden y Brun Campbell. Entabló también amistad con el pianista local Otis Saunders, que lo alentó a publicar sus propias composiciones. Al año siguiente, realizó una gira con el Texas Medley Quartette, grupo vocal del que también formaba parte su hermano Will. En 1898 estudió supuestamente armonía y composición en el George R. Smith College de Sedalia, institución para negros inaugurada tres años antes. Tocó también en diversos saloons y clubes, enseñó música, y ayudó a varios pianistas, entre los cuales a Hayden, con quien compuso "Something Doing" y "Sunflower Drag ". Asimismo conoció a Stark, el ya mencionado editor de música, que publicó su "Maple Leaf Rag", alusión al Maple Leaf Club, ubicado en la calle principal de Sedalia, en el que Joplin tocaba el piano. En 1899, pese a que Stark rechazara primero esta pieza, encontrándola técnicamente demasiado difícil, "Maple Leaf Rag" se convirtió en un *best seller*. Proporcionaría derechos de autor regulares a Joplin y pasaría a ser el emblema del ragtime. "Maple Leaf Rag", que lleva la notación "tempo di marcia", consiste en una primera parte de 16 compases en la bemol mayor que se repite, una segunda parte de 16 compases también en la bemol mayor que también se repite, una vuelta a la primera parte, un trío de 16 compases en re bemol mayor que se repite, y una parte final de 16 compases en la bemol mayor que también se repite.

En 1899 Joplin se casó con Belle Hayden, cuñada de Scott Hayden. Dos años más tarde volvió a San Luis. Siguió dando clases de música, trabó de nuevo amistad con pianistas locales y estudió teoría musical con el director de la St. Louis Choral Symphony Society. Publicó además "The Ragtime Dance", "The Entertainer", "Peacherine Rag", "Cleopha", "Elite Syncopations" y otros rags. En 1902 compuso un ragtime ópera-ballet titulado *A Guest of Honor*. Desgraciadamente fue representado solamente una vez, ya que el espectáculo se suspendió debido al robo de los ingresos de taquilla, sumiendo entonces a Joplin en un marasmo financiero. Como si esto fuera poco, la partitura fue confiscada por falta de pago de las facturas y luego se perdió. En 1904 Joplin se casó con Freddie Alexander, que lamentablemente murió diez semanas después de la boda. El mismo año, participó en un concurso en la Louisiana Purchase Exhibition y compuso "The Cascades" en honor a este evento. Siguió inmerso en la música:

volvió a emprender giras con compañías de *vodevil*, grabó rollos de piano y compuso otro ragtime ballet y más rags.

En 1907, esperando recaudar fondos para su ópera *Treemonisha*, que trataba de la vida de una comunidad negra cercana a Texarkana, se trasladó a Nueva York, donde Stark se había establecido poco antes. En 1909 se unió a Lottie Stokes, compañera que lo ayudaría y apoyaría hasta el final de su vida. Compuso nuevos rags así como el tango "Solace" y piezas bastante complejas tales como "Euphonic Sounds". Publicó también, a su cuenta, un método titulado *School of Ragtime: 6 Exercices for Piano*, y ayudó a jóvenes músicos, entre los cuales a su discípulo blanco Joseph Francis Lamb. *Treemonisha*, que Sam Patterson le ayudó a orquestar, era muy importante para él, pero Stark no quiso publicarla. Dos años más tarde formó con Lottie la Scott Joplin Publishing Company. En 1915 organizó una representación bastante escueta de *Treemonisha* en Harlem, sin decorados ni vestuario, con él al piano, pero fue recibida con indiferencia, lo que desmoralizó a Joplin. Muchos años más tarde, en 1975, la ópera, reorquestada por Gunther Schuller, fue representada en Houston y Broadway y ganó un Premio Pulitzer al año siguiente. Joplin murió en un manicomio de Nueva York en 1917 a los cuarenta y ocho años, desanimado, enfermo de sífilis, paralítico y demente.

James Sylvester Scott

Primo de la cantante de blues Ada Brown, James Sylvester Scott (Neosho, Misuri, c. 1885-Kansas City, Misuri, 1938) fue autor de piezas melodiosas y vigorosas. Sus padres, exesclavos de Carolina del Norte, se radicaron en Ottawa, Kansas, en 1899. Dos años más tarde volvieron a Neosho, donde la madre de Scott y un pianista local le dieron sus primeras clases de música. En 1902 Scott se estableció en Carthage, Misuri. Se ganó la vida como limpiabotas en una peluquería y tomó algunas clases con un pianista negro llamado John Coleman. En 1904 consiguió un trabajo en una tienda de música, primero limpiando el local y enmarcando cuadros. Percatándose de su talento musical, el dueño, un tal Dumars, le encargó interpretar partituras al piano para clientes potenciales y cuando iba a vender pianos se lo llevaba consigo, ya que sabía que Scott lograría optimizar su sonoridad. En 1903 Dumars publicó la primera composición de Scott: el rag "A Summer Breeze", y al año siguiente su marcha "The Fascinator". Scott comenzó entonces a tocar el calíope (órgano de silbatos de barco y tren accionados por vapor). Un día tocó ante 'Blind' Boone, quien le tomó cariño y lo ayudó a darse a conocer. Scott organizó entonces los Carthage Jubilee Singers. En 1906 estudió piano en San Luis con Joplin, quien le pidió a Stark que publicara las composiciones de Scott, y "Frog Legs Rag" se convirtió en un éxito. Aunque la partitura mencionara "*not fast*" (no se debe tocar rápidamente), "Frog Legs Rag" era alegre y saltarín. Scott tocó además para el cine mudo y dio clases de música. En 1914 su "Climax Rag" logró también el éxito, lo que le permitió dedicarse a tocar y componer. Stark publicó otras obras de Scott, entre las cuales "Hilarity Rag" y el vals "Heart's Longing". Hacia 1920 Scott se instaló en Kansas City, en plena época de la Prohibición. Tom Pendergast controlaba la ciudad, sobornaba a la policía para que se toleraran los juegos de azar y el alcohol, y los clubes y *speakeasies* (locales que servían alcohol ilegalmente) proliferaban. Allí Scott compuso "Don't Jazz Me (I'm Music)" –título probablemente dado por Stark– y en 1923 su último rag: "Broadway Rag". Siguió enseñando música, dirigió una compañía de danza, tocó en la orquesta del Lincoln Theater, pasando finalmente a ser director musical de tanto el Lincoln, como del famoso Leblon Theater, acompañó películas mudas al órgano, trabajó como arreglista y acompañó a cantantes como Bessie Smith y Ma Rainey. Padecía de aterosclerosis pero siguió componiendo. Se retiró en los años 1930 y murió en el olvido.

Joseph Francis Lamb

Joseph Francis Lamb

Joseph Francis Lamb (Montclair, Nueva Jersey, 1887-Brooklyn, Nueva York, 1960), de origen irlandés, fue el primer compositor blanco importante. Fue también autor de piezas líricas como "Cottontail Rag", "Ragtime Nightingale", "Cleopatra Rag", "The Bohemia", "Excelsior Rag" y "Patricia Rag". Sus hermanas, que tocaban piano, le inculcaron sus primeros rudimentos de música. Estudió ingeniería en Ontario, pero su pasión era la música. Empezó entonces a dar conciertos, y a los dieciséis años publicó su primera pieza: "Walper House Rag", seguida dos años más tarde por "Ragged Rapids Rag". Finalizados sus estudios, se trasladó a Nueva York y compró partituras de Joplin y James Sylvester Scott en la tienda de Stark. Allí encontró a Joplin, quien lo recomendó a su editor. Stark publicó "Sensation" de Lamb, inspirado en "Maple Leaf Rag". Más tarde, "Ethiopia Rag" (1909) y "American Beauty Rag" (1913), que Lamb consideraba uno de sus mejores rags, lograron el éxito. Como Sylvester Scott, en algunas épocas de su vida Lamb interpretó piezas al piano en tiendas de música. Escribió también arreglos y dirigió una orquesta. Años más tarde, trabajó como contable. Durante la década de 1920 su música cayó más o menos en el olvido, pero fue redescubierta a fines de los años cuarenta, y Lamb grabó por primera vez durante la década siguiente, poco antes de morir.

Otros ragtimers del Midwest

Scott Joplin, James Sylvester Scott y Joseph Francis Lamb son los compositores más sobresalientes del ragtime "clásico", pero otros ragtimers gozaron de cierta fama. Entre ellos Tom Turpin (Savannah, Georgia, 1871-San Luis, Misuri, 1922), radicado en San Luis. Adolescente, debutó al piano en el bar de su padre, el Silver Dollar Saloon. En 1895 compró con su hermano Charles una concesión minera, pero ésta no produjo el oro esperado. Turpin abrió entonces en San Luis el Rose-bud Cafe, que se convirtió en uno de los mayores centros de ragtime de la ciudad, y administró otros establecimientos con su hermano. En el Rosebud Cafe tocaba sus propios rags, de pie, por su corpulencia, que le impedía sentarse al piano. Alentó a músicos más jóvenes, entre los cuales sus alumnos Louis Chauvin y Sam Patterson, y organizó concursos de ragtime. En 1909 se radicó en Butte, Montana, pero volvió luego a San Luis, donde fue uno de los primeros afroamericanos comprometidos en la política local al ocupar el cargo de *deputy constable* (subjefe de la policía). Sus composiciones, muchas de las cuales fueron destruidas o perdidas, incluyen "Harlem Rag", "A Ragtime Nightmare", "The Buffalo Rag" y "The Bowery Buck".

Louis Chauvin (San Luis, Misuri, 1881-Chicago, Illinois, 1908) tuvo una carrera meteórica. Nacido probablemente de un padre mexicano con sangre india y de una madre afroamericana, fue un pianista brillante que tocaba de oído –era considerado uno de los mejores pianistas negros de San Luis– además de cantante y bailarín. A los trece años dejó la escuela para unirse, junto con Sam Patterson, a los Alabama Afro-American Jubilee Singers. Tocó luego en el Rosebud Cafe de Tom Turpin así como en Chicago, a donde se trasladó en 1906. Murió a los veintiséis años, probablemente de esclerosis múltiple o de sífilis, enfermedades agravadas por su consumo excesivo de alcohol y opio, y sólo dejó tres composiciones: "The Moon Is Shining in the Skies" (1903), compuesta con Patterson, "Babe It's Too Long Off" (1906), ambas grabadas recientemente por el pianista Reginald R. Robinson, y "Heliotrope Bouquet" (1907), compuesta con Scott Joplin.

Sam Patterson (San Luis, Misuri, 1881- Nueva York, 1955) fue pianista de ragtime, cantante, cómico de vodevil y actor. Tocaba también el xilófono, el saxofón y la trompeta pero no publicó ninguna composición. Dirigió varias orquestas en el Clef Club de Harlem, así como su propia banda. Accidentalmente, compró el piano de Joplin, a fines de los años veinte o durante los años treinta.

Joe Jordan

Pianista, violinista, batería y cantante, Joe Jordan (Cincinnati, Ohio, 1882-Tacoma, Washington, 1971) es autor de "Double Fudge", "Pekin Rag", "A Slow Drag", "That Teasin' Rag", "Lovie Joe" (compuesto para la revista musical *Ziegfeld Follies of 1910*), "Tango Two Steps" (1912) así como de piezas clásicas. Creció en San Luis, debutó en la Taborian Band como violinista y baterista y, junto con Tom Turpin, Sam Patterson y Louis Chauvin, realizó una gira con un espectáculo de variedades en el que los cuatro pianistas también cantaban. Tras estudiar música en el Lincoln Institute de Jefferson, Misuri, ocupó el cargo de director musical, en 1903, del espectáculo de *minstrels Dandy Coon* ("*coon*" era una palabra despectiva que designaba a los negros). Cuando se disolvió el grupo, en Des Moines, Iowa, se marchó a Chicago, donde se le encargó la dirección de la orquesta del Pekin Theater. En 1905 se fue a Nueva York con el cantante y actor de *vodevil* Ernest Hogan, autor de la conocida canción "All Coons Look Alike to Me", que quería formar una orquesta de ragtime negra. Jordan compuso luego canciones para varios artistas, entre los cuales la actriz y cantante blanca Fanny Brice, y organizó la banda Ten Sharps and Flats que grabó, en particular, "Morocco Blues". En 1911 hizo una gira por Alemania e Inglaterra. Más tarde, durante la Segunda Guerra Mundial, organizó bandas militares, y unos años después, dirigió la orquesta que tocó la música de la película *Macbeth* de Orson Welles.

Pianista, organista, compositor, arreglista y pedagogo (uno de sus alumnos fue el saxofonista Frank Foster), Artie Matthews (Braidwood, Illinois, 1888-Cincinnati, Ohio, 1958) compuso los cinco animados "Pastime Rags", cuya sofisticación armónica admiraba Gunther Schuller, "Weary Blues", tocado más tarde por orquestas Dixieland y swing, y "Baby Seal Blues". Su niñez transcurrió en Springfield, Ohio. Su madre lo inició a la música y estudió a continuación con los pianistas Banty Morgan y Art Dillingham. En 1908 se radicó en San Luis, tocando también en Chicago. En 1913 John Stillwell Stark empezó a publicar sus rags y Matthews le escribió también algunos arreglos. En 1916 se trasladó a Cincinnati, donde fundó con su esposa el Cosmopolitan Conservatory of Music, primer conservatorio dirigido por afroamericanos. Al final de su vida tocó el órgano en la iglesia presbiteriana de esta ciudad.

La Costa Este

El ragtime se arraigó también en la Costa Este de Estados Unidos. Conocido allá como "fast shout", era más libre y efusivo que en el Midwest, y anunciaba el stride. Se tocaba en los barrios rojos de la costa atlántica, especialmente en Filadelfia, Baltimore y Nueva Jersey y, en Manhattan, en un distrito ubicado entre las calles 59 y 64 Oeste conocido como "The Jungles". En el Madison Square Garden también se organizaban concursos de ragtime. El escritor afroamericano James Weldon Johnson contó su entusiasmo al descubrir el ragtime: "Era una música que nunca había oído, una música que exigía una reacción física, golpetear el suelo con el pie, tamborilear con los dedos o mover la cabeza en ritmo. Las armonías bárbaras, las resoluciones audaces, expresadas frecuentemente por un salto abrupto de una tonalidad a otra, los ritmos complejos cuyos acentos caían en los lugares más inesperados pero en los que el tempo nunca se perdía, producían un efecto curiosísimo. Y también el pianista –la destreza de su mano izquierda, que ejecutaba frases rápidas y saltos de octavas, era ciertamente maravillosa. Y con su mano derecha cubría frecuentemente la mitad del teclado, con cromatismos pulidísimos tan hábilmente integrados que nunca dejaba de provocar en su público una suerte de agradable sorpresa ante la ejecución de tal proeza. Eso era la música de ragtime, por aquel entonces una novedad en Nueva York, que empezaba a convertirse en aquel furor que aún no ha menguado". [25]

Pianista blanco, Zez (Edward Elzear) Confrey (Peru, Illinois, 1895-Lakewood, Nueva Jersey, 1971) publicó muchos rags y otras composiciones, entre las cuales los hits "Dizzy Fingers", "My Pet" y "Kitten on the Keys", así como "Stumbling", "The African Suite" (1924), "Moods of a New Yorker" (1932) y "Fourth Dimension" (1959). En 1927 Aaron Copland consideraba que "Stumbling" era el símbolo lo mismo del Jazz Age.

Los otros pioneros del fast shout no son muy conocidos ya que muy pocos grabaron. Entre los más destacados cabe mencionar a "Kitchen Tom" (su verdadero nombre cayó en el olvido), precursor del boogie-woogie que se presentaba en Atlantic City hacia 1914, y al deslumbrante "One Leg Willie" (William Joseph). "Su madre trabajaba para unos blancos ricos que se dieron cuenta de su talento y lo mandaron al Conservatorio de Boston, contaba Eubie Blake. Fue el primer negro que se graduó como pianista clásico. Perdió su pierna en un accidente de patinaje en 1900… El único arreglo que yo haya jamás copiado fue 'Stars and Stripes Forever' de Willie. Lo sigo tocando". [26] Estaban también William Turk, nativo de Baltimore y autodidacta, que también impresionó a Blake; "Jack the Bear" (John) Wilson, inmortalizado por Duke Ellington en una pieza de big band epónima;

[25] *The Autobiography of an Ex-Colored Man*. En: *Early African-American Classics*, p. 604.
[26] Floyd Levin, *op. cit.*

"Abba Labba"[27] (Richard McLean); Raymond "Lippy" Boyette, que hacía toda clase de encargos para James P. Johnson y reclutaba músicos para fiestas privadas en Harlem; Stephen 'The Beetle' Henderson (se le oye en "Keep off the Grass" y "Carolina Shout", en el disco *Harlem Stride Masters*); Irving 'Kid Sneeze' Williams y Timothy James Brymn. Williams, descrito por Willie 'The Lion' Smith como "un verdadero pianista al que le gustaba evadirse y tocar de oído al estilo rag", fue uno de los fundadores del Clef Club, primer sindicato de músicos y *entertainers* negros. Pianista y compositor, Brymn (1881-1946) grabó en 1921 para la firma Okeh, consagrada a los negros, con su Black Devil Four. Dirigió además una enorme big band militar, los Black Devils.

Ocaso y renacimiento

El ragtime empezó a menguar hacia 1910. A partir de los años sesenta fue resucitado por pianistas tales como William Albright, Joe "Fingers" Carr, Dick Hyman, Max Morath, Tom Brier, Reginald R. Robinson, el pianista y director de orquesta francés Claude Bolling y el pianista italiano Marco Fumo. En 1970 el disco de Joshua Rifkin *Scott Joplin: Piano Rags* se convirtió en un *best seller*. La película *The Sting (El Golpe)*, que incluía "The Entertainer", proporcionó también una nueva popularidad al ragtime. En 1966 un musical titulado *Ragtime* se estrenó en Toronto y dos años más tarde en Broadway, y el ragtime sigue teniendo algunos aficionados.

---

[27] Quizás del vocablo del dialecto jamaiquino *labba-labba*, que significa "parlanchín".

Jelly Roll Morton y los otros precursores del piano jazz de Nueva Orleans

Aunque el jazz, en su forma primigenia, se desarrolló simultáneamente en distintos lugares de Estados Unidos, Nueva Orleans, crisol de razas y culturas de enorme vitalidad, es generalmente considerada como la principal cuna de esta música. En lo que respecta a los inicios del piano jazz, su figura más sobresaliente es Jelly Roll Morton.

Jelly Roll Morton

Jelly Roll Morton (Nueva Orleans, 1890-Los Ángeles, 1941) se proclamaba a sí mismo, con la jactancia y el gusto por la publicidad que lo caracterizaban, "inventor del jazz y del stomp" (el stomp era un género muy movido), aunque varios pianistas de la costa este, entre ellos Walter 'One Leg Shadow' Gould y James P. Johnson afirmaran rotundamente que ya se tocaba mucho jazz en ciudades como Nueva York, Baltimore y Filadelfia. Si la aseveración de Morton es algo exagerada, su "Jelly Roll Blues" (presentado en la partitura como un foxtrot) es, sin embargo, el primer tema de jazz que fue publicado (en 1915), y Morton es indubitablemente el primer gran pianista y el primer verdadero arreglista de la historia del jazz. Era un músico excepcional, rebosante de imaginación, con un sentido agudo de la composición, y un personaje fuera de serie. Sentó pautas para otros pianistas de jazz y aún hoy su música conserva todo su atractivo.

La venturosa vida de Morton pertenece casi a la leyenda. Fue jugador de cartas profesional, campeón de billar y de dados, promotor de peleas de boxeo, dueño y administrador de cabarets y proxeneta. Hacía de la noche el día. Dandi preocupado por su apariencia, se vestía con sumo cuidado y se había hecho incrustar un diamante en un diente. Su verdadero nombre era Ferdinand Joseph Lamothe,

Jelly Roll Morton

Ferdinand en honor al rey Fernando de España. Según algunos adquirió su apodo de 'Jelly Roll' –alusión, en la jerga negra de aquella época, a los órganos genitales masculinos– en un burdel de Storyville; según otros, durante una función de vo-devil en la que se presentó como 'Papa Jelly Roll'. Hombre de cutis claro, hacía alarde de sus orígenes criollos, franceses en particular, irritando a veces a sus co-legas más pigmentados con esta presunta superioridad. Adoptó el apellido de su padrastro, Mouton, americanizándolo, sin embargo, en Morton. Su bravuconería y su gusto por los desafíos musicales le valieron ciertas enemistades. "El jazz puede transformarse en cualquier tipo de pieza; si el que lo haga tiene alguna duda, que se mida con cualquiera de mis colegas en cualquier instrumento (naturalmente, yo me encargo del piano). Si un concurso es necesario, aquí me tienen", escribió a la revista *Down Beat* en 1938. Y no lo decía nada más que por vana jactancia: a Morton le gustaba la competencia, y estaba a la altura de los retos que planteaba. "Yo solía llamarlo el 'Dizzy Dean' (Decano loco) de la música por lo agresivo y fanfarrón que era, recordaba el clarinetista Omer Simeon. Pero lo que sí me consta es que siem-pre respaldaba todo lo que decía con lo que hacía". Morton era, a pesar de todo, un hombre entrañable –el pianista Herbie Nichols lo consideraba "un extrovertido de buena fe"– sin duda jactancioso e irascible, pero que se entregaba en cuerpo y alma a la música, y Alberta Hunter "un fanfarrón de buen corazón".

Morton cantaba también (incluyendo scat[28], como sus colegas pianistas neoorleaneses Tony Jackson y Clarence Williams) y tocaba la guitarra, el birimbao, el violín, varios instrumentos de percusión, la armónica y quizás el trombón. "Ya me había vuelto un guitarrista muy competente, le contó Morton al musicólogo Alan Lomax en las entrevistas de la Library of Congress. De hecho, yo era conocido como el mejor, hasta que conocí a Bud Scott, uno de los guitarristas de renombre en este país. Cuando me enteré de que estaba compartiendo mi fama, decidí dejar la guitarra y considerar el piano". Su música es un brote continuo de ideas, llena de síncopas y breaks (interrupción de la frase por la sección rítmica durante la cual toca un instrumento solista). "Sin buenos breaks no hay jazz", proclamaba. De hecho, los breaks, procedimientos entonces comunes en el jazz neoorleanés, crean un efecto teatral: dejan que la música respire y le proporcionan un nuevo impulso. Morton insistía también en lo importante que era para los pianistas el poseer un estilo orquestal: "Ningún pianista puede verdaderamente tocar jazz si no trata de imitar a una banda arreglándoselas para mantener la melodía", decretaba. Anunció también, por su manera de tocar en octavas, el "trumpet style" de Earl Hines. Utilizaba *walking basses* en sextas en la mano izquierda y, aun antes de la llegada del jazz modal, ya improvisaba sobre una escala única, como en "Jungle Blues". No fue pedagogo pero tuvo algunos alumnos entre los cuales Bertha Gonsoulin, que tocó luego con King Oliver y Bunk Johnson.

Las óperas, canciones populares, charangas negras y los otros tipos de música que Morton oía en Nueva Orleans en su juventud contribuyeron a la gestación de su estilo. "En el jazz, se toman las mejores ideas de las más grandes óperas, sinfonías y oberturas. No hay nada mejor que el jazz, porque viene de la música más refinada", confiaba a Lomax en 1938.[29] Melodías latinoamericanas como el vals "Sobre las olas", del mexicano Juventino Rosas, o habaneras como "Tú", del cubano Eduardo Sánchez de Fuentes, gozaban también de gran popularidad en Crescent City (la Ciudad de la Media Luna, como se le llamaba también a Nueva Orleans). Influyeron fuertemente en Morton, que recomendaba utilizar un *Latin tinge* (matiz latino) en el jazz. Este matiz latino es patente en algunas de sus composiciones tales como "The Chant", "Creepy Feeling", "Spanish Swat", "Mama Nita", inspirada en la cantante Anita González (cuyo verdadero nombre era Bessie Johnson), "The Crave" o "Tia Juana", o su interpretación de la habanera "La paloma" de Sebastián Yradier, piezas caracterizadas por un "*tango bass*" (línea de bajo sincopada, basada en el ya mencionado cinquillo).

En Nueva Orleans, el blues era entonces la especialidad de los músicos negros de Uptown (río arriba de Canal Street), no tanto de los criollos de Downtown,

---

[28] El scat consiste en improvisar con la voz a manera de un instrumento, con sólo sílabas desprovistas de significado.

[29] *Mr. Jelly Roll*, p. 66.

quienes preferían generalmente músicas de tipo más europeo. Pero aunque Morton se jactase de ser criollo, asimiló con gusto el blues y lo integró a su música, transformando así el ragtime en jazz. Recordaba haber oído en su niñez "Isn't It Hard to Love", "Make Me a Pallet on Your Floor" y otros blues, y el blues pasó a constituir un elemento esencial de su estilo y de sus composiciones. Según el multiinstrumentista Manuel "Fess" Manetta, que conoció a Morton cuando era joven, "tocaba entonces sólo blues en el piano", y "únicamente en re bemol". [30] Al apropiarse del blues, Morton abandonó la rigidez del ragtime. Si se compara, por ejemplo, su versión de "Maple Leaf Rag" de la Smithsonian Collection con la de Scott Joplin, se puede oír como Morton modifica la estructura y la melodía de este tema y lo toca con más complejidad rítmica y más libertad. Morton compuso numerosos blues entre los cuales "Indian Blues", el conmovedor "Smokehouse Blues" (también grabado luego por Wynton Marsalis), "New Orleans Blues" y "Dead Man Blues". El principio de "Dead Man Blues" –una de las más famosas obras de Morton– evoca la "Marcha fúnebre" de Chopin y el himno "Flee as a Bird to Your Mountain", compuesto en 1842 por una tal Mary Shindler, que se cantaba en los entierros en Nueva Orleans. Compuso también stomps, entre los cuales "Hyena Porter Stomp", que data de 1905. En 1923 lo grabó en solitario y al año siguiente en dúo con King Oliver, y Teddy Hill lo grabaría con su orquesta a mediados de los años treinta. Otras notables composiciones de Morton incluyen "The Wolverines" (o "Wolverine Blues" que, pese a su título, no es un blues y que luego inspiraría "The Flat Flat Floogie" de Slim and Slam), "Animule Dance" (Morton grabaría más tarde una versión de ésta en la que cantaría con gran expresividad), "Alabama Bound", "You Can Have It, I Don't Want It" (popularizada por Clarence Williams), "Fickle Fay Creeps" (titulada primero "Soap Suds"), "Crazy Chords", "The Finger Breaker" y "The Pearls". "The Finger Breaker" y "The Pearls", aseveraba algo presuntuosamente Morton, eran "dos de las piezas más difíciles jamás compuestas". Sus composiciones también inspiraron a Andy Kirk, Fletcher Henderson, Don Redman, Benny Goodman, Duke Ellington y otros directores de big bands. "Sabía exactamente lo que quería en su música y creía en su propio estilo, afirmaba el guitarrista Lawrence Lucie, que grabó con Morton. Algunos pensaban que era anticuado, pero era más grande de lo que creíamos. Fue un adelantado a su tiempo durante muchos años hasta que el tiempo lo alcanzó". [31] En sus solos, Morton siempre supo cómo crear tensión y alcanzar un clímax.

Creció rodeado de música. De niño cantaba para entierros. Luego tocó la guitarra con diferentes grupos y estudió piano con varios maestros entre los cuales la pianista y cantante de blues (y sacerdotisa de vudú) Mary Celina "Mamie" Desdunes, a quien le faltaban dos dedos en la mano derecha y que más tarde Morton

---

[30]   Barton W. Peretti, *The Creation of Jazz*, p. 102.
[31]   Whitney Balliett, *Jelly Roll, Jabbo and Fats: 19 Portraits in Jazz*, p. 25.

Jelly Roll Morton y los Red Hot Peppers

celebró con su "Mamie's Blues".[32] En los clubes sociales negros y en Storyville, logró oír a pianistas locales como Tony Jackson, que admiraba entre todos, y a Game Kid y Buddy Carter.

Su padre abandonó el hogar cuando Morton era aun muy joven y su madre volvió a casarse. Murió cuando Morton tenía catorce años y se fue a vivir con su abuela. Se ganó la vida como limpiabotas y aprendiz de un tonelero, pero a espaldas de su abuela, tocaba el piano y cantaba canciones pícaras en *sporting houses* –como se llamaba entonces a los burdeles– de Storyville, la zona roja de Nueva Orleans. Dirigió también varios conjuntos y trabó amistad con Freddy Washington, Harrison Ford, Jimmy Arcey, Sammy Davis, Albert Cahill, Alfred Wilson y otros pianistas. En 1907, percatándose de que su nieto actuaba en burdeles, su abuela lo echó de su casa. Morton recorrió entonces el Sur con compañías de vodevil, tocando el piano y jugando al billar profesionalmente en el Golfo de México, Alabama y otros lugares. Tras una breve estancia en Nueva Orleans emprendió nuevos viajes, tocando el piano en garitos y burdeles de Estados Unidos. En Memphis, Tennessee, colaboró con el corneta neoorleanés Freddie Keppard, al que admiraba, y conoció a W.C. Handy. En 1911 se presentó en Nueva York, donde James P. Johnson, al oírlo, lo encontró menos "clásico" que los otros pianistas, sin precisar qué quería decir con esa palabra. Willie 'The Lion' Smith, que también conoció a Morton en la misma época, contaba que "era chulo, tenía un serrallo de mujeres", añadiendo: "Cuando Morton entraba en un lugar lo hacía sonriendo, para que todos se fijaran en su diente con un diamante incrustado. Al llegar al piano, se quitaba el abrigo con un gesto teatral y lo ponía sobre el piano con el costoso forro hacia afuera para que todos lo vieran. Luego limpiaba cuidadosamente el asiento del piano con un gran pañuelo de seda, mirando de reojo para ver si le ponían la debida atención. Si así era, se sentaba, y como todos

---

[32] Desdunes falleció de tuberculosis a los treinta y dos años.

los pianistas de aquella época, tocaba el acorde que constituía su firma. Éste tenía la misma función que los *theme songs*: anunciaba su presencia".[33] Después de Nueva York, Morton inició, junto con su amiga Rosa Brown, una gira de dos años en el sur y el midwest con una compañía de vodevil. En 1917 viajó a Los Ángeles con el director de orquesta William Manuel Johnson y la hermana de éste, Anita González. Abrió un bar en Watts, el barrio negro de la ciudad, siguió tocando, y su "The Crave" se volvió un éxito. En esta pieza, mantiene un *tango bass* con la mano izquierda mientras toca con retrasos y crea hemiolias (combinación de compases binarios y ternarios) con la mano derecha. Tocó y cantó en el Cadillac Cafe, el Newport Bar, el Penny Dance Hall y otros locales.[34] Durante los cinco años siguientes se presentó también en San Diego, San Francisco, Tampico, México y Vancouver, donde consiguió una contratación fija en un club recientemente abierto, The Patricia.

En 1920 empezó a escribir arreglos y a grabar rollos para piano mecánico. Tres años más tarde se instaló en Chicago donde el South Side, con su importante población negra, rebosaba de teatros, cafés y cabarets. La pianista Lil Hardin oyó a Morton en una tienda de música donde ella presentaba piezas y que organizaba *cutting sessions*[35]: "Se sentó al piano y sus largos y finos dedos empezaron a correr por las teclas. Produjo un doble ritmo y la gente se volvió loca".[36] Morton obtuvo primero una contratación en el Elite Cafe, luego publicó su "Wolverine Blues" y formó una banda con Freddie Keppard. En 1923 realizó algunas grabaciones con un conjunto blanco, los New Orleans Rhythm Kings. El año siguiente inauguró, para él, un período de intensa creatividad. Grabó temas de piano en solitario, entre ellos "Weary Blues" de Artie Matthews así como sus propias composiciones: "Grandpa's Spell", "Kansas City Stomp", "Shreveport Stomp", "Perfect Rag", "Smoke House Blues", "Milenberg Joys"[37], "London Blues", "Wolverine Blues", "The Pearl" y "Frog-I-More Rag" (quizás inspirado en el pianista de Cincinnati Benson 'Frog Eye' Moore o, según Morton, en un contorsionista de vodevil que se presentaba con el nombre de "Moore The Frogman"). Grabó también algunos temas con un sexteto, así como duetos con King Oliver, y entró como segundo pianista en la orquesta de salón de Fate Marable. Tras una breve estadía en Nueva York volvió a Chicago. En 1926 hizo una gira con W.C. Handy, acompañó a Ma Rainey, grabó de nuevo rollos para piano mecánico y piezas en solitario, y también

---

[33] *Op. cit.*, p. 53.
[34] Para más informaciones sobre la estadía de Morton en Los Ángeles véase Michael B. Bakan: "Way out on Central: Jazz in the African-American City of Los Angeles before 1930" en: Jacqueline Codgell Djedje and Eddie S. Meadows (eds.), *California Soul: Music of African Americans in the West*.
[35] Jam sessions en las que cada pianista trataba de superar a sus rivales.
[36] En: Studs Terkel, *And They All Sang*, p. 141.
[37] Esta pieza, compuesta por Morton, Leon Rappolo y Paul Mares, fue también grabada por los New Orleans Rhythm Kings, liderados por Rappolo y Mares.

algunos temas con sus Red Hot Peppers.
Los Red Hot Peppers incluían a algunos
músicos de Nueva Orleans entre los cuales Barney Bigard, que luego formaría
parte de la orquesta de Duke Ellington,
y Albert Nicholas. Son, anunció una publicidad del sello Victor, "un conjunto
de jazzmen de color de jazz y blues. Sus
armonías, sus efectos exclusivos dejan
atrás a las mejores imitaciones. Si usted
ya está cansado de bailar formalmente, le
encantará ponerse a girar una o dos veces
con Black Bottom Stomp y The Chant".
Las sesiones con la banda produjeron
también obras maestras como "Sidewalk
Blues", introducida por claxones y gritos
de calle, elocuente ejemplo de polifonía
de Nueva Orleans, "Shreveport Stomp",
y "Dead Man Blues", que empieza con

Jelly Roll Morton

un repique de campanas y un breve diá-
logo (con la voz de Morton). "Black Bottom Stomp", presentado en el disco como
un foxtrot y subtitulado "Danza of the Negro Ogeechees"[38], sobresale con su sofisticado arreglo y sus fuertes acentos.

En 1928 Morton se trasladó a Harlem y siguió muy activo, tocando de nuevo
en Canadá y en otros lugares. Formó otra vez sus Red Hot Peppers, colaboró
con el clarinetista Omer Simeon y el baterista Tommy Benford, y grabó, entre
otros temas, "Shoe Shiner's Drag" (retomado más tarde por Lionel Hampton).
Sin embargo, durante la década de los treinta empezó a ser eclipsado por el swing
y otros nuevos estilos de jazz a los que no quería adaptarse y su música fue tildada
de ajada, de rancia. Disolvió sus Red Hot Peppers, animó brevemente, en 1934,
un programa de radio, e hizo una gira con una revista *burlesque* (espectáculo de
variedades con, a menudo, *striptease*). En 1935, buscando mejores oportunidades
de trabajo, se mudó a Washington. Obtuvo una audición para la emisora de radio WOL, y un periodista del *Washington Daily News*, entusiasmado por su actuación, escribió el 23 de junio: "Fue como si el inventor del arpa le hubiese pedido
a San Pedro un pasaporte al paraíso". En Washington Morton administró un bar,
el Jungle Inn (también conocido como The Music Box o Blue Moon Inn), en el
que también tocaba el piano, pero no tardó en quebrar. James Higgins, periodista

---

[38]   Los Geechees (o Gullahs), cuyo nombre viene tal vez del río Ogeechee, son descendientes de
esclavos africanos. Viven en las islas de Georgia y Carolina del Sur.

de *Down Beat* que lo oyó allí, se quedó arrebatado: "Su piano tiene el *feeling* y la energía tan frecuentemente ausentes en el estilo meramente bonito de los músicos de swing moderno. Ha habido pocas conmociones más fantásticas que el sonido de Jelly tocando blues, su tacón golpeando el suelo y marcando el ritmo lento, sus ojos cerrados, su cabeza volcada hacia atrás y las tristes notas del teclado salpicando el humo del antro de techo bajo". El pianista Billy Taylor, que a su vez oyó a Morton allí, también se quedó estupefacto: "Era una música rigurosa, exaltante, técnicamente brillante, que nos llegaba directamente".[39] Escribió además en *The Lost Generation*, refiriéndose a Morton durante esa misma función: "Se veía terriblemente enfermo y endeble –viejo y algo loco. Pero portaba con dignidad su traje de viejo caballero del Sur, y cuando sonreía, el diamante de su diente todavía brillaba fuertemente… Lo que yo recuerdo es un enorme y completo pianista ambidextro –un ragtimer templado y relajado por haber vivido en Nueva Orleans, y con mucho swing".[40]

En 1938 Morton fue apuñalado en la cabeza y el pecho durante una pelea con un amigo del dueño del club. Un hospital reservado a los blancos se negó a admitirlo y se lo llevaron a otro hospital donde no lo atendieron bien. Su salud se agravó rápidamente, además de que sufría de asma. Sin embargo, en una explosión de orgullo, escribió una larga carta a la revista *Down Beat* para afirmar su valor. Ese mismo año, Alan Lomax, que lo había oído tocar en el Jungle Inn, lo invitó a grabar para la Biblioteca del Congreso de Estados Unidos. Pese a su mal estado de salud Morton tocó el piano y cantó estupendamente, con un maravilloso "Tiger Rag", lleno de breaks y síncopas. El tema, compuesto por el trombonista de Nueva Orleans Jack Carey, venía en parte de una vieja cuadrilla titulada "Praline". Morton empieza con diferentes versiones de "Praline", golpeando algún objeto con el pie para obtener un sonido percusivo y marcar el ritmo, y en la última sección de "Tiger Rag" imita el rugido de un tigre, restregando las teclas del piano con el codo. Las sesiones de Lomax incluyen también "Maple Leaf Rag", "The Animule Ball", en el que Morton canta blues, "See See Rider", "King Porter Stomp", "Creepy Feeling" y una interpretación del "Miserere" de Verdi de la ópera "Il Trovatore", que se había dado en la French Opera House de Nueva Orleans. Morton ya había improvisado sobre el "Miserere" cuando estaba en San Luis para impresionar a los músicos locales. Con Lomax lo toca primero rubato como un vals, acentuando el primer tiempo, y luego con un *Latin vamp* (ostinato "latino") de cuatro compases seguido por un pasaje en stride con breaks.[41]

[39] *Jazz Piano: A Jazz History*, p. 71.
[40] *The Lost Generation* (publicado en *The Esquire Book of Jazz*). Pasaje citado en "Great Encounters # 43: When Billy Taylor saw Jelly Roll Morton", 29 agosto 2015, *jerryjazzmusician.com*.
[41] Para un detallado análisis de este "Miserere", véase Joseph Smith, "Three Piano Miserere", *josephsmithpianist.com*.

Más tarde en ese mismo año Morton volvió a Nueva York y grabó con Sidney Bechet, Albert Nicholas, Zutty Singleton y otros músicos. En 1940 realizó el excelente disco *Nueva Orleans Memories*, en el que también canta. Emprendió nuevas giras pero se puso más y más enfermo, amargo y paranoico, alegando que se le robaban las ideas y que lo habían embrujado. De nuevo decidió mudarse. Condujo en un coche hasta California durante una noche de tormenta y allí formó une nueva banda, pero fracasó. Vivió en una casa decrépita, sus problemas respiratorios empeoraron y murió a los cincuenta años, casi completamente olvidado, antes del Dixieland Revival que beneficiaría a algunos de sus colegas. Sólo unos cuantos músicos de Nueva Orleans, entre los cuales Kid Ory y Mutt Carey, asistieron a su entierro. Duke Ellington y Jimmie Lunceford, a pesar de que se encontraban en Los Ángeles, no fueron.

Tony Jackson

Tony (Antonio) Jackson (Nueva Orleans, 1882-Chicago, Illinois, 1921) fue otro sobresaliente pianista de Nueva Orleans. Como hemos visto lo admiraba Morton, y lo admiraban también Bunk Johnson, Sidney Bechet, Clarence Williams, que trataba de imitarlo, Alberta Hunter y muchos otros. Desgraciadamente nunca grabó, aunque existe un rollo para piano mecánico titulado "I'm Cert'ny Gonna See 'bout That" en el que posiblemente toque, pero en Storyville, donde se presentaba, decían que era "por sí solo, el artista más grande del mundo". Era también cantante (tenía un amplio rango vocal y cantaba hasta arias de ópera), compositor, guitarrista y bailarín ocasional, y su extenso repertorio incluía blues, canciones populares, piezas clásicas, rags y cakewalks. Con sus líneas de bajo *rolling* y *walking* anunció también el boogie-woogie. Homosexual, se vestía con refinamiento, y supuestamente su canción "Pretty Baby", compuesta en 1916 con Egbert Van Alstyne, aludía a uno de sus amantes. Su composición más conocida es "The Naked Dance", que Jackson tocaba originalmente en los burdeles mientras las mujeres se quitaban la ropa o cuando bailaban desnudas.

Hijo de un pescador exesclavo y de una criada, se construyó a los diez años un clavicordio con objetos abandonados en el jardín trasero de su casa, y en él logró reproducir himnos oídos en su iglesia. Empezó a hacerse famoso a los trece años y a los quince ya era considerado como el mejor pianista de Nueva Orleans. Tocó en algunos cafés, pero mayormente en Storyville. "Con sus activos dedos vagando sobre el teclado, daba la impresión de cantarle al piano", comentó un tal Roy J. Carew, que lo oyó en vivo[42]. En 1904 Jackson se presentó en Louisville, Ken-

---

[42] "He Knew a Thousand Songs: A Recollection of Tony Jackson", *Jazz Journal*, marzo 1952, Vol. V, No. 3, pp. 1-3.

Tony Jackson

tucky. Acompañó luego a la cantante de blues Lucille Hegamin, conocida como "The Georgia Peach", y a los Whitman Sisters' New Orleans Troubadours. En 1912 se instaló en Chicago, cuyo ambiente liberal apreciaba. Tocó en los cafés De Luxe, Pekin y Elite No 1 y Elite No 2, y también duetos con el pianista Glover Compton. Desgraciadamente, sólo atrajo a un escaso público, y se negó a publicar sus composiciones por lo poco que le querían pagar los editores. Era alcohólico y su salud empeoró. También era epiléptico, y murió a los treinta y nueve años de cirrosis (y quizás también de sífilis). Dejó sin embargo algunas composiciones –muchas de sus obras fueron robadas o se perdieron– entre ellas "Some Sweet Day", grabada por Louis Armstrong, "Pretty Baby", grabada por Willie 'The Lion' Smith, Herbie Mann, Judy Garland, Bing Crosby, Dean Martin, Jimmy McGriff y otros, "Take Me Into Your Heart" y "The Clock of Time" (escrita con Glover Compton).

Clarence Williams

Como pianista Clarence Williams (Plaquemine Delta, Luisiana, 1898-Nueva York, 1965) no igualaba a Morton ni a Jackson pero fue un buen acompañante. Empresario ingenioso, fue especialmente conocido como productor de discos, y fue el primer productor de discos afroamericano en la historia del jazz. Criollo con sangre india choctaw, creció en Nueva Orleans. Su padre, bajista, era dueño de un hotel en el que el joven Williams empezó a tocar el piano. Cantaba también en las calles, y a los doce años se escapó de su casa para irse de gira con el Billy Kersand's Traveling Minstrel Show. Al regresar a Nueva Orleans abrió una tintorería, tocó piano en Storyville y también con Sidney Bechet y Bunk Johnson, y empezó a componer canciones, entre ellas "Brown Skin Who You For?", publicada en 1916. En 1915 fundó una editora de música con Armand Piron. En 1917 tocó en dúo con Piron al violín y él mismo al piano, y viajó a Chicago con el joven Sidney Bechet. Fue también encargado de varios cabarets, abrió una tienda de música en Chicago y acompañó a algunas cantantes de blues, entre las cuales Eva Taylor (con la que se casaría a principios de los años veinte), Mamie Smith y Sara Martin. Se instaló luego en Nueva York, donde siguió acompañando a cantantes de blues, entre las cuales Bessie Smith ("Oh Daddy" y "West Coast Blues", 1923) y Ethel Waters ("West End Blues", 1928). Actuó en el circuito T.O.B.A. (Theater Owners Booking Association)[43], y de 1923 a 1926 fue Artists and Repertoire Director del sello Okeh. Produjo sesiones de grabación con James P. Johnson, Fats Waller, Louis Armstrong, Sidney Bechet, Bubber Miley, King Oliver, el flautista cubano Alberto Socarrás, Benny Waters, Coleman Hawkins y muchos otros, y grabó también como pianista.

Clarence Williams

Sus sesiones como pianista incluyen en particular "Wild Cat Blues", grabado en 1923 con sus Blue Five (con los que toca Sidney Bechet), "Everybody Loves My Baby", grabado al año siguiente con sus Blue Five (que incluían a Louis Armstrong y Eva Taylor), "I'm Through", grabado en 1928 con su orquesta (compuesta de Alberto Socarrás, Prince Robinson, Cyrus St. Clair, Charlie Irvis, Floyd Casey, Ed Allen, Sara Martin y Eva Taylor), "I'm Not Worrying" (1929), tocado al estilo New Orleans con sus Jazz Kings, "I'll Be Glad When You're Dead You Rascal You" (1931), en el que canta, y "Trouble" (1934), grabado con su *washboard band* (banda que utiliza tablas de lavar). Una publicidad de Okeh para Williams pregonaba, jugando con la palabra "*rag*", que significa también "harapo": "Su verdadera especialidad es tomar un blues y vestirlo con rags. No estamos hablando de los harapos que acarreas en bolsas, ¡no señor! ¡Hablamos de eso que le pone motor a tus zapatos y zarandea tus músculos! ¡La Raza puede enorgullecerse de tener fabulosos pianistas, pero cuando se trata de enseñarle al marfil algo nuevo sobre el blues, naturalmente que Clarence Williams los supera a todos!"

En 1943 Wiliams vendió su catálogo a Decca y compró una tienda de mercancías de segunda mano. En 1956 perdió la vista tras ser atropellado por un coche, pero siguió componiendo hasta su muerte. La autoría de algunas de sus piezas ha sido controvertida. Las que sí compuso (solo o con otros) incluyen "Shout, Sister,

---

[43] Apodado "*tough on black asses*" (duro con los culos negros) por los artistas afroamericanos que, en este circuito, eran explotados y víctimas de discriminación racial.

Shout", "Royal Garden Blues" (compuesta con el pianista Spencer Williams y grabada por muchos músicos, desde Sidney Bechet hasta Branford Marsalis) y "Baby Won't You Please Come Home" (compuesta con Charles Warfield y grabada por Bessie Smith, Ray Charles, Frank Sinatra y Miles Davis).

Otros pianistas

Mencionemos también a otros pianistas activos en Nueva Orleans, algunos de los cuales actuaban en los barcos del Misisipi: Manuel 'Fess' Manetta (1889-1965), también violinista, guitarrista, corneta, saxofonista y trombonista, que tocó con la Eagle Brass Band, la Tuxedo Brass Band, Buddy Bolden, Kid Ory, Papa Celestin y otros; Richard Jones (Richard Marigny Jones, 1892-1945), autor de "Trouble in Mind", que tocaba en Storyville en 1908 y también con Armand Piron y su propia banda; Ollie 'Dink' Johnson (1892-1954), hermano de William Manuel Johnson y Anita González, que se mudó luego hacia Nevada y California; Steve Lewis (1896-c. 1941), también contratado por Piron, que terminó su vida en un manicomio; Sammy Davis (diferente del cantante y actor Sammy Davis, Jr.), "uno de los grandes manipuladores del teclado" según Morton; y 'Sweet Emma' Barrett (1897-1983), pianista autodidacta y cantante, que tocó con la Original Tuxedo Orchestra, Papa Celestin, Armand Piron, John Robichaux, la Preservation Hall Jazz Band y otros.

El blues

Desde los comienzos del jazz el blues ha sido el fundamento de este idioma y una inagotable fuente de inspiración. No es solamente un género específico sino también un sentimiento, un estado de ánimo. "El blues es lo que hace que te pongas a tocar jazz", proclamaba el clarinetista de Nueva Orleans 'Big Eye' Louis Nelson DeLisle[44], y, afirmaba Paul Bley: "El blues es un muy buen punto de partida para tocar cualquier tipo de jazz. Así que cuando tocas frases con rasgos de blues, puedes estar casi seguro que te enrollaste en el jazz".[45] "Mira, cuando no estés muy seguro, toca blues. Creo que un viejo dicho dice que un blues nunca te puede salir mal", agrega Cyrus Chestnut.[46] Y fue inyectando blues en su música, como ya lo vimos, que Jelly Roll Morton creó lo que iba a ser el verdadero jazz.

El blues utilizado en el jazz se caracteriza, en su más sencilla expresión, por una estructura AABA de doce compases y una secuencia armónica I-IV-I-I/IV-IV-I-I/V-IV-I-V. Sin embargo, la sencillez misma de esta forma constituye en sí un reto. Algunos músicos de jazz, Chick Corea entre otros, han tocado y siguen tocando blues sofisticados con progresiones armónicas mucho más complejas. Pero, aseveraba Count Basie: "claro que hay muchas maneras de interpretar el blues, pero seguirá siendo blues". La escala del blues, tonalmente ambigua (do, mib, fa, fa#, sol, sib, do), y las *blue notes* (notas apoyaturadas), características de este género, recuerdan algunos modos africanos no temperados, y se pueden oír ecos de blues en la música de algunos griots de África Occidental.

Los primeros pianistas de blues venían mayormente del este de Texas. Ejercían sus talentos en tabernas de mala muerte ubicadas cerca de los diques o de los campamentos de leñadores, o recorrían los Estados Unidos con compañías de vodevil y *minstrels*, circos o *medicine shows* (espectáculos organizados por vendedores de remedios y pociones), logrando a menudo reproducir, en sus instrumentos, la expresividad del blues vocal. Algunos, de hecho, cantaban también. Jelly Roll Morton

---

[44] En: Mike Pinfold, *Louis Armstrong*, p. 15.
[45] En: Arigo Cappeletti, *"Paul Bley: The Logic of Chance"*, *pointofdeparture.org*.
[46] Notas del CD *Cyrus Chestnut – Midnight Melodies*, Smoke Sessions Records.

se cruzó con algunos de esos pianistas durante sus viajes por el Sur. Se acordaba, en particular, de un *honky tonk* de Biloxi, en el Mississippi, donde, como le contó a Lomax en sus grabaciones de la Biblioteca del Congreso, oyó "sólo blues", con pianistas con apodos tan pintorescos como Brocky Johnny, Shiny Head Pete, Old Florid Sam o Tricky Sam. Estos primeros pianistas de blues eran generalmente autodidactas y muchos de ellos, como también los de boogie-woogie (los dos estaban frecuentemente vinculados), tenían otro trabajo durante el día. Algunos de ellos acompañaban a cantantes: Louie Austin acompañaba a Alberta Hunter, Jesse Crump a su esposa Ida Cox, Lem Fowler a Clara Smith, Tom Dorsey, con el nombre de 'Georgia Tom', a Ma Rainey, Fletcher Henderson a Bessie Smith, Jimmy Yancey a su esposa "Mama" (Estelle) Yancey, y Victoria Spivey y Edith Johnson se acompañaban a sí mismas en el piano. Otros colaboraban con guitarristas, por ejemplo Charlie Spand con Blind Blake, Black Bob con Big Bill Broonzy, y cuando no tocaba con Ma Rainey, Dorsey tocaba con Tampa Red.

El blues era en ese entonces considerado como música vulgar. "Las familias negras ordinarias no toleraban el blues en sus casas, ni siquiera la música al estilo rag, recordaba Willie 'The Lion' Smith. Los blues con sabor a terruño eran considerados pecaminosos. En Nueva York mucha gente de color, incluso algunos músicos, repudiaban el blues. Entre los que más rechazaban ese tipo de pasatiempos se encontraban los negros recién llegados del Sur en búsqueda de una vida mejor. Querían olvidarse de aquello que caracterizaba al negro del Sur".[47] Por otra parte Smith declaraba haber realizado la primera grabación de blues de la historia, "Crazy Blues", en 1920, con Mamie Smith y sus Jazz Hounds, aunque Perry Bradford, el compositor de la canción, afirmaba haber sido él quien tocó el piano. También ya se habían publicado algunas piezas que llevaban la palabra "blues" en su título, como "I Got the Blues", de un tal Anthony Maggio (1908).[48]

Con la Gran Migración, muchos pianistas sureños se trasladaron al norte, al oeste y al este de Estados Unidos para encontrar mejores empleos, e introdujeron el blues allá. El South Side de Chicago se convirtió en el foco más ardiente del blues urbano, y el blues se arraigó también en Memphis, Detroit, Pittsburgh y otras ciudades. Muchos de estos bluesmen viajaban hacia el norte u otros lugares en tren u oían el estruendo de los trenes cuando pasaban bajo sus ventanas. Asimismo, los negros trabajaban a menudo para los ferrocarriles, como mozos de coches-camas o de equipajes u otros pequeños empleos, como el padre de Oscar Peterson en Canadá, y así surgió la temática de los trenes en el blues. Varios pianistas imitaban en su instrumento el traqueteo monótono de los trenes sobre los rieles, como Luckey Roberts en su "Railroad Blues" o el tejano William Ezell (1892-1963) en su "Barrelhouse Woman". En los años treinta el blues se codificó

---

[47] *Music on My Mind*, p. 217. Lo mismo ocurrió con el son en Cuba y con la samba en Brasil.
[48] *Ibid.*

y se coló verdaderamente en el jazz, y no hay músico de jazz que no haya grabado o por lo menos tocado un blues, desde el "E Flat Blues" de Fats Waller o el
"Erroll's Blues" de Erroll Garner hasta el "Herbie"s Blues" de Herbie Hancock o
el "Paris Blues" de Keith Jarrett.

Algunos pianistas de blues tradicional

Varios de los primeros pianistas de blues que grabaron cantaban también. No
incluimos aquí sus biografías porque pertenecen más bien al blues tradicional
que al jazz propiamente dicho. Mencionemos sin embargo, en orden cronológico, a 'Cripple' Clarence Lofton (del que hablaremos de nuevo en el capítulo "El
boogie-woogie"), Charlie Spand (Colombus, Misuri?, 1893-Colombus, c.1958),
Charles 'Cow Cow' Davenport (Anniston, Alabama, 1894-Cleveland, Ohio,
1953), Jabo Williams (Birmingham, Alabama, c. 1895-Birmingham, c. 1953),
'Whistlin" Alex Moore (Dallas, Texas, 1899-Dallas, 1989), Tom (Thomas) Dorsey
(Villa Rica, Georgia, 1899-Chicago, Illinois, 1993), creador del góspel moderno
pero también pianista de blues, cantante y compositor al principio de su carrera
(compuso el hit "Tight Like That", grabado con el guitarrista Tampa Red, y más
de 400 blues entre los cuales "Riverside Blues", grabado por King Oliver en 1923),
Clarence 'Pine Top' Smith (véase el capítulo "El boogie-woogie"), el pianista
blanco Art Hodes (Mykolaïv, Ucrania, 1904-Harvey, Illinois, 1993), y Major 'Big
Maceo' Merriweather (Newman, Georgia, 1905-Chicago, Illinois, 1953), Roosevelt Sykes (Helena, Arkansas, 1906-Nueva Orleans, Luisiana, 1983), Eurreal Wil-
ford 'Little Brother' Montgomery (Kentwood, Luisiana, 1906-Chicago, Illinois,
1985), que tocó con Clarence Desdunes y Buddy Petit y acompañó a Otis Rush,
Memphis Minnie y Buddy Guy, William Thomas 'Champion Jack' Dupree (Nueva Orleans, Luisiana, c. 1910-Hanover, Alemania, 1992), famoso por su "Walking
the Blues", Joseph William 'Pinetop' Perkins (Belzoni, Mississippi, 1913-Austin,
Texas, 2011), que todavía tocaba en público a los 95 años, 'Memphis Slim' (John
Len Chatman) (Memphis, Tennessee,1915-París, Francia, 1988), autor del estándar "Every Day I Have the Blues", James Avery Parrish (Birmingham, Alabama,
1917-Nueva York, 1959), autor del estándar "After Hours", y Otis Spann (Jackson, Mississippi, 1930?-Chicago, Illinois, 1970), que murió de cáncer poco antes
de cumplir cincuenta años.

El boogie-woogie

Vástago del blues, el fogoso boogie-woogie (también llamado a veces *barrelhouse piano*)[49] se desarrolló verdaderamente en Chicago a partir de finales de los años veinte y alcanzó su apogeo durante la década de los cuarenta. Caracterizado por motivos repetitivos en la mano izquierda y trémolos, *crushed notes* (notas apoyaturadas), *glissandi* y hemiolias en la mano derecha, daría lugar al rhythm 'n' blues y al rock 'n' roll, e influiría fuertemente en algunos pianistas de Nueva Orleans como Fats Domino así como en Little Richard (Richard Wayne Penniman), oriundo de Georgia. Stuart Isacoff habla, respecto al boogie-woogie, de los "fogosos patrones rítmicos de la mano izquierda que giran constantemente como los émbolos de un tren lanzado a todo vapor".[50] Numerosos pianistas de boogie-woogie tocaban también blues y otros géneros musicales.

Se han propuesto varias etimologías para "boogie-woogie": vendría quizás de un vocablo africano que significa "bailar" (en Estados Unidos, la expresión afroamericana *boogie on down* quiere decir "bailar de manera animada"), del traqueteo de los bojes de los trenes en los rieles (los pianistas de boogie-woogie imitaban a veces el ruido de los trenes) o, según Cow Cow Davenport, de la palabra *boogeyman*, que designa un ogro. Sin embargo, como estilo musical, el boogie-woogie toma su nombre de "Pine Top's Boogie-Woogie", del pianista Pine Top Smith.

El boogie-woogie empezó a gestarse en los años 1870 en los campamentos de leñadores del este de Texas, donde se recogía resina de pino para hacer trementina y donde se le llamaba "Dudlow Joe" (del nombre de uno de sus pioneros), "fast western" o "fast blues". Pete Johnson, que tocaba este tipo de música en Kansas City a finales de los años veinte, lo llamaba "western rolling blues". Otros músicos lo llamaban "the sixteens" o simplemente "sixteen" y los antiguos pianistas de *barrelhouse* sureños "stomping". William Turk, que tocaba en Texas a principios del siglo veinte, inventó una línea de bajo que anunciaba la

---

[49] La palabra *barrelhouse* designaba un tipo de saloons donde se almacenaban barriles de cerveza.
[50] *A Natural History of the Piano*, p. 172.

Un *juke joint* de Misisipi en 1939.

del boogie-woogie. Como era obeso, la creó supuestamente porque su barriga le impedía ejecutar grandes saltos de la mano izquierda del registro bajo al registro mediano del piano, mientras que su nueva línea de bajo tenía grados conjuntos o por lo menos pequeños intervalos. Según Eubie Blake, era capaz de tocar en todas las tonalidades y tenía "una mano izquierda de dios… Tocaba una nota con la mano derecha y al mismo tiempo cuatro con la izquierda". Turk murió hacia 1911 sin haber presenciado la explosión del boogie-woogie. "Charleston Rag" de Blake (1899) anunciaba también este nuevo género. El cantante y guitarrista de blues Lead Belly afirmaba haber oído ese mismo año este tipo de música en el nordeste de Texas. Jelly Roll Morton recordaba los boogie-woogies tocados en 1904 en Nueva Orleans por el pianista Buddy Bertrand (evocado en su "Buddy Bertrand's Blues"), y otros tocados por un tal Bennie French y un tal Birmingham, probablemente oriundo de Alabama. Y en su niñez, el banjoista y guitarrista Danny Barker había también oído este género en Nueva Orleans donde, decía, era apodado *"the horses"* (los caballos) por sus líneas de bajo galopantes. Más tarde, en Chicago, Little Brother Montgomery designaría también el boogie-woogie con el nombre de "Dudlow Joe".

Como los bluesmen, muchos pioneros del boogie-woogie llevaban una vida errabunda, y pese a su talento suscitaban el desprecio. "Los pianistas de *barrelhouse* se presentaban en circuitos urbanos y rurales de Texas y Luisiana, creando estilos únicos que inspiraron a seguidores… el músico de *barrelhouse* ocupaba un lugar muy cercano del fondo de la jerarquía negra. A diferencia de los músicos que viajaban con un violín o una guitarra y que frecuentemente incluían música religiosa en su repertorio o hasta se especializaban en himnos, el pianista de *barrelhouse* tocaba para el público profano más vulgar en los lugares más sórdidos", apunta Edward L. Ayers.[51]

Como el blues, el boogie-woogie floreció sobre todo en Chicago, donde numerosos pianistas tocaban en *rent parties* (también llamadas "*pitchin' boogies*"), fiestas organizadas para ayudar a pagar la renta, en las que por un precio modesto los participantes tenían música y bebidas. Varios pianistas se turnaban en esas *rent parties*, que podían durar hasta la madrugada. En Nueva York, "Arkansas Blues", de James P. Johnson y "Chime Blues", de Fletcher Henderson, ambos grabados en 1921, así como la versión de "Muscle Shoals Blues" de Fats Waller (1922) y "Honky Tonk Train" de Meade "Lux" Lewis (1927) anunciaban también el boogie-woogie.

Hersal Thomas

Hersal Thomas

Niño prodigio, Hersal Thomas (Houston, Texas, 1910-Detroit, Michigan, 1926) marcó la historia del boogie-woogie con, en particular, su grabación de "The Fives", pieza compuesta con su hermano mayor George, que luego serviría para poner a prueba, en Chicago, a los pianistas de boogie-woogie. Pianista y compositor, autor de "Hop Scop Blues" y "Muscle Shoals Blues", George dio sus primeras clases de piano a Hersal. Su hermana mayor era la cantante de blues Beulah 'Sippi' Wallace. Desde muy joven Hersal empezó a tocar el piano y el órgano en la Shiloh Baptist Church, iglesia de la que su padre era diácono. A los catorce años ya era asombroso su talento. Él y George compusieron "Bedroom Blues", así como uno de los primeros boogie-woogies: "The Rocks", grabado por George en 1923 con el nombre de "Clay Cluster".[52] Hersal, Sippi y George se presentaron en diferentes ciudades, deslumbrando al público, en Nueva Orleans con "The Fives". Construido como un blues, y cuyo principal riff ya era conocido en el Sur, en Nueva Orleans en particular, "The Fives" evoca un tren, tren

---

[51] *Southern Crossing: A History of the American South, 1877-1906*, pp. 235 y 236.
[52] En el mismo año Jesse Crump grabó "Golden West Blues" y Lemuel Fowler grabó "Blues Mixture", que constituyen dos otros primeros ejemplos de boogie-woogie.

que está representado en la portada de la partitura, como lo está también en la de "Ole Miss Rag" de W.C. Handy. Cripple Clarence Lofton lo grabaría en 1936 como un verdadero boogie-woogie. En 1925 Hersal grabó "Hersal's Blues" y "Suitcase Blues", con una línea de bajo muy parecida a la del boogie-woogie. Grabó también con su sobrina Hociel, cantante en el conjunto Jazz Four de Louis Armstrong ("Jack of Diamond Blues" y "Special Delivery Blues"), y al año siguiente grabó "The Kitchen Blues" con la cantante Lillian Miller. Asimismo tocó con King Oliver y con otros cantantes. Falleció con sólo dieciséis años, supuestamente de intoxicación alimentaria, aunque la verdadera causa de su repentina muerte nunca haya sido elucidada. Sippie Wallace grabó varios temas de Hersal, entre los cuales "A Jealous Woman Like Me" y "Trouble Everywhere I Roam".

Cripple Clarence Lofton

Además de pianista, Cripple Clarence Lofton (Clarence Clemens) (Kingsport, Tennessee, 1887?-Chicago, Illinois, 1957) era cantante, silbador, bailarín y showman de primera. Su "Strut That Thing", grabado en 1935, anunciaba de manera evidente el rock 'n' roll. William Russell describió uno de sus conciertos: "De repente, en medio de un tema, brinca con las manos juntas delante de él y empieza a caminar alrededor del asiento del piano, luego, inesperadamente, irrumpe de algún lugar un break vocal con voz de bajo. Un segundo más tarde, se voltea y ya está de nuevo al piano, con ambas manos volando a la velocidad de un relámpago".[53] Lofton también grabó "Pitchin' Boogie", "South End Boogie", "I Don't Know", "Streamline Train" y "Monkey Man Blues".

Speckled Red

Cantante y pianista autodidacta, Speckled Red (Rufus George Perryman) (Hampton, Georgia, 1892-San Luis, Misuri, 1973) fue uno de los mejores exponentes del estilo *barrelhouse*, precursor del boogie-woogie. Es especialmente conocido por su hit "The Dirty Dozens", en el que canta textos provocativos. Adolescente ya tocaba, al igual que su hermano menor 'Piano Red' (Willie Perryman), en saloons y fiestas privadas. Fue también organista en una iglesia. A mediados de los años veinte vivió en Detroit, trasladándose después a Memphis. En la década de los treinta se mudó a Chicago, donde realizó algunas grabaciones, y se instaló finalmente en San Luis. En el excelente disco de Folkways *The Barrel-House Blues of Speckled Red* (1961), introduce sus canciones con explicaciones enunciadas con su pintoresco acento sureño.

---

[53] Atribuido a William Russell por una fuente desconocida.

Jimmy Yancey

Autodidacta también, Jimmy Yancey (Chicago, Illinois, 1894 o 1901?-Chicago, 1931) influyó en muchos pianistas, entre los cuales Meade 'Lux' Lewis, Albert Ammons y Pine Top Smith. Le gustaban especialmente las tonalidades de mi bemol y la bemol, y terminaba a menudo sus piezas con un acorde de mi bemol. Inventó líneas de bajo comúnmente utilizadas en el blues y el boogie-woogie, con, frecuentemente, el patrón rítmico negra con puntillo-negra con puntillo-negra, que es el de la clave cubana. Su hermano mayor Alonzo, pianista también, le dio clases de música, y su padre tocaba la guitarra y cantaba. De niño Yancey recorrió Estados Unidos como

Jimmy Yancey

bailarín de claqué y cantante, y de adolescente emprendió una gira por Europa. Se presentó más tarde en dúo con su esposa Estelle con el nombre de Jimmy y Mama Yancey. De 1925 a 1950 fue vigilante de la cancha de entrenamiento del equipo de beisbol White Sox de Chicago, realizando al mismo tiempo grabaciones y tocando en clubes. Sus grabaciones incluyen "Bugle Call" (La llamada del clarín), con su motivo recurrente de llamada, "The Fives", "Yancey Stomp", "Death Letter Blues", "The Five O' Clock Blues" y "Jimmy's Rocks".

Jimmy Blythe

Con "Chicago Stomp" (1902), con sus motivos obsesivos de mano izquierda, Jimmy Blythe (Keene, Kentucky, 1901-Chicago, Illinois, 1931) fue uno de los primeros en grabar un verdadero boogie-woogie. Hijo de exesclavos, se interesó por el piano observando a músicos de ragtime. Estudió este instrumento con Clarence Jones. A continuación, grabó a principios de los años veinte unos trescientos rollos para piano mecánico (incluso fox-trots y vals), y grabó además con jazzmen como Jimmy Bertrand, Freddie Keppard y Johnny Dodds. Murió de meningitis a los treinta años. Su "Jimmy's Blues" (1925) fue utilizado por Pine Top Smith para su "Pine Top's Boogie Woogie" e inspiró también a Albert Ammons. Citemos, entre sus grabaciones, "Mr. Freddie Blues", "Jockey Stomp", "Chicago Stomp" y "Fat Meat and Greens".

Pine Top Smith

Con su "Pine Top's Boogie-Woogie", sin embargo, fue Clarence "Pine Top" (o Pinetop) Smith (Troy, Alabama, 1904-Chicago, Illinois, 1929) quien popularizó verdaderamente el ragtime. Como Hersal Thomas, también murió joven, de un balazo recibido accidentalmente durante una pelea. "Pine Top's Boogie-Woogie", primer tema en el que aparece la palabra boogie-woogie, sería grabado luego por Bing Crosby y Gene Taylor. Arreglado para una big band por Tommy Dorsey con el nombre de "Boogie Woogie", se convertirá en un hit para su orquesta, y Ray Charles adaptó "Pine Top's Boogie-Woogie" para su canción de 1957: "Mess Around".

Montana Taylor

Arthur 'Montana' Taylor (Butte, Montana, c. 1903-Cleveland, Ohio, c. 1958) es considerado como uno de los jefes de fila del candente *barrelhouse piano*. Creció en Chicago e Indianápolis y se instaló en Cleveland en 1929. Allí grabó "Indiana Avenue Stomp", en el que aporrea sus acordes de mano izquierda con una regularidad metronómica, y "Detroit Rocks". Se retiró unos años de la música y volvió a grabar en 1946 como pianista y cantante, con su propio nombre ("In the Bottom", "Sweet Sue, "Low Down Bugle") y como acompañante de Bertha "Chippie" Hill. Supuestamente trabajó al final de su vida de chofer.

Pete Johnson

Junto con Albert Ammons, Meade 'Lux' Lewis y Sammy Price, Pete Johnson (Kansas City, Misuri, 1904-Buffalo, Nueva York, 1967) es una de las estrellas del boogie-woogie. Era un virtuoso. Ejecutaba a menudo corcheas regulares con la mano izquierda y terceras, cuartas y quintas con la mano derecha. De niño, ejerció varios pequeños oficios. En 1922 debutó como baterista en Kansas City, estudiando también piano. De 1926 a 1938 acompañó a Big Joe Turner al piano, tocando luego en el Famous Door de Nueva York. En 1938 participó en el concierto "From Spirituals to Swing" organizado por el promotor y productor John Hammond en el Carnegie Hall, y él, Albert Ammons y Meade 'Lux' Lewis se presentaron en trío en el Cafe Society de Nueva York. En 1950 se mudó a Buffalo. Perdió un dedo y se quedó parcialmente paralítico tras un infarto, pero ejerció sin embargo varios oficios para sobrevivir y tocó ocasionalmente. A finales de los años cincuenta su carrera volvió a intensificarse. Dio conciertos en Europa en 1958 y se presentó en el Festival de Jazz de Newport. Sus composiciones incluyen "Boo-

Pete Johnson

Woo", "Roll 'Em Pete" (primera verdadera canción de rock and roll, compuesta con Joe Turner), "Boogie Woogie Prayer" y "Pete's Lonesome Blues".

Meade 'Lux' Lewis

A partir de los años treinta, el pianista y cantante Meade 'Lux' Lewis (Anderson Meade Lewis) (Chicago, Illinois, 1905-Minneapolis, Minnesota, 1964) contribuyó de manera importante, con Albert Ammons y Sammy Price, al éxito internacional del boogie-woogie, y adaptó varios estándares como boogie-woogies. Se le escuchará, por ejemplo, en "Honky Tonk Train Blues" o "Bass on Top". Al comienzo de su carrera fue influenciado por Jimmy Yancey. Su padre, guitarrista, le hizo aprender el violín, pero a los dieciséis años Lewis escogió el piano y entabló amistad con Albert Ammons. En 1927 grabó el enérgico "Honky Tonk Blues", del que más tarde produciría otras versiones, y apareció en las películas *It's a Wonderful Life* (1946), *Nueva Orleans* (1947) y *Nightmare* (1956). Murió a los cincuenta y ochos años en un accidente de coche.

Albert Ammons

Padre del saxofonista Gene Ammons, Albert Ammons (Chicago, Illinois, 1907-Chicago, 1949) influyó en varios pianistas, Ray Bryant entre ellos. En "Boogie-Woogie Stomp", por ejemplo, ejecuta lo que otros pianistas de boogie-woogie llamaban *"eight to the bar"*, es decir, una línea de bajo con corcheas regulares (con notas o acordes) mientras la mano derecha ejecuta contrarritmos. En la primera mitad de los años veinte se ganó la vida como taxista. En 1934 fundó una banda. Dos años después, su "Swanee River Boogie" se convirtió en un *best seller*. Ammons se instaló entonces en Nueva York y formó un dúo con Pete Johnson. A finales de los años cuarenta colaboró con Lionel Hampton y se radicó luego en Chicago, donde actuó en clubes. Al final de su vida sufrió una parálisis pasajera y falleció tres semanas antes de cumplir cuarenta y tres años.

Sammy Price, el rey del boogie-woogie

Conocido como "El rey del boogie-woogie", Sammy Price (Honey Grove, Texas, 1908-Nueva York, 1929) tocaba varios tipos de música, pero siempre con rasgos de blues. Empezó en su niñez a tocar saxofón y pasó luego al piano cuando su familia se instaló en Dallas. A los quince años se unió, como cantante y bailarín, a la orquesta de Alphonso Trent. Su carrera de pianista despuntó a partir de la década de los veinte. Tocó primero en Kansas City, en solitario, con varios grupos y con cantantes como Big Joe Turner. Vivió también algún tiempo en Chicago, Detroit y Nueva York, presentándose también en Nueva Orleans y Boston. En 1937 se estableció en Nueva York, grabó más de 300 temas para la firma Decca y trabajó con jazzmen como Danny Barker, Sidney Bechet, Red Allen y Mezz Mezzrow, con el cual viajó a Francia a fines de los años cuarenta. Hombre de negocios astuto, abrió dos clubes en Texas en la década de los cincuenta y administró una empresa de productos cárnicos. Durante los sesenta se dedicó a la política, apoyando al congresista afroamericano Adam Clayton Powell, Jr. Un tal Tom Reney, que lo oyó tocar en 1985 en el Plaza Hotel de Boston, recuerda: "Tenía alrededor de 77 años en esa época, pero era todavía un personaje imponente y uno de los últimos exponentes de la vieja escuela del *barrelhouse piano*. Price interpretó un poco de todo, desde rags, spirituals, stomps y boogie-woogie hasta jazz basado en riffs y rock 'n' roll, todo esto arraigado en una honda sensibilidad *bluesy*".[54] Las numerosas grabaciones de Price incluyen "Please Don't Talk About Me When I'm Gone", "Boogie Woogie Soul Train", "Midnight Boogie", "Blues and Boogie" y "Copenhagen Boogie".

---

[54] "Sammy Price – Pianist, Texas Bluesician, and Harlem Ward Heeler", 6 octubre 2016, *digital.nepr.net*.

Earl Hines Boogie Woogie on St Louis Blues

Otros músicos de boogie-woogie

Mencionemos a la pianista y cantante Cleo (Cleopatra) Brown (1909-1995), oriunda de Mississippi, cuya carrera culminó en los años treinta; Gene Rodgers (Nueva York, 1910-Nueva York, 1987), con su animado "Jukebox Boogie", interpretado con una banda de mujeres (grabó también con Coleman Hawkins, Clarence Williams, Chick Webb, Benny Carter y otros jazzmen); Winifred Atwell (1914-1983), nativa de Trinidad, muy popular en los años cincuenta en el Reino Unido y Australia; el pianista y cantante Ivory Joe Hunter (1914-1974), oriundo de Texas y conocido como "El Barón del Boogie"; la pianista y cantante Hadda Brooks (1916-2002), que logró el éxito en 1945 con su "Swingin' the Boogie" y fue conocida como "La reina del boogie"; el muy popular cantante y pianista Amos Milburn (1927-1980); y el pianista y cantante Frank 'Sugar Chile' Robinson (Detroit, Michigan, 1938). Niño prodigio, Robinson tocó a los siete años como artista invitado con Lionel Hampton, y con la orquesta de Count Basie cinco años más tarde, y apareció en varias películas. A fines de los años cuarenta logró el éxito con "Numbers Boogie" y "Caldonia". Se retiró entonces de la música y más tarde emprendió de nuevo su carrera, aunque con menos éxito. Earl Hines ("Boogie Woogie on St Louis Blues"), Count Basie ("Basie Boogie", "Red Bank Boogie"), Eddie Heywood ("Heywood's Boogie"), Hazel Scott (*Bach to Boogie*), Dorothy Donegan ("Dorothy's Boogie", "Hallelujah Boogie Woogie") y cantidad de otros pianistas sucumbieron también al sortilegio del boogie-woogie.

La mayoría de los grandes exponentes de boogie-woogie eran negros, pero dos pianistas blancos: Freddy Slack (1910-1965) y Bob Zurke (1912-1944), que tocó, entre otros, con Bob Crosby and His Bobcats, gozaron de cierta fama en este género musical. El boogie-woogie se quedó no obstante marginal en el jazz. Fats Waller, en particular, lo encontraba demasiado mecánico, y la boga del boogie-woogie menguó progresivamente a partir de los años cincuenta. Sin embargo, el boogie-woogie sigue teniendo algunos apasionados, en Europa sobre todo: Al Copley en Estados Unidos, Claude Bolling, Fabrice Eulry y Jean-Paul Amouroux en Francia, Daniel Smith y Jools Holland en el Reino Unido, Joja Wendt, Jörg Hegemann y Axel Zwingenberger en Alemania, Lluís Coloma en España y Silvan Zingg en Suiza.

El stride

El stride (*to stride* significa "dar grandes zancadas"), así llamado por sus saltos de mano izquierda de un registro a otro del piano, derivaba del ragtime, pero tenía más swing, era armónicamente más sofisticado (mucho antes que Art Tatum o los músicos de bebop, los pianistas de stride rearmonizaban temas), y daba una parte importante a la improvisación. "Lo que hace al stride más difícil para los pianistas que no tienen experiencia de tocar en solitario, es que la mano izquierda debe dialogar temática y armónicamente con la derecha manteniendo un impulso rítmico muy vigoroso que conserve intactos la esencia y el flujo de la ejecución", explica Marcus Roberts.[55]

El stride floreció en la costa este durante los años veinte y treinta, en Nueva York especialmente, donde coincidió con la extraordinaria eclosión artística del *Harlem Renaissance*. Art Tatum, Duke Ellington, Count Basie, Claude Hopkins, Erroll Garner, Mary Lou Williams, Thelonious Monk, Jaki Byard y muchos otros pianistas debutaron tocando stride. Las versiones de "Tea For Two" y "Song of the Vagabonds" de Tatum, grabadas en 1945, constituyen dos deslumbrantes aunque tardíos ejemplos de este género musical.

En los años veinte y a principios de los treinta Harlem, con su abundancia de locales de música, atrajo a algunos de los más brillantes pianistas de Estados Unidos. Entre ellos "Abba Labba" (Richard McLean), que tocaba mayormente en burdeles. No grabó pero tuvo una influencia decisiva en otros músicos como James P. Johnson, que se inspiró en su mano izquierda. Los *cutting contests* (o *carving contests*), concursos en los que los músicos se desafiaban mutuamente, comunes en el jazz de esa época, obligaban a los pianistas a superarse. En su juventud, Ellington asistió a uno de esos *cutting contests*, entre Fats Waller, James P. Johnson y Willie 'The Lion' Smith. Este espíritu competitivo duraría y hasta se exacerbaría con el bebop, y aún perdura en algunas jam sessions. Numerosos pianistas de stride tocaban también en *rent parties* o, como en el caso de compositores como Gershwin, Cole Porter y Jerome Kern, presentaban partituras en las tiendas de música de Tin Pan Alley. Waller, en particular, vendió allí sus composiciones por sumas irrisorias, sin nunca cobrar regalías.

---

[55] "All in Stride: James P. Johnson", *Down Beat*, p. 31.

Como algunos ragtime*rs* y Jelly Roll Morton, muchos pianistas de stride eran showmen que cuidaban su apariencia y manera de presentarse ante el público. "Algunos *ticklers* se sentaban de lado y se ponían a charlar con amigos sentados cerca, cuenta John Eaton. Se necesitaba mucha práctica para tocar así. Y así, sin dejar de conversar o sin siquiera voltearse hacia el piano, atacaban de repente, rematando justo en el tempo regular de la pieza".[56] "Éramos tan hábiles, escribió el siempre modesto Willie 'The Lion' Smith, que podíamos tocar un tema diferente con cada mano al mismo tiempo. Yo podía tocar "The Double Eagle March" con mi mano izquierda mientras que mi mano derecha ejecutaba "Home, Sweet Home"".[57] Se jactaba también de poder coger un vaso con una mano mientras accionaba las teclas con la otra.

La mayoría de los pianistas de stride eran virtuosos capaces de tocar en cualquier tonalidad. Utilizaban numerosos procedimientos, entre ellos líneas de bajo en décimas arpegiadas, ya introducidas en el jazz en la década de 1910 por Fred 'The Harmony King' Bryant y James P. Johnson. Improvisaban también sobre canciones populares o piezas clásicas: "The Lion", por ejemplo, sobre el "Miserere" de Verdi, como ya lo hacía Jelly Roll Morton, o sobre una de las "Polonesas" de Chopin. Fats Waller, por su parte, grabó fugas de Bach y "El vuelo del moscardón" de Rimsky-Korsakov, pero un músico clásico del sello Victor pidió que se destruyeran los masters.

Eubie Blake

Uno de los primeros grandes maestros del stride fue 'Eubie' (James Hubert) Blake (Baltimore, Maryland, 1887-Nueva York, 1983). Pianista con un extenso repertorio y una excelente técnica, capaz de tocar a velocidades asombrosas sin dejar de ser melodioso, fue también compositor y letrista, autor de varios musicales de Broadway. Tenía grandes manos y podía alcanzar duodécimas. Lo oí una vez en un concierto en Nueva York, tenía casi noventa años y gozaba todavía de una forma musical impresionante. Se ha generalmente dado la fecha de 1883 como el momento de su nacimiento, pero según recientes indagaciones, habría realmente nacido en 1887. Sus padres eran exesclavos. Su madre, mujer muy religiosa, repudiaba el ragtime, que consideraba "música del diablo", y fue un organista de iglesia quien inculcó sus primeros rudimentos de música a Blake. De niño empezó a tocar el armonio en una iglesia, y practicó en el pequeño órgano de su casa. Estudió luego armonía y composición con el director de la Orquesta Sinfónica de Baltimore y en el Conservatorio de Boston, pero el ragtime triunfó de la música clásica y se apoderó de Blake.

[56] En: W. Royal Stokes, *Living the Jazz Life: Conversations With Forty Musicians About Their Careers in Jazz*, p. 78.
[57] *Music on My Mind*, p. 4.

Siendo apenas adolescente tocó a escondidas de su madre en un burdel, Aggie
Shelton's Bawdy House, en el que compuso su primera pieza, "Sounds of Africa", conocida más tarde como "Charleston Rag". En 1907 pasó a ser pianista en
el Goldfield Hotel de Baltimore, adminis-
trado por un boxeador negro, y emprendió a continuación una breve gira con
un *medicine show*, bailando y tocando el
melodeón (acordeón diatónico). En 1911
compuso los rags "Chevy Chase", "Fizz
Water" y "Troublesome Ivories", que se-
guiría tocando a lo largo de su carrera. Al
año siguiente entró en la Society Orchestra de James Reese Europe. En 1915 se
trasladó a Nueva York, donde acompañó
a cantantes y conoció al cantante y compositor Noble Sissle, con el que colaboraría durante muchos años. Compuso con
él éxitos tales como "It's All Your Fault" y
"Chocolate Dandies", y los dos se presentaron juntos con el nombre de Dixie Duo.

'Eubie' Blake

De 1917 a 1921 grabó rollos para piano mecánico, así como "Charleston Rag", se
fue de gira como bailarín con la troupe de minstrels *In Old Kentucky* y tocó el piano
en varios lugares de la Costa Este.

Durante los años veinte compuso prolíficamente, incluso el bello "Rain Drops".
En 1921 creó la música de *Shuffle Along* (en particular las canciones "Love Will
Find a Way" y "I'm Just Wild about Harry"), para el cual Sissle escribió la letra.
Era el primer musical completamente negro, protagonizado por Florence Mills,
Paul Robeson y Josephine Baker, y obtuvo un éxito considerable en Broadway. De
1925 a 1926 Blake recorrió Europa con Sissle. Compuso entonces la música de la
Blackbirds Revue of 1930, cuya estrella era Ethel Waters, y cuya canción "Memories
of You" se convirtió en un hit. Durante la Segunda Guerra Mundial, él y Sissle se
presentaron ante los soldados estadounidenses. Después de la guerra Blake dejó
por algún tiempo de tocar en público. Descubierto de nuevo en la década de los
1950, grabó en 1969 el doble álbum *The 86 Years of Eubie Blake*, en el que canta
Sissle, dio conciertos y se presentó en la radio y la televisión. En 1978 el musical *Eubie*, estrenado en Broadway, incrementó su fama. Blake es también autor de
"Eubie's Boogie" y de obras de carácter más clásico, como el *debussyesco* "Butterfly"
y "Capricious Harlem".

Luckey Roberts

El fenomenal Luckey (Charles Luckyeth) Roberts (Filadelfia, Pennsylvania, 1887-Nueva York, 1968) suscitó la admiración de Duke Ellington, que copiaba algunos de sus gestos y de sus técnicas al piano, de James P. Johnson, al que dio algunas clases, de Abba Labba y de George Gershwin. A lo largo de su carrera dirigió varias bandas y compuso. El pianista Claude Hopkins recordaba que lucía un gran anillo con un diamante. Tenía manos enormes (podía alcanzar intervalos de catorce notas) que fueron dañadas en un accidente de coche, aunque logró tocar de nuevo tras ser operado. Su madre murió poco después su nacimiento. A los cinco años comenzó a trabajar como bailarín, actor, cantante y acróbata en espectáculos de minstrels. Actuó también en Filadelfia y, animado por su padre, empezó a estudiar el piano. Compuso entonces "The African 400" (publicado en 1909), "Pork and Beans"–su más famosa pieza– que grabaría en 1946 (Donald Lambert la grabaría también, en 1961), "Nothin'" y "Junk Man Rag" (publicado en 1912 en una versión simplificada arreglada por Artie Matthews). En 1910 se trasladó a Nueva York. Trabajó en *rent parties* y clubes de San Juan Hill,[58] y grabó rollos para piano mecánico. Al año siguiente pasó a ser director musical de la compañía *Southern Smart Set*. Viajó a Francia con James Reese Europe, regresando a Estados Unidos en 1919. Durante la década de los veinte lideró una orquesta de salón, acompañó al artista de vodevil Bert Williams y tocó ocasionalmente con la pareja de baile Vernon e Irene Castle. Compuso también varios musicales, entre ellos *This and That*, estrenado en 1920 en el Lafayette Theater de Harlem.

En 1931 dio un concierto en el Carnegie Hall. Actuó luego en varias ciudades de Estados Unidos. En 1939 dirigió su International Symphonic Orchestra en el Carnegie Hall, tocando el piano para su *Symphony Suite*. En 1941 Glenn Miller grabó "Moonlight Cocktail", derivado de "Ripples of the Nile" de Roberts, que se convirtió en un hit. "Moonlight Cocktail" tenía un tempo mucho más lento que "Ripples of the Nile". De hecho, pocos eran capaces de tocar con la velocidad de Roberts. De 1942 a 1954 Roberts tocó el piano en su propio restaurante, Luckey's Rendezvous, en Harlem, y hacia 1944 dio algunas clases de piano a George Gershwin. En 1946 grabó por primera vez con su propio nombre (ya había grabado algunos temas en 1916, pero no fueron comercializados). A pesar del pésimo piano que se le atribuyó para esa sesión, "Pork and Beans", "Railroad Blues" y el sedoso y encantador "Ripples of the Nile", con su cambio final de tempo, son estupendos. En 1958 grabó *Luckey and The Lion - Harlem Piano* con su amigo Willie 'The Lion' Smith. Se retiró de la música a fines de los años sesenta tras un infarto. Compuso también el vals "Inner Space", "Spanish Venus" (que tocaba Eubie Blake) y obras

---

[58] Barrio del West Side de Manhattan donde está ahora el Lincoln Center y donde vivían numerosos negros sureños y mucha gente del Caribe.

de concierto como *Whistlin' Pete* y *Miniature Syncopated Rhapsody for Piano and Orchestra*. En 1974 la firma Everest Records publicó un álbum de Roberts intitulado *Ragtime King*, pese a que Roberts haya sido más bien un pianista de stride que de ragtime.

James P. Johnson

James Price Johnson (New Brunswick, Nueva Jersey, 1894-Nueva York, 1955) fue una referencia para la mayoría de los pianistas de Harlem. Con sus formidables técnica e ingenio, impresionó a Gershwin, Fats Waller, Duke Ellington (para el que orquestó varios temas), Thelonious Monk y muchos otros. Tenía un oído perfecto, era capaz de tocar a velocidades asombrosas (como en "You've Got to Be Modernistic"), y se inspiraba en una gran variedad de músicas.

En su infancia cantó en el coro de una iglesia. Su madre le dio sus primeras clases de piano, y a los ocho años Johnson tocó en un burdel. En 1902 su familia se mudó para Jersey City, donde descubrió el ragtime. "Cuando vivíamos en Jersey City, recordaba, estaba impresionado por los amigos de mi hermano mayor. Eran *verdaderos* 'ticklers', pianistas de cabarets y 'sporting houses'. Eran mis héroes. Llevaban una vida que me parecía glamurosa; eran bienvenidos en dondequiera por su talento".[59] Siguió estudiando ragtime y, de 1913 a 1916, estudió también música clásica. En 1908 sus padres se trasladaron a San Juan Hill. En Nueva York, Johnson oyó lo que consideraba "verdadero" ragtime. Abba Labba lo influenció, y Eubie Blake y Luckey Roberts le prodigaron algunos consejos. Obtuvo primero un contrato en Coney Island y tocó luego en varios clubes de Harlem, en *rent parties*, en espectáculos de vodevil y en Atlantic City, y organizó un conjunto. En 1913 acompañó a bailarines en el Jungle Club, en el que compuso el enérgico "The Mule Walk" (también conocido como "Mule Walk Stomp"). Volvió a tocar en Harlem, dándose pronto a conocer, y viajó por el sur de los Estados Unidos con una revista musical. A partir de 1917 grabó numerosos rollos para piano mecánico, y de 1918 a 1919 fue director musical de la revista *Smart Set*. En Toledo, Ohio, impresionó también al joven Art Tatum.

Durante la década de los veinte y la primera mitad de los treinta, Johnson realizó algunas de sus mejores grabaciones, incluso "Harlem Strut", "Keep off the Grass", el fogoso "Jingles", "Snowy Morning Blues" (que no es un blues), ejecutado en un tempo mediano, "Riffs", "You've Got to Be Modernistic" y "Carolina Shout". Grabaría de nuevo "Snowy Morning Blues" en varias épocas, cada vez de manera diferente, dando constancia de su prodigiosa imaginación. Inspirado en danzas que había presenciado en la casa de su madre en su juventud, "Carolina

---

[59] "Runnin' Wild: A Biography of James P. Johnson", *riverwalkjazz.stanford.edu*.

James P. Johnson

Shout", grabado en 1921, se convirtió en el caballo de batalla de algunos pianistas, entre ellos Duke Ellington y Fats Waller. Descrito como "fast jump" en la partitura, la pieza, de la que existen algunas variantes, modula hacia el final de sol a do.

Johnson actuó entonces en el Savoy Ballroom y recorrió Europa durante algunos meses con la revista *Plantation Days* de James Reese Europe (1925), cuya música compuso y de la que era el director musical. Compuso además la partitura de los musicales *Sugar Hill* y *Runnin' Wild*, cuyo hit, "The Charleston", dio a luz al baile del mismo nombre que hizo furor en Estados Unidos y Europa. Acompañó al trompetista Jabbo Smith y a las cantantes Ida Cox, Ethel Waters, Trixie Smith y Bessie Smith. Con ésta, apareció en 1929 en la película *St. Louis Blues*, y grabó "Preachin' the Blues" y "Backwater Blues". En 1926 creó la música de la revista *Keep Shufflin'* en la que él y Fats Waller tocaron el piano. Asimismo compuso la ambiciosa rapsodia *Yamecraw* para piano y orquesta, inspirada en un poblado de las cercanías de Savannah. Se estrenó en 1928 en el Carnegie Hall bajo la batuta de W.C. Handy, con Fats Waller como solista. Se dio de nuevo en 1945 con Johnson al piano. Sin embargo, por ser negro, las obras más importantes de Johnson no recibieron el reconocimiento que merecían. Compuso también música para varias películas y tocó para diferentes espectáculos en teatros y clubes.

Durante los años treinta, lideró varias bandas, tocó con la orquesta de Fess Williams y el corneta Wild Bill Davison, dio conciertos en solitario y compuso. En 1938 participó, con Albert Ammons, Meade "Lux" Lewis y Count Basie, en el concierto del Carnegie Hall intitulado "From Spirituals to Swing". Grabó con Sidney Bechet y otros y, con su propio nombre, "Liza" de Gershwin (1937), "The Mule Walk" y "Lonesome Reverie". Sufrió un infarto en 1940, pero no obstante continuó trabajando. En 1943 grabó "Arkansas Blues", al año siguiente "Over the Bars" (conocido en los años veinte como "Steeplechase Rag"), el precioso "Keep off the Grass", con pasajes cromáticos (la batería no añade mucho a esta grabación), y hacia 1945 "Aunt Hagar's Blues" de W.C. Handy (también grabado por Art Tatum). Dio entonces un concierto en el Town Hall de Nueva York. Montó en California el musical *Sugar Hill* de su autoría (1949) y tocó con el cuarteto de Albert Nicholas. Siguió grabando, entre otras, su composición "Carolina Balmoral" y "After You've Gone" (retomada por Ben Webster y Sid Catlett). En 1951 sufrió un segundo infarto que lo dejó paralizado, y se retiró de la música. Falleció cuatro años más tarde, a los cincuenta y nueve años. Sus composiciones incluyen también "Old Fashioned Love", "If I Could Be with You (One Hour Tonight)", "Harlem Strut" y "Mama and Papa Blues" así como obras más ambiciosas como *Tone Poem*, *Harlem Symphony*, el concierto para piano y orquesta *Jassamine*, *Rhythm Drums*, *Symphony in Brown* y una ópera-blues sobre unos trabajadores de temporada del Sur, *De Organizer*, con un libreto de Langston Hughes.

Willie 'The Lion' Smith

William Henry Joseph Bonaparte Bertholoff Smith (Goshen, Nueva York, 1897-Nueva York, 1973) fue otro gigante del stride y un personaje pintoresco con su bombín, traje de tres piezas, reloj de bolsillo de oro y puro, atuendo que Fats Waller imitaba. Count Basie afirmaba que Smith se comportaba como un rey. A Smith le encantaba vencer a sus competidores. "Cuando The Lion rugía, nunca se sabía lo que iba a pasar", decía el pianista Joe Turner. El trompetista Rex Stewart contó que una vez le preguntó a Smith si podía improvisar con él, y él lo hizo pasar por diferentes tonalidades, tan grande era su dominio del piano. Billy Strayhorn, Charles Mingus y Gershwin también lo admiraban (Smith, a su vez, grabó "The Man I Love" de Gershwin). Smith gustaba de las disonancias. Empleaba a veces líneas de bajo cromáticas y, antes de que los boppers (músicos de bebop) las pusieran de moda, utilizaba quintas bemolizadas –el famoso *diabolus in musica* proscrito por la música clásica tradicional–, como en la mano izquierda de "Concentratin'". Su música era a la vez rítmica y poética. "Tiene una pulsación que se queda en la mente", aseveraba Duke Ellington, que le dedicó su "Portrait of The Lion", añadiendo: "Nadie podría jamás tocar de la misma manera tras oír a The Lion". (Y Smith le correspondió en 1949 con su "Portrait of the Duke".) Billy Strayhorn describía el estilo de Smith como "una extraña mezcla de 'contrapunto', armonía cromática y arabesca tan fresca como el agua de manantial para el paladar". Smith compuso los exquisitos "Echoes of Spring", "Morning Air", "Rippling Waters", "Sneakaway" y "Passionette", de carácter impresionista, así como "Contrary Motion", con ecos, decía, de Chopin. Cantaba también ocasionalmente. Hombre generoso, dio clases a varios músicos más jóvenes, Artie Shaw y Mel Powell entre otros, a veces sin cobrarles nada.

La madre del Lion volvió a casarse cuando él era un niño y el pequeño recibió el apellido Smith de su padrastro. Su madre tocaba banjo, órgano y piano, su tío cantaba y su abuela tocaba también música. De muy joven, Smith logró reproducir temas de oído, primero en el viejo órgano maltrecho de su madre y luego en un piano vertical que se ganó en un concurso. Ya adolescente, actuaba en los distritos rojos de Newark y Jersey City. En la década de 1910 se trasladó al barrio Jungles de Manhattan y tocó en sus clubes. En 1916 se alistó en el ejército y lo mandaron a Francia como artillero y tambor mayor en la 92ª división de James Tim Brymn, conformada sólo por soldados negros. Allí, supuestamente, su valor le valió el apodo de 'Lion', aunque Smith contaba también que se lo había puesto un tal Jimmie Johnson y, en otra versión, que lo llamaban 'The Lion of Judea' en su sinagoga negra de Harlem (practicaba el judaísmo y afirmaba ser cantor). Al volver a Nueva York, en 1920, tocó en los clubes Leroy y Pod's y Jerry's y en *rent parties* de Harlem, grabó supuestamente un disco con Mamie Smith que incluía el hit "Crazy Blues", y pasó a ser director musical de los Jazz Hounds de la cantante. Colaboró asimismo con Sidney Bechet, Bubber Miley, Johnny Hodges y Benny Carter. En los años treinta estudió contrapunto, armonía y música clásica, hizo una gira con Mamie Smith y grabó con Clarence Williams, Mezz Mezzrow y Bechet. Grabó además con su propio nombre ("What Can I Do with a Foolish Girl Like You", "Harlem Joys", "Passionette", "Fingerbuster"), se presentó en el Park Lane Hotel de Nueva York, colaboró con Max Kaminsky y Jimmy McPartland y lideró sus propias bandas, grabando con su Orchestra y sus Cubs ("Knock Wood", "The Swampland Is Calling Me"). A partir de 1949 se presentó en varios lugares de Estados Unidos y Europa y grabó prolíficamente. En 1965 realizó su primer álbum en solitario, con un asombroso "Fingerbuster". Un documental lo muestra homenajeando a otros maestros del piano y a sí mismo. Interpreta "Fingerbuster", alternando entre furioso stride y pasajes más lentos en tres por cuatro. En 1971 se presentó en el Festival de Jazz de Newport, y siguió tocando hasta el final de su vida.

Fats Waller

Con James P. Johnson y Willie 'The Lion' Smith, "Fats" (Thomas) Waller (Nueva York, 1904-Kansas City, Misuri, 1943) fue la figura más sobresaliente del stride. Era un pianista elegante y virtuoso, un cantante gracioso, y fue el primer organista de la historia del jazz. "A las líneas de bajo y los acordes fuertemente marcados en el lado izquierdo del teclado, Fats Waller opone alternativamente melodías cristalinas y dibujos acórdicos articulados en síncopas por encima de potentes e imperturbables pulsaciones en el registro bajo", apuntó Lucien Malson.[60] Waller influyó en varios pianistas, entre los cuales Art Tatum, Erroll Garner y Count Basie. Louis Armstrong grabó en 1955 un álbum titulado *Satch Plays Fats: A Tribute to the Immortal Fats Waller*, y Waller sigue teniendo fervientes admiradores. Entre ellos Jason Moran, que grabó en 2006 *All Rise: A Joyful Elegy for Fats Waller*, interpretando de manera muy personal algunas composiciones de Waller, y el pianista francés Marc Benham, que

[60] *Histoire du jazz et de la musique afro-américaine*, p. 72.

grabó en 2016 *Fats Food*. "Para mí Fats es un personaje de dibujo animado. Me gusta su mundo cómico, y era un fantástico cantante y *entertainer*", dice Benham. "Muy pocos admiradores de los discos de Waller tenían idea de todo lo que podía tocar sin que esto apareciera en sus grabaciones", afirmaba el clarinetista y saxofonista Gene 'Honey Bear' Sedric, que colaboró con el pianista.[61] "Rebosaba de soul[62] y tenía una técnica estupenda. El ritmo era realmente lo suyo, era un cantante de primera y al órgano también se defendía más que bien", agregaba Sammy Price.[63] Waller tenía un ataque delicado y un agudo sentido melódico. Se escuchará

Willie 'The Lion' Smith y Fats Waller

por ejemplo su maravillosa, casi ingrávida versión de "Stardust", grabada en 1937. "No se debe nunca dejar que la melodía se ponga aburrida", declaró al periodista Murray Schumach, del *Nueva York Times*, y era efectivamente un melodista consumado. Impresionado por Ignacy Paderewski, que había oído en el Carnegie Hall, quería ser pianista de concierto (tomó algunas clases con Carlo Böhm y Leopold Godowsky), pero, debido a los prejuicios raciales de esa época, su color se lo impidió. Tomaba la música en serio, y le dolía tener que hacer a menudo payasadas y tocar canciones sosas para complacer a un público más ávido de diversión que de arte verdadero. Su bulimia, escondida bajo una máscara de jovialidad, fue indudablemente una expresión de esta frustración. Compositor prolífico, es autor de más de 450 piezas, algunas de las cuales se convirtieron en estándares de jazz. Citemos "Jitterbug Waltz", "Honeysuckle Rose", "Ain't Misbehavin'", "The Joint Is Jumpin'", "Clothesline Ballet", "Handful of Keys", "I Can't Give You Anything But Love", "On the Sunny Side of the Street" y "What Did I Do to Be so Black and Blue". Es también autor de cinco musicales, incluso de parte de la música de *Keep Shufflin'*, *Tan Topics* y *Connie's Hot Chocolates*, e hizo numerosas grabaciones con sus distintas bandas así como en solitario.

Empezó desde muy joven a estudiar piano, y se aprendió piezas observando las teclas de un piano mecánico. Tocó también el órgano para su padre, predicador baptista laico, y acompañó a su hermana al armonio cuando cantaba himnos. El padre de Waller quería que su hijo fuera pastor, pero el verdadero sacerdocio de Fats era

---

[61] Citado por Joachim E. Berendt en: *The Jazz Book: From Ragtime to Fusion and Beyond*, p. 223.
[62] Palabra que designa una sensibilidad "negra", generalmente imbuida de blues y de góspel.
[63] "These too have words about Fats", *Coda*, mayo 1963, p. 25.

la música. En su escuela estudió el órgano, el violín y el contrabajo y formó parte de la banda dirigida por Edgar Sampson, saxofonista, violinista, compositor y arreglista que colaboraría más tarde con algunos de los más grandes nombres del jazz y de la música "latina", Thelonious Monk y Machito entre ellos. Abandonó sin embargo la escuela para dedicarse plenamente a su verdadera vocación, y acompañó películas mudas al órgano en el Lincoln Theater de Harlem. Cuando tenía catorce años su madre murió, y se fue a vivir con un amigo pianista, Russell Brooks. Al año siguiente ganó un concurso en el Roosevelt Theater, tocando "Carolina Shout" ante James P. Johnson. Éste lo tomó entonces bajo su amparo y le dio algunas clases. "Yo quería a Fats Waller como a un hijo, traté de enseñarle todo lo que sabía de la música, dijo Johnson. Siguió avanzando y expandiendo su talento hasta convertirse en uno de los más grandes hombres de espectáculo. Fuimos amigos íntimos durante veinte años. Era un gran hombre".[64] Más tarde, Waller acompañaría al piano a la esposa de Johnson, la cantante Lillie May Wright.

En los años veinte comenzó a tocar en varios programas de radio, y su carrera tomó un auge fulgurante. En 1921 tocó el órgano en el Lafayette Theater. Grabó con la cantante de blues Sara Martin, así como sus primeras piezas en solitario: "Birmingham Blues" y "Muscle Shoals Blues". De 1923 a 1927 grabó varios rollos para piano mecánico entre los cuales "Got to Cool My Doggies Now", "Snake Hips" y "Nobody But My Baby". Grabó también "St. Louis Blues" al estilo "latino", "Lenox Avenue Blues" al órgano, y algunos temas con la orquesta de Fletcher Henderson y otras formaciones. En 1923 Clarence Williams grabó "Wild Cat Blues" de Waller. Waller acompañó también a Alberta Hunter, Bessie Smith y otras cantantes, giró como organista con compañías de vodevil, tocó el órgano en cines, acompañó a Bill 'Bojangles' Robinson, se presentó en diferentes clubes y burdeles así como en el New Amsterdam Theater. Dio asimismo clases de órgano al joven Count Basie, que había oído a Waller en el club Leroy's y en el Lincoln Theater de Harlem. En *Good Morning Blues*, Basie explica de manera detallada cómo Waller le enseñaba el órgano, y el relato es fascinante. Waller conoció entonces al letrista de canciones Andy Razaf, de origen malgache, con el que colaboraría para varios musicales.

En 1927 grabó al órgano en una iglesia de Camden, Nueva Jersey, "Geechee", su "Fats Waller Stomp", "Please Take Me Out of Jail" y otros temas con los Morris' Hot Babies del corneta Thomas Morris. Tocó luego en Chicago con Erskine Tate y, en 1928, con James P. Johnson en la orquesta del musical *Keep Shufflin'*. Durante el entreacto los dos interpretaban "Sippi", su caballo de batalla.[65] "Iniciaban su mini-concierto tocando el tema de corrido, sin desarrollarlo y sin apartarse de la melodía.

---

[64] En: Floyd Levin, *Classic Jazz*, p. 102.
[65] Compuesto por James P. Johnson con Conrad y Henry Creamer, "Sippi" fue grabado en el mismo año con Johnson al piano, Fats Waller al órgano, Jabbo Smith a la trompeta y Garvin Bushell al clarinete, saxofón alto y fagot.

Luego, utilizando todo lo que habían aprendido con Godowsky, ejecutaban elec-
trizantes variaciones, a la vez melódicas y armónicas, ampliando continuamente el
motivo inicial, a veces más allá de lo que se esperaban", apuntó Maurice, el hijo de
Waller.[66] Waller tocó también *Yamecraw* de Johnson al órgano en el Carnegie Hall,
y compuso para el club Connie's Inn de Harlem la música de la revista *Load of Coal*,
rebautizada más tarde *Hot Chocolates*. Estrenada en Broadway en 1929, *Load of Coal*
incluía tres de las más famosas canciones de Waller: "Honeysuckle Rose", "What
Did I Do to Be so Black and Blue" y "Ain't Misbehavin'" (que grabaría estupendamente Dizzy Gillespie). En el espectáculo, Waller interpretaba con la cantante
Edith Wilson un número titulado "A Thousand Pounds of Rhythm" y Louis Armstrong cantaba "Ain't Misbehavin'". En el mismo año, Waller produjo una serie de
grabaciones excepcionales en solitario, entre las cuales "Valentine Stomp", "Handful of Keys", "Numb Fumbling" (con una bellísima coda) y "Smashing Thirds".
Grabó además con un grupo llamado Fats Waller and His Buddies, que incluía a
Albert Nicholas y Gene Krupa, y colaboró con dos músicos de Duke Ellington: el
banjista Elmer Snowden y el saxofonista Otto Hardwick.

En 1932 dio conciertos en Londres y París (supuestamente tocó el órgano en
la catedral Notre Dame). Giró también por Estados Unidos y acompañó a Bessie Smith. En 1934 entusiasmó a los invitados en una fiesta dada por George
Gershwin, lo que le proporcionó un contrato exclusivo con el sello RCA-Victor.
Realizó de nuevo deslumbrantes grabaciones entre las cuales "African Ripples"
(concebido como una suite con varios cambios de ambiente y de tempo), "Alli-
gator Crawl", el precioso "Clothes Line Ballet", "Tea for Two", "Viper's Drag",
"Honeysuckle Rose", el hilarante "Your Feet's Too Big" y "The Joint Is Jumpin'".
Fue también pianista solista de una emisora de radio de Cincinnati. Su programa
de radio *Rhythm Club*, emitido por CBS, atrajo a numerosos auditores, y hasta
tocó para dibujos animados. Formó varias bandas con, según los casos, diferentes
músicos. Apareció en las películas *King of Burlesque* y *Hooray for Love* y tocó en el
New Cotton Club de Culver City, distrito de Los Ángeles, con la orquesta del
saxofonista Les Hite, para un espectáculo que incluía la Creole Dancing Revue.
En 1937 grabó "Stardust" (Art Tatum lo grabaría también al año siguiente), anunciando, con sus irisaciones, el estilo de Erroll Garner. En 1938 volvió a Europa y
grabó al órgano, en Londres, su "London Suite", cuyos seis movimientos llevaban
cada uno el nombre de un barrio de la capital inglesa. De regreso a Nueva York se
presentó de nuevo en Harlem.

En 1941 dirigió durante varios meses una big band en la que Hank Duncan
era segundo pianista. Con algunos conjuntos reunidos en un estudio, grabó algunas de sus composiciones así como canciones burlescas. El 14 de enero de 1942
dio un magnífico concierto en solitario en el Carnegie Hall, tocando "I'm Gonna

[66] Maurice Waller y Anthony Calabrese, *Fats Waller*, p. 74.

Fats Waller

Sit Right Down and Write Myself a Letter", "St. Louis Blues", "Blues in B Flat", "Honeysuckle Rose" y otros temas, con enorme sensibilidad y un sentido agudo de los matices. Al año siguiente, apareció en la película *Stormy Weather* (junto con Lena Horne, Cab Calloway y Bill Robinson), en la que interpretó "Ain't Misbehavin'". La canta un poco al estilo de Louis Armstrong, moviendo los ojos y luciendo una enorme sonrisa. Luego dialoga al piano con el baterista y el resto de la banda de estilo New Orleans, pasa a un stride desenfrenado y vuelve a cantar. Compuso también la música del musical *Early to Bed*, que trata de un burdel de Martinica. Estrenado en Broadway en 1943, recibió una muy buena acogida pero, la música no fue grabada y algunas de las partituras se perdieron. Waller se encontró en ese momento en el cenit de su carrera. Sin embargo, su agenda sobrecargada, su bulimia y su gusto por la bebida le destrozaron la salud. Durante una gira agotadora cogió una neumonía. En diciembre de 1943 se enfermó durante una presentación en el club Zanzíbar de Hollywood y falleció en el tren que lo llevaba de regreso a Nueva York cuando éste entró en la estación de Kansas City. Sólo tenía treinta y nueve años.

Otros pianistas

Otros excelentes pianistas de stride ejercían su oficio en la costa este. Destacan en particular 'Hank' (Henry) Duncan (Bowling Green, Kentucky, 1894-Long Island, Nueva York, 1968). Tras estudiar en la Fisk University de Nashville, lideró varias bandas a fines de la década de 1910 en Louisville y Detroit. Vivió en Buffalo en 1921 y se instaló luego en Nueva York. Tomó algunas clases con Fats Waller, que lo influenció, y se unió a la Royal Flush Orchestra de Fess Williams. Durante los años treinta colaboró con King Oliver, Sidney Bechet, Tommy Ladnier, Zutty Singleton y los Charlie Turner's Arcadians, tocó como segundo pianista con la big band de Fats Waller así como en solitario en clubes neoyorquinos. A partir de los años cuarenta trabajó con varios músicos *mainstream* y Dixieland, entre los cuales Mezz Mezzrow y de nuevo Bechet. Grabó en particular versiones stride de "Oh Lady Be Good" (con una línea de bajo cromática) y "I Got Rhythm" de Gershwin, y a principios de los años sesenta "Old Man Harlem" en stride, pero también un poco a lo Count Basie.

Cliff Jackson (Culpeper, Virginia, 1902-Nueva York, 1970) era conocido como "La Amenaza" o "El Terror" por su talento fuera de serie. Tocó primero en Washington y Atlantic City y en 1923 se instaló en Nueva York, donde James P. Johnson lo impresionó fuertemente. Al año siguiente entró en los Musical Aces de Lionel Howard. Grabó con Elmer Snowden y también rollos para piano mecánico (entre ellos "Hock Shop Blues", en 1926). En 1927 formó una big band, los Krazy Kats. En la década de los treinta acompañó a Sara Martin, Clara Smith y otras cantantes. A principios de los años cuarenta grabó con Sidney Bechet y a mediados de esta década y luego en 1961 grabó varios temas en solitario y como líder de varias bandas. De 1943 a 1951 fue contratado por el Cafe Society de Nueva York y grabó también "Royal Garden Blues" de Clarence Williams y otros temas. En 1946 hizo una gira con Eddie Condon. Acompañó además a su esposa, la cantante Maxine Sullivan. A fines de los años cincuenta y en la década de los sesenta tocó con varias agrupaciones. Sus otras grabaciones incluyen "Horse Feathers", "Soubrette", el magnífico "Lime House Blues", en el que el tempo acelera vertiginosamente hacia la mitad de la pieza, "Crazy Rhythm", "Ja-Da" (con Sidney Bechet y Tommy Ladnier) y "Ring Around the Moon" (con otro grupo de estilo New Orleans).

Apodado "The Lamb" (El cordero), "God's Lamb" (El cordero de Dios), "Muffin" o "Jersey Rocket" (El cohete de Nueva Jersey), el impetuoso Donald Lambert (Princeton, Nueva Jersey, 1904-Newark, Nueva Jersey, 1962) suscitaba la admiración de Eubie Blake, James P. Johnson y otros de sus colegas. Según el pianista Dick Wellstood, su mano izquierda era "un relámpago" (era zurdo) y su mano derecha "un cohete". Tocaba también en tonalidades inusitadas. Count Basie cuenta en *Good Morning Blues* que, de joven, una vez que tenía que tocar el piano después de él, fingió estar borracho para evitar una humillación. Lambert adquirió sus primeros rudimentos de música con su madre, que dirigía un grupo vocal, y con rollos para piano mecánico de James P. Johnson, y empezó a tocar de oído. A los diez años, acompañó películas mudas y a los dieciséis abandonó la escuela para dedicarse a la música. En la década de los veinte, tocó en *rent parties* de Harlem, compitiendo con otros pianistas, entre los cuales Art Tatum. Sin embargo, prefería la intimidad de los pequeños clubes de Orange, Newark y otros locales de Nueva Jersey. En 1941, tras un largo período de silencio, grabó versiones stride de piezas de Donizetti (un tema de *Lucia di Lammermoor*), Grieg ("Anitra's Dance" de la *Peer Gynt Suite*, tocado con estupefaciente velocidad), Wagner ("Pilgrim's Chorus" de *Tannhauser*), Beethoven ("Moonlight Sonata"), Massenet ("Elegy") así como "Russian Lullaby" y otros temas. En 1960, en el Festival de Jazz de Newport, dejó al público atónito con su sensacional versión de "Anitra's Dance". Varias grabaciones hechas entre 1959 y 1961, entre ellas el sobresaliente "Trolley Song", han sido publicadas después de su muerte. Otras grabaciones de Lambert incluyen

"Blue Waltz", "When Buddha Smiles", "People Will Say We're in Love", con la mano izquierda al estilo boogie-woogie, "As Time Goes By", iniciado como una balada y pasando luego a stride, "Tea for Two", con una linda introducción, "Russian Rag", inspirado en parte en Rachmaninov, y "12th Street Rag". Alcohólico, Lambert falleció a los cincuenta y ocho años.

Alegre y carismático, Joe Turner (Baltimore, Maryland, 1907-Montreuil, Francia, 1990) –que no se debe confundir con el cantante de blues Joseph Vernon 'Big Joe' Turner– tenía una mano izquierda potente y utilizaba a veces *rolled chords* (acordes arpegiados). Su repertorio incluía tanto jazz como blues tradicional o boogie-woogie. Era también un excelente cantante. Se apreciará su talento de pianista en, por ejemplo, "St. Louis Blues", con sus frases cristalinas, o su versión de 1971 de "Honeysuckle Rose", enriquecida con modulaciones. Tocaba de manera relajada, a veces con un puro en la boca, como si tocar no le costara ningún esfuerzo. Como Lambert, empezó a estudiar el piano con su madre y rollos para piano mecánico de James P. Johnson ("Carolina Shout" en particular) y otros músicos. En 1926 se instaló en Nueva York. Consiguió trabajo en *rent parties* y con Hilton Jefferson, June Clark y Benny Carter, y trabó amistad con los tres grandes del stride: James P. Johnson, Willie 'The Lion' Smith y Fats Waller. Integró los aportes de estos pianistas y también los de Art Tatum, que conoció más tarde en Toledo, Ohio. Durante los años treinta acompañó a Louis Armstrong, a la cantante Adelaide Hall y a otros artistas. En 1931 viajó a Europa con Hall y decidió quedarse allí. Vivió algunos años en Praga, tocando y grabando con la banda de Jan Sima ("Joe Turner Stomp", "Joe Turner Blues"), que también se presentó en Hungría y Berlín. Se radicó luego en Hungría y Francia. En París grabó piezas en solitario que son consideradas entre las mejores de su carrera, entre ellas "Liza", "Cheek to Cheek" (1936) y sus composiciones "Loncy" y "The Ladder". En 1939, al estallar la Segunda Guerra Mundial, volvió a Estados Unidos, tocando música, de 1944 a 1945, en el ejército estadounidense. En 1946 entró en la orquesta del corneta Rex Stewart. En 1948 volvió a Hungría, vivió en Zúrich de 1949 a 1962, y se instaló definitivamente en París. En 1982 tocó brevemente en el club The Cookery, en Nueva York, y regresó a París. Es también autor de "Cloud 15" y "Salute to The Lion".

Paul 'Seminole' (1904 ?-Nueva Jersey, 1932) fue uno de los más brillantes y misteriosos pianistas de stride. Nacido de padres medio seminoles, de donde tomó su nombre de artista, era también un excelente guitarrista. Estaba radicado en Filadelfia, pero se presentaba en varios lugares de Estados Unidos. En 1927 Count Basie lo oyó tocar en Tulsa, Oklahoma, en un pequeño club y en el Dreamland Theater: "Había un pianista zurdo llamado Seminole. Venía del este [de Estados Unidos], pero no recuerdo haberlo oído antes. Conocía a algunos de los más estupendos pianistas de Nueva York y Nueva Jersey, como Willie 'The Lion' Smith, James P. Johnson, Fats Waller, the Beetle, Donald Lambert y Freddy Turnstall, pero no a Seminole. Así que nadie me había alertado sobre su existencia. Tenía una mano izquierda como la mano derecha de todo mundo. Quiero decir que hacía con su mano izquierda todo lo que yo hacía con la derecha. Era sensacional… y me destronó. ¡Me quitó mi corona!"[67] Y el pianista Joe Turner confió a su amigo suizo Johnny Simmen: "Era el pianista más formidable que jamás he oído. He improvisado muchas veces con él y sé muy bien que era una de las maravillas de nuestro tiempo". Seminole también tocaba en dúo con Donald Lambert e inspiró a varios músicos. Murió a los veintiocho años y no se sabe casi nada más sobre él. En Detroit, Speckled Red se había llevado una fuerte impresión con un pianista llamado Seminole, pero probablemente no se trataba de Paul Seminole.

Walter 'One Leg Shadow' Gould, que "ragueaba" schottishes y otro tipo de música, 'Nigger' Nelson, oriundo de Filadefia, Willie 'Egghead' Sewell, Freddy 'The Harmony King' Bryant, Stephen 'Beetle' Henderson, ya mencionado respecto al ragtime y admirado por Count Basie, Raymond 'Lippy' Boyette y Garland Wilson gozaron también de cierta fama. De Henderson sólo quedan dos grabaciones: "Carolina Shout" y "Keep off the Grass", hechas hacia 1940 en un programa de radio. Toca ambas piezas en si bemol, mientras que James P. Johnson había compuesto "Carolina Shout" en sol y "Keep off the Grass" en fa. Boyette era amigo de Johnson y de Willie 'The Lion' Smith, y los tres hombres solían ir juntos a varios locales para participar en jam sessions. Garland Wilson (1909-1954), nativo de Martinsburg, Virginia Occidental, hizo una gira en Europa, en 1932, con la cantante Nina Mae McKinney. El mismo año, el ilustrador afroamericano Elmer Simms Campbell dibujó un mapa de los clubes de Harlem en la que se podía leer: "Nunca oirá a un piano tocado de verdad hasta que no oiga a Garland Wilson". Wilson pasó parte de su vida en París, donde falleció a los cuarenta y cuatro años, quizás de hepatitis. Grabó algunos temas para el sello Okeh, y también con Charlie Lewis y con la cantante Mae Barnes.

El renacimiento del stride

En la década del cuarenta tuvo lugar un *revival* del stride con una nueva generación de músicos, entre los cuales 'Pat' (Ivelee Patrick) Flowers en Detroit, Dick Huff (también cantante y bailarín), Harold 'Bon-Bon' Gardner, Scott E. Brown y Robert Hilbert. Pianista sensible que también tocaba ragtime, Dick (Richard) Wellstood (1927-1987) introdujo acordes más modernos en el stride (hasta tocaba "Giant Steps" y "Lush Life" como stride). Debutó a mediados de los años cuarenta con los Wildcats de Bob Wilber. Colaboró luego con músicos de la vieja guardia y grabó, entre otros, con Zoot Sims, Roy Eldridge, Rex Stewart y Doc

---

[67] En: Albert Murray, *Good Morning Blues*, p. 9.

Rose Murphy

Cheatham. En los años cincuenta tocó en varios clubes neoyorquinos. Formó más tarde un dúo con el pianista Dick Hyman, y de 1985 a 1986, ejerció la profesión de abogado.

Protegida de Fats Waller y admiradora de Art Tatum, la pianista y cantante 'Chee Chee' Rose Murphy (1913-1989) se dio sobre todo a conocer, en los años cuarenta, por su canción "Busy Line". Joe (Joseph) Sullivan, 'Ralph' (Earl) Sutton, Max Morath y Dick Hyman también tocaron stride. Sullivan colaboró entre otros con Benny Goodman, y Sutton con Jack Teagarden y Eddie Condon. Más recientemente, en piezas como "The 19th Galaxy", Reginald R. Robinson combinó stride con otros géneros.

Hoy en día el stride sigue teniendo algunos aficionados, entre los cuales los estadounidenses Mike Lipskin, Butch Thompson, Judy Carmichael y Stephanie Trick, los británicos Lennie Felix, Neville Dickie y John Gill, el holandés Bram Wijmands, el italiano Rossano Sportello y los franceses Louis Mazetier y Marc Benham. Y algunos jóvenes pianistas han utilizado stride en algunos temas como, por ejemplo, Anthony Wonsey en "Nobody Else but Me" (en *Blues for Hiroshi*, 2004), Sullivan Fortner en "They Can't Take That Away From Me" (en su recital del Festival de Jazz de Buenos Aires en 2015) o Mulgrew Miller en su versión solo de "Round Midnight" (en *Solo*, 2000).

Otros pioneros del piano jazz

Algunos pioneros del piano jazz, aunque menos conocidos que Jelly Roll Morton o los grandes maestros del stride, desempeñaron, en su época, un papel que también merece ser mencionado.

Fate Marable

Fate Marable (Paducah, Kentucky, 1890-San Luis, Misuri, 1947) dirigió orquestas que actuaban en los barcos de vapor con ruedas del Misisipi, haciendo bailar a los pasajeros blancos, entre ellas Fate Marable's Cotton Pickers y los Society Syncopators. Músicos como Zutty Singleton, King Oliver, Tommy Ladnier, Johnny St. Cyr, Red Allen o George 'Pops' Foster pasaron por las orquestas de Marable, que consideraban como "conservatorios", ya que Marable les proporcionaba muchos de sus conocimientos musicales. Su orquesta de 1919, que tocaba en el *SS Sidney*, incluía en particular a Louis Armstrong a la trompeta, 'Pops' Foster al bajo y Baby Dodds a la batería. En estos barcos Marable tocaba también el calíope, que tenía que tocar con guantes para no quemarse con el vapor del instrumento. Aunque era un pianista muy competente, sólo logró grabar dos piezas, para el sello Okeh, en 1924: "Pianoflage" (del pianista blanco Roy Bargy) y "Frankie and Johnny", canción popular también grabada por Duke Ellington. Compuso además "Barrell House Rag" (1916). Murió de neumonía a los cincuenta y seis años.

Sam Wooding

Conocido sobre todo como director de orquesta, 'Sam' (Samuel David) Wooding (Filadelfia, Pennsylvania, 1895-Nueva York, 1983) era un buen pianista de stride que contribuyó de manera importante a la difusión del jazz fuera de Estados Unidos. Comenzó a tocar profesionalmente de adolescente. De 1921 a 1923 formó parte de los Original Jazz Hounds del trompetista Johnny Dunn. Dirigió entonces varias agrupaciones y tocó en 1925 en el Small's Paradise de Harlem. Su orquesta acompañó el espectáculo *Chocolate Kiddies* durante su gira europea. Wooding y los *Chocolate Kiddies* se presentaron hasta en Turquía y Rusia, donde entusiasmaron a Igor Stravinsky. En 1925 Wooding grabó en Berlín y luego en Barcelona y París ("Bull Foot Stomp", "Shanghai Shuffle", "Milenberg Joys", "Weary River"). "Mostrarán que son los maestros del Hot Play, o sea de la incontenible y candente manera de tocar en cualquier tempo que nos trae Sam Wooding", anunció la prensa berlinesa respecto a una de las actuaciones de la banda. Dos años más tarde Wooding se presentó en Buenos Aires, y gracias a este concierto muchos argentinos lograron oír auténtico jazz estadounidense en vivo. En 1928 viajó de nuevo a Europa y grabó varias piezas incluyendo "Sweet Black Blues", en la que tocan Doc Cheatham y Gene Sedric y cantan algunos de los músicos. Sin embargo, su orquesta se disolvió en Bélgica en 1931. En 1934 regresó a Estados Unidos y organizó un conjunto en el que tocó brevemente Sidney Bechet. Durante los años cincuenta y sesenta acompañó a su esposa, la cantante Rae Harrison. A principios de los setenta formó otra big band que llevó a Suiza, pero ésta se desagregó poco después. Se dedicó entonces a la enseñanza de la música hasta el final de su vida.

Lil Hardin

Pianista, cantante y directora de orquesta, Lil (Lilian) Hardin (Memphis, Tennessee, 1898-Chicago, Illinois, 1971), segunda esposa de Louis Armstrong, fue la primera mujer pianista y arreglista conocida en el jazz, precediendo hasta a Mary Lou Williams. Realizó en particular *head arrangements* (arreglos creados sin partituras) para King Oliver y Louis Armstrong. Se la puede oír cantar y tocar muy buen stride en 1959 en "The Pearls", por ejemplo. Su abuela, una exesclava, le enseñó spirituals. Hardin debutó como organista en una iglesia de Memphis, estudió luego música en la Fisk University, en Nashville, y se instaló en Chicago donde entró, en 1920, en la Creole Jazz Band de Oliver. Fue conocida entonces como 'Hot Miss Lil'. En 1923 grabó con Oliver ("Dippermouth Blues", "Sweet Lovin' Man") y compuso "Hotter Than That", grabado por Armstrong y más tarde por Wynton Marsalis. Los discos de la época sólo dan una vaga idea de su talento. En uno de ellos se contenta con marcar los acentos fuertes en el registro bajo y ejecutar los tiempos débiles en el registro medio de manera un poco mecánica, pero, explicaba, Oliver le había pedido que sólo tocase acordes. (Incidentalmente, recordaba Alton Purnell, pianista de Nueva Orleans que colaboró con Alphonse Picou, 'Big Eye' Louis Nelson, Bunk Johnson y el clarinetista George Lewis: "Cuando empecé a tocar el piano, era considerado como un instrumento rítmico. Las bandas no querían que se utilizara todo el teclado: había que limitarse a tocar acordes y acompañar al solista".[68] En la segunda mitad de los años treinta y cuarenta, Hardin lideró diferentes formaciones. Pasó la mayor parte de su vida en Chicago salvo una breve estadía en Europa a principios de la década de los cincuenta, donde grabó en París, en 1952, con Sidney Bechet y Zutty Singleton. Falleció en el escenario mientras estaba tocando durante un concierto televisado en homenaje a Louis Armstrong. Sus discos incluyen *Lil Hardin Armstrong and Her Swing Orchestra 1936-1940* y *Chicago – The Living Legends – Lil Hardin Armstrong and Her Orchestra*. Es autora de muchas piezas, entre las cuales "My Heart", "Skid-dat-de-dat", "Doin' the Suzie Q", "Bad Boy" (grabada por Ringo Starr en 1978) y "Bluer Than Blue" (compuesta con Avon Long).

Fletcher Henderson

Como Sam Wooding, Fletcher Henderson (Cuthbert, Georgia, 1898-Nueva York, 1952) es más conocido como director de orquesta que instrumentista. Fue, sin embargo, un pianista experimentado que acompañó a varios cantantes. Su madre le dio sus primeras clases de piano (¡se debería escribir un libro sobre la importancia de las madres en la formación de los jazzmen afroamericanos!). A continuación estudió música clásica y obtuvo un diploma de matemáticas y de química de la Universidad de Atlanta. En 1920 se fue a Nueva York para continuar sus estudios de química en la Columbia University, pero como para un negro las posibilidades de trabajar como químico en esa época eran escasas, decidió conformarse con la música, presentando al piano partituras para la empresa editorial de música de W.C. Handy. En 1921 grabó para el sello Black Swan y organizó los Black Swan Troubadours, que acompañaron a Ethel Waters durante una gira, y grabó "Down Home Blues" con ella. Acompañó también a otras cantantes como Ma Rainey, Bessie Smith y Clara Smith. En 1924 grabó "Weeping Willow Blues" con Bessie Smith (sesión en la que participaron el corneta Joe Smith y el trombonista Charlie Green) y al año siguiente "Careless Love Blues" con Louis Armstrong. Formó entonces una big band con, en particular, Don Redman y Coleman Hawkins en la sección de viento, que se convertiría en la orquesta afroamericana más famosa de los años veinte y anunciaría el estilo swing de la siguiente década. Sus arreglos constituyeron modelos para otras big bands, pero su orquesta se disolvió en 1939. Henderson vendió entonces algunos de sus arreglos a Benny Goodman y tocó piano con él. Organizó una nueva big band, volvió a girar con Ethel Waters de 1948 a 1949 y se presentó con su sexteto en el Cafe Society de Nueva York. En 1950 un infarto lo dejó paralítico.

---

[68] Floyd Levin, *Classic Jazz: A Personal View of the Music and the Musicians*, p. 209.

Luis Russell

Luis Russell (Careening Clay, Panamá, 1902-Nueva York, 1963) es más conocido como director de orquesta –lideró una excelente big band– que como pianista, que también era. Se le puede oír un poco al piano en piezas como "The Call of the Freaks", grabada en 1929 con sus Burning Eight, o "The Very Thought of You" (1946). Su padre era maestro de música, y de niño Russell estudió el piano, el violín, la guitarra y el trombón. Su familia se mudó a Colón, ciudad portuaria de Panamá, donde Russell acompañó películas mudas y tocó piano en el casino. Tras ganar a la lotería se marchó en 1919 a Nueva Orleans, tocando en Storyville y con Albert Nicholas. Se instaló luego en Chicago y se unió a la Doc Cook's Dreamland Orchestra, dirigida por Charles L. Cooke, y a los Dixie Syncopators de King Oliver. En 1927 se fue a Nueva York con Oliver y formó su propia orquesta, que en 1929 fue contratada por el Saratoga Club de Harlem y se volvió la banda permanente de este local. 'Pops' Foster, que formó parte de ésta, dejó constancia de su vitalidad en aquella época: "El ritmo retozaba de verdad, sí, de verdad que se ponía a dar de brincos. Y las trompetas gritaban bajito, tanto, que se podía oír el roce de los pies en el suelo. Tocábamos los siete días de la semana y nos encantaba".[69] Más tarde, esta orquesta acompañó a Louis Armstrong y el trompetista terminó adoptándola. A principios de los años sesenta Russell cayó en el olvido. Para sobrevivir dio clases de música, abrió una tienda de golosinas y otra de juguetes (según otras fuentes, una mercería) y trabajó de chofer.

Claude Hopkins

Claude Hopkins (Alexandria, Virginia, 1903-Nueva York, 1984) lideró varias orquestas reconocidas. Pianista con mucho swing, injustamente pasado por alto en la historia del jazz, tocaba muy bien stride ("Three Little Words", "Crazy Fingers ») así como baladas ("Willow Weep For Me", "Blame It on a Dream") y blues ("58th Street Blues"). Sus padres enseñaban en Howard University, en Washington, donde estudió música y medicina. Estudió también armonía y contrapunto en el Conservatorio de Washington. Comenzó tocando en bandas de su escuela y luego organizó su propia formación, en Atlantic City. En 1924 colaboró en Nueva York con Wilbur Sweatman y al año siguiente actuó en Europa con la famosa *Revue Nègre*, cuyas estrellas eran Josephine Baker y Sidney Bechet. En 1933 apareció con su orquesta en un divertido corto metraje titulado "Barber Shop Blues", en el que actuaban también el cantante Orlando Roberson y los bailarines de claqué The Four Step Brothers. Du-

---

[69] "Feeling the Spirit: The Luis Russell Story", Program 358, The Jim Cullum Riverwalk Jazz Collection, *riverwalkjazz.stanford.edu*.

Claude Hopkins

rante los años cuarenta y cincuenta tocó en varios clubes con su orquesta y también con su quinteto, que se convirtió más tarde en sexteto. De 1967 a 1969 formó parte de los Jazz Giants del corneta "Wild Bill" Davison. En los años setenta tocó en el Rainbow Grill de Nueva York, y en varios festivales. Destacan en sus grabaciones de pianista "I'm Coming Virginia" y "On the Sunny Side of the Street".

Horace Henderson

Hermano menor de Fletcher Henderson, Horace Henderson (Cuthbert, Georgia, 1904-Denver, Colorado, 1988) fue un pianista competente influido por Earl Hines (se lo puede oír, por ejemplo en "Happy Feet", grabado en 1933 con su big band) y un excelente arreglista. En diversas ocasiones, en los años treinta, tocó con la orquesta de su hermano y dirigió sus propias formaciones. Acompañó también a Lena Horne y Billie Holiday, de las cuales fue director musical, y escribió arreglos para su hermano, así como para varias de las principales orquestas swing, incluso la de Benny Goodman. Con su orquesta, grabó en particular "Ain't Cha Glad", "I've Got to Sing a Torch Song", "I'm Rhythm Crazy Now", "I Can't Help It" y "Hot Rock".

Hoagy Carmichael

'Hoagy' (Hoagland) Carmichael (Bloomington, Indiana, 1899-Rancho Mirage, California, 1981) es conocido como cantante y sobre todo como el autor de los bellísimos "Star Dust", "Georgia on My Mind", "Skylark", "The Nearness of You" y otros

estándares. En su niñez fue primero influenciado por los pianistas locales de ragtime
Hank Wells y Hube Hanna. Estudió más tarde el piano jazz en Indianápolis con el
pianista y director de orquesta afroamericano Reg DuValle. Estudió también leyes y
formó una banda llamada Collegians para pagar sus estudios. Se lo puede oír tocando el piano y cantando en "Washboard Blues", grabado en 1927 con la orquesta de
Paul Whiteman, y en "Star Dust", que interpreta con gran fineza.

Otros pianistas

Mencionemos también, en Nueva York, a Don Kirkpatrick, que colaboró con
Chick Webb, Fred Longshaw, pianista y organista que acompañó a Bessie Smith
a fines de los años veinte, Steve Lewis, que grabó con Armand Piron, y Charles
Johnson, pianista y trombonista cuya banda tocaba una mezcla de estilos New
Orleans y swing.

En Chicago trabajaban Glover Compton, amigo de Tony Jackson, que fue casi
tan apreciado como Earl Hines, la pianista y cantante Cora "Lovie" Austin, directora de Los Blue Serenaders y de la orquesta del Monogram Theater, y el brillante
Teddy Weatherford (Pocahontas, Virginia, 1903-Calcutta, India, 1945), admirado
por el joven Earl Hines (se escucharán por ejemplo "My Blue Heaven", "Ain't
Misbehavin'" y el bello "Weather Beaten Blues", que empieza con notas cristalinas en el registro agudo). Tocó en Chicago con Erskine Tate, Louis Armstrong y
Johnny Dodds, y dirigió orquestas en Shanghái, Manila, Singapur, la India y Cei-
lán (Sri Lanka). Grabó en Calcuta en 1942 con su All Star Swing Band, y en París
en 1937 y 1945. Murió de cólera a los cuarenta y un años.

En San Luis vivían Marge Creath (esposa de Zutty Singleton) y Pauline Creath,
cuyo hermano 'Charlie' (Charles Cyril), saxofonista, trompetista y acordeonista,
tocaba en 1926 con Fate Marable en el barco SS Capitol, Burroughs Lovingood,
también contratado por Marable, que grabó con el Peacock Orchestra de Dewey
Jackson, y Marcella Kyle, que lideraba su propia formación.

Sin embargo, es en Kansas City donde se concentraban la mayoría de los pianistas del Midwest, entre los cuales el joven Count Basie, Mary Lou Williams,
Sammy Price, Pete Johnson, Clyde Hart, Jimmy Rushing (pianista en sus comienzos antes de cantar con los Blue Devils) y Bennie Moten. Admirado como
pianista por Basie, Bennie (Benjamin) Moten (Kansas City, 1894, Misuri-Kansas
City, 1935) estudió el piano con dos alumnos de Scott Joplin: Charles Watts y
Scrap Harris. En 1918 actuó con su trío en el Panama Café, tocando esencialmente ragtime. Hacia 1928 su música ya llevaba la marca del boogie-woogie. Reclutó
a algunos miembros de los Blue Devils de Walter Page y formó el Kansas City
Orchestra, dejando más tarde a Count Basie tocar el piano. Murió a los treinta y
ocho años de una amigdalectomia mal operada.

Otros pianistas dirigían o formaban parte de *territory bands*, orquestas de baile que recorrían los Estados Unidos. Entre ellos Billy Taylor (no confundir con el pianista y pedagogo Dr. Billy Taylor), miembro de los McKinney's Cotton Pickers, John Dickson 'Peck' Kelley, pianista blanco armónicamente sofisticado, basado en el este de Texas, que dirigía los Peck's Bad Boys, Jesse Stone y sus Blue Serenaders, Ben Smith y sus Blue Syncopators, Alex Hill, magnífico pianista y arreglista de Chicago que murió de tuberculosis en 1937 a los treinta años, y Alphonso Trent (Fort Smith, Arkansas, 1905-Fort Smith, 1959). Tras haber liderado durante muchos años una orquesta que impresionó a Mary Lou Williams, Budd Johnson, Herschel Evans y otros y que Buddy Tate consideraba mejor que la de Duke Ellington, formó en 1935 un sexteto que incluyó al guitarrista Charlie Christian, precursor del bebop, Snub Mosley, Stuff Smith, Harry 'Sweets' Edison y Peanuts Holland.

Duke Ellington, la aristocracia del jazz

El elegante y aristocrático 'Duke' (Edward Kennedy) Ellington (Washington, 1899-Nueva York, 1974) es, con Count Basie, el más ilustre director de orquesta de la historia del jazz. "Sólo hay dos cosas: el amor de todo tipo y forma con chicas guapas, y la música de Nueva Orleans o de Duke Ellington", afirmaba el escritor y trompetista francés Boris Vian. "Mi instrumento no es el piano, sino la orquesta entera", declaraba Ellington, que dirigía ésta lo más frecuentemente desde el teclado. El historiador de la música Phyl Garland describió a Duke como "la quintaesencia del refinamiento sincopado".[70] Ellington manejaba las texturas y los colores tonales como un pintor y tenía hondas afinidades con el blues. El cantante Joe Williams lo consideraba "un gran *bluesman*". Y, agregaba Randy Weston: "*Blue* (azul) era el color de Ellington. Su piano estaba pintado de *blue*". "Sólo me tomé la energía necesaria para enojarme y compuse algunos blues", decía Ellington con humor. Entre ellos "Blue Serge", también grabado por Bill Evans, "Subtle Lament", "Ko-Ko", "C Jam Blues", "Blues in Orbit", "Blues of the Vagabond" y "Blue Light".

Las composiciones más famosas de Duke, muchas de las cuales han pasado a ser estándares del jazz, incluyen "Satin Doll", "What Am I Here for? ", "Come Sunday", "Creole Love Call", "Don't Get Around Any More" (derivada de "Never no Lament"), "Prelude to a Kiss", "Sophisticated Lady", "Cottontail", "It Don't Mean a Thing (If it Ain't Got that Swing)", "Solitude", "Creole Rhapsody", "Isfahan", "Mood Indigo", "Black and Tan Fantasy", "The Mooche" y "I Got it Bad". Los músicos de su orquesta aportaron a veces algunas ideas, pero Ellington tuvo el gran mérito de asimilarlas y organizarlas, con un talento excepcional. Compuso también suites, música bailable, música sacra, música para el cine y para musicales y, en 1958, una obra para piano en honor a la reina Elizabeth II de Inglaterra: "A Single Petal of a Rose".

---

[70] *The Sound of Soul*, p. 100.

Como pianista –este capítulo se concentrará esencialmente sobre el aspecto pianístico de su carrera– su estilo escueto y personal se caracteriza por acentos marcados y disonancias. Ellington levantaba la mano muy alto antes de atacar una nota o una frase para dar mayor impulso a su manera de tocar y lograr más swing, "jugando con su teclado como un gran oso, acariciándolo y de repente pegándole con su pata peluda", apuntaba Vian. "A veces tocaba el piano como si estuviese tocando una orquesta o como si los sonidos que sacaba fueran fragmentos de un sonido orquestal. A veces lo tocaba como un *bluesman* de *rent party* a las nueve de la mañana después de una larga noche. A veces lo tocaba como un enamorado que tañe su guitarra bajo el balcón de su amada. Y a veces lo tocaba como un poseído, como si no quedara la más mínima fracción de tiempo para obtener todo lo que quería", escribe Ralph Gleason.[71] "Soy un pianista, un pianista de ensayos y un director de orquesta que procura que la gente se divierta. Lo mío es la diversión", decía Ellington. El corneta Rex Stewart recordaba que en algunas sesiones de grabación "Ellington solía llegar tarde. Luego se calentaba al piano durante más o menos un cuarto de hora. Si tocaba de prisa, la banda sabía que iba a grabarse una pieza muy rítmica y efervescente; si tocaba lentamente, se iba a grabar un lamento. Invariablemente, Ellington les pedía luego a los músicos que se aseguraran de que el piano estuviera afinado; esto en realidad quería decir que eran ellos los que debían estarlo".[72]

Ellington era también un excelente acompañante (con Louis Armstrong, Johnny Hodges y otros, como en "Across the Track Blues", grabado con su orquesta, en el que ejecuta un stride indolente). Viene, por cierto, de la tradición del stride: en "Franky and Johnny", por ejemplo, episodios de stride alternan con breves interludios. Podía ser muy rítmico, como en "Dancers in Love". "Siempre trato de que haya un impulso en mi música, ese ámbito del ritmo que provoca un anhelo elástico, boyante, terpsícoreo", explicaba.[73] Podía también ser meditativo, como en "African Flower", grabado más tarde con el nombre de "Fleurette Africaine", que interpreta con gran economía de medios y un ostinato de mano izquierda. Como Count Basie, lograba que una simple nota o un simple acorde bailaran. Influenció a Thelonious Monk (que grabó *Thelonious Monk Plays Duke Ellington*), Randy Weston (*Portraits of Duke Ellington*), Abdullah Ibrahim (*Ode to Duke Ellington*), al pianista británico Mike Westbrook (*On Duke's Birthday*) y hasta, en cierto punto, a Sun Ra (*Duke Ellington's Sound of Space*) y Cecil Taylor (que grabó "Azure" de Ellington). John Lewis, que lo oyó tocar para bailes en Albuquerque en 1937 y 1940, recordaba que nadie bailaba pero que todo mundo se acercaba al estrado para oír mejor. "Para tocar con él tienes que olvidarte de todo lo que sabes. No puedes recurrir a tu propia experiencia porque, cuando entras en su banda,

---

[71] *Celebrating the Duke*, p. 264.
[72] Derek Jewell, *Duke: A Portrait of Duke Ellington*, p. 80.
[73] Carl Cons, "A black genius in a white man's world", *Down Beat*, julio 1936.

Duke Ellington

Duke tiene algo nuevo para ti. No te apoyas en lo que has aprendido en otro lugar", escribió Dizzy Gillespie, que trabajó brevemente con él, en sus memorias.[74]
Ellington despreciaba las palabras "jazz" y "bebop", y declaraba que sus obras eran
"música americana".

Nació en una familia de la media burguesía negra. Un compañero de su escuela
lo apodó "Duke" por su distinción natural, aunque Elmer Snowden afirmaba que
se le conocía primero con el apodo de 'Cutie' (guapo). El padre de Ellington trabajó como mayordomo, para la Casa Blanca en particular, y más tarde como cartó-
grafo para la Marina estadounidense. Su madre Daisy, que tocaba el piano, alentó
a su hijo a aprender este instrumento, aunque su pasión por el béisbol a veces lo
apartaba de las escalas y los arpegios. Tomó algunas lecciones con una tal Miss
Marietta Clinkscales (¡cuyo apellido significa, en inglés, "tintineo de escalas"!) y
con los pianistas de ragtime Lester Dishman y "Doc" (Oliver) Perry, y también
estudia solo, observando las teclas de la pianola familiar. "Era fantástico –realmente bueno, decía Ellington de Dishman. El piano volaba. El aire se estremecía. Su
mano izquierda era verdaderamente tremenda y con la derecha ejecutaba las cosas
melódicas las más complejas. ¡Pero a toda velocidad!"[75] Eximio músico, formado

---

[74] Dizzy Gillespie & Al Fraser, *To Be or not to Bop, Memorias de Dizzy Gillespie*, p. 211.
[75] Mark Tucker (ed.), *The Duke Ellington Reader*, p. 239.

en un conservatorio, Oliver Perry era uno de los más famosos pianistas negros de Washington. Inculcó sólidos fundamentos a Ellington y le enseñó a tener la actitud profesional que éste guardaría durante toda su carrera. En Nueva Jersey Ellington conoció al joven pianista Harvey Oliver Brooks, oriundo de Filadelfia y nacido el mismo año que él, y fue cautivado por la interpretación que daba Brooks del "Junk Man Rag" de Luckey Roberts.[76] Sin embargo, sus pianistas más admirados eran James P. Johnson, cuyo "Carolina Shout" se aprendió de memoria, y Willie 'The Lion' Smith. De adolescente empezó a tocar en *rent parties*. Como también era diestro en pintura y dibujo, obtuvo un diploma de artes gráficas y pensó un momento ser arquitecto, pero en 1917 renunció a una beca del Pratt Institute de Brooklyn para consagrarse profesionalmente a la música. Escuchó a pianistas locales, entre ellos Louis Brown y Gertie Wells, suplió ocasionalmente a Perry y Dishman en algunas fiestas y continuó sus estudios musicales con Henry Grant, que le enseñó armonía (más tarde Grant le daría lecciones al pianista Billy Taylor). Asimismo tocó con el baterista Sonny Greer, que luego formaría parte de su orquesta, y con grupos liderados por Doc Perry y por Russell Wooding. Por esa época compuso sus primeras piezas: "Soda Fountain Rag", inspirada en "Carolina Shout" y "What You Gonna Do When the Bed Breaks Down?" Explicó, en su autobiografía, la génesis de "Soda Fountain Rag": "Cuando me la pasé encerrado en casa durante dos semanas con un resfriado, me puse a juguetear con el piano, utilizando lo que me quedaba de mis lecciones de piano –esencialmente la digitación– y me salió una pieza que llamé 'Soda Fountain Rag' porque había servido sodas en el Poodle Dog Café. Empecé a tocarla por ahí y llamó bastante la atención".[77] En 1918, a los diecinueve años, se casó, y al año siguiente nació su hijo Mercer. Trompetista y arreglista, Mercer lideraría la Duke Ellington Orchestra tras la muerte de su padre. Animado por Harvey Oliver Brooks, Ellington organizó entonces sus propias bandas entre las cuales, de 1921 a 1922, los Duke's Serenaders, que incluían al saxofonista Otto Hardwick, al trompetista Arthur Whetsel, al banjo Elmer Snowden y a Sonny Greer.

En 1922 se marchó a Nueva York, donde tocó con el clarinetista Wilbur Sweatman. Al año siguiente se instaló allí, y 'The Lion' Smith le ayudó a encontrar trabajo. Tocó entonces en el Hollywood Club de Broadway (que luego pasaría a ser el Kentucky Club) con un quinteto liderado por Snowden, al que pronto se unieron el trompetista Bubber Miley y el trombonista Charlie Irvis. Poco después, Ellington tomó la cabeza del grupo y lo llamó The Washingtonians. En 1924 Sidney Bechet, que Ellington había conocido en Washington dos años antes, tocó durante algún

---

[76] Brooks grabó con Mamie Smith a principios de los años veinte y se instaló en California donde, en 1933, fue el primer afroamericano que compuso la música de una importante película de Hollywwod: *I'm no Angel*, protagonizada por Mae West.
[77] *Music Is My Mistress*, p. 20

tiempo con ellos. "Duke tiene el buen *fee-ling*; no era tan buen pianista como ahora lo es, pero tenía el buen *feeling*, y le daba la prioridad a la música", apuntó Bechet.[78] El mismo año, Ellington compuso parte de la música de la revista *Chocolate Kiddies*, que se presentó en Filadelfia y en el Lafayette Theater de Harlem, con Sam Wooding dirigiendo la orquesta. En 1925 formó con Greer un dúo llamado Ellington Twins, que acompañó a la cantante Alberta Jones. Los años de 1927 a 1931, en los que acompañó con su orquesta los espectáculos del Cotton Club de Harlem, constituyeron un momento clave en su carrera. El decorado representaba una jungla y allí, en parte influenciado por la manera de tocar de su trompetista James 'Bubber' Miley, creó su estilo "jungle", con sordinas y wah-wahs imitando gritos

Duke Ellington

de animales salvajes, un clarinete lancinante y partes vocales *bluesy*. (El estilo jungle todavía puede oírse en su "Uptown Downbeat", que data de 1936.) En aquella época compuso también sus primeras obras maestras: "Creole Love Call", "Black and Tan Fantasy", "The Mooche", "Mood Indigo" y "East Saint Louis Toodle-Oo". De 1924 a 1928 sus Washingtonians grabaron con varios cantantes. En 1928 Ellington grabó también algunas piezas en solitario, al estilo stride, entre las cuales "Jig Waltz", "Georgia Grind", "Li'l Farina", "Jubilee Stomp", "Swampy River" (con una mano izquierda contrapuntística) y la melancólica "Black Beauty" (conocida primero como "A Portrait of Florence Mills"), homenaje a la cantante y actriz, que había fallecido el año anterior a los treinta y un años. A fines de los años veinte tomó algunas lecciones de armonía y de composición con el violinista y compositor afroamericano Will Marion Cook, discípulo de Dvořák, y siguió desarrollándose como pianista, como lo muestran "Lazy Rhapsody" y el vertiginoso "Lots o' Fingers". Con su orquesta, acompañó a Maurice Chevalier, que había insistido para cantar con esta banda durante su gira estadounidense. A partir del principio de los años treinta, Ellington apareció en varias películas como *Check and Double Check*, en la que él y su músicos tocan de manera deslumbrante.

En 1939 conoció en San Luis, Misuri, al bajista Jimmy Blanton, en ese entonces miembro de la orquesta de Fate Marable, y lo reclutó. Grabó en Chicago

---

[78] *Treat It Gentle*, p. 141.

"Blues" y "Plucked Again" en dúo con Blanton (primeros dúos piano/contrabajo grabados comercialmente en el jazz) y en 1941, de nuevo con Blanton, "Dear Old Southland", todavía marcado por el stride, y el elegante "Solitude", En 1945 siguió "Frankie and Johnny", en el que pasajes stride alternan con interludios más lentos. En 1945 Ellington grabó a cuatro manos con Billy Strayhorn, que se había vuelto el compositor, coarreglista y segundo pianista oficial de la orquesta, el animado e inventivo "Tonk" (también conocido como "Pianistically Allied"[79]) y el exquisito "Drawing Room Blues". En 1950 los dos hombres produjeron un versión aun más entusiasmante de "Tonk" (en *Great Times!: Duke Ellington Billy Strayhorn Piano Duet*). En el mismo año Ellington grabó un "New Piano Roll Blues" abrupto, casi monkiano. Empieza con Duke solo con Max Roach a la batería. La banda, con Red Rodney (trompeta), Johnny Hodges (saxofón alto), Harry Carney (saxofón barítono) y Wendell Marshall (bajo), que sólo entra al final. Con Oscar Pettiford en el violonchelo, Lloyd Trotman en el bajo y Joe Jones en la batería, Ellington grabó además "Perdido", compuesto por su trombonista puertorriqueño Juan Tizol, "Blues for Blanton", y, con Strayhorn en el celesta, un "Oscalypso" casi complemente ejecutado con acordes. Asimismo grabó, en 1952, el logrado *Uptown* con su orquesta. En 1953 –y es sorprendente que ningún productor se lo haya propuesto antes– realizó su primer LP de piano: *The Duke Plays Ellington* (con Marshall en el bajo y Butch Ballard en la batería), grabado en Los Ángeles y publicado de nuevo, junto con sesiones realizadas más tarde el mismo año en Nueva York con Dave Black en la batería, además de Ralph Collier en las tumbadoras en "Montevideo", como *Piano Reflections*. Incluye un impresionante "Reflections in D", que Bill Evans grabaría en 1978 en *New Conversations*, "Melancholia", parecido a un himno, y "Retrospection" tocado en solitario. En 1956 Ellington se presentó en el Festival de Jazz de Newport. En 1960 grabó *Piano in the Background*, en el que empieza solo, seguido por su orquesta. Al año siguiente grabó *The Great Summit* con los Louis Armstrong All Stars (Trummy Young, trombón, Barney Bigard, clarinete, Mort Herbert, bajo y Danny Barcelona, batería). Armstrong, que toca la trompeta, canta y *scata*, es deslumbrante, y Ellington acompaña a los solistas discreta pero eficazmente. Las piezas incluyen en particular "I'm Just a Lucky So and So", "Mood Indigo", "Duke's Place", "I Got It Bad (And That Ain't Good)", "Solitude" y "Azalea", compuesta por Ellington décadas antes (Ellington incluiría un "Portrait of Louis Armstrong" en su *New Orleans Suite*, grabada en 1970). En 1962 siguió *Money Jungle*, grabado con Charles Mingus, sugerido por el productor del disco, y Max Roach, recomendado por Mingus, ambos diferentes de los *sidemen* habituales del pianista y defensores de los derechos cívicos. Ellington compuso algunas de las piezas en el estudio, justo antes de la sesión, que resultó tumultuosa. Mingus, tras una discrepancia con Roach, se marchó con su bajo en

---

[79] "Tonk" fue también grabado por los pianistas Dick Hyman y Mike Wofford.

medio de la sesión y Ellington tuvo que suplicarle que volviera. El disco suscitó una reacción adversa de Miles Davis, convencido de que Roach y Mingus no
eran los adecuados para Ellington, pero agradó a otros músicos y obtuvo buenas
críticas. Incluye "Money Jungle", en el que Mingus pulsa furiosamente su contrabajo y Roach mantiene el tempo rápido en su platillo *ride* mientras Ellington toca
acordes disonantes, "Fleurette Africaine", subrayada por acentos acertados, el anguloso "Wig Wise", "Switch Blade", pimentado con riffs, "Caravan" en la que Ellington, apoyado por su enérgica sección rítmica, utiliza también acordes osados,
"Solitude", interpretada en stride con una larga introducción e interesantes armonías, y "Warm Valley", en la que ejecuta el tema solo y, con Mingus y Roach, sigue
en un estilo un poco monkiano. Dio también su primer recital en trío en el Museo
de Arte Moderna de Nueva York, con Aaron Bell en el bajo y Sam Woodyard en la
batería, tocando algunas de sus composiciones. Un texto publicitario para la prensa anunció: "Aunque es un magnífico pianista y el principal elemento unificador
de su orquesta, Duke Ellington, en sus composiciones, ha generalmente sacado
a otros solistas a la luz. Ahora, tras 38 años de funciones con su orquesta, hará
su debut como solista al piano". Grabó asimismo los bellos *Duke Ellington Meets
Coleman Hawkins* y *Duke Ellington and John Coltrane*. "Si puedo permitirme una
comparación, actuamos como pintores que sólo tuvieran una cantidad limitada de
colores en su paleta, pero que trataran de pintar como todo mundo, normalmente,
inventando y creando según se iban presentando las necesidades. Es realmente lo
que llamo 'arte primitivo', esta búsqueda entusiasta para adaptarse uno a otro",
confió al periodista François Postif a propósito de la sesión con Coltrane.[80]

En 1963, bajo los auspicios del Departamento de Estado, giró por Europa,
Medio Oriente, la India, Sri Lanka, y en 1964 Japón con su orquesta. A principios
de 1964, mientras estaban en Inglaterra, él y Strayhorn tocaron "Agra", "Amad"
y "Depk", que se incluirían en *The Far East Suite* (1967), y "Mynah", añadido más
tarde como *bonus track* con el nombre de "Bluebird of Delhi". También en 1964,
Ellington dio un concierto en Columbia University con Peck Morrison al bajo y
de nuevo Woodyard a la batería, tocando, en particular, "Caravan", "Satin Doll",
"Take the A Train", "Tonk" y "Blues Medley". Al año siguiente grabó piezas en
solitario, entre ellas "The Second Portrait of The Lion", su homenaje a Willie
'The Lion' Smith, que tocó con brío en el Théâtre des Champs-Élysées en París
en 1967 con John Lamb al bajo y Rufus Jones a la batería. En 1966 dio recitales en
solitario en el castillo de Goutelas-en-Forez y en la Fundación Maeght, ambos en
Francia, tocando, en particular, "Blues for Joan Miró" en la Fundación Maeght,
pero, especialmente, actuó por primera vez en África, en el Festival Mundial de las
Artes Negras en Dakar, tocando ante Nelson Mandela, Hailé Selassié, Leopold
Sedar Senghor y otras personalidades y componiendo "La plus belle Africaine"

80 *Jazz Me Blues*, p. 178

para este evento. En 1967, con su orquesta, grabó *And His Mother Called Him Bill* en honor al recientemente fallecido Strayhorn, que incluía el poético y conmovedor "Lotus Blossom" de Strayhorn. En 1969, en el programa de televisión *The David Frost Show*, ejecutó "Perdido" con 'The Lion' Smith y Billy Taylor. Al año siguiente fue filmado en París interpretando algunas de sus composiciones, con su legendarios swing y elegancia.

En la primavera de 1972 se le diagnosticó un cáncer incurable de los pulmones pero siguió no obstante desempeñando sus intensas actividades musicales. En abril dio un recital en el Whitney Museum of American Art con el bajista Joe Benjamin y el baterista Rufus Jones (publicado en 1995 como *Duke Ellington Live at the Whitney*), con un entusiasmo y una energía que desmentían su enfermedad. En diciembre grabó *This One for Blanton* con Ray Brown en el bajo, que incluye un alegre "See See Rider". En enero de 1973 siguió con *Duke's Big Four* (con Joe Pass, guitarra, Brown, bajo, y Louie Bellson, batería), y giró por África y Europa con su orquesta, actuando, en particular, en Etiopía, Kenia, Zambia y Senegal.

Poco antes de morir (el 24 de mayo de 1974), todavía trabajaba en su habitación del hospital –donde se le había instalado su piano eléctrico– a su ópera *Queeny Pie*, inspirada en Madam C.J. Walker, millonaria negra que había hecho fortuna en los años treinta vendiendo cosméticos y productos para el cabello, y a una música de ballet: *The Three Black Kings*. Orquestado para una orquesta sinfónica y solistas de jazz por Luther Henderson tras la muerte de Ellington, *The Three Black Kings* fue grabado con Jimmy Heath y Roland Hanna. El funeral de Ellington se celebró en la Catedral St. John the Divine de Nueva York, y Lisle Atkinson, Hank Jones, Joe Jones, Joe Williams, Ray Nance, Ella Fitzgerald, Billy Taylor, Mary Lou Williams y otros tocaron y cantaron en su honor.

El CD *Retrospection – The Piano Sessions* (2009) ofrece varios duetos piano-bajo grabados entre abril de 1953 y octubre de 1957, incluso un delicioso "Who Knows", "December Blues", "Janet", y una rara versión en solitario de "Mood Indigo" titulada "Variations on Mood Indigo". Otra antología: *The Pianist*, incluye temas grabados entre 1966 y 1970, entre ellos el sencillo pero lindo "Looking Glass", "Slow Blues", "Fat Mess" y "Never Stop Remembering Bill". Ella Fitzgerald realizó tres discos con Ellington: *Song Book* (1957), *Ella at Duke's Place* (1965) y *Ella and Duke at the Côte d'Azur* (1967).

Earl Hines, el padre del piano jazz

Earl Hines (Duquesne, Pennsylvania, 1903-Oakland, California, 1982) merece plenamente su apodo de 'Fatha' (Padre). Irónicamente fue apodado así durante una gira en el sur de Estados Unidos con su orquesta, por un locutor de radio que lo acusaba de estar borracho. Sin embargo Hines fue verdaderamente el padre del piano jazz moderno. Count Basie lo consideraba como "el pianista más grande del mundo" y casi todos los pianistas que vinieron después de él le deben algo. Hines siempre trataba de mejorarse. "Tocar el piano es como cualquier otra cosa. Nunca traté de tocar nada de la misma manera. Sentarme al piano, es un reto. Siempre estoy explorando. Cada vez que me siento, busco nuevas progresiones armónicas, nuevas ideas", decía.[81] Declaraba también: "Siempre me desafío a mí mismo. Me adentro en aguas profundas y siempre trato de volver". En vez de la mano izquierda metronómica característica de la mayoría de los pianistas de su época, se le ocurrió, cuando se encontraba con un bajista y un baterista, tocar acordes o simplemente notas, colocados a menudo sobre los tiempos débiles y acentuados, anunciando así el bebop. Ejecutaba frases fluidas, inspiradas en parte por las del trompetista Joe "Fox" Smith, excolaborador de Bessie Smith (ningún parentesco), considerado por Fletcher Henderson como "el trompetista más *soulful* que jamás he tenido".[82] Con grandes orquestas Hines empezó a ejecutar este tipo de frases en octavas para poder ser oído, explicaba, por encima de los instrumentos de viento, y llamó "trumpet style" a esta manera de tocar el piano. Con Milt Buckner fue también el primero que utilizó *block chords* (acordes tocados en posición cerrada con el pulgar de la mano izquierda y la mano derecha doblando la melodía), y su estilo estaba lleno de sorpresas rítmicas. Se lo puede ver explicando al presentador Ralph J. Gleason, y brillantemente mostrando cómo se plasmó este estilo, en un programa de televisión de 1960 titulado "Jazz Casual".

---

81 Studs Terkel, *And They All Sang*, p. 150.
82 Joachim Berendt, *The Jazz Book*, p. 186.

Creció en Pittsburgh en una familia de músicos. Su madrastra tocaba piano y órgano (su madre había muerto cuando tenía tres años), su padre tocaba cornetín, su hermana Nancy, piano, y otros miembros de la familia también eran músicos. A los nueve años empezó a estudiar música clásica –más tarde se podrían oír rasgos estilísticos de Chopin y Liszt en algunas de sus interpretaciones– y aprendió a tocar ragtime y stride con rollos de James P. Johnson y Zez Confrey. Admiraba también a tres pianistas locales: Toodle-oo Johnson, especialista del boogie-woogie, y Jim Fellman y Johnny Watters, con los que tomó algunas lecciones. Fellman ejecutaba líneas de bajo en décimas con una nota en medio (por ejemplo, fundamental, séptima y décima), Watters tocaba en décimas con su mano derecha también con notas en medio, y Hines combinó las dos técnicas con suma destreza. Quería inicialmente aprender el cornetín, pero éste le provocó problemas auditivos y se quedó con el piano, tratando de tocar frases de cornetín en éste. A los quince años abandonó la escuela para dedicarse por entero a la música. Formó un trío con violín y batería que consiguió trabajo en clubes y bailes. Organizó también una banda con Benny Carter. A principios de los años veinte, teniendo entonces diecisiete años, se unió a los Symphonian Serenaders del cantante y saxofonista Lois Deppe, que se presentaban en el club Liederhaus de Pittsburgh. Tocó además con la orquesta de Arthur Rideout y con el violinista Vernie Robinson, y lideró su propio conjunto, los Pittsburgh Serenaders. En 1921 Deppe y él actuaron en la radio, y en 1923 Hines realizó sus primeras grabaciones con los Symphonian Serenaders, entre ellas "Dear Old South Land" y una composición suya, el alegre "Congaine".

Siguiendo el consejo de Eubie Blake se trasladó luego a Chicago, en ese entonces principal foco del jazz, y cayó bajo el encanto de Jelly Roll Morton y Teddy Weatherford. Tocó con las orquestas de Carroll Dickerson y de Sammy Stewart, con el violinista Vernie Robinson y con el Vendome Orchestra de Erskine Tate, y su fama creció rápidamente. En 1926 conoció a Louis Armstrong, jugando billar con él en el edificio del sindicato de músicos, y decidieron tocar juntos. El trompetista apreció el estilo de Hines, que encontraba parecido al suyo, y se presentaron, con el baterista Zutty Singleton, en el Sunset Cafe. Hines quedó también encantado de su complicidad musical con Armstrong: "Cuando estaba al piano, nos poníamos a tocar compartiendo nuestras ideas y dándonos las gracias".[83] Un mes más tarde el Sunset Cafe cerró y Hines y Armstrong actuaron con Jimmy Noone en el Apex Club.

El 9 de diciembre de 1928 Hines realizó sus primeras grabaciones en solitario. Había escuchado a las cantantes de blues Ma Rainey y Lucille Hegamin, e incluyó dos variantes de un blues suyo (presentadas con títulos diferentes): "Blues in Thirds", que de hecho empieza con cuartas y no con terceras, y "Caution Blues", y también "A Monday Date" y el hábilmente acentuado y *soulful* "Fifty-Seven Varieties", evidenciando una gran libertad y una concepción ya moderna del piano jazz.

---

[83] Studs Terkel, *And They All Sang*, p. 148.

Earl Hines

Sucedió además a Lil Hardin en los Hot Fives de Armstrong. Con Armstrong realizó grabaciones históricas entre las cuales "West End Blues", en el que improvisa
con gran inventiva, "Basin Street Blues", "Weather Bird" (basado en un viejo rag
de King Oliver), "Fireworks" (variante de "Tiger Rag"), "Saint James Infirmary",
"Tight Like This" y sus propias compositiones: "Muggles" y "A Monday Date".
En "Weather Bird", ejemplo perfecto de comunión entre Hines y Armstrong, los
dos músicos se responden uno a otro y Hines toca en el estilo stride. "No sabía-
mos que estábamos haciendo historia, dijo Hines. Para nosotros era solamente
una sesión ordinaria". El mismo año grabó también algunos temas con Noone,
entre los cuales "Sweet Sue" y "Every Evening".

De fines de diciembre de 1928 hasta octubre de 1939, etapa fundamental en su carrera, dirigió la orquesta del Grand Terrace Cafe, salón de baile del South Side de Chicago que pertenecía a Al Capone. La banda alineaba, entre otros, al saxofonista Budd Johnson y al trombonista Trummy Young. El pianista Teddy Wilson escribió algunos arreglos para ella, con también contribuciones de los miembros, y acompañaron a estrellas tales como Ethel Waters y Bill "Bojangles" Robinson. Los conciertos, retransmitidos en la radio, incrementaron la fama de Hines, y con sus irresistibles cadencias, la orquesta atrajo a un numeroso y entusiasta público a bailar al Grand Terrace. Nat 'King' Cole recordaba haberla escuchado en la radio cuando era joven, y también la escuchaba en la radio Jay McShann. Fue, además, una de las primeras big bands negras que giró por el sur de Estados Unidos. Con ella Hines grabó temas sobresalientes como "Rosetta", compuesto por él y el pianista Henri Woode, en el que se puede apreciar su dominio del stride. Lo grabó en 1933 y en 1939, y lo retomaron Teddy Wilson, en un estilo más ligero, y Art Tatum, de manera más candente.[84] Asimismo Hines grabó "Down Among the Sheltering Palms", "Harlem Lament", zampándose la secuencia armónica como un caballo de carreras, "Maple Leaf Rag", el chispeante "Piano Man", en el que los miembros de la orquesta entonan alabanzas al pianista, "The Father's Getaway" y "Boogie Woogie on St. Louis Blues", que se convirtió en un hit. En 1940 Hines grabó, todavía en stride, "Child of a Disordered Brain", en un prototipo de piano eléctrico llamado Storytone.

A principios de los años cuarenta emprendió una gira por Estados Unidos con su orquesta para la cual el saxofonista y clarinetista Albert 'Budd' Johnson escribió arreglos más modernos. En ella figuraban en ese entonces jóvenes y brillantes músicos de ideas avanzadas como Billy Eckstine, Dizzy Gillespie, Charlie Parker, reclutado en la orquesta de Jay McShann, y Sarah Vaughan como cantante y segunda pianista. Parker y Gillespie, futuros progenitores del bebop, tenían un estilo diferente del de Hines, pero respetaban su profesionalismo, su experiencia, su talento y su seguridad rítmica. Fuesen cuales fuesen las trampas que le tendían a veces sus jóvenes miembros, Hines nunca se dejaba tomar desprevenido. "Lo cierto es que tocaba bastante bien. Solíamos hacerle tocar solos muy largos, recordaba Gillespie. No entrábamos cuando se suponía que debíamos entrar y le hacíamos tocar otro chorus. Sudaba, pero con mucha tranquilidad. Es la perfección misma".[85] Hines, por su lado, reconoció el valor de Gillespie y de Parker, el cual era capaz de memorizar una pieza tras sólo haberle echado un vistazo. En 1946 Hines sufrió un accidente de coche. Dos años más tarde, todavía discapacitado y financieramente incapaz de mantener su formación, la disolvió. Luego formó un conjunto exclusivamente femenino y una enorme big band, pero los dos proyectos fallaron.

[84] Para un análisis detallado del "Rosetta" de Hines, véase: Jeffrey Taylor, "Earl Hines and 'Rosetta' ", *currentmusicology.columbia.edu*.
[85] Dizzy Gillespie y Al Fraser, *To Be or not to Bop - Memorias de Dizzy Gillespie*, p. 204.

En 1948 volvió a tocar con Louis Armstrong, uniéndose a los All Stars del trompetista. Al año siguiente grabó con su propio nombre: "Tantalizing a Cuban" (que recuerda "The Flat Flat Floogie" de Slim Gaillard y Slam Stewart), "Jelly Jelly", "Boogie Woogie", "Boogie Woogie on St. Louis Blues" (cuya introducción imita un tren), y "The Earl". En 1951 dejó a Armstrong y dirigió una pequeña banda Dixieland en la región de Oakland y de la bahía de San Francisco. En diciembre 1956 realizó *Earl "Fatha" Hines Solo*, con su sobrio "Blues for Tatum", homenaje a Art Tatum, que había fallecido el mes antes. En 1957 dio conciertos en Europa con algunos grandes nombres del jazz entre los cuales Jack Teagarden. Al año siguiente fue a Nueva York con un cuarteto que incluía al guitarrista Calvin Newborn y grabó. A principios de los años sesenta, basado en Oakland, lideró un sexteto, pero cayó más o menos en el olvido. En 1964 dio tres exitosos conciertos en el Little Theater de Nueva York, y su carrera repuntó. Se presentó en los más grandes lugares de Estados Unidos y de Europa incluso, en 1966, en la Unión Soviética, durante una gira organizada por el Departamento de Estado, y, en particular, en el Festival de Jazz de Montreux, en 1974. Basta escuchar, por ejemplo, su versión de "Memories of You" de Eubie Blake, tocada en un taller de piano de Berlín en 1965, o "You Are Too Beautiful", tocado en 1969 en su casa, en su piano, con su poética introducción, para apreciar la riqueza rítmica y el lirismo de su arte en los años sesenta. Siguió grabando abundantemente, con siempre el mismo espíritu aventurero y la misma inventiva, adaptándose a las situaciones más diversas: en 1967 *Blues and Things*, con Jimmy Rushing; en 1972 *Earl Hines Plays Duke Ellington* (con acordes rebuscados y preciosos efectos en el registro agudo en "I Let a Song Go out of My Heart"); *Paul Gonsalves Meets Earl Hines* y *Tour de Force* (con un asombroso "When Your Lover Has Gone"), considerado por algu-

Billy Eckstine con Earl Hines y Louis Armstrong

nos como uno de sus mejores discos; en 1973 *Earl Hines: Quintessential Continued* (con sombríos acordes en "Deep Forest"); en 1976 *Joe Venuti – Earl Hines: Hot Sonatas*; en 1977 el disco en solitario *Earl Hines: In New Orleans*. En "Wolverine Blues", que no es un blues sino un stomp, ejecuta una línea de bajo en décimas y contrapunto con la mano izquierda, y toca "Pretty Baby" en stride. En 1979 dio un fogoso recital en solitario en el Festival de Jazz de Antibes, con un prodigioso derroche de ideas. Su último concierto tuvo lugar en San Francisco, algunos días antes de su muerte.

Count Basie,
el rey del tempo

Como Duke Ellington, 'Count' (William) Basie (Red Bank, Nueva Jersey, 1904-Hollywood, Florida, 1984) dirigió una de las más famosas orquestas de la historia del jazz. Era un pianista superior con un toque elástico, *soulful* y parco en efectos, que galvanizaba a su orquesta con rasgos de blues y a veces, como Duke Ellington, un simple acorde o una simple nota. "Me encanta tocar, pero tomar un chorus tras otro no me parece razonable. Por lo tanto suministro mi piano con moderación a quien viene a bailar, y cuando entro para tomar un solo, lo hago de improviso, utilizando une sección rítmica potente detrás de mí. Pensamos que de esta manera el piano de Count [literalmente piano "del conde", ya que Count significa "conde" en inglés] no se pondrá monótono", declaraba al periodista Dave Dexter Jr. en 1939.[86]

Su firma característica con la que terminaba sus piezas: tres tríadas en el registro agudo seguidas por una nota en el registro bajo (por ejemplo la-fa-do/la-mib-do/la-mi-do, seguidas por un do en el registro bajo) ha sido frecuentemente imitada.

Basie daba peso a cada nota y puntuaba sus frases con acentos marcados, dejando mucho espacio, como en su solo en "Jumpin' at the Woodside", interpretado en 1980 con Oscar Peterson, Niels-Henning Ørsted Pedersen al bajo y Martin Drew a la batería durante un programa televisado de la BBC. Dominaba el ragtime y el stride ("John's Idea") y utilizaba a veces *walking basses* o procedimientos de boogie-woogie, como en "Moten Swing" (1934). Era también un *bluesman* cabal ("Good Morning Blues", "Slow Blues", tocado en dúo con Oscar Peterson en los años ochenta, o "Booty's Blues", tocado en el Carnegie Hall en 1981 con Cleveland Eaton al bajo). El guitarrista y cantante T-Bone Walker consideraba con razón a Basie como "*a quintessential bluesman*" (un *bluesman* por excelencia). En el concierto que dio Basie con Peterson, que fue filmado, cada pianista tiene su propio estilo pero ambos escuchan al otro y se contestan y completan perfectamente. Basie era también un perfecto representante del estilo swing de Kansas City

---

[86] "Critics in the Doghouse: Basie Examines Basie", *Down Beat*, julio 1939.

y un acompañante consumado que colaboró con Ella Fitzgerald, Sammy Davis Jr., Jackie Wilson, Tony Bennett y otros cantantes. "Count Basie lograba hacer más con dos notas que cualquier otro músico que jamás haya conocido, y era el rey del tempo", afirma Quincy Jones. "Tocar con él era como viajar en Cadillac", me confió una vez Dizzy Gillespie. Basie influyó en Mary Lou Williams, John Lewis, Marty Napoleon y otros, pero pocos pianistas fueron verdaderamente sus seguidores. Oscar Peterson recordaba que Basie parecía a veces retraído, pero tan pronto como empezaba a tocar, todas las miradas se clavaban en él. Basie escribió poco, en particular "Moten Swing" (compuesto con Eddie Durham, aunque el tema haya sido legalmente registrado con los nombres de Bennie y Buster Moten) y "Jumpin' at the Woodside", uno de los temas más populares de Basie, cuya primera parte está basada en riffs.[87]

Supuestamente, Basie adquirió su apodo 'Count' cuando tocaba con los Blue Devils, aunque Basie afirmaba habérselo puesto a sí mismo. Según el promotor John Hammond, se lo puso un locutor de radio en Kansas City, que, pensando en Duke Ellington y Earl Hines (*earl* también significa "conde" en inglés), encontraba 'Count' más atractivo que 'Bill'. Sin embargo Eddie Durham aseguraba que había sido idea suya. El padre de Basie, cochero, tocaba el melófono (instrumento con llaves utilizado en las fanfarrias) y su madre le dio sus primeras clases de piano. Basie estudió también con rollos para piano mecánico y discos, y aprendió de oído piezas como "The Bugle Blues", que, durante mucho tiempo, formaría parte de su repertorio. Estudió luego música clásica con un maestro alemán, pero prefería el ragtime y el stride. Empezó a acompañar películas mudas en un cine local, remplazando al pianista habitual, y abandonó la escuela secundaria para volverse músico profesional. Debutó como baterista, pero renunció al instrumento tras oír a Sonny Greer (que se uniría a los Washingtonians de Duke Ellington). Basie y Greer tocaban de vez en cuando juntos y Basie colaboró brevemente como pianista con el violinista Bill Robinson, pero Robinson escogió al más experimentado Freddy Tunstall. Basie, sin embargo, aprendió escuchando a Tunstall así como a otros pianistas de stride. Volvió a acompañar películas mudas y tocó para bailes y espectáculos *amateurs*.

En 1920 se instaló en Nueva York, donde Greer le presentó a algunos músicos. Hizo giras con troupes de vodevil y de *burlesque*, entre ellas Katie Crippen[88] and Her Kiddies, la que era parte de un espectáculo titulado *Hippity Hop Show*, y de vuelta a Nueva York tocó en Leroy's, en Harlem. Hacia 1925 conoció a Fats Waller, quien le dio clases de órgano, y Basie hizo algunas grabaciones en un órgano

---

[87] El título hace referencia al Woodside Hotel de Nueva York, en el que se quedó la orquesta en 1937 y ensayaba en el sótano.

[88] Cantante y *entertainer* nativa de Filadelfia, Catherine 'Katie' Crippen (1895-1929) grabó algunos temas para el sello Black Swan. Antes de Basie, había sido acompañada por Fats Waller.

Count Basie

de tubos. Colaboró con otras cantantes, incluso Myra Johnson y, brevemente, con el clarinetista y saxofonista Otto Hardwick, miembro de la orquesta de Ellington. De 1926 a 1927 efectuó una gira en el circuito T.O.B.A. con la cantante y saxofonista Gonzelle White y su Big Jazz Jamboree.

El Big Jazz Jamboree se disolvió en Kansas City y Basie decidió quedarse en esta ciudad, repleta de clubes y teatros, especialmente en 18th y Vine St., el barrio negro situado al este de Downtown. Mary Lou Williams, que se radicaría allí algunos años más tarde, encontró Kansas City "paradisíaca", con "música por doquier en la parte negra de la ciudad, y cincuenta o más cabarets en efervescencia en las calles 12 y 18".[89] Una de las bandas locales más cotizadas era la Singing Novelty Orchestra, formación de tipo vodevil dirigida por el cantante y multiinstrumentista George Ewing Lee, en la que su hermana Julia tocaba el piano y cantaba. En 1933 esta banda fue absorbida por la orquesta de Bennie Moten. Basie estuvo encantado. "Pasaban un montón de cosas, la ciudad permanecía abierta 24 horas al día, recordaba Jay McShann. Si un tipo venía y te preguntaba: '¿Oye, dónde está pasando algo?', pues le contestabas: 'Mira, nada más quédate por ahí un rato y lo encontrarás'".[90] La música negra que predominaba entonces en Kansas City era el stomp, suerte de blues movido que Duke Ellington

[89] "In her own words… Mary Lou Williams interview", *Melody Maker*, abril-junio 1954, en: *ratical.org*.
[90] Ben Sidran, *Talking Jazz*, p. 15.

describió como "la velocidad de la celebración". Basie admiraba en particular a los dos pianistas de blues y boogie-woogie Pete Johnson y Albert Ammons. Tocó el órgano para películas mudas en el Eblon Theater, y ocasionalmente con una banda dirigida por el pianista Chauncey Down, que sustituía a veces al piano. De noche participaba en *cutting contests*, que el escritor Albert Murray comparó con rodeos. A finales de 1928 ingresó en los Blue Devils del bajista Walter Page, que había conocido dos meses antes en Tulsa, Oklahoma, y cuyo cantante era Jimmy Rushing. Dos años más tarde entró en la banda del pianista Bennie Moten. Empezó tocando piano sólo ocasionalmente con Moten, y aunque no sabía leer música, se convirtió en el pianista regular y coarreglista de esta formación, y tocó también con el saxofonista Buster Smith. Con Moten grabó en 1932, por primera vez: ("Everyday Blues", "Rhumba Negro", "Prince of Wails", en el que toca el stride, "Moten Swing", basado en los acordes de un tema de Walter Donaldson titulado "You're Driving Me Crazy", pasando del stride al boogie-woogie y, al final, al estilo más sobrio que lo caracterizaría más tarde). Tras la muerte repentina de Moten, en 1935, organizó su propia orquesta, reclutando, en particular, a Walter Page, Lester Young, Jimmy Rushing, al guitarrista Freddie Green y al baterista Jo Jones. La orquesta, nombrada Barons of Rhythm, obtuvo un contrato regular en el Reno Club, conocido como "la reina de los clubes de Kansas City". Tocaban allí siete noches a la semana y sus actuaciones eran emitidas por una radio local. Charlie Parker venía a menudo a escuchar a los saxofonistas de Basie: Lester Young, Herschel Evans y Buster Smith. "Basie solía empezar con ocho compases, como si hablara a los músicos con el piano, describiendo la pieza y estableciendo el tempo exacto",[91] escribe Ross Russell, biógrafo de Charlie Parker. Basie elaboró progresivamente su propio estilo mientras seguía de vez en cuando tocando stride (como en "Shoe Shine Boy" y "Honeysuckle Rose").

En 1936 John Hammond descubrió la banda, presentada entonces como "Count Basie and His Barons of Rhythm", en la radio, y viajó a Kansas City para conocer a Basie. Consiguió contratos para la banda en Chicago (en el Grand Terrace Ballroom), Buffalo y Nueva York, y ésta realizó sus primeras grabaciones ("Shoe Shine Boy", "Evening Boogie Woogie" y "Oh, Lady Be Good"). En 1937 Basie se llevó su orquesta a Nueva York y en los años siguientes se presentó en el Roseland Ballroom, el Apollo Theater, el Savoy Ballroom, el Famous Door y otros lugares. En 1937 lograron su primer hit con el blues "One O'Clock Jump", derivado de improvisaciones espontáneas de la banda en el Reno Club. "El chorus de piano imitando una campana que Count Basie toca frente al cuatro/cuatro regular del contrabajo, de la guitarra y de los platillos en 'One O'Clock Jump' evoca mucho más una campana de llegada y partida de un tren en una estación que cualquier campana de iglesia", comentó Albert Murray.[92] El éxito se reiteró al año siguiente con "Jumpin' at the

---

[91] *Bird Lives!*, p. 54.
[92] *Stomping the Blues*, p. 124.

Woodside", originalmente un *head arrangement* (realizado oralmente, sin partitura), y la banda encantó a todos los asiduos del Savoy Ballroom. Una noche, la orquesta de Basie fue enfrentada a la de Chick Webb. *Metronome Magazine* escribió a propósito de este evento que el pianista "atajaba sin cesar los relámpagos de Chick Webb con seductores melismas y arpegios que provocaban aún más enérgicamente a su adversario". En 1938 Basie y su orquesta grabaron el fogoso "Doggin' Around" de Herschel Evans en el que Basie toca su propia suerte de stride y sus notas características en el registro agudo, y el espléndido "Blue and Sentimental", introducido por un pasaje cromático. En 1939 la banda, rebautizada Count Basie and His Orchestra, logró un nuevo éxito con el blues "Goin' to Chicago", cantado por Jimmy Rushing, que se convirtió en un clásico de su repertorio. Al año siguiente Basie grabó "Gone with 'What' Wind", presentado como un foxtrot, "Till Tom Special", "Benny's Bugle" y otros temas con el Benny Goodman Sextet (Cootie Williams, trompeta, Charlie Christian, guitarra y Georgie Auld, saxofón), adaptándose perfectamente al estilo de Goodman.

A lo largo de los años la orquesta pasó por varios cambios de músicos. En 1941, con Don Byas, Buddy Tate, Harry 'Sweets' Edison, Buck Clayton, Dicky Wells y otros, Basie ejecutó un fantástico "Basie Boogie" (insertando en él un riff de "Salt Peanuts") y un elástico "Something New". En 1943 acompañó con su orquesta a la cantante Ethel Waters en la película *Stage Door Canteen*, y a mediados de los años cuarenta sus discos eran *best sellers*. Sin embargo, con el ascenso del rock las big bands empezaron a declinar, y hacia 1951 Basie tuvo que disolver temporalmente la suya por razones financieras. Tocó entonces con un septeto y, alentado por Billy Eckstine, formó de nuevo su big band en 1952. Conocida como "The Second Testament", contaba con el cantante Joe Williams y, en la sección de vientos, con Joe Newman, Ernie Wilkins, Paul Quinichette, Frank Wess y Eddie "Lockjaw" Davis. El éxito continuó con "Blue Skies", "Lil' Darlin'" de Neal Hefti y "Shiny Stockings" de Frank Foster, y la fama de la Count Basie Orchestra se extendió por el mundo entero. Para quien la escuchaba, constituía la garantía de un swing avasallador. En 1957 sir Charles Thompson tocó el piano para algunas grabaciones, y la orquesta fue la primera banda negra contratada por el hotel Waldorf Astoria de Nueva York. Al año siguiente Basie obtuvo un *Grammy Award* (primera vez que este premio se daba a un negro americano), y recibiría nueve de ellos a lo largo de su carrera. Mantuvo su orquesta en los años sesenta, reclutando a veces nuevos músicos. En 1962 grabó también con un grupo más pequeño (Thad Jones, trompeta, Frank Wess, flauta, Frank Foster, saxofón tenor y clarinete, Freddie Green, guitarra, Eddie Jones, bajo, y Sonny Payne, batería) el excelente *Count Basie and the Kansas City* 7. El disco incluye, en particular, una nueva versión de "Shoeshine Boy", "Oh Lady Be Good" y "Count's Place" de Basie. "Count's Place", introducido por algunas notas cristalinas y algunos discretos acordes juiciosamente co-

Count Basie

locados, representa la quintaesencia del estilo de Basie. Al año siguiente actuó en Japón, arrebatando al público.

En 1970 Basie realizó el experimental *Afrique*, arreglado por Oliver Nelson, y, en 1974, varios discos con grupos más pequeños que incluían, entre otros, a Oscar Peterson, Roy Eldridge, Dizzy Gillespie, Milt Jackson, Zoot Sims, Joe Turner y Eddie 'Cleanhead' Vinson. En "Back to the Land", por ejemplo (en *The Gifted Ones*, con Gillespie), es un modelo de sencillez, con un blues sobrio y *soulful*, y algunas incisivas y luminosas pinceladas debajo del bajo de Ray Brown. En 1974 realizó también su primer álbum en trío: *For The First Time*, with Brown al bajo y Louie Bellson a la batería. En "I'll Always Be in Love with You", ejecuta la melodía con un admirable sentido del espacio y acordes mordaces. Como en "Lady Be Good", su fraseo sigue arraigado en el stride. Utiliza a veces una línea de bajo en acordes y su swing es tremendo. Asimismo apareció en dos películas: *Cinderfella* (1960) de Jerry Lewis, en la que su orquesta toca para la famosa escena de baile de Lewis, y *Blazing Saddles* de Mel Brooks (1974). Dio sus últimos conciertos sentado en una silla de ruedas y se retiró en 1976, después de un infarto. Tras la muerte de Basie, Frank Foster tomó la dirección de la orquesta. Foster falleció a su vez en 2011 y a partir de 2013 el trompetista 'Scotty' (William) Barnhart, asumió el cargo de director de la Count Basie Orchestra.

Teddy Wilson, el emblema del swing

Célebre, con razón, por su elegancia y musicalidad, Teddy (Theodore) Wilson (Austin, Texas, 1912-New Britain, Connecticut, 1986) fue el pianista emblemático de la era swing, y relativamente temprano en su carrera tuvo éxito con el público blanco. "Cuando tocaba, me hacía sentir que su amor por el instrumento fluía a través de cada frase y se ponía a correr, su impecable toque le confería un sonido cristalino a lo que interpretaba. A veces tenía tanto swing que la pulsación era casi arrebatadora. En otras ocasiones, en cambio, interpretaba un tema con tanta delicadeza que cada nota se volvía como una gota de lluvia", escribió Oscar Peterson, que fue un ferviente admirador de Wilson.[93] Se puede oír el toque límpido y legato de Wilson (tomó algunas clases con Walter Gieseking) en, por ejemplo, las versiones de 1939 y de 1946 de "Why Shouldn't I?" o la de 1959 de "Round Midnight". Wilson usaba a menudo décimas o simples notas en la mano izquierda, cambiaba de registro para obtener un color diferente, y tocaba fabulosamente stride, como en "Sweet Georgia Brown" o en "What a Little Moonlight Can Do" (citaba por cierto a Earl Hines y Fats Waller como dos de sus mayores influencias, y uno de sus discos se titula *Blues for Thomas Waller*). Sus frases, siempre fluidas y lógicas, se enlazan perfectamente y nunca se pierde la melodía, como en "China Boy", (1940, con Jimmy Hamilton al clarinete y Yank Porter a la batería) o su solo en "All of Me", en el disco *Pres and Teddy* (1947, con Lester Young en 1947). Influyó en pioneros del bebop como Billy Kyle, Clyde Hart y Thelonious Monk. También fue uno de los acompañantes más solicitados de la era swing, y la magia de "The Man I Love", grabado en 1947 con Billie Holiday o de otros de sus realizaciones sigue siendo potente.

Wilson creció en Tuskegee, Alabama. Su madre era bibliotecaria, su padre director del departamento de inglés del Tuskegee Institute, y su hermano mayor Gus trombonista. Estudió piano clásico durante dos años así como oboe y clarinete en mi bemol, tocó en bandas de su escuela secundaria y siguió estudiando

---

[93] *A Jazz Odyssey*, pp. 23-24.

música durante un año en el Talladega College de Alabama. Descubrió el jazz en 1923, oyendo a Luckey Roberts en Tuskegee. En 1928, durante un verano pasado en Chicago, oyó por primera vez orquestas de jazz, entre ellas, los McKinney's Cotton Pickers y las big bands de Fletcher y Horace Henderson. Al año siguiente se fue a Detroit con Gus, donde oyó a Art Tatum. De fines de 1929 a 1931 él y Gus tocaron en Indiana con la banda del baterista y cantante Laurence 'Speed' Webb, que también incluía a Roy Eldridge y Vic Dickenson. Wilson se quedó con Webb hasta 1931 y se unió luego a Bill Warfield. "El grupo de Warfield era poco común. Estos tipos, de memoria, se especializaban en tocar el repertorio de Red Nichols", recordaba el pianista.[94] En Toledo, Ohio, remplazó a Tatum en la banda del saxofonista alto Milton Senior. Entabló amistad con Tatum –ambos hombres se pasaban noches juntos tocando música– y Wilson fue influenciado por Tatum, que admiraba más que todo. A fines de 1931 se trasladó a Chicago, donde colaboró con Erskine Tate, Clarence Moore, los François' Louisianans, Eddie Mallory, Jimmy Noone y Louis Armstrong. Escribió algunos arreglos para Earl Hines y hasta lo sustituyó una vez en el Grand Terrace Ballroom. El promotor y productor John Hammond lo oyó en Chicago y lo recomendó a Benny Carter.

En 1933 Wilson se marchó a Nueva York. Tocó con los Chocolate Dandies de Benny Carter y grabó el fox trot "Lonesome Nights", el animado "Symphony in Riffs" y otros temas con él. En 1934 tocó con Red Norvo, y hasta 1935, con la big band de Willie Bryant, con la que también grabó. Acompañó luego al quinteto de góspel The Charioteers en la radio y se presentó en el Famous Door de la calle 52' (conocida más tarde como "Bebop street"). En 1935 pasó a ser el director musical de Hammond y escribió arreglos para él. Grabó con una pléyade de estrellas, entre las cuales Louis Armstrong, Milt Hinton, Roy Eldridge, Ben Webster, Lester Young, Johnny Hodges, Coleman Hawkins, Ella Fitzgerald, Lena Horne y Billie Holiday. Confió que durante las históricas sesiones de grabación con Holiday, lo impresionó más Young que la cantante. (Señalemos en particular su perfecto acompañamiento y su precioso solo en "More than You Know", grabado en 1939 con Holiday.) En los años treinta y hasta 1950 grabó también con sumo refinamiento muchos temas en solitario con su propio nombre, temas como "Rosetta", "It Never Dawned on Me", "I Found a Dream", "Don't Blame Me", "That Old Feeling" y "Tiger Rag". En una fiesta en casa de Mildred Bailey y su esposo Red Norvo, conoció a Benny Goodman. Los dos se pusieron a improvisar juntos y Goodman quedó entusiasmado: "Aquella noche, Teddy y yo empezamos a tocar como si pensáramos con el mismo cerebro. Fue un verdadero placer".[95]

---

[94] Thomas J. Hennessey, *From Jazz to Swing: Afro-American Jazz Musicians and Their Music, 1890-1935*, p. 112. Ernest Loving, conocido como "Red Nichols" (1905-1965), era un trompetista y cornetista blanco.

[95] The Jim Cullum Riverwalk Collection, Riverwalk, *jazz.stanford.edu*.

Teddy Wilson

En 1936 Wilson entró en el trío de Goodman, del que Gene Krupa era el baterista. El trío fue el primer grupo de jazz racialmente mixto que alcanzaría un renombre considerable. Algunos meses más tarde, con la llegada de Lionel Hampton, se convirtió en un cuarteto y su éxito se incrementó aún más. En 1938 el bajista John Kirby se unió al grupo, procurando más libertad rítmica a Wilson, que ya no tenía que tocar líneas de bajo. "Era, recordaba Wilson, una excelente banda de baile." Wilson grabó con Goodman y fundó en Manhattan la Teddy Wilson School for Pianists, grabando varias piezas en solitario para sus alumnos, entre las cuales "I'll See You in My Dreams" y "My Blue Heaven".

En 1939 dejó a Goodman para formar una big band, por la que pasaron Ben Webster y varios cantantes. Escribió algunos de los arreglos, pero no obstante su gran calidad, la big band se disolvió al año siguiente por razones financieras. En el mismo año grabó también con Billie Holiday. De 1940 a 1944 lideró sextetos, un septeto y un trío ocasional que tocó en los dos Cafe Society (el de uptown y el de downtown) de Nueva York. Un documental de 1941 lo muestra ejecutando "Body and Soul" con sus largos y finos dedos. Lo interpreta con frases al estilo de Tatum, y la influencia de Tatum es también evidente en, por ejemplo, su versión de "Autumn in New York". En 1945 se juntó de nuevo con Goodman, tejiendo frases arácneas, pero con una pulsación marcada. Al año siguiente enseñó en la Juilliard School of Music, convirtiéndose así en el primer músico de jazz del cuerpo docente. También impartió clases privadas.

A principios de los años cincuenta giró internacionalmente con su trío y a veces en solitario. En 1955 desempeñó su propio papel en la película *The Benny Goodman Story*. Al año siguiente volvió a grabar con Lester Young (con Gene Ramey al bajo y Jo Jones en la batería). El disco, titulado *Pres and Teddy*, incluye, en particular, los estándares "All of Me", "Prisoner of Love", y "Love Is Here to Stay". Pese a su frágil salud, Young improvisa con maestría y Wilson toca son su fineza y buen gusto habituales. En 1962 dio conciertos con Goodman en la Unión Soviética. Actuó también en la Civic Opera House de Chicago, ofreciendo un asombroso "Honeysuckle Rose" con Jones a la batería, así como en el Festival de Jazz de Newport, en 1973, y en el Carnegie Hall, en 1982. Asimismo fue director musical del programa de televisión *Dick Cavett Show*. En 1980, encontrándose de nuevo con Benny Carter, grabó *Gentlemen of Swing* con él. En sus últimos años lideró un trío en el que figuraban sus hijos (Theodore al bajo y Steven a la batería). En octubre de 1985, diez meses antes de su muerte, actuó con su trío en el hotel Marriott Marquis de Nueva York. Su estilo no había cambiado mucho desde de su prestigioso período de la década de los treinta, y su arte seguía ejerciendo la misma seducción. Citemos, entre otros discos de Wilson, *Runnin' Wild* (1952), *The Touch of Teddy Wilson* (1957), Moonglow (1972) y *Air Mail Special* (1990).

Art Tatum,
puro virtuosismo

Art (Arthur) Tatum (Toledo, Ohio, 1909-Los Ángeles, California, 1956) fue el más prodigioso virtuoso de la historia del jazz, con una técnica, una ciencia de la armonía y una abundancia de ideas portentosas. Hizo dar al piano jazz un considerable paso adelante. Su versión de la "Elegía" de Massenet grabada en 1940, por ejemplo, casi se convierte en el "Frenesí" de Massenet, tan asombrosa es su velocidad, y sus interpretaciones de "All the Things You Are" o "Tenderly" son obras cimeras y casi verdaderas creaciones. Tatum tenía oído absoluto y grandes manos (podía alcanzar duodécimas con su mano izquierda), era totalmente ambidextro y sus muchos recursos servían perfectamente su desbordante imaginación. "Tatum, Parker y algunos otros sacaron el jazz de su etapa sencilla y ahora es imperativo ser un virtuoso", declaraba el trombonista Jimmy Knepper.[96] "Te borraba del mapa en cuestión de segundos", recordaba Richard Wyands. "Tatum toca tanto piano que parece imposible. Cuanto más lo oigo, más ganas me da de dejar el piano y ponerme de repartidor de leche en camioneta", agregaba Eddie Heywood. Y, decía Ray Charles: "Cuando escuchas a Art Tatum, no te puedes creer lo que oyes". Esta impresión de Charles sigue siendo compartida hoy en día.

Tatum reinterpretaba estándares o canciones populares ("I Wish I Were Twins", "Down by the Old Mill Stream", "Sweet Emmalina My Gal" o "Danny Boy", por ejemplo) o piezas clásicas como "Humoresque" de Dvořák, enriqueciéndolos con introducciones, interludios, arpegios, apoyaturas, cambios de tempo, contrapunto, rearmonizaciones, modulaciones inesperadas, citas musicales y muchos otros procedimientos. Véase, por ejemplo, la transcripción de Brent Edstrom de la versión de "Body and Soul" incluida en *The Art Tatum Collection* (desgraciadamente la grabación de donde se sacó no está mencionada).[97] La pieza comienza en re menor en vez del mi bemol menor habitual y termina en do. Ya en el segundo compás,

---

[96] James Lester, *Too Marvelous for Words: The Life and Genius of Art Tatum*, p. 8.
[97] Publicado por Hal Leonard, Milwaukee, 1996.

Tatum comienza a rearmonizar, cambiando un re-7/re7 por un la7#5/sol#5b9#9. En el séptimo compás empiezan largas frases que se hacen más y más complejas, como también aumentan en complejidad los *voicings*. ¡Un compás basado en un acorde de sol13 con la novena bemol, en particular –sucesión de tríadas en la mano derecha y de segundos en la mano izquierda– parece casi imposible tocar a una velocidad tan vertiginosa, considerando sobre todo que Tatum estaba improvisando!

Tatum dominaba perfectamente el stride, como en "Get Happy" (1940), "I Will Do Anything For You", grabado cuatro años más tarde con Tiny Grimes y Slam Stewart o "Dancing in the Dark" (1949), en el que stride alterna con pasajes contrapuntísticos. Cantaba también (como en "Toledo Blues") y con sus amigos le gustaba cantar blues. Influyó en Bud Powell, Don Byas, Charlie Parker ("¡Me gustaría ser capaz de tocar como la mano derecha de Tatum!", se exclamaba Bird), Oscar Peterson, Ahmad Jamal, Billy Taylor, Kenny Barron y muchos otros pianistas. Subyugó a Vladimir Horowitz, Ignacy Paderewski, Arthur Rubinstein, Leopold Godowsky, Walter Gieseking, Arturo Toscanini, George Gershwin, Béla Bartók y Sergei Rachmaninov, que fueron a escucharlo. "Art Tatum, es la flor y nata", se entusiasmaba Duke Ellington. Oscar Peterson admitió haber sido "intimidado" por Tatum, y Les Paul y Stéphane Grappelli, que al principio habían pensado ser pianistas, supuestamente renunciaron tras oír a Tatum. Count Basie, que lo conoció en Toledo, Ohio, cuando tocaba con Bennie Moten, y lo vio de nuevo en Los Ángeles una noche durante una jam session, decía de él que "no le gustaba dejar espacio". Es el reproche que a veces se le ha dirigido a Tatum, acusándolo de ser proclive a sobrecargar lo que tocaba con adornos excesivos, pero Tatum era irreprimible: ¡no se puede acusar al Misisipi de no ser un riachuelo! Numerosos son aquellos que estudiaron su música (la versión en solitario de "Yesterdays" de George Shearing, por ejemplo, evidencia fuertes influencias tatumescas), pero imitarlo era y sigue siendo casi imposible. Una vez Tatum le anunció a Bud Powell que podía hacer con su mano izquierda lo que Powell hacía con la mano derecha. No era mera jactancia, aunque haya modestamente confiado en una entrevista: "No creo tener toda la facilidad técnica que me gustaría tener". A veces Tatum se aparecía tarde en la noche en el Jimmy's Chicken Shack de Harlem, donde Charlie Parker fregaba entonces los platos para sobrevivir. "Tatum empezaba a tocar un tema como 'Begin the Beguine', escribe Ross Russell. Un acorde llevaba a otro hasta que todo el *pattern* pasara por el ciclo completo de quintas. Charlie había oído a Coleman Hawkins tocar en las noches en que estaba en forma, improvisando sobre los acordes, pero no con la fineza de Tatum. Tatum era el maestro de la armonía. Todos los acordes sonaban bien. Eran inventivos y se encadenaban de manera fluida con transiciones que corrían fácilmente y tremendas sorpresitas. Lo único que Tatum tenía que hacer era sentarse al piano, y la corriente de ideas musicales surgía, fluyendo sin interrupción durante un *set* de treinta minutos. Era como abrir un grifo. Tatum tenía un truquito que le gustaba a Charlie: insertaba citas de canciones populares en la estructura armónica, pedacitos de 'Them

Art Tatum

There Eyes' en medio de 'Beguine', 'Goodbye Forever' en 'The Man I Love". De
repente duplicaba el tempo, pero sin dejar de controlar las modulaciones y los patrones rítmicos. Cada nota era tocada con claridad. El toque era liviano como una
pluma. Tatum ejecutaba los arpegios como un pianista de concierto, salvo que todo
lo que Tatum tocaba estaba profundamente arraigado en el jazz".[98]

Tatum prefería tocar en solitario, aunque fuera un maravilloso acompañante
(con Coleman Hawkins, Cootie Williams, Joe Turner, Ben Webster y otros). Según los músicos que lo conocían, era en los clubes *after-hour* o en ambientes íntimos donde se ponía más inventivo. Podía también tocar el acordeón, aunque no le

_____

[98] *Bird Lives!*, p. 100

gustaba mucho este instrumento. Armónicamente, estaba por delante de los otros músicos de jazz de su época, y hasta de lo que iba a ser el bebop.

Su madre tocaba el piano en su iglesia, y su padre, que era mecánico, tocaba la guitarra. Muy joven, Tatum tuvo catarata en ambos ojos. Perdió completamente la vista en un ojo y podía apenas ver con el otro. A los tres años, ya reproducía himnos de oído. Creció escuchando, en particular, a James P. Johnson y Fats Waller, que admiraba. Admiraba también a Earl Hines y a Lee Sims, pianista de Chicago que tocaba en la radio, así como a otros músicos, oídos en rollos para piano mecánico. Le encantaba también el blues –Jay McShann lo consideraba como "el más grande intérprete de blues del mundo"– Tatum grabó en particular, magistralmente, "Aunt Hagar's Blues" de W.C. Handy y Tim Brymn, "Wee Baby Blues", "Toledo Blues", "Blues in C" y "Trio Blues". Le gustaba además la música clásica y soñaba con tocar más tarde con una orquesta sinfónica, sueño que, desgraciadamente, nunca se cumplió. Alentado por su madre, estudió piano, violin, guitarra y acordeón en una escuela para ciegos, y luego en la Toledo School of Music utilizando el método Braille, e impresionó a sus profesores. De adolescente, empezó a tocar en *rent parties* y otras fiestas, así como con orquestas de baile, y luego en solitario en algunos clubes locales. Hacia 1927, tras ganar en un concurso *amateur*, tocó regularmente en un programa de radio. Fletcher Henderson, Coleman Hawkins, Duke Ellington, Paul Whiteman y otros que lo oyeron lo instaron a irse con ellos a Nueva York, pero no se sentía listo y se fue en vez a Cleveland. En 1928 colaboró con Speed Webb y Milton Senior y acompañó al cantante Jon Hendricks, que tenía entonces diecinueve años y era conocido como 'Little Johnny Hendricks'. Cantar con Tatum era "como cantar con la Orquesta Sinfónica de Minneapolis, recordaba Hendricks. Una vez le pregunté a Tatum cómo había aprendido a tocar así. Me contestó que su madre le había comprado un rollo grabado por dos pianistas. Tatum, como era ciego, no lo sabía. Se puso a oír y se aprendió la pieza del rollo. El hecho era que estos dos pianistas tocaban juntos. Así que había aprendido a tocar una pieza para cuatro manos como si nada".[99] Whiteman se llevó finalmente a Tatum a Nueva York, pero como éste extrañaba Toledo, regresó poco después. El pianista Joe Turner, que conoció a Tatum allí, le contó a su amigo suizo Johnny Simmen: "¡Art vino a mi casa a la mañana siguiente, y antes de que me hubiera levantado lo oí en mi salón tocar exactamente mi arreglo de 'Liza' con sólo haberlo oído una vez la noche anterior!"

Durante una gira, Adelaide Hall conoció a Tatum, y Joe Turner y él la acompañaron durante algún tiempo. Cuando Turner se separó de Hall, Tatum, entonces un tímido joven de veintidós años, pasó a ser el único acompañante de la cantante. En 1932 trabajó durante dos semanas con ella en Toledo y Milwaukee mientras tocaba en un club después del espectáculo, y grabó con ella. La siguió entonces a

---

[99] Interview: Jon Hendricks (Part 1), *jazzwax.com*.

Nueva York y allí empezó a presentarse en varios lugares. Fats Waller, Willie 'The Lion' Smith, James P. Johnson y Lippy Boyette fueron a escucharlo al Lafayette Theater. Tras haber superado a los mejores pianistas de stride con "Tea for Two" en un *cutting contest* de Harlem, colaboró brevemente con los McKinney's Cotton Pickers y grabó en 1933 sus primeras piezas en solitario. Entre ellas un asombroso "St Louis Blues", "Tea for Two", que se convirtió en su *signature song* (tema firma) y un "Tiger Rag" tocado a una velocidad fenomenal e influenciado por la versión grabada cuatro años antes por la orquesta de Duke Ellington. En 1934 fue contratado en el Onyx Club, en la calle 52. A mediados de los años treinta tocó en varias ciudades entre las cuales Cleveland, Chicago y Los Ángeles y en algunos programas de radio. En 1937 se presentó en Nueva York y en la costa oeste con su grupo Art Tatum and His Swingsters, con el que grabó en particular "Body and Soul", "I've Got My Love to Keep Me Warm" y "With Plenty of Money and You". Otras grabaciones de Tatum de esa época incluyen "Stormy Weather" y "Gone with the Wind". Al año siguiente triunfó en Londres. En 1940 sus versiones de "Caravan", que interpreta en stride y de "I Got Rhythm", que rearmoniza y transpone cromáticamente, iban más allá de lo imaginable. Durante la Segunda Guerra Mundial grabó *V-Discs* (discos concebidos para levantar el ánimo de los soldados), y en 1941 "Wee Baby Blues", "Corrine Corina" y otros temas con el cantante Joe Turner.

En 1943, siguiendo el ejemplo de Nat 'King' Cole, organizó un trío con Lloyd 'Tiny' Grimes a la guitarra (sustituido más tarde por Everett Barksdale) y Leroy 'Slam' Stewart al bajo, que se presentó en el Famous Door, y fue nombrado "el artista más popular" por los lectores de la revista *Esquire*. Grabó también con Remo Palmieri a la guitarra y Gordon 'Specs' Powell a la batería. El 18 de enero de 1944 un Esquire All American Jazz Concert fue organizado en el Metropolitan Opera House de Nueva York con, además de Tatum, Louis Armstrong, Sid Catlett, Roy Eldridge, Benny Goodman, Coleman Hawkins, Jack Teagarden, Barney Bigard, Billie Holiday y otros artistas. Tatum tocó "Stompin' at the Savoy", "Esquire Bounce" y "Mop Mop" de Coleman Hawkins, improvisando en stride en esta pieza. Colaboró ocasionalmente con otros grupos: en 1945, en particular, con uno liderado por el trombonista canadiense Murray McEachern. En el mismo año grabó una serie de piezas en solitario, entre las cuales un popurrí de Gershwin, "I'm Beginning to See the Light" de Duke Ellington, "She's Funny That Way" y un precioso "Danny Boy". En 1947 apareció en la película *The Fabulous Dorseys* (con Tommy y Jimmy Dorsey). A fines de los años cuarenta y a principios de los cincuenta alcanzó un punto culminante y sus admirables interpretaciones en vivo de "Willow Weep for Me", "Time on My Hands", "Aunt Hagar's Blues", que destaca sobremanera, "Too Marvelous for Words" y "I Know That You Know" fueron grabadas. Sin embargo, como en el caso de Fats Waller, el alcohol y sus excesos alimentarios le pasaron factura. Dejó de grabar durante un tiempo, y con la llegada del bebop, género al que nunca suscribió, su popularidad menguó. De 1953 a

1955, aunque padecía uremia, grabó una centena de temas en solitario para el productor Norman Granz, incluso un extraordinario "Sweet Lorraine". Grabó también con pequeños grupos que incluían a Joe Turner, Benny Carter, Roy Eldridge, Lionel Hampton, Ben Webster, Buddy DeFranco y Joe Jones. Tocó en varios clubes de Estados Unidos y, con un contrato fijo durante los dos últimos años de su vida, en el Baker's Keyboard Lounge de Detroit. Se presentó por la última vez en público el 14 de agosto de 1956, en el Hollywood Bowl de Los Ángeles, y falleció más o menos tres meses después de insuficiencia renal, a los cuarenta y siete años.

Johnny Costa

Excelente pianista aunque relativamente poco conocido, Johnny Costa (John Costanza (Arnold, Pennsylvania, 1922-Pittsburgh, Pennsylvania, 1996) fue llamado "el Art Tatum blanco" por el mismo Tatum. Ahmad Jamal lo considera "fenomenal" y, según la pianista clásica Pat Jennings, "¡Tocaba tan bien, con tal facilidad! Las notas brotaban de sus dedos como perlas."[100] Costa actuó sobre todo en programas de televisión y grabó *The Amazing Joe Costa* (1955, publicado de nuevo en 1989 con el título de *Neighborhood*) y *The Most Beautiful Girl in the World* (1957).

---

[100] En el documental *We Knew what We Had: The Greatest Story Never Told.*

Mary Lou Williams, perpetuamente moderna

Pianista, compositora y arreglista respetada por los más grandes músicos: Louis Armstrong, Duke Ellington, Count Basie, Bud Powell, Thelonious Monk y Dizzy Gillespie, Mary Lou Williams (Mary Elfrieda Scruggs) (Atlanta, Georgia 1910-Durham, Carolina del Norte, 1981) pasó por casi todos los principales estilos del jazz, anticipándolos a menudo. "Mary Lou Williams es perpetuamente moderna", decía Ellington. Basie recordaba que durante las jam sessions en el Subway Club de Kansas City procuraba evitarla porque "se merendaba a todo mundo". Tenía una mano izquierda potente y un swing ejemplar. "Durante el tiempo del swing, y por lo que respecta al pianista, debías tener una buena mano izquierda. Podías tocar todas las notas que quisieras, pero si no tenías una buena mano izquierda, o dos manos, no se te consideraba un gran pianista. Y casi todo se resumía en el swing, ya sabes, en una onda muy a lo Count Basie".[101] Se puede, por ejemplo, oír el poderoso stride de Williams en "Little Syncopation" o su estilo swing en "The Man I Love", tocado en solitario en el Festival de Jazz de Montreux hacia el final de su vida, con frases a lo Art Tatum y un pasaje en stride. Aunque sus raíces se afincaban en el stride anunció el jazz de vanguardia, experimentando, temprano en su carrera, con música atonal, a la que músicos de su entorno tildaban, recordaba, de "música zombi". Tenía también el blues en la sangre: "Toda mi vida he considerado que el blues era una música muy singular que expresaba las experiencias de la vida cotidiana. Es una música que está por encima del racismo o de la amargura, y evidencia el heroísmo".[102]

Cuando yo tenía más o menos seis años, había, en mi piano, un cuaderno de composiciones de Williams con, en particular, "A Mellow Bit of Rhythm", "Toadie Toddle", "Scratchin' in the Gravel", "Mary Lou Williams Blues" y "Walkin' and Swingin'", que ella había grabado con los Clouds of Joy de Andy Kirk. Estas

---

[101] *To Be or not to Bop, op. cit.*, p. 177.
[102] Notas del disco *My Mama Pinned a Rose on Me*, Pablo Records.

composiciones, que yo trataba de repentizar aunque mis manos fuesen demasiado pequeñas para tocarlas (tenían algunos *walking basses* en décimas), me fascinaban, como también me fascinaba una foto de Williams en el libro, con sus altos pómulos, su sonrisa radiante, su suave cutis y su bello vestido de terciopelo. Me parecía una Reina de Saba. Más tarde, en Nueva York, la oí tocar muchas veces, siempre con un aplomo impresionante. En los años setenta, tomé una clase con ella en su apartamento de Sugar Hill, en las alturas de Harlem, lleno de objetos religiosos. Me senté al piano. "¡Toca!", ordenó. Mientras empezaba a tocar, desapareció en su cocina. Después de un rato dejé de tocar y esperé. "¡Sigue!", soltó. Cuando volvió, se acordaba de cada nota, de cada acorde que yo había tocado. Se sentó entonces junto a mí en el asiento del piano y empezó a ejecutar varias versiones de "Stella by Starlight", cada vez de manera diferente, y en unos segundos escribió una de estas rearmonizaciones con todos los *voicings*. El movimiento de las voces no era muy ortodoxo: acordes con pocas notas eran seguidos por *clusters* (agregados de notas). Sin embargo, sonaba bien. Después de un rato me preguntó a quemarropa: "¿Te gusta la música modal?" Era la época, en el jazz, en que música modal quería decir tocar a menudo largos pasajes con el mismo modo, generalmente dórico, como en "So What" de Miles Davis. Le contesté que a menos que se salga de vez en cuando del modo, que se toque *in and out*, este tipo de improvisación modal podía ser restrictivo. Ni ella ni yo pensábamos, claro, en la manera muy sofisticada en la que un George Russell, un Bill Evans u otros músicos utilizaban los modos. "*Yes, modal music sucks!*" (¡Sí, la música modal es una lata!) se exclamó. Bromeaba, claro, porque estaba totalmente abierta a los diferentes conceptos armónicos y muy consciente de la evolución de la armonía y del jazz en general. Lo que quería decir con esto es que le gustaba sobre todo un tipo de jazz muy cromático, con ricos colores tonales. La pianista japonesa Sumi Tonooka, que también estudió con Williams, recordaba haberle llevado una de sus composiciones: "Cambió una sola cosa: un pequeño detalle rítmico, y nada más que este pequeño cambio hizo toda la diferencia, enseguida la melodía tuvo más swing".[103] Cuando yo participaba en el taller Jazz Interactions de Nueva York a principios de los años setenta, el joven Hilton Ruiz, que también formaba parte de ese taller, nos sorprendió, un día, con una versión de "Round Midnight" mucho mejor armonizada que lo que solía tocar en esa época. Admitió finalmente que esta armonización venía de Williams y que estudiaba con ella.

Williams compuso, en particular, "What's Your Story Morning Glory" (grabado por Andy Kirk, Jimmie Lunceford, Ella Fitzgerald, Milt Jackson y otros), "Walkin' and Swingin'" y "Mary's Idea" (para Andy Kirk), "Lonely Moments" (grabado por George Shearing), "Zoning" y "A Fungus Amungus" (ambos grabados por el trompetista Dave Douglas), así como obras de más amplias miras.

---

[103] *Living the Jazz Life, op. cit.*, p. 97.

Mary Lou Williams

Creció en Pittsburgh, donde su madre y su padrastro se habían instalado después de vivir en Atlanta, y aprendió música reproduciendo de oído piezas que su madre le tocaba en el armonio o que oía de músicos invitados en su casa y en discos. Su padrastro, Fletcher Burley (o Burleigh), aficionado al blues, le enseñó algunos blues cantándoselos. Pronto fue capaz de tocar himnos, ragtime, blues, jazz New Orleans (en particular "The Pearls" de Jelly Roll Morton), canciones en boga y más tarde stride y boogie-woogie. Cuando tenía seis años su padrastro se enfermó y Williams empezó a tocar en fiestas privadas para ayudar financieramente a sus hermanos y hermanas. Más tarde actuó también en garitos y se le conoció localmente como "*the little piano girl*" (la chiquita del piano). Un pianista local de boogie-woogie llamado Jack Howard la impresionó, "tocaba tan fuerte que rompía todos los pianos", recordaba.[104] A los doce años giró en el circuito T.O.B.A. con la revista *Hits and Bits* y sustituyó al pianista habitual, tocando con el nombre de Mary Burleigh. Adolescente, accompañó a Mamie Smith. En 1925 entró en los Synco Jazzers de John 'Bearcat'

---

[104] "In Her Own Words", *Melody Maker*, abril-junio 1954.

Williams, saxofonista oriundo de Memphis que vivía en Kansas City. En 1926, con dieciséis años, Mary Lou se casó con él, y tocó durante una semana con los Washingtonians de Duke Ellington. En mayo de 1927 hizo en Chicago sus primeras grabaciones con los Synco Jazzers, acompañando a la cantante de vodevil Jeanette James ("Downhearted Mama", "Midnight Stomp", "The Bumps" y "What's That Thing"). Algunos meses más tarde, los Synco Jazzers grabaron temas instrumentales, entre los cuales "Goose Grease" y "Pee Wee Blues", publicados con tres nombres de bandas diferentes: Duke Jackson's Serenaders, Bud Helms and His Band y John Williams and His Memphis Stompers. Mary Lou entabló también amistad con el joven Art Tatum, que oyó en Toledo y Cleveland. Más tarde en este mismo año tomó la cabeza de los Synco Jazzers. En 1929 Andy Kirk asumió la dirección de la banda. Le puso el nombre de The Twelve Clouds of Joy y se instaló en Kansas City, donde se habían mudado los Williams. El primer arreglo de Mary Lou para esta orquesta, el blues "Mess-a-Stomp", se publicó el mismo año. Un día que el pianista Marion Jackson no había podido llegar a una audición, Williams lo remplazó, convirtiéndose, en 1931, en la pianista regular y principal arreglista de los Cloud of Joy. Compuso para ellos interesantes piezas, entre ellas "Walkin' and Swingin'", en la que cita un fragmento de la canción cubana "El manisero", y el ya mencionado "Mary's Idea". Grabó su propia composición: "Night Life" en un estilo stride, "Mess-a-Stomp", en un estilo cercano al de Earl Hines, así como "Cloudy", "Casey Jones Special", "Corky Stomp" y el rag "Froggy Bottom". Sin embargo los ingresos pecuniarios eran mínimos y los Williams pasaron hambre. En más o menos la misma época, Mary Lou tocó ante Fats Waller en Nueva York, tras un ensayo de éste. "Uno de los chicos, que conocía mi memoria, le apostó a Fats que yo podría reproducir todas las piezas que él acababa de componer, apuesta que aceptó inmediatamente, hasta sacando algún dinero de su bolsillo. Hecha un manojo de nervios, me empujaron hasta el piano, pero logré concentrarme y tocar casi todo lo que había oído. Quedó estupefacto, me levantó en sus brazos y me lanzó en el aire, rugiendo como un loco".[105] En Kansas City Williams participó en todas las famosas jam sessions. Una noche, Ben Webster la sacó de la cama a las cuatro de la mañana para que tocara en una jam session con Coleman Hawkins en la que faltaban pianistas.

A mediados de los años treinta The Twelve Clouds of Joy se trasladaron a Nueva York y Williams trabajó también como pianista o arreglista con, entre otros, Tommy Dorsey, Glenn Gray, Louis Armstrong, Duke Ellington, Benny Goodman, Jimmie Lunceford y Earl Hines. De 1936 a 1938 grabó con Kirk, y también varios temas en trío, incluso "Little Joe from Chicago", "Clean Pickin'", "Mary's Special" y "Morton's Pearls". Lideró además Mary Lou Williams and Her Kansas City Seven, con los que grabó "Baby Dear" y "Harmony Blues" de Benny Moten.

[105] "In her own words... Mary Lou Williams interview", *Melody Maker*, april-junio 1954, en: *ratical.org*.

En 1940 participó en las jam sessions del Golden Gate Ballroom de Nueva York, junto con Jelly Roll Morton, Teddy Wilson y Count Basie, y tocó luego en Kelly's Stables. En el Minton's Playhouse de Harlem, conoció a Dizzy Gillespie, y él, Thelonious Monk, Tadd Dameron y otros músicos de bebop empezaron a juntarse en su apartamento para tocar e intercambiar ideas. Gillespie le cedió algunos de sus contratos, entre ellos, uno con Illinois Jacquet, Oscar Pettiford y Kenny Clarke. Más tarde, Gillespie grabó algunas de las composiciones de Williams, entre las cuales "In the Land of Oo Bla Dee" y "Oop-Pop-A-Da". Monk y Bud Powell se volvieron los protegidos de Williams, quien absorbió la influencia del bebop mientras que Monk se inspiraba en algunas de sus ideas (en particular para "Rhythm-a-Ning" y "Hackensack"). En 1942, con su nuevo marido, el trompetista Harold 'Shorty' Baker, dirigió en Pittsburgh un sexteto del que el joven Art Blakey era el baterista. Baker entró en la orquesta de Duke Ellington y durante seis meses Williams se convirtió en la arreglista oficial de Ellington (componiendo en particular, en 1946, "Trumpets no End", basado en "Blue Skies" de Irving Berlin). Escribió también para Earl Hines y Tommy Dorsey. A mediados de los años cuarenta tocó en el Cafe Society (Uptown y Downtown) y grabó prolíficamente, incluso versiones en solitario de "Blue Skies", "Caravan", "Yesterdays", "Mary's Boogie" y otros temas. El 31 diciembre de 1945 su *Zodiac Suite*, basada en los doce signos del zodíaco y orquestada con la ayuda de Milton Orent, se estrenó en Town Hall, interpretada por una orquesta de cámara dirigida por Orent y la banda de Williams. Sin embargo, el concierto, que incluía "Roll' Em", la dejó insatisfecha. Grabó luego su *Zodiac Suite* en trío con Al Lucas al bajo y Jack "The Bear" Parker a la batería, y la obra fue interpretada de nuevo el 22 de junio 1946 en el Carnegie Hall, con una orquesta dirigida esta vez por Herman Neumann. Williams compuso también "Waltz Boogie", uno de los primeros temas de jazz en tres por cuatro. Asimismo formó una banda de mujeres, la Mary Lou Williams' Girl Stars, grabó con varios músicos, entre los cuales Coleman Hawkins, y también con su propio nombre, en 1949, una espléndida versión de "Willow Weep for Me" (tema también grabado por Art Tatum tres semanas más tarde). Lo grabó de nuevo en 1950 con Mundell Lowe (guitarra), George Duvivier (bajo) y Denzil Best (batería). Colaboró brevemente con Benny Goodman, grabando con él y arreglando "Camel Hop" y "Roll' Em", y se fue a vivir una temporada en California.

En 1952 se instaló en Londres y luego en París, donde grabó con Don Byas y trabó amistad con algunos músicos franceses y estadounidenses. En 1954 grabó particularmente, en Londres, su balada "Why", en un estilo cercano al de Erroll Garner, y un "The Man I Love" lleno de swing. Regresó a Estados Unidos al año siguiente y, tras convertirse al catolicismo, atravesó un período místico que la condujo a renunciar a la música para dedicarse a su búsqueda espiritual y a obras caritativas. En 1957 Gillespie la invitó a reunirse con él en el Festival de Jazz de Newport para tocar su *Zodiac Suite*, que fue grabada. Durante los años sesenta Williams compuso tres misas, entre ellas *Mary Lou's Mass*, encargada por el Vaticano, y dio un

Jack Teagarden, Dixie Bailey, Mary Lou Williams, Tadd Dameron, Milt Orent, Dizzy
Gillespie y Hank Jones en el apartamento de Mary Lou Williams, Nueva York (1947).

concierto en la Catedral de San Patricio de Nueva York. Enseñó también música
y grabó su cantata *Hymn to St. Martin de Porres: Black Christ of the Andes.* "Cuando
toco, estoy rezando con mis dedos", dijo.[106]

Sus actividades musicales continuaron con la misma intensidad en los años setenta: dio conciertos y se presentó regularmente en el Cookery de Greenwich Village,
en Nueva York, con el bajista Brian Torff. Grabó varios discos, incluso *Giants* (1971,
con Dizzy Gillespie, Bobby Hackett, George Duvivier y Grady Tate) y *Live at the
Cookery* (1975, con Torff). En 1977 dio un concierto en el Carnegie Hall con Cecil
Taylor, al que asistí. Williams escuchó atentamente a Taylor, tratando de dialogar
con él, pero Taylor se encerró en su propio mundo, soltando sus habituales cataratas
de notas, y Williams salió finalmente del escenario para dejarlo continuar a su anto-
jo. Sin embargo, poco rencorosa, grabó luego un dueto con él, pero las concepcio-
nes estéticas de los dos músicos eran demasiado divergentes para ser conciliables. En
1978 dio un estupendo recital en solitario en el Festival de Jazz de Montreux, con
frases ejecutadas sobre ostinatos de mano izquierda y pasajes en stride, y actuó en la
Casa Blanca. Durante los últimos años de su vida enseñó en la Duke University de
Carolina del Norte.

---

[106] "The Prayerful One", *Time*, 21 febrero 1964.

Otros pianistas de la era swing

Jess Stacy

Jess Stacy (Bird's Point, Misuri, 1904-Los Ángeles, California, 1995) fue también un excelente pianista de la era swing. "Stacy lograba sacar un sonido individual del piano. Su trémolo particular al final de cada frase y su costumbre de hacer seguir una nota acentuada con una que parecía casi hundida bajo la anterior provenía de su sentido agudo de los matices. Su mano izquierda exuberante, al estilo de Harlem, derivaba de los pianistas stride de los años veinte, pero sus principales influencias fueron Earl Hines y Teddy Wilson", dice su necrológica en el periódico británico *The Independent*. Se puede, por ejemplo, oír el toque límpido de Stacy en "In the Dark/Flashes" de Bix Beiderbecke o "You're Driving Me Crazy/What did I Do?". A mediados de los años veinte, tras tocar en barcos fluviales, trabajó en varios clubes de Chicago. De 1935 a 1939 colaboró con Benny Goodman y en 1938, su solo en "Sing Sing Sing" con Goodman en el Carnegie Hall, cuya ligereza contrastaba con el swing marcado de esta pieza, incrementó su notoriedad. Colaboró también con Bob Crosby y Tommy Dorsey y se instaló en Los Ángeles en 1950. Grabó con Gene Krupa, Harry James, Lionel Hampton, Eddie Condon y Bud Freeman y se retiró luego de la música, ejerciendo otros oficios. Volvió a la música en los años setenta, tocando, en particular, en el Festival de Jazz de Newport. Sus discos incluyen *Stacy Still Swings* (1977), *Blue Notion* (1983) y *Stacy & Sutton* (1986).

Joe Sullivan

Joe Sullivan (Michael Joseph O' Sullivan) (Chicago, Illinois, 1906-San Francisco, California, 1971) fue esencialmente un pianista de estilo swing pero tocaba también excelente stride, como en "Little Rock Getaway" (1935) o "I Found a New Baby" (en *Pianist Extraordinaire*). Nacido en una familia de inmigrantes irlandeses, estudió música clásica durante doce años y se orientó hacia el jazz, colaborando en Chicago, en los años veinte, con Red McKenzie, Eddie Condon, Muggsy Spanier y otros. Durante los años treinta vivió en Nueva York y tocó con Bing Crosby y con Bob Crosby and His Bobcats, dirigidos por el hermano de Bing. Grabó otros temas con su propio nombre, entre los cuales "Timothy" y "Just Strolling". En los años cuarenta se presentó en el Cafe Society y tocó con varios grupos. Se instaló luego en San Francisco, donde actuó esencialmente en solitario. Grabó también con Louis Armstrong, Lionel Hampton y Sidney Bechet.

Herman Chittison

Herman "Ivory" Chittison (Flemingsburg, Kentucky, 1908-Cleveland, Ohio, 1967) era un pianista sutil con mucha técnica, influenciado por Earl Hines, Fats Waller y sobre todo Art Tatum, y admirado por Teddy Wilson. "Dinner for Two", "The Man I love", "Harlem Rhythm Dance", "Blues Magenta", "Trees", "Where or When", tranquilo y refinado al principio y que sigue en stride, o "Memories of You", interpretado con elegantes incursiones en el registro agudo, constituyen algunas pruebas de su talento. Pianista autodidacta (estudió brevemente química en Kentucky pero la abandonó por la música), debutó con los Chocolate Beau Brummels del banjoista Zack White y acompañó a Stepin Fetchit, Ethel Waters y Adelaide Hall. En 1934 tocó en París con el clarinetista Willie Lewis, así como en Bélgica, Inglaterra y África del Norte. En 1938 formó con el trompetista Bill Coleman los Harlem Rhythm Makers, que se presentaron en Egipto (en Alexandria y El Cairo) y en la India, donde Chittison fue apodado 'Sinbad'. Volvió a Estados Unidos en 1939. Grabó con Mildred Bailey, tocó durante dos años en Boston, Nueva York y otros lugares de la Costa Este (incluso, con su trío, en el Village Vanguard y en Yale) y se trasladó a Cleveland. Grabó también con Louis Armstrong, los Delta Rhythm Boys, y Jack Teagarden, y en solitario y en trío (*Herman Chittison Trio with Thelma Carpenter*, 1950, *PS with Love*, 1967, *Herman Chittison 1944-1945*, 1999).

Claude Thornhill

Descrito a veces como el 'Debussy del jazz', Claude Thornhill (Terre Haute, Indiana, 1909-Nueva York, 1965) dirigió una orquesta que anunció el cool jazz e inspiró el noneto de Miles Davis. Debutó con una *territory band*, los Kentucky Colonels, y se instaló en Nueva York en los años treinta. Colaboró con Bing Crosby, Paul Whiteman, Benny Goodman y Ray Noble, escribió arreglos para Judy Garland para la película *Babes in Arms* y grabó con Glenn Miller. En 1939 formó la Claude Thornhill Orchestra, reclutando a Gerry Mulligan y Lee Konitz, y a Gil

Claude Thornhill en la realización de *Beautiful Doll*, Nueva York (1947).

Evans como arreglista, y las orquestaciones de Thornhill ejercieron más tarde cierta fascinación sobre Miles Davis. "Rustle of Spring", por ejemplo, grabado en 1939, muestra el toque sutil, casi clásico, de Thornhill. La banda alcanzó el éxito con "Snowfall" (1941), "A Sunday Kind of Love" y "Love for Love". Thornhill grabó también con Billie Holiday (y ella y Fats Waller grabaron "I Wish I Had You" de Thornhill) y se volvió director musical de la cantante Maxine Sullivan. Se estableció finalmente en Hollywood, donde fue brevemente director musical de Tony Bennett. Falleció a los cincuenta y cinco años de un infarto.

Clarence Profit

Clarence Profit (Nueva York, 1912-Nueva York, 1944) es raramente mencionado en los anales del jazz ya que murió muy joven (de enfermedad, a los treinta y dos años), grabó poco y luego cayó en el olvido. Pero durante su corta vida, con su música hábilmente armonizada, gozó de casi tanta consideración que Art Tatum e impresionó al joven Bud Powell, a Billy Taylor y a Ram Ramirez. "Utilizaba muchos *clusters*, muchas cosas que asociamos ahora con Tatum, y algunas con Monk –muchas cosas tonales que Monk utilizaba– y estoy seguro que Monk lo había oído porque era de esos tipos que se la pasaban en Harlem", recordaba Taylor.[107] Nacido en una familia melómana oriunda de Antigua (su padre Herman era pianista profesional, su primo, Sinclair Mills, también era pianista), Profit empezó a tocar piano a los tres años. Adolescente, organizó en Nueva York una banda de diez músicos, y fue influenciado por Earl Hines y Fats Waller. Improvisaba a veces con Art Tatum y los dos rearmonizaban temas juntos. Antes de que Nat 'King' Cole popularizara este tipo de grupo, fundó un trío sin batería y con guitarra (Billy Moore o Jimmy Shirley a la guitarra y Ben Brown al bajo) con el que grabó. De 1930 a 1931 tocó y grabó con bandas de washboard entre las cuales los Washboard Serenaders de Teddy Bunn y los Georgia Washboard Stompers. Visitó entonces a sus abuelos en Antigua, donde se quedó algunos años, y organizó bandas en las Bermudas y en la isla de San Cristóbal. De vuelta en Estados Unidos, en 1936, tocó en el Yeah Man Club de Harlem, compuso "Lullaby in Rhythm" con Edgar Sampson y grabó, entre otras piezas, un bello "Body and Soul" contrapuntístico y "I Didn't Know What Time it Was". Es autor de "Tropical Nights", basado en el ritmo de la habanera y probablemente inspirado en su estancia en el Caribe, y "Time Square Blues". Sus grabaciones también incluyen "Don't Leave Me" y "I Got Rhythm".

Ram Ramirez

Excelente intérprete de stride y de blues, Ram Ramirez (Juan Rogelio Ramírez) (San Juan, Puerto Rico, 1913-Queens, Nueva York, 1994) fue uno de los primeros pianistas de jazz puertorriqueños. Su madre murió cuando tenía tres años y se fue a vivir con familiares en San Juan Hill, Nueva York. Estudió música –admiraba sobre todo a Earl Hines, Fats Waller y luego Teddy Wilson, Art Tatum y Garnet Clark– y frecuentó los clubes de Harlem. Profesional a los trece años, tocó, en la década del treinta con los Louisiana Stompers, la cantante Monette Moore, Rex Stewart, los Spirits of Rhythm y Willie Bryant. En 1937 hizo una gira por Europa con Bobby Martin y regresó a Estados Unidos en 1939 con la llegada de la Segunda Guerra Mundial. Se unió entonces a la orquesta de Chick Webb, dirigida en esa época por Ella Fitzgerald. En los años cuarenta colaboró con Charlie Barnet, Frankie Newton, John Kirby, Oran 'Hot Lips' Page y Sid Catlett (en el que figuraban también Miles Davis y Eddie "Lockjaw" Davis) y grabó con Ike Quebec ("Blue Harlem" y su propia composición: "Mad About You"). Formó luego un trío, y a principios de los años cincuenta empezó a tocar el órgano. En 1968 volvió

[107] En: Ira Gitler, *Swing to Bop: An Oral History of the Transition in Jazz in the 1940s*, p. 112.

a Europa, esta vez con T-Bone Walker. De 1979 a 1980 tocó con la Harlem Jazz and Blues Band y en 1988 se presentó en el Piccadilly Bar de Nueva York. Es coautor del estándar "Lover Man", popularizado por Billie Holiday.

Garnet Clark

Pianista prometedor, Garnet Clark (Washington, c. 1914-París, Francia, 1938) falleció prematuramente. Debutó en su ciudad natal, tocando, al estilo stride, con el baterista Tommy Myles, se trasladó a Nueva York en 1934 y grabó, entre otros, con Benny Carter y con Alex Hill and His Hollywood Sepians. Al año siguiente él y Carter se fueron juntos a París y entraron en la banda de Willie Lewis. En París Clark grabó en noviembre de 1935 "The Object of My Affection", "Rosetta", "Star Dust" y otros temas con su Hot Club's Four, que contaba también con Bill Coleman (trompeta, voz), Django Reinhardt (guitarra), George Johnson (clarinete) y June Cole (bajo). Inició entonces una carrera en solitario, acompañando a Adelaide Hall en Suiza. Sin embargo, su alcoholismo y sus problemas de droga le provocaron una depresión nerviosa. Fue internado en un hospital psiquiátrico de París, donde falleció poco después a los veinte y cuatro años, quizás de tuberculosis. Se lo puede oír en el disco *Le jazz en France vol. 10 – Piano & Swing 1935-1938*, que incluye también a Teddy Weatherford y Garland Wilson.

Billy Kyle

Billy (William) Kyle (Filadelfia, Pennsylvania, 1914-Youngstown, Ohio, 1966) influyó en algunos pioneros del bebop, Bud Powell entre ellos. Tenía un magnífico ataque, ejecutaba frases bien articuladas y acentuadas (como en "Girl of My Dreams" y "Between Sets", grabado en 1939) y recurría frecuentemente a modulaciones. Creció en una familia pobre. Estudió música clásica, pero su héroe era Earl Hines. Trabajó en Filadelfia con orquestas swing. Durante los años treinta y cuarenta colaboró en Nueva York con Tiny Bradshaw, Lucky Millinder, la Mills Blue Rhythm Band y, especialmente, el bajista John Kirby. La banda de Kirby tenía músicos de gran calibre como Charlie Shavers, Buster Bailey y Russell Procope, y Kyle fue uno de sus arreglistas. Tras tres años pasados en el ejército estadounidense durante la Segunda Guerra Mundial, se unió de nuevo a Kirby, colaboró con Sy Oliver, fundó Billy Kyle and His Swing Band, y colaboró con las Louis Armstrong's All Stars. En 1950 tocó en Broadway con la orquesta del musical *Guys and Dolls*. Grabó además con Mildred Bailey, Lionel Hampton, Buck Clayton, Al Hibbler y otros. Alcohólico y luego bulímico, falleció de problemas hepáticos a los cincuenta y dos años.

Eddie Heywood

Eddie Heywood (Atlanta, Georgia, 1915-Miami, Florida, 1989) tenía un estilo elegante e improvisaba de manera muy lógica ("Soft Summer Breeze", "Heywood Blues"). Estudió música con su padre, pianista y director de la orquesta de un teatro de vodevil, y debutó profesionalmente a los catorce años. Vivió primero en Nueva Orleans y luego en Kansas City, donde trabajó con Wayman Carver y Clarence Love. En Nueva York, colaboró con Benny Carter, Zutty Singleton y Georgie Auld y formó una banda. En 1943 grabó con los Coleman Hawkins' Swing Four (junto con Oscar Pettiford y Shelly Manne). A mediados de los años cuarenta dirigió un sexteto muy popular que acompañó a Billie Holiday, Ella Fitzgerald, Bing Crosby y las Andrew Sisters para algunas sesiones de grabación. En 1944 logró el éxito con su muy relajada versión de "Begin the Beguine". En 1947 una artrosis de las manos le impidió tocar, pero volvió a presentarse en 1951. Durante los años cincuenta compuso "Canadian Sunset", "Land of Dreams" y "Soft Summer Breeze" (que alcanzó en 1956 el N° 11 en la clasificación de la música pop), y grabó *The Piano Man and His Orchestra*, *Featuring Eddie Heywood*, *The Keys and I* y otros discos. A fines de los años sesenta se quedó parcialmente paralizado pero logró tocar de nuevo hasta casi el final de su vida, presentándose, en particular, en el Festival de Jazz de Newport de 1974.

Milt Buckner

Pianista, organista, vibrafonista, cantante y trombonista ocasional, Milt Buckner (San Luis, Misuri, 1915-Chicago, Illinois, 1977), apodado 'The St. Louis Fireball' (La Bola de Fuego de San Luis), fue uno de los pioneros del estilo *locked-hand*, o sea de los *block chords*. Empezó a utilizar este estilo en los años treinta y se lo puede oír, por ejemplo, en "Million Dollar Smile", grabado en 1944 con Lionel Hampton, o en grabaciones posteriores tales como "I Want a Little Girl to Call My Own", "Robbins Nest" y "Pick Yourself Up". Los *block chords* fueron adoptados por George Shearing, Red Garland, Oscar Peterson y cantidad de otros pianistas (hoy son moneda corriente en el jazz), y los *voicings* de Buckner influenciaron la manera de escribir para las secciones de viento en las big bands. Sus riffs de órgano, como los que se pueden oír en "The Beast", inspiraron también a varios grupos de rhythm 'n' blues.

   A los quince años Buckner escribió arreglos para la orquesta de Earl Walton y tocó localmente. Entró en los McKinney's Cotton Pickers y colaboró en 1941 con Lionel Hampton, para el que realizó arreglos rebosantes de swing. Se quedó con Hampton hasta 1948, constituyó una big band que duró hasta 1949, volvió a tocar con Hampton, de 1950 a 1952, y formó un trío en el que tocó el órgano. A principios de los años sesenta gozó de una popularidad considerable en Europa, y realizó algunas grabaciones, con Illinois Jacquet en particular. Uno de sus discos más conocidos como pianista es *Block Chords Parade* (1974), grabado con Major Holley al bajo y Jo Jones a la batería.

Billy Strayhorn

Sensible y poético 'Billy' (William) Strayhorn (Dayton, Ohio, 1915- Nueva York, 1967), apodado 'Swee' Pea' (Guisante de Olor), fue sobre todo conocido por su asociación con Duke Ellington, que duró hasta su muerte. Sin embargo, hombre discreto, prefirió mantenerse en la sombra de éste. Brian Priestly lo considera como "el mejor músico 'desconocido' de la historia del jazz".[108] Era un compositor maravilloso: sus obras, entre las cuales la celebérrima "Take the A Train", "Lush Life", "Chelsea Bridge", "Passion Flower", "A Flower Is a Lovesome Thing", "Day Dream", "Lotus Blossom" y "Blood Count", constituyeron una parte importante del repertorio de Ellington y se convirtieron en estándares del jazz. Como pianista Strayhorn merece ser mejor conocido, pese a que se presentó raramente en público (dio solamente un concierto en solitario, en la New School for Music de Nueva York, en junio de 1965) y grabó relativamente poco. "Todos sus sentimientos se expresan en su música", afirma Mickey Scrima.[109] Strayhorn también cantaba, tocaba el órgano y el celesta.

Su abuela, pianista en una iglesia, le inició en la música. Estudió luego armonía y contrapunto en Pittsburgh, y admiraba a Stravinsky y Ravel. Al terminar la escuela secundaria organizó un espectáculo titulado *Fantastic Rhythm*, y más y más gente lo alentó a tocar en público, pero tuvo que trabajar algún tiempo en un drugstore para ganarse la vida. A los dieciséis años compuso una de sus obras maestras: "Life is Lonely", conocida más tarde como "Lush Life", que ya atestaba sorprendente madurez. "Nunca tuve la intención de hacerla publicar, explicaba, era algo que había creado y compuesto para mí y que sólo tocaba en las fiestas".[110] En 1934 interpretó el *Concierto para piano en la menor* de Grieg con una orquesta compuesta únicamente por músicos blancos. Quería ser pianista clásico pero su color de piel se lo impidió. Era, también, abiertamente homosexual en una época y un ambiente en que la homofobia, o por lo menos una actitud machista, tendían a prevalecer en el mundo del jazz. Descubrió a Art Tatum y a Teddy Wilson y, orientándose hacia el jazz, formó un trío racialmente integrado, The Mad Hatters.

[108] Notas de *Billy Strayhorn: Out of the Shadows*, 7 CDs/1 DVD, Storyville Records, p. 5.
[109] David Hadju, *Lush Life: A Biography of Billy Strayhorn*, p. 88
[110] *Ibid*, p. 110.

Billy Strayhorn

En 1938 conoció a Ellington en Pittsburgh. Fuertemente impresionado, éste le prometió que trataría de integrarlo a lo que llamaba su "organización". Strayhorn viajó luego a Nueva York con un amigo, el arreglista Bill Esch, y se encontró de nuevo con Ellington, esta vez en Newark. Ellington le encargó el arreglo de dos piezas y luego lo reclutó como arreglista y segundo pianista de su orquesta. De vez en cuando, Ellington y Strayhorn tocaban juntos en un mismo piano (y graba-ron juntos, incluso dos versiones de "Tonk", pieza compuesta por ambos). Además de su colaboración con Ellington, Strayhorn grabó con algunos músicos de éste, así como con Oscar Pettiford, Louie Bellson y Ben Webster, y escribió arreglos para Carmen McRae y Lena Horne. En 1939 conoció al pianista Aaron Bridgers, oriundo de Carolina del Norte y exalumno de Art Tatum. Los dos compartían un gusto por la lengua y la cultura francesas. Se volvieron amantes y decidieron vivir juntos, hasta que Bridgers se trasladara a París en 1947, donde residió hasta su muerte, en 2003. En 1961 Strayhorn compuso con Ellington la música de la película *Paris Blues*, protagonizada por Sidney Poitier y Paul Newman, y en la que Bridgers tocó el piano. Mientras estaba en París, en 1961, Strayhorn realizó el disco *The Peaceful Side*, (publicado en 1961 y de nuevo en 1968), con un "Take the A Train" muy diferente de las versiones de Ellington, un espléndido "The Chelsea Bridge" y otras composiciones suyas más "Something to Live For" de Ellington. En 1992, veinticinco años después de la muerte de Strayhorn, salió un recopilatorio, titulado *Billy Strayhorn – Lush Life*, con temas grabados con la orquesta de Ellington, improvisaciones con Clark Terry y Bob Wilber, temas en los que Strayhorn acompaña al cantante Ozzie Bailey, y "Lush Life", en el que Strayhorn canta, acompañándose al piano. En 1964 se le diagnosticó un cáncer y dedicó a su médico su composición "U.M.M.G." (Upper Manhattan Medical Group), ya grabada en 1960 por Dizzy Gillespie con un arreglo de Clare Fischer. En 1965 dio un concierto en The New School de Nueva York, con Clark Terry, Bob Wilber, Willie Ruff, Wendell Marshall, Dave Bailey y Ozzie Bailey, en el que tocó algunas de sus composiciones. Desgraciadamente, Strayhorn era alcohólico. En 1967 su cáncer empeoró y tuvo que ser hospitalizado. Poco antes de fallecer terminó en el hospital su composición "Blood Count" (titulada originalmente "Blue Cloud"). Conmocionado por la muerte de su amigo, Ellington grabó poco después un disco de composiciones de Strayhorn y de piezas compuestas con él: *And His Mother Called Him Bill*. En 1992 Joe Henderson realizó el disco *Lush Life: The Music of Billy Strayhorn*, y se hizo un documental póstumo intitulado *Billy Strayhorn: Lush Life*.

Ken Kersey

Ken (Kenneth Lyons) Kersey (Harrow, Canadá, 1916-Nueva York, 1983) dominaba tanto el stride y el boogie-woogie como el jazz más moderno. Su estilo recuerda a veces el de Earl Hines o de Billy Kyle. "Sweet Lorraine", por ejemplo, o "I Want a Little Girl", grabado con el trombonista y cantante Henry Wells, evidencian su lirismo. Grabó con algunos de los más grandes nombres del jazz, entre ellos Buck Clayton, Lester Young, J.J. Johnson, Illinois Jacquet, Coleman Hawkins, Cootie Williams, Dizzy Gillespie, Billie Holiday, Charlie Christian y Charlie Parker.

Nacido en una familia de músicos, estudió piano y trompeta en el Detroit Institute of Musical Arts y se instaló en Nueva York en 1936. Participó en las jam sessions del Minton's Playhouse de Harlem, junto con los pioneros del bebop Charlie Christian, Kenny Clarke y Dizzy Gillespie, y trabajó con Lucky Millinder, Roy Eldridge, Henry 'Red' Allen and His Fortissimo Four, con el que grabó en 1941 ("K.K. Boogie", "Blues Hop") y Charlie Shavers. En 1942 sustituyó a Mary Lou

Williams en la orquesta de Andy Kirk y Kirk grabó el "Boogie Woogie Cocktail" de Kersey. Colaboró entonces con Benny Goodman y tocó en el Famous Door de Nueva York con Ben Webster y Eddie Barefield. En 1946 realizó *Piano Styles of Ken Kersey* (con Jack Foster a la guitarra y Billy Taylor al bajo), que incluye "Oh Lady Be Good", "Sweet Lorraine", "Mohawk Boogie" y "Never Can Tell". De 1946 a 1950 formó parte de los conciertos JATP (Jazz At The Philharmonic) organizados por Norman Granz, pero a fines de los años cincuenta una enfermedad de los huesos puso fin a su carrera.

Slim Gaillard

Personaje estrafalario conocido por sus payasadas (uno de sus discos se titula *Laughing in Rhythm* – "Reír en ritmo"), 'Slim' (Bulee) Gaillard (Santa Clara, Cuba o Detroit, Michigan?, 1916-Londres, 1991), apodado 'McVouty', tocaba, además del piano, la guitarra, el órgano, el vibráfono, el trombón, la trompeta, el saxofón y el bongó. Era también bailarín de claqué y cantante de scat y grabó con gigantes del jazz. Inventó su propio lenguaje, bautizado "Vout-O-Reenee". Tenía enormes manos y cuando improvisaba en el piano, tocaba a menudo con las palmas de las manos hacia arriba o con los codos o los pies para crear un efecto cómico. Era, sin embargo, un pianista fluido con enorme swing, como en "Spanish Melody and Swing", grabado en 1948 con 'Bam' (Tiny) Brown al bajo y Benjamin 'Scatman' Crothers a la batería, o sus presentaciones en los programas de televisión *The Tonight Show* y *The Flip Wilson Show*.

Nacido, según afirmaba, en Santa Clara, Cuba (aunque esto sea dudoso) de un padre supuestamente llamado Theopholis Rothschild, creció en Detroit, donde ejerció algunos pequeños oficios, y se trasladó a Nueva York en los años treinta. En 1937 se unió al contrabajista Slam Stewart para formar el dúo Slim and Slam y al año siguiente sus alegres "The Flat Foot Floogie", "Cement Mixer" y otras de sus composiciones se convirtieron en hits. En 1941 tocó el piano y la guitarra y bailó en la maravillosa película *Hellzapoppin!* Tras la Segunda Guerra Mundial actuó en Los Ángeles. En 1945 se asoció con el bajista y cantante Tiny Bam Brown, y en el mismo año grabó "Slim's Jam" a la guitarra con Dizzy Gillespie y Charlie Parker (y Dodo Marmarosa al piano) y "Dizzy Boogie" con Gillespie y Parker. A fines de la década del cuarenta y a principios de la siguiente actuó en el Birdland de Nueva York. En los años sesenta fue encargado de un hotel en San Diego y de una plantación de naranjos cerca de Seattle y tocó también en algunos festivales. Fue asimismo actor (*Mission Impossible*, *Charlie's Angels*, *Roots*, *Planet of the Apes*). En 1982 se instaló en Londres. Lo descubrí por casualidad ahí en 1989, tocando en un piano vertical en el salón de billar del Chelsea Arts Club. Lamentablemente, yo era la única persona que lo escuchaba.

Jay McShann

'Jay' (James) McShann (Muskogee, Oklahoma, 1909-Kansas City, Misuri, 2006), apodado 'Hootie', fue un director de orquesta renombrado (Charlie Parker formó parte de su banda en los comienzos de su carrera). Fue también un pianista *soulful* con un sentido perfecto del tiempo y el irresistible swing de Kansas City, que tocaba esencialmente stride, boogie-woogie y blues, y un cantante inspirado. Ross Russell lo describió como "un pianista con rápidas y flexibles muñecas que no usaba mucho los pulgares".[111] La balada "I'll Catch the Sun", el muy bello blues que interpretó en 1991 en el Festival de Jazz de Berna (con, entre otros, Milt Hinton al bajo y Plas Johnson al saxofón tenor), 'Tain't Nobody's Bizness If I Do", que recuerda a Ray Charles, "Hootie Blues" (1981), tocado con Big Joe Turner en la película *The Last of the Blue Devils* (1979), o el conmovedor "Once Upon a Time" (en su disco *I'm Just a Lucky So and So*, grabado en 1981) constituyen algunos ejemplos de su arte. "Hootie Blues" impresionó fuertemente al joven Miles Davis cuando todavía vivía en East St. Louis.

Los padres de McShann, muy religiosos, querían que su hijo se dedicara exclusivamente a la música sacra, pero él escuchó sus discos de blues, asistió a las clases de piano que tomaba su hermana y se sientió atraído por el jazz. Earl Hines, sobre todo, lo influenció. En 1931, empezó a tocar localmente, con Don Byas y otros (de oído porque no sabía leer música), tocó luego en Tulsa con la banda de Al Denny y en varios locales de Oklahoma con Eddie Hill and His Bostonians. En 1936 se instaló en Kansas City, formó una big band reclutando en Omaha a algunos músicos de la orquesta de Nat Towles, y logró el éxito con "Confessin' the Blues". En 1951 estudió en el Conservatorio de Kansas City y actuó en solitario. Se trasladó luego a Nueva York. En 1979 Ralph Sutton y él se presentaron con el nombre de "The last of the whorehouse piano players" (Los últimos de los pianistas de burdel). A fines de los años ochenta McShann regresó a Kansas City. En 2001, a los ochenta y cinco años, grabó el excelente *Hootie Blues* en vivo en Toronto.

Sonny White

Muchas veces olvidado en las historias del jazz, Ellerton Oswald 'Sonny' White (Ciudad de Panamá, 1917-Nueva York, 1971), colaboró sin embargo con algunos de los más grandes nombres de esta música. "Sonny White era un ferviente seguidor de Teddy Wilson, y nunca llegó a meterse del todo en el sonido moderno como Bud Powell. Nunca lo hizo, pero sonaba precioso, como los pianistas de jazz clásico", apuntó Dizzy Gillespie en sus memorias.[112] White tocó en los años

---

[111] *Bird Lives!, op. cit.*, p. 110.
[112] *To Be or not to Bop, op. cit.*, p. 180.

treinta con Jesse Stone, Teddy Hill (cuya banda incluía entonces a Kenny Clarke y Gillespie), Willie Bryant, Sidney Bechet, Frankie Newton y Billie Holiday, con la que tuvo una aventura en 1939 y grabó el famoso "Strange Fruit" y otras canciones, y lideró Sonny White & His Melody Knights, que incluía un violín. Durante los años cuarenta tocó con Artie Shaw, Benny Carter (en el Kelly's Stable de Nueva York), Big Joe Turner, Lena Horne, Dexter Gordon, grabando con él, y Hot Lips Page. Durante los años cincuenta trabajó con Wilbur de Paris, durante los años sesenta con Eddie Barefield, y a principios de los años setenta con Jonah Jones. Murió a los cincuenta y cuatro años de una enfermedad hepática.

Margaret Johnson

Una heroína olvidada de la era swing fue, en Kansas City, la pianista y directora de orquesta Margaret Johnson (Chanute, Kansas, 1919-Kansas City, Misuri, 1939), apodada 'Countess' (Condesa) o 'Queenie' (Reinita). Tocó, muy joven, con la orquesta de Harlan Leonard cuando ésta salía de gira, y a los quince años dirigió su propio conjunto. En Kansas City sustituyó ocasionalmente a Mary Lou Williams en la orquesta de Andy Kirk y tocó brevemente con Count Basie en Chicago. "Improvisó con la banda de Basie en el Reno, recordaba el bajista Gene Ramey. Se aprendía las principales piezas de oído y las tocaba en el piano la noche siguiente... Esta 'Countess' era una magnífica pianista y es una lástima que no grabó. Ya en 1936 tocaba como Bud Powell y sonaba como un hombre".[113] De hecho grabó cuatro piezas, en 1938, incluso "I Can't Get Started" y "The Very Thought of You" con Billie Holiday, junto con Lester Young, Buck Clayton, Freddie Green, Walter Page y Jo Jones. Tocó también con Clarence Williams, Bubber Miley, Louis Armstrong y Sidney Bechet. Murió de tuberculosis a los veinte años.

Hazel Scott

Pianista virtuosa y cantante, Hazel Scott (Puerto España, Trinidad, 1920-Nueva York, 1981) ha sido también injustamente olvidada en algunas historias o algunos diccionarios del jazz. Era capaz de tocar stride ("Flying Fingers"), blues ("Blues in B Flat"), boogie-woogie ("Hazel's Boogie Woogie"), estándares de jazz (el sensacional "Taking a Chance on Love", que interpreta también en la película *I Dood It*) y piezas clásicas, que ejecutaba al estilo jazz (*Swinging the Classics*, 1949), y se acompañaba perfectamente cuando cantaba (como en "Les feuilles mortes", grabado en 1955 con Charles Mingus al bajo y Rudy Nichols a la batería).

---

[113] François Postif: *Jazz Me Blues*, p. 139.

Niña prodigio, como Mary Lou Williams y Margaret Johnson, creció en Harlem, donde su familia, oriunda de Trinidad, se había instalado en 1923. Su madre, Alma Long Scott, saxofonista, dirigía una banda de mujeres, The American Creolians. Fats Waller, Art Tatum y Lester Young dieron algunos consejos de música a la joven Hazel. A los ocho años recibió una beca para estudiar música clásica con Oscar Wagner, profesor de la Juilliard School. Adolescente, entró como trompetista y pianista en la banda de su madre mientras seguía estudiando en la escuela secundaria. Actuó también en la revista de Broadway *Sing Out the News* y logró el éxito con sus discos *Bach to Boogie*. En los años treinta tocó con Count Basie en el Roseland Dance Hall de Nueva York y, con su propio nombre, en el Cafe Society de Greenwich Village, donde su talento y su belleza le valieron el título de 'The Darling of Cafe Society'. En 1942 dio un

Hazel Scott

concierto en el Carnegie Hall. En 1945 se casó con el político afroamericano Adam Clayton Powell, Jr. En los años cuarenta y cincuenta siguió dando conciertos y apareció en cinco películas, entre las cuales *The Heat's On* (1943) en la que, en una famosa escena, utiliza dos pianos, ejecutando stride, a veces con una mano en un teclado y la otra en el otro, a veces pasando, en la misma pieza, de un piano al otro con asombrosa soltura, y *Rhapsody in Blue* (1945). En los años cincuenta fue la primera mujer negra con su propio programa de televisión: *The Hazel Scott Show*. En una ocasión se negó a actuar en un local en el que no se permitía que los negros y los blancos se sentaran juntos. "¿Por qué vendrían a escucharme a mí, una negra, y luego se negarían a sentarse junto a alguien que es exactamente como yo?", declaró a la revista *Time*. Su fuerte oposición a la discriminación racial le valió acusaciones de simpatías comunistas y se canceló su programa de televisión. Poco después se exilió en París, donde entabló amistad con muchos artistas afroamericanos expatriados. En 1955 grabó el excelente *Relaxed Piano Moods*, con Charles Mingus y Max Roach (la misma sección rítmica que Duke Ellington utilizaría siete años más tarde para *Money Jungle*), con estupendas versiones de "Lament", "Like Someone in Love" y "Mountain Greenery", interpretados con *block chords*. En 1967 regresó a Estados Unidos, actuando de vez en cuando en clubes. Falleció de cáncer a los sesenta y un años.

Mel Powell

El estilo de Mel Powell (Melvin Epstein) (Nueva York, 1923-Sherman Oaks, California, 1998) recuerda un poco el de Teddy Wilson ("You Go to My Head", "Way Down Yonder in New Orleans", "You're My Thrill"). Quería inicialmente ser pianista de concierto (compuso piezas inspiradas en la música clásica como "Homage to Debussy" y "Sonatina for Piano") pero escogió el jazz tras oír a Wilson y a Benny Goodman. Aprendió primero a tocar stride y siempre fue un excelente pianista de stride (como en "Somebody Loves Me", 1941). Adolescente, escribió arreglos para Earl Hines. Trabajó luego con Muggsy Spanier, Bobby Hackett, Zugtty Singleton y Benny Goodman (con Goodman como pianista y arreglista). En 1940 grabó su "Homage to Debussy" en solitario, empezando con un pasaje rubato impresionista y terminando con stride. Durante la Segunda Guerra Mundial tocó con la Glenn Miller's Army Force Band, y en 1945, mientras estaba acantonado en París con el ejército estadounidense, grabó con Django Reinhardt. En 1954 dio un concierto en el Carnegie Hall con su All Stars, en un estilo Dixieland. Problemas de salud lo obligaron a dejar temporalmente los escenarios. Estudió entonces composición con Paul Hindemith, enseñó en Yale y en el California Institute of the Arts y compuso obras clásicas. Reanudó sus actividades de pianista en los años ochenta. Grabó, entre otros, con Paul Quinichette y Oscar Pettiford, y en 1987, durante un crucero en la nave *SS Norway*, el álbum *The Return of Mel Powell* (en el que participaron Benny Carter, Milt Hinton y Louie Bellson).

Dorothy Donegan

Protegida de Art Tatum, que decía de ella: "Nunca se sabe lo que va a hacer, te sorprende",[114] la fogosa Dorothy Donegan (Chicago, Illinois, 1922-Los Ángeles, California, 1998) era una pianista y una showwoman de primera. "Soy exuberante pero soy refinada", declaraba. Groucho Marx se contaba entre sus admiradores y, exclamaba Ray Mosca, que fue su baterista durante muchos años: "He tocado con Earl Hines, Teddy Wilson, Mary Lou Williams, Oscar Peterson y Hazel Scott, pero Dorothy tiene más energía que todos ellos".[115] Trata, por ejemplo, "My Funny Valentine" de manera casi clásica, con arpegios y una sucesión de ricos acordes, y en la película *Sensations of 1945* (en la que aparecen también Cab Calloway, Gene Rodgers y W.C. Fields) es deslumbrante. De niña comenzó a tocar el órgano en una iglesia de Chicago y estudió música con, entre otros, Alfred N. Simms, pianista caribeño que también era maestro de la pianista y cantante Cleo Brown, y

---

[114] Whitney Balliett, *American Musicians II: Seventy-One Portraits in Jazz*, p. 235.
[115] *Ibid*, p. 237.

con el violinista y renombrado pedagogo Walter Dyett. A los catorce años tocó en clubes y *rent parties*. Continuó sus estudios en el Conservatorio de Chicago y en el Chicago Music College y, más tarde, en la University of Southern California. A los dieciséis años participó en una jam session con la banda de Lionel Hampton en el Grand Terrace Ballroom. Grabó por primera vez en 1942 y al año siguiente, dio un concierto que empezó con Rachmaninov y Grieg y terminó con jazz. Vivió luego en Nueva York, donde tocó con sus propios grupos, y se instaló en Los Ángeles. A principios de los años sesenta actuó en Puerto Rico, y luego en algunos de los más grandes festivales de jazz incluso, en 1987, el de Montreux. La vi por última vez en concierto hacia 1991: su peluca voló en el fragor de la acción y casi perdió uno de sus zapatos, pero siguió tocando sin turbarse, con el mismo nervio y el mismo virtuosismo. En los años noventa participó en los cruceros Floating Jazz Cruises organizados por Hank O'Neal. Su abundante discografía incluye *September Song* (1946), *It Happened One Night* (1960), *Sophisticated Lady* (1980), *The Incredible Dorothy Donegan Trio* (1992) y *I Just Want to Sing* (1995).

Dick Hyman

Pianista, organista, clarinetista y especialista del sintetizador Moog, Dick Hyman (Nueva York, 1927) se expresa en diferentes géneros y tiene un conocimiento enciclopédico del jazz. Se lo puede oír en más de una centena de discos entre los cuales *Live at Michael's Pub* (1981), *Plays Duke Ellington* (1990) y *Lock My Heart* (2013) En *Themes & Variations On "A Child Is Born"* (1977), toca la canción título al estilo de varios pianistas conocidos y en "Whispering", por ejemplo, o "Body and Soul", grabado en 1992 en vivo en el hotel Macklowe de Nueva York, su estilo recuerda a Art Tatum. Estudió música clásica con su tío Anton Rovinsky, pianista de concierto, y de adolescente tocó para bailes. Colaboró luego con Charlie Barnet, Jimmy Dorsey y Benny Goodman e interpretó la música de maestros tales como Scott Joplin, Fletcher Henderson, Duke Ellington, Jimmie Lunceford y Count Basie en sus conciertos titulados *History of Jazz*. En 1952 tocó "Hot House" con Charlie Parker y Dizzy Gillespie para un programa de televisión. En los años setenta dirigió el New York Jazz Repertory Company y el Perfect Jazz Quintet. Colaboró también con Ruby Braff y la cantante Heather Masse y sigue dando conciertos.

Mencionemos también a Fletcher Smith (1913-1993), que tocó con cantantes de blues y con Earl Bostic, Gene Schroeder (1915-1975), que tocó con Eddie Condon y Bobby Hackett, y Johnny (John Albert) Guarnieri (Nueva York, 1917-Livingston, Nueva Jersey, 1985), pianista de stride y de jazz más moderno, que colaboró con Benny Goodman y Artie Shaw y grabó con Charlie Christian, Ben Webster, Ike Quebec, June Christy y muchos otros músicos.

La búsqueda de un estilo propio

Nat 'King' Cole, George Shearing, Erroll Garner, Ellis Larkins y Dave McKenna fueron pianistas muy melódicos provenientes de la era swing, pero que supieron crear sus propios estilos.

Nat 'King' Cole

Nat 'King' Cole (Nathaniel Coles) (Montgomery, Alabama, 1916-Santa Mónica, California, 1965) era con razón considerado por Art Tatum, Oscar Peterson, Red Garland, Dave McKenna, Bill Evans, Ray Charles y otros más, como un pianista superior. Influenció a Evans, y Charles admitía que cuando era joven, trataba de imitar a Cole. El baterista Ignacio Berroa recuerda que en su juventud en La Habana, fueron discos de Cole, así como discos de la orquesta de Glenn Miller, los que lo convencieron de dedicarse al jazz. Cole es especialmente conocido por el público como cantante pero, confesaba con una gran modestia, "Soy músico de corazón, sé que en realidad no soy cantante". Tenía un ataque exquisito, un gusto refinado, ejecutaba frases y arpegios cristalinos, y tocaba con la misma facilidad temas movidos ("It's Better to Be by Youself" o "Tea for Two", interpretado en 1957 en su programa de televisión, que inicia lentamente, citando "A Foggy Day"), baladas *soulful* ("Don't Blame Me") o blues (como en el espléndido "Blues in My Shower", 1947). Tocaba sonriendo y con soltura, como si no hubiera dificultad alguna, vuelto a veces hacia el público sin siquiera mirar su teclado. "Soy un cuentacuentos. Cuando me pongo a tocar es como si me sentara al piano a recitar cuentos de hadas", declaraba, y efectivamente, su música tiene un aspecto mágico. Su disco *Penthouse Serenade* (1952), por ejemplo, grabado con Irving Ashby a la guitarra y Joe Comfort al bajo, muestra las frases límpidas de Cole y su manera de ornamentar sutilmente las melodías. En "It Could Happen to You", frasea detrás del tiempo y puntúa sus frases con acordes preciosos. "Laura" y "Polka Dots and Moonbeams" son enriquecidas con arpegios, pasajes con acordes y contrapunto. Termina "Laura" con una sucesión de acordes invertidos y toca "Rose Room" con *block chords*. Dizzy Gillespie consideraba a Cole como el mejor acompañante posible y, cuando cantaba, se acompañaba él mismo a la perfección, como en su disco *After Midnight* (1957).

Creció en Chicago donde sus padres, procedentes de Alabama, se habían instalado cuando tenía cuatro años. Su hermano mayor Eddie era pianista profesional, bajista y cantante, y sus hermanos Ike y Frankie tocaban también piano y cantaban. La madre de Coles, que dirigía el coro de la iglesia de su marido, y Eddie dieron sus primeras clases de piano a Nat, y él estudió también con la madre del bajista Milt Hinton. Empezó a tocar el órgano y a cantar en el coro de la iglesia de su padre, que era pastor baptista, y su famosa canción "Straighten Up and Fly Right" (Corrígete y sigue el buen camino) se inspiró en uno de los sermones de su padre. A los doce años emprendió estudios de música clásica, pero Earl Hines lo fascinaba mucho más. Rememoraba: "Nuestra casa estaba cerca del antiguo Grand Terrace y me pasaba las noches en el callejón escuchando a Earl Hines para inspirarme".[116] Apreciaba también a Duke Ellington, Art Tatum, Roosevelt Sykes, Fats Waller, Teddy Wilson, Albert Ammons y la cantante y pianista Una Mae Carlisle. A los dieciséis años formó sus primeras bandas: The Royal Dukes y The Rogues of Rhythm, y comenzó a presentarse en clubes. En una ocasión, llegó a vencer a Hines en un duelo musical con una big band que había organizado. En los años treinta improvisó con el guitarrista Les Paul y empezó a componer. En 1936 grabó con el conjunto de su hermano y se fue de gira con la revista musical *Shuffle*, que era una recreación de la comedia musical *Shuffle Along*. Se radicó entonces en Los Ángeles, donde se presentó en solitario. En 1937 suprimió la "s" de su apellido y formó los King Cole's Swingsters con Oscar Moore a la guitarra, Wesley Prince al bajo (sustituido en 1942 por Johnny "Thrifty" Miller), y Bonnie Lake al canto, grupo posteriormente rebautizado King Cole Trio. (Originalmente debía ser un cuarteto, pero el baterista, Lee Young, nunca llegó la noche en la que debían empezar a tocar.) Es por esta época que Cole debutó como cantante. "No pensaba realmente ser cantante. Se me había ocurrido, pero lo que me interesaba sobre todo era tocar el piano. Era un pianista de jazz que pensaba en cantar".[117] Al año siguiente grabó "Jivin' with Jarvis" y otros temas con Lionel Hampton (y, con Hampton y la cantante Helen Forrest, "I Don't Stand a Ghost of a Chance"). Hampton quiso contratar a Cole para su banda, pero Cole prefirió su independencia. Obtuvo un programa diario en la radio NBC y realizó giras con los conciertos JATP y con los Metronome All Stars (grupo de músicos elegidos por la revista *Metronome*). En 1942 fue uno de los primeros artistas que firmó un contrato con Capitol Records, y logró el éxito con "That Ain't Right", "All For You", "Straighten Up and Fly Right" y "Gee Baby Ain't I Good to You". Grabó también con Lester Young (con Red Callender al bajo), y al año siguiente con Dexter Gor-

[116] Leslie Gourse, *Unforgettable*, p. 8.
[117] Entrevista por John Tynan, *Down Beat*, 2 mayo 1957.

Nat 'King' Cole

don e Illinois Jacquet.[118] En 1946 tocó en el disco *Lester Young Trio* (fue mencionado en la grabación original como Aye Guy), que incluye en particular "I cover the Waterfront", "The Man I Love" y "I Want to be Happy", en la que aparece la influencia de Earl Hines. Al año siguiente realizó *Nat King Cole at the Piano* (publicado en 1949), y fue nombrado "mejor pianista" por varias revistas de jazz. De 1949 a 1953, época en la que utilizar instrumentos de percusión cubanos se puso de moda en el jazz, añadió al bongocero Jack Costanzo a su trío.

A mediados de los años cincuenta tuvo su propio programa de televisión, derribando las barreras raciales, aunque en 1956 fuera herido por blancos racistas durante un concierto en Alabama. Como cantante, se convirtió entonces en una estrella y tocó menos que antes. Se volvió rico, pero frustró a muchos aficionados y críticos,

---

[118] Las sesiones con Young, Gordon y Jacquet han sido recopiladas en el disco *Nat Cole Meets the Master Saxes* (1974).

que querían oírlo más como pianista. Se presentó también en el Tropicana de La Habana, grabó canciones latinoamericanas arregladas por el cubano Armando Romeu (en *Cole Español*), y apareció en varias películas, entre ellas *Cat Ballou* y *St. Louis Blues*, en la que desempeñó el papel de W.C. Handy. Fumador empedernecido, murió de cáncer de los pulmones a los cuarenta y nueve años.

George Shearing

La mayor parte de la carrera del pianista inglés George Shearing (Londres, 1919-Nueva York, 2011) se desarrolló en Estados Unidos y por lo tanto Shearing es considerado parte del jazz estadounidense. Músico consumado, actuó también con orquestas sinfónicas. Tocaba un tipo de jazz muy elaborado, con ricos *voicings*, en un estilo a veces cercano al de Art Tatum, y por muchos años fue conocido por su utilización de *block chords*. Ejecutaba también muy bien stride y boogie-woogie. Rearmonizaba estándares con particular atención al movimiento de las voces) y tocaba frases líricas ("I'm In the Mood For Love", "Try a Little Tenderness", "Don't Blame Me", "Over the Rainbow", su versión de "The Shadow of Your Smile" grabada en 1990 en Nueva Zelanda con Neil Swainson al bajo). El disco *My Ship* (1974) constituye una muestra elocuente de su talento. Interpreta "My Ship" con efectos de arpa que evocan el mar. La introducción y algunos *voicings* de mano derecha sugieren la influencia de Ravel y Debussy, mientras que los acordes densos del registro bajo recuerdan los de Oscar Peterson. El disco incluye también versiones tatumescas de "Yesterdays" y "Tenderly", así como "Londonderry Air" (también conocido como "Danny Boy" y también grabado por Tatum y Bill Evans), y "April in Paris", que empieza con una citación de "La Marseillaise" y sigue con música clásica. "Tocó innumerables chorus con asombrosos acordes que subían más y más alto hasta que el sudor salpicó todo el piano y todos se quedaron escuchando con asombro y miedo, escribe en *On the Road* Jack Kerouac, que lo oyó una vez en un club. Después de una hora lo sacaron del escenario. Volvió a su rincón oscuro, el viejo dios Shearing… y los muchachos dijeron: "Después de esto, ya no hay nada". Shearing cantaba también ocasionalmente –con una voz conmovedora (como en "Send in the Clowns")– y tocaba el acordeón.

Ciego de nacimiento, empezó a tocar el piano de oído cuando era muy joven y estudió luego en la Linden Lodge School, en Inglaterra. Comenzó a interesarse por el jazz tras oír discos de Fats Waller, Teddy Wilson, Milt Buckner, Earl Hines y Bob Zurke. En 1937 grabó su primer álbum. Tocó luego en la BBC y se dio pronto a conocer en Inglaterra, impresionando a jazzmen estadounidenses que se encontraban allí. A partir de 1946 tocó en Estados Unidos, y de vuelta a Londres actuó con el violinista Stéphane Grappelli. En 1947, alentado por el crítico de jazz Leonard Feather, se estableció en Nueva York y consiguió un contrato como pianista de entreacto en el Hickory House. Su sonido muy personal lo ayudó a cobrar rápidamente fama. Grabó, en particular, "The Man from Minton's" y "To Be or Not to Bop" (en *Jump For Joy*), organizó un trío con John Levy al bajo y Denzil Best a la batería, y en 1948 se presentó en el Three Deuces con un nuevo trío (Oscar Pettiford al bajo y J.C. Heard a la batería). Al año siguiente formó un quinteto con Buddy De Franco al clarinete (sustituido más tarde por Marjorie Hyams y luego Cal Tjader al vibráfono), Chuck Wayne a la guitarra (luego sustituido por Toots Thielemans), Levy al bajo y Best a la batería. En su banda, el piano, el vibráfono y la guitarra tocaban a menudo al unísono. En septiembre de 1950 dio un concierto con su quinteto en el Shrine Auditorium de Los Ángeles en el que participó también Miles Davis. Sus composiciones "September in the Rain" y "Lullaby of Birdland" se convirtieron en hits y en estándares de jazz, y tocó con los Metronome All Stars. Como Nat 'King' Cole, se enamoró también de la música "latina", cubana sobre todo. "A veces pienso que tiene más swing que el jazz y hasta a veces disfruto más tocándola que el jazz. Tocada con sinceridad es maravillosa y proporciona un impulso rítmico exaltante", dijo al periodista Don Gold a propósito de esta música.[119] Escuchó en particular al pianista puertorriqueño Noro Morales y a los pianistas cubanos "Peruchín" (Pedro Jústiz) y Frank Emilio Flynn, adoptando algunos de sus procedimientos. El fraseo cubano, basado en la *clave*, es diferente del jazz, más compacto, y Shearing aprendió a dominarlo. Formó entonces un combo "latino" con Tjader (cuyo amor por la música "latina" vino de su asociación con Shearing), el conguero cubano Armando Peraza y el bajista Al McKibbon (exmiembro de la big band de Dizzy Gillespie cuando Chano Pozo formaba parte de ella) y grabó *Latin Escapade* (1956), *Latin Lace* (1958) y *Latin Affair* (1958). En 1959 apareció en la película *Jazz on a Summer's Day* y realizó el exitoso *Beauty and the Beast*. En 1961 grabó con los hermanos Montgomery (Wes, guitarra, Buddy, vibráfono y Monk, bajo) y con Nancy Wilson (*The Swingin's Mutual*). "Su estilo abrazaba y rodeaba bellamente mi voz, se entusiasmó Wilson. Sabía qué tocar y cuándo. Siempre estaba ornamentando y lograba así que sonaras aún mejor". Al año siguiente acompañó a Nat 'King' Cole. En 1963 Gary Burton colaboró con Shearing, y grabaron *Out of the Woods*. A principios de los años setenta Shearing acompañó a otros cantantes, entre ellos Peggy Lee y Mel Tormé, presentándose con Tormé en el Carnegie Hall. Realizó también los discos en solitario *Out of this World* (1970) y *Music to Hear* (1972). En 1976 siguió el excelente *The Reunion* con Stéphane Grappelli. En 1978 disolvió su quinteto y a continuación tocó esencialmente en trío y dúo. En 1980 grabó *Two For the Road* con Carmen McRae seguido, en 1981, por *Alone Together* con Marian McPartland, y, en 1988, por *The Spirit of 176* con Hank Jones. En 2001 se retiró de la música. En 2007 fue ennoblecido por la reina Isabel.

[119] *Down Beat*, 25 junio 1958 p. 13.

Erroll Garner

Erroll Garner (Pittsburgh, Pennsylvania, 1921-Los Ángeles, California, 1977) fue uno de los pianistas más originales y populares de la historia del jazz, con un estilo efervescente y sabroso, y sigue ejerciendo una fuerte seducción. Su música tenía tal frescura que parecía brotar de un manantial. "Misty", que compuso a principios de los años cincuenta, es uno de los estándares de jazz más tocados en el mundo (se oye en particular en la película de Clint Eastwood *Play Misty for Me*). Hombre alegre y artista prodigioso, Garner no sabía leer música pero tenía un oído perfecto y una memoria asombrosa. Era capaz de reproducir las más diversas canciones y piezas clásicas, podía tocar en cualquier tonalidad con la misma facilidad, y su entusiasmo era contagioso. Como no era muy grande solía, en sus conciertos, poner guías de teléfono en sus asientos de piano, pero, decía Ahmad Jamal, "era un gigante, aun sin las guías de teléfono". En 1956 el propio Garner le comentó a Ralph Gleason sobre el hecho de que no sabía leer música: "Esto me ha permitido desarrollarme más, dejándome más libre, sin la influencia de ninguna otra pauta más que las mías. Mire, como no podía tocar con una sección rítmica ya que no sabía leer, debía tener mi propia batería y mi propio bajo en mi mano izquierda".[120] Su estilo se caracteriza por una mano izquierda al estilo de guitarra, puntuada por síncopas que caen frecuentemente en el cuarto tiempo del compás, mientras la mano derecha toca detrás del tiempo, y por arpegios, trinos, frases centelleantes y un swing arrollador. Le gustaba tocar introducciones muy libres. Recuerdo un concierto en Ginebra, en los años sesenta, en el que sus introducciones duraron casi más que algunas de las piezas que tocó. Durante su actuación, salía de las piezas para luego volver a ellas, inyectaba fragmentos de música clásica, tocando con una formidable destreza y sin jamás perder un solo tempo. Su fraseo, su ataque y su ritmo eran siempre perfectos. "Es probablemente el menos pianístico de todos los pianistas porque hace cosas con el piano que deberían en realidad ser interpretadas por una orquesta", se maravillaba George Shearing.[121] De hecho, Garner tenía un sonido muy orquestal, con densos acordes en la mano derecha. Garner "podía tocar un ritmo completamente diferente en cada mano y desarrollar parejamente lo que hacía con cada mano. Estaba profundamente inmerso en el asunto del tempo. Era una magnífica máquina pianística", agregaba Sy Johnson.[122] Influyó de cierta manera en Oscar Peterson, quien escribió: "Su don era un don de Dios completamente individual. Sin ponerme demasiado analítico, diría que la clave de su genio era su sentido del tempo, que estaba por encima de prácticamente cualquier músico, independientemente del instrumento. Además, sólo algunos músicos clásicos podían igualar su dominio técnico de las oc-

---

[120] *Down Beat*, 1956, p. 10

[121] Enero 21, 1995, entrevista por Tim Clausen (*courtesy of* Jan van Diepenbeek).

[122] Whitney Bailey, *op. cit.*, p. 151.

Erroll Garner

tavas y de los *clusters* en octavas. Podía ejecutar algunas cosas sumamente intensas utilizando esta configuración armónica de miedo, todo eso con tremendo swing y manteniendo el bordón armónico de la mano izquierda, como lo llamo yo".[123] Garner se presentaba generalmente con su trío (con bajo y batería), pero era también deslumbrante en solitario. Art Blakey, que fue pianista a principios de su carrera, tuvo una vez dificultades durante un ensayo con una banda y contaba con afecto la siguiente anécdota a propósito de Garner: "Así que ese tipo sentado en un rincón dijo: 'Déjame probar'. Pues se la zampó como si nada. Ése era Erroll Garner. Y ése fue el fin de mi carrera de pianista".[124] Entre los admiradores de Garner se contaban Woody Allen, el bailarín Maurice Hines y el presentador de televisión Johnny Carson, que lo invitaba frecuentemente a su programa. Garner sentía una necesidad constante de buscar cosas nuevas y de crear: "Cada vez que toco *Misty* –y siempre toco *Misty*, yo diría unas mil veces al año– le añado una cosita nueva", declaró al baterista Art Taylor.[125]

Creció en Pittsburgh, uno de los mayores centros del jazz estadounidense. Su madre cantaba, su padre tocaba saxofón, guitarra y mandolina y su hermano

[123] *A Jazz Odyssey, op. cit.*, p. 199.
[124] Bill Crow, *Jazz Anecdotes*, p. 28.
[125] *Notes and Tones*, p. 93.

Linton era pianista profesional. A los tres años ya era capaz de reproducir de oído las piezas que escuchaba. A los diez años tocó en la radio con una banda infantil y al año siguiente debutó profesionalmente. Mary Lou Williams, que lo oyó cuando él estaba todavía en la escuela secundaria, se quedó estupefacta por su talento. Las mayores influencias de Garner fueron Fats Waller, Art Tatum, Dodo Marmarosa (que frecuentaba la misma escuela que él) y Billy Strayhorn (en la escuela, Garner, Strayhorn y Ahmad Jamal tenían el mismo maestro de música: Carl McVicker). Garner podía tocar perfectamente stride, como en "Honeysuckle Rose", grabado con Eddie Calhoun al bajo y Kelly Martin a la batería, o "Fantasy on Frankie and Johnny" (1947), que transforma a su manera e interpreta magistralmente. En 1937 colaboró con el saxofonista Leroy Brown y trabajó en Pittsburgh y sus alrededores. En 1944, siguiendo el consejo de Strayhorn, se trasladó a Nueva York. Efectuó su primer contrato en esta ciudad en el Luckey Roberts' Rendezvous de Harlem. Tocó luego en varios clubes, entre ellos The Three Deuces, Tondelayo's y el Melody Bar. Durante tres años formó parte del trío de Slam Stewart, sucediendo a Tatum. Grabó con Stewart y también con Georgie Auld ("Georgie Porgie", "In the Middle"), Charlie Parker ("Bird's Nest", "Cool Blues"), Don Byas, Wardell Gray, Charlie Shavers, Stuff Smith y otros, aunque, a diferencia de algunos de estos músicos, nunca haya sido un *bopper*. En 1945 logró el éxito con su versión de "Laura". En 1948 su fama creció todavía más en el Festival internacional de Jazz de París. A mediados de los años cuarenta y en los cincuenta, apareció con su trío en varias películas, entre las cuales *Under Western Skies*, *Call All Stars*, *The Mad Hatter*, *Killer Diller*, *The Scarlet Hour* y *St. Louis Blues*.

Durante la década del cincuenta su *Concert by the Sea*, grabado en Carmel, California, fue el primer álbum de jazz que rebasó el millón de ejemplares y con él y *Play, Piano Play*, Garner alcanzó una fama mundial. En julio de 1954 grabó "Misty" por primera vez, en Chicago, con Wyatt Ruther al bajo y Eugene Heard a la batería. La pieza, compuesta de memoria en el avión que lo llevaba a Chicago, necesitó una sola toma. Garner también estaba enamorado de la música cubana, al igual que muchos otros jazzmen de los años cincuenta, y grabó *Mambo Moves Garner* (1954) con Ruther y Heard más Cándido Camero en las tumbadoras. En 1955 siguió con el delicioso disco en solitario *Afternoon of an Elf*, y al año siguiente fue elegido "pianista del año" por la revista *Down Beat*. Improvisaba ocasionalmente con los Afro-Cubans de Machito en el Birdland, y bajo su influencia, reclutó al percusionista puertorriqueño José Mangual, que trabajó con él de 1967 a 1975. Garner padecía enfisema y murió de un paro cardíaco en la ambulancia que lo llevaba al hospital, a los cincuenta y seis años. En 2012 se hizo sobre él un documental intitulado *No One Can Hear You Read*. Su abundante discografía incluye *The Greatest Garner* (1956), *Informal Piano Improvisations* (1962), *Long Ago and Far Away* (1987) y *Feeling is Believing* (1970).

Ellis Larkins

Ellis Larkins (Baltimore, Maryland, 1923-Baltimore, 2002) era sensible y lírico
–su estilo fue descrito como "un arco iris de texturas entrelazadas"– y muy cotizado como acompañante. Podía tocar stride (como en "Moonglow", en *Perfume
and Rain*) así como baladas delicadas (como en el popurrí "When a Man Loves a
Woman/I'm Through With Love", en *Live at Maybeck Recital Hall*, 1992). "Es un
acompañante magistral. Su economía de medios es tan brillante como una frase de
Simenon. Es potente y directo, sin nunca caer en la agresividad. Sus invenciones
armónicas de mano izquierda y sus sinuosas líneas de bajo son maravillas de inventiva", decía de él el compositor Alex Wilder.[126] Su imaginación armónica puede
oírse por ejemplo en "I Let a Song Go out of My Heart" (en *Live at Maybeck
Recital Hall*), en su disco en solitario *Perfume and Rain* (1954) o en su versión de
"Things Ain't What They Used to Be", grabada en Buenos Aires en 1974.

La madre de Larkins era pianista, su padre violinista del Baltimore City Colored Orchestra. Larkins estudió primero el violín, pasando luego al piano. A los
once años tocó con el Baltimore City Colored Orchestra. Continuó sus estudios
en el Peabody Conservatory, del cual fue el primer alumno afroamericano, y luego
en la Juilliard School of Music de Nueva York. En 1937 dio un recital de música
clásica, pero su color le impidió seguir una carrera de pianista clásico. Colaboró
entonces con Billy Moore y Edmund Hall y dirigió un trío. En 1950 grabó *Ella
Sings Gershwin* (publicado de nuevo, junto con *Songs in a Mellow Mood*, grabado en
1954, con el título de *Pure Ella*). Solo al piano con Ella Fitzgerald, es un modelo de elegancia. A partir de 1963 acompañó esencialmente a cantantes como Joe
Williams, Eartha Kitt, Harry Belafonte, Chris Connor, Helen Humes, Mildred
Bailey, Anita Ellis y Sarah Vaughan, y grabó con Sonny Stitt. En los años setenta
se presentó en varios clubes neoyorquinos. Grabó también con el corneta Ruby
Braff (con el que ya había grabado en dúo en 1955), y hasta mediados de los años
ochenta fue el pianista regular del Carnegie Tavern de Nueva York.

Dave McKenna

George Shearing y Bill Evans admiraban a Dave McKenna (Woonsocket, Rho-
de Island, 1930-State College, Pennsylvania, 2008). Hombre discreto, McKenna
prefirió quedarse en la sombra, y por lo tanto no es conocido por un amplio público. Se designaba a sí mismo como "un pianista de saloon", pero estaba lejos de
ser uno. Excelente pianista en solitario, ejecutaba, como Shearing, frases de mano

---

[126] De un artículo de *Down Beat* citado por John Fordham en: "Ellis Larkins", *The Guardian*, 4
octubre 2002.

derecha ágiles y tenía un don especial por la armonía. "Me gusta tocar rubato, cambiar de tempos, cambiar de tonalidades, y para poder hacerlo con un bajo y una batería, tendría que ensayar", explicaba.[127] Improvisaba a menudo ejecutando líneas de bajo con la mano izquierda (como en "C Jam Blues", "I Never Knew", "Dream Dancing"), y utilizaba numerosos procedimientos, aunque, declaraba, "Me gusta quedarme cerca de la melodía". Era considerado el maestro del *"three-hand swing effect"*, logrando sonar como si tuviera tres manos. "Mi manera predilecta de tocar en solitario es con trémolos de acordes, como en el estilo *four to the beat*, como si se tratara de una guitarra", explicaba.[128]

Su padre era baterista amateur y su madre tocaba piano y violín. McKenna tomó algunas clases de piano pero aprendió esencialmente el jazz escuchando a Nat 'King' Cole y Teddy Wilson, aunque lo impresionaban sobre todo los intérpretes de instrumentos de viento, Buck Clayton y Johnny Hodges en particular. Pasó a ser profesional a los quince años y colaboró más tarde con Charlie Ventura, Woody Herman, Gene Krupa, Red Mitchell, Stan Getz, Zoot Sims, Al Cohn, Bobby Hackett, Rosemary Clooney y Eddie Condon. A partir de 1967 tocó esencialmente piano en solitario en el nordeste de Estados Unidos y en 1982 acompañó a Tony Bennett. Sus discos incluyen *Solo Piano* (1973), *Giant Strides* (1979), *Christmas Ivory* (1997) y *An Intimate Evening With Dave McKenna* (2002).

---

[127] Entrevista por Ted Panken, 30 mayo 2011, *tedpankenwordpress.com*.
[128] *Ibid.*

Pioneros del bebop

Prácticamente todos los pianistas de jazz de hoy (así como otros instrumentistas) han sido marcados por el bebop. El bebop, cuyo nombre deriva de una onomatopeya, surgió a mediados de la década del cuarenta, creado por músicos negros hartos de la sosería y del comercialismo de muchas músicas de la era swing y de sus canciones frívolas y deseosos de experimentar con nuevas formas de expresión. Los años treinta se habían caracterizado por el predominio de las orquestas de baile, mayoritariamente blancas. El bebop, complejo y esencialmente destinado a ser escuchado más bien que bailado (aunque en la película *Jivin' in Bebop*, protagonizada por Dizzy Gillespie, aparecen eximios bailarines, y en la posguerra la juventud francesa se desahogó bailando bebop en los sótanos de Saint-Germain-des Prés), elevó el nivel del jazz. Derivado de las innovaciones de Art Tatum y otros músicos, fue una extensión, una cristalización de estos hallazgos anteriores. Desafortunadamente, una prohibición de grabaciones impuesta de 1941 hasta 1944 por la American Federation of Musicians, nos impide conocer los desarrollos cruciales que ocurrieron en el jazz durante este período de gestación.

El piano bebop se caracteriza generalmente por frases veloces que utilizan a menudo los grados superiores de los acordes (novenas, undécimas y decimoterceras naturales o alteradas), cromatismos, trítonos, tresillos al inicio de las frases, escalas mayores o menores con una quinta aumentada, una mano izquierda sobria, tocando a veces una sucesión de séptimas y terceras, y, como Tatum lo había hecho previamente, una interpolación de citaciones de otras piezas. "I Got Rhythm" de Gershwin (cuya estructura armónica se conoce en la jerga del jazz como "rhythm changes"), así como otros temas populares y el blues, se convirtieron en vehículos predilectos para la improvisación. Nuevas melodías fueron creadas sobre la estructura armónica de piezas existentes, muchas veces bastante alejadas de las melodías originales (como "Donna Lee", basada sobre los acordes de "Indiana", "Evidence", basada sobre los de "Just You Just Me", "Ornithology", basada sobre los de "How High the Moon", "Groovin' High", basada sobre los de "Whispering", "Shaw 'Nuff" y "Anthropology", basadas sobre los de "I Got Rhythm" o "Jahbero", basada sobre los de "All the Things You Are"). Algunos jazzmen son capaces de adivinar la pieza original sólo con oír la estructura armónica del tema derivado de esta pieza.

Thelonious Monk

   Como muchas formas de arte novedosas el bebop, que se salía de las normas
habituales del jazz, fue atacado en sus inicios por los partidarios de la vieja escuela, los "higos podridos", como se los llamó con escarnio en París tras el famoso
concierto de 1948 de Dizzy Gillespie, suerte de batalla de Hernani del bebop.
Entre ellos el crítico francés Hugues Panassié –uno de sus más virulentos detrac-
tores– que lo declaró ¡"no auténtico"! Hasta Duke Ellington agregó: "Tocar 'bop'
es como jugar al Scrabble cuando todas las vocales faltan", lo que no le impidió
reclutar, si bien brevemente, a Dizzy Gillespie –uno de los mayores iniciadores
del bebop– en su orquesta. Louis Armstrong y Fletcher Henderson se unieron
también al coro de los fustigadores. "Desde el principio fue un tanto esotérico,
recordaba Gillespie respecto a este género. Sólo unos pocos entendían lo que estaba ocurriendo. Todo el mundo sabía que era bueno, pero no comprendían lo que

había. Y cuando alguien no comprende algo, suele desagradarle".[129] Sin embargo el bebop venció las resistencias iniciales. Cobró importancia y atrajo rápidamente a legiones de epígonos y aficionados que copiaban hasta los atuendos y la jerga "hip" de sus exponentes.

Las principales incubadoras del bebop fueron dos clubes de Harlem conocidos por sus jam sessions: Minton's Playhouse, en el 210 de la calle 118 Oeste, feudo de Thelonious Monk, y Clark Monroe's Uptown House, en el 198 de la calle 134 Oeste, cuya banda "de la casa" estaba a cargo del pianista Al Tinney. "En el Minton había una especie de jam session, recordaba Mal Waldron. Tocaban un tema: la sección rítmica mantenía el fogón, los instrumentos de viento improvisaban un chorus tras otro poniéndose más y más frenéticos. El pianista se cansaba entonces, otros lo relevaban, y seguían así toda la noche".[130] Posteriormente, otro célebre local de Harlem fue el Small's Paradise, que atraía a pianistas como Bud Powell, Walter Bishop, Jr., Walter Davis, Jr. y Mal Waldron. Participar en esas jam sessions era una prueba de fuego, y los pioneros del bebop se las ingeniaban para escarmentar a los que se atrevían a improvisar sin las tablas necesarias.

Thelonious Monk

Una de las personalidades más fuertes y enigmáticas del jazz, Thelonious Sphere Monk (Rocky Mount, Carolina del Norte-Weehawken, Nueva Jersey, 1982) encabezó el bebop, aunque nunca perteneció a ninguna camarilla. Sufrió una indiferencia desdeñosa al principio de su carrera, pero acabó por suscitar un enorme entusiasmo y, fueran cuales fueran los ulteriores cambios de modas y de gustos, hasta convertirse en una figura imprescindible del jazz. Al principio, su música un tanto rara, parca de notas, desconcertó a algunos oyentes y críticos con sus acordes inusitados, algo caústicos, y con su asimetría. También desconcertaban el comportamiento a veces excéntrico del pianista y sus extrañas declaraciones (se descubrió más tarde que padecía trastorno bipolar). Monk se quejó una vez a Lewis Lapham, del *Saturday Evening Post*: "Se pinta de mí un cuadro espantoso... Mucha gente piensa que estoy loco o algo así".[131] Sin embargo, sus colegas y amigos lo reverenciaban. "Thelonious Monk personificaba la armonía en toda su magnitud. Era alguien que oía *clusters* armónicos inacostumbrados en el piano y los apuntaba para que varios grupos los pudieran tocar", como bien señaló Oscar Peterson. "Tocar con Monk me ha hecho frecuentar a un arquitecto musical de primer nivel",

---

[129] Dizzy Gillespie & Al Frazer, *To Be or not to Bop – Memorias de Dizzy Gillespie*, *op. cit.* p. 127
[130] Ted Panken, "Two Interviews with Mal Waldron on the 86th Anniversary of his Birth", 15 agosto 2011, *tedpanken.wordpress.com.*
[131] D.G. Kelley, *Thelonious Monk: The Life and Times of an American Original.*

afirmaba John Coltrane. [132] "Era el más original que jamás he oído. Tocaba como deben haber tocado en Egipto hace cinco mil años", agregaba Randy Weston. "Yo no sé lo que los demás hacen. Sólo puedo hablar por mí, explicaba el propio Monk. Mi madre siempre se aseguró de que yo no tuviera que sufrir por no tener un trabajo pagado: nunca tuve que hacer concesiones para vivir. Por eso creo que nadie puede imitarme. Tengo mi propia manera de colocar mis dedos en el piano, de hacerlo sonar, de apretar o inclinar el peso de mi cuerpo hacia uno u otro lado para lograr un efecto particular... Este tipo de detalles me vuelven inimitable". [133] "Fíjate en los grandes músicos como Lockjaw, Bird, Dizzy y Monk, que eran los reyes del Minton: nunca tocaban nada ordinario. Así eliminaban a un montón de gente que no sabía tocar", apuntaba Miles Davis. [134]

Monk fue primero influenciado por el stride –"Sueno exactamente como James P. Johnson", le dijo una vez al productor Orrin Keepnews tras grabar su propio "Functional", aseveración algo exagerada, ya que Monk le imprimió su sello único. Le gustaban Fats Waller, que evocó en su "Lulu's Back in Town", y el trompetista Victor Coulsen, ex-sideman de Jay McShann y miembro de la banda del Monroe's Uptown House. "Toca cosas que nunca oí", decía Charlie Parker de Coulsen. Monk apreciaba también a Duke Ellington, Art Tatum, la orquesta de Claude Thornhill, y especialmente el blues. Nellie, la esposa de Monk, confió al periodista Frank London Brown: "A veces cuando toca el blues, se remonta al tiempo de los verdaderos pianistas de antaño como Jelly Roll Morton y James P. Johnson. Siempre me asombra, porque sé que no se ha pasado tanto tiempo oyendo a esos pianistas, y sin embargo están en su música. Sus manos son más pequeñas que las de la mayoría de los pianistas, así que tuvo que desarrollar una manera diferente de tocar para poder expresarse plenamente". [135] Monk tenía una técnica considerada limitada por algunos (contrariamente a lo que se enseña en la música clásica, tocaba con los dedos extendidos), pero perfectamente adaptada a su expresividad.

Su música, abrupta, angular, reducida a su mínima expresión y sumamente lógica, tiene un swing enorme. Monk trituraba la masa sonora. Sabía expresar la esencia de un tema con sólo las notas esenciales y algunas de sus composiciones o improvisaciones parecen casi simples bosquejos. "Su utilización del espacio en sus solos y su manipulación de acordes extraños me dejaban nocaut, totalmente jodido. Yo me decía: '¿Pero qué está haciendo ese cabrón?' La forma en que Monk utilizaba el espacio tuvo una gran influencia en la manera en que me puse a tocar solos después de haberlo oído", recordaba Miles Davis. [136] Monk privilegiaba los segundos, las quintas bemolizadas, las escalas de tonos enteros y los cromatismos, y terminaba a veces

[132] "Coltrane on Coltrane", *Down Beat*, 29 septiembre 1960.
[133] *Jazz Me Blues*, p. 187.
[134] Miles Davis with Quincy Troupe, *Miles: The Autobiography*, p. 54.
[135] *Down Beat*, 1958, p. 13.
[136] *Miles: The Autobiography*, op. cit. p. 58.

con un trino característico. A algunos músicos les parecía difícil tocar con él porque tenían que adaptarse a su originalidad, a sus audacias y a su personalidad fuera de lo común. "Si tocabas con Monk y no te sabías los cambios de acordes, peor para ti. Porque con él nunca ibas a oírselos", afirmaba Dizzy Gillespie[137] con algo de exageración, ya que Monk, al contrario, era sumamente consciente de las estructuras armónicas. "Ejecuta frecuentemente una frase 'sencilla', polirrítmica y realmente polifónica, parecida a la de un instrumento de viento *entre* la percusión (bajo y batería) y el solista o los vientos que están en la primera línea. Aun cuando Monk acompaña con acordes es un melodista subliminal", escribe Martin Williams.[138]

Monk comentó sobre su propio proceso creativo: "Me gusta poder crear todas mis piezas. Cuando toco en solitario escojo mis notas exactamente como me parece. Dudo a menudo entre dos notas antes de decidirme. Me sorprende siempre cómo sueno: por eso tocar me hace tan feliz. No creo que se pueda alcanzar tal felicidad sin la libertad de escoger".[139] Y también: "Todo lo que toco es diferente. Diferente melodía, diferente armonía, diferente estructura".[140]

Muchos músicos, entre los cuales Dizzy Gillespie, que reconocía haber aprendido de Monk la utilización de cromatismos, Bud Powell, Sonny Rollins, Randy Weston, John Coltrane y Miles Davis solicitaban los consejos de Monk en cuanto a la armonía. Apreciaban también su generosidad, el apoyo que les brindaba y su sentido del humor. "Una vez vi a John [Coltrane] con Monk y creo que aprendió muchísimo de él sobre la armonía, recordaba McCoy Tyner. Monk le abrió la posibilidad de componer piezas complejas como 'Giant Steps.' Yo mismo he aprendido mucho con sólo escuchar a Monk. Nada más que su concepto del espacio fue una de las cosas más importantes que le enseñó a Coltrane: cuándo no tocar y cuándo dejar que otra persona llene este espacio o simplemente dejar el espacio abierto. Creo que John ya estaba yendo en esta dirección, pero trabajar con Monk le ayudó a alcanzar esta meta mucho más rápido".[141]

Monk fue un compositor prolífico –Bud Powell lo consideraba su compositor predilecto– y proclamaba con su inconfundible estilo: "Se sabe que una composición está terminada cuando rima como se debe". Muchas de sus obras se convirtieron en estándares. Entre ellas "Round Midnight", "Epistrophy", "Evidence" (derivado de un estándar de 1929 intitulado "Just You Just Me"), "Hackensack", "Ruby My Dear", "Monk's Mood", "52nd St. Theme" (tocada a menudo por los jazzmen para terminar un *set*), "I Mean You", "Well You Needn't", "Criss-Cross" (basada en dislocaciones de ritmo), "Nutty", "In Walked Bud" (basada sobre los acordes de "Blue Skies" de Irving Berlin), "Blue Monk", "Bemsha Swing" (com-

---

[137] Dizzy Gillespie y Al Fraser, *To Be or not to Bop, op. cit.*, p. 231.
[138] *The Jazz Tradition*, p. 161.
[139] *Jazz Me Blue, op. cit.* p. 190.
[140] *Ibid*, p. 15
[141] J.C. Thomas, *Coltrane – Chasin' the Trane*, p. 84

puesta con Denzil Best),[142] "Brilliant Corners", "Bright Mississippi", el blues "Straight no Chaser" y "Misterioso" (basada sobre una sucesión de sextas). En los años sesenta el pianista cubano Frank Emilio Flynn creó una versión cubana de "Evidence" titulada "Gandinga, Mondongo y Sandunga", hoy convertida en estándar del jazz latino, y Monk sigue fascinando a cantidad de jazzistas, entre los cuales los pianistas Kenny Barron, Jason Moran, Danilo Pérez, Matthew Shipp, Vijay Iyer, Renee Rosnes y Joey Alexander. Sin embargo, pese a todo su talento, tenía momentos de inseguridad: en los años sesenta un concierto fue organizado en Marsella con él y Bud Powell en el mismo programa. Powell se presentó primero, con un éxito fulminante, y cuando le tocó el turno a Monk, él, apocado, no quiso subirse a la tarima diciendo de Powell: "Es mejor que yo. Siempre ha sido mejor que yo. Nunca podré hacer lo que ha hecho. No sé tocar. Quiero saber a qué hora sale el primer avión para Estados Unidos". Después de mucho insistir y una copa de coñac, Monk obsequió al público una versión desgarradora de "Body and Soul" durante la cual Powell, que se había quedado en un rincón, lloró de emoción, y Monk acabó dando un concierto maravilloso.[143]

Monk (su verdadero nombre era Thelious) añadió a su apellido el de "Sphere", que era el de su abuelo. En 1923, cuando tenía cuatro años, su madre dejó a su marido y se instaló en San Juan Hil, Nueva York, con sus tres niños. Monk creció rodeado de música. Sus vecinos, el joven prodigio Louis Taylor y Harold Francis eran ambos pianistas, y los tres se pasaban horas intercambiando ideas musicales. Tomó algunas clases de piano, estudiando el repertorio clásico. Apreciaba a Ravel, Stravinsky, Debussy, Prokofiev y Schoenberg, y también a una pianista de stride llamada Alberta Simmons. Aprendió a tocar ragtime y grabó más tarde una versión en solitario de "Memories of You" de Eubie Blake. Acompañaba también a su madre al piano cuando ella cantaba en la iglesia. De niño, ya mostró una fuerte personalidad. "A veces me parece que irrumpo en su mundo, notaba su maestro de música de la escuela secundaria Harry Colomby. Nunca toma parte en una conversación que no le gusta... se queda a veces abstraído y de repente dice algo tan profundo que da miedo".[144] Agregaba Mal Waldron, que conoció a Monk en el Minton's Playhouse: "Parecía como si estuviera rodeado por su propio mundo y no se podía penetrar en ese mundo".[145] De adolescente, Monk tocó en *rent parties* en Harlem y en bares. Ganó varios concursos *amateurs* en el Apollo Theater y durante dos años tocó el órgano en una iglesia. A los diecisiete años realizó una gira con una mujer evangelista ("Ella predicaba y yo tocaba", decía), y en Kansas City,

---

[142] La palabra "Bemsha" o "Bimsha" es una distorsión fonética de Bimshire, siendo "Little Bimshire" el apodo de Barbados, de donde era originaria la familia de Denzil Best.
[143] Roger Luccioni: "Monk and Bud: piano contest", pp. 48-54.
[144] Citado en: *Brilliant Corners: A Bio-discography of Thelonious Monk*, p. XXXVII.
[145] Ted Panken, "Two Interviews with Mal Waldron on the 86th Anniversary of his Birth", 15 agosto 2011, *tedpanken.wordpress.com*.

Thelonious Monk, Howard McGhee, Roy Eldridge y Teddy Hill

participó en jam sessions. Según Mary Lou Williams, que lo oyó en aquella ciudad, sonaba entonces como Teddy Wilson: "Improvisaba cada noche, casi demolía
el piano, con mucho más técnica que ahora. Él pensaba que los músicos debían
tocar algo nuevo y se puso a hacerlo".[146]

En 1936 Monk volvió a Nueva York y en 1939 formó un cuarteto. En 1941
trabajó en Harlem con el baterista Keg Purnell y se convirtió en el pianista regular del Minton's Playhouse, donde tocó con gente como Charlie Christian, Dizzy
Gillespie, Roy Eldrige y Don Byas. A veces se encerraba allí toda la noche para
experimentar al piano, y el dueño, el saxofonista Henry Minton, tenía que echarlo.
"Siempre estaba buscando nueva ideas. Tenía una idea, y aun antes de ver cómo
sonaba, se le ocurrían cuatro o cinco más", recordaba Jerry Newman, un joven
asiduo del Minton's.[147] Al año siguiente Dizzy Gillespie presentó Monk a Lucky
Millinder. Monk tocó con éste y luego con Kenny Clarke, creador de un nuevo
estilo de batería, y con Charlie Parker y Gillespie, genitores del bebop. En 1944 se

---

[146] Nat Hentoff, "Just call him Thelonious", p. 15.
[147] En: *The Thelonious Monk Reader*, p. 16.

integró a la banda de Coleman Hawkins, que se presentaba en el Downbeat Club de la calle 52. Según el bajista Al McKibbon Monk "tocaba a veces un poco raro", pero Hawkins supo apreciar el talento del joven pianista. Monk pasó luego a la big band de Cootie Williams y Williams grabó "Round About Midnight" (compuesto por él y Monk). Monk grabó entonces con Hawkins ("Drifting on a Red", "Flyin' Hawk", "On the Bean" y "Recollection") y con Parker, y Gillespie tocó algunas composiciones de Monk. En octubre de 1945 Monk grabó "Humph", en el que ya acompañaba de manera muy personal. Al año siguiente pasó brevemente por la big band de Gillespie. "Monk nunca se presentaba a tiempo, pero yo no quería a Monk en la banda para su presencia sino para tener sus composiciones. Porque Monk era un bicho raro para las melodías. Hacía cosas de lo más extraño", apuntaba el arreglista Gil Fuller.[148] Monk grabó también "Thelonious", "Nice Work If You Can Get It", "Well You Needn't", "Ruby My Dear", "Off Minor" y "Introspection". En 1948 dirigió un grupo en el Village Vanguard y en junio de 1950 participó, junto con Parker, Gillespie y Buddy Rich, en una sesión de grabación que produjo "Darn That Dream" y "Jackie-ing".

En 1951 la policía encontró droga en un coche en el que Monk estaba con Bud Powell. Aunque Monk no tomaba droga (quizá ésta pertenecía a Powell), fue encarcelado casi dos meses en Riker's Island y se le prohibió actuar en los clubes de Manhattan (ya había perdido esta autorización en 1948). Quebrantado por esto, logró sin embargo actuar en Brooklyn, donde se le permitía tocar. En 1952 grabó "Little Rootie Tootie", "Sweet and Lovely", "Bye-Ya", "Monk's Dream", "Trinkle Tinkle", "These Foolish Things", "Bemsha Swing" y "Reflections". Estas sesiones, en las que participaron Max Roach y luego Art Blakey y Gary Mapp, bajista barbadense recomendado por Randy Weston, salieron en 1954 bajo el título de *Thelonious Monk Trio* (Mapp fue mencionado en el disco como Gerry Mapp). En 1953, Monk realizó *Think of One* y se presentó en el Open Door de Greenwich Village con Parker, Charles Mingus y Roy Haynes y, en Brooklyn, con Miles Davis, Mingus, Gigi Gryce y Etta James (que encontró cantar con Monk "estresante"). En junio de 1954 dio un concierto en la Salle Pleyel en París en el marco del Salon international du Jazz. Tocó en la segunda parte, después de una banda de Dixieland, pero en esa época el público francés no conocía a Monk y su música era demasiado avanzada para la sección rítmica local que se le había asignado. La acogida fue fría. Sin embargo, durante su estancia en París grabó *Thelonious Monk – Solo* para el sello francés Vogue. También conoció, por medio de Mary Lou Williams, a la baronesa Pannonica de Koenigswarter ('Nica'), que se convertiría en su protectora y amiga, y trabó amistad con Gerry Mulligan, realizando con él, en 1957, el excelente *Mulligan Meets Monk*. En diciembre de 1954 Monk participó, junto con Milt Jackson, Percy Heath y Kenny Clarke, en el sobresaliente *Miles Davis and the Modern Jazz Giants*. El disco

---

[148] *To Be or not to Bop, op. cit.*, p. 279.

incluía "Bags' Groove" (Bags es el apodo de Jackson), "Swing Spring" de Miles Davis, "Bemsha Swing" de Monk y "The Man I Love" de Gershwin. En "The Man I Love" Monk acompaña sobriamente a Davis. Luego acompaña más generosamente a Jackson durante su largo solo, tomado a un tempo dos veces más rápido. Monk entra entonces, con la sección rítmica que sigue duplicando el tempo. Expone el tema con el tempo inicial, estirando las notas e inyectando sus pequeños ornamentos característicos. Supuestamente Davis le había aconsejado que dejara de tocar durante sus solos pero, explicaba el pianista: "No acompañar a un solista, que se llame Miles Davis o John Coltrane, es algo que hago a menudo. Si se obliga al solista a sólo depender del bajo y de la batería, se obtiene un sonido completamente diferente, una manera totalmente distinta de construir los solos –esto no es nada nuevo".[149] De hecho Monk era un excelente acompañante, "que utiliza invariablemente fragmentos de la melodía en su acompañamiento", como explica la pianista Renee Rosnes.[150] Entre los numerosos temas grabados por Monk en la década de los cincuenta sobresalen su ingenioso "Just a Gigolo" en solitario, "Hackensack", y una maravillosa versión de "Smoke Gets in Your Eyes" sobre la cual el historiador del jazz Martin Williams apuntó: "La escisión del tema por Monk, sus acordes alterados, su contundente manera de tocar, su humor implícito, su apego a sólo los mejores aspectos del tema original, lo emancipan de todo preciosismo y sentimentalismo dejándole sólo su belleza implícita".[151]

En 1955 Monk realizó un disco de composiciones de Duke Ellington. Al año siguiente se superó con *Unique Monk*, grabado con Oscar Pettiford y Art Blakey (con un animado "Tea for Two", "Honeysuckle Rose" y un muy personal "Darn That Dream") y con *Brilliant Corners*, (con "Pannonica", evocación de Pannonica de Koenigswarter, en el que toca el celesta, "Ba-lue Bolivar Ba-lues-Are", "I Surrender Dear" y una nueva versión de "Bemsha Swing"). El disco cuenta con la participación de Ernie Henry, Sonny Rollins, Oscar Pettiford y Max Roach, más Clark Terry y Paul Chambers en "Bemsha Swing". Grabó luego el espléndido y conmovedor "Crepuscule with Nellie", compuesto mientras su esposa estaba hospitalizada en 1957 para una operación de la tiroides[152], así como "Pannonica" y "Brilliant Corners". Realizó también un deslumbrante disco en solitario: *Thelonious Himself*, y *Monk's Music*, que reunía a Coltrane, Hawkins, Gigi Gryce, Ray Copeland, Wilbur Ware y Art Blakey.

En 1957 grabó *Thelonious Monk with John Coltrane* (que sólo saldría en 1961) y *Art Blakey's Jazz Messengers with Thelonious Monk*, y con la ayuda de Nica, recuperó su *cabaret card*, que le permitió actuar de nuevo en los clubes. En agosto del

---

[149] Jean Clouzet and Michel Delorme, "Thelonious Monk, soliloque du prophète", p. 35.
[150] Jeb Patton, *An Approach to Comping: The Essentials*, p. 261.
[151] Martin Williams, *The Jazz Tradition*, p. 163.
[152] Esta pieza fue grabada, entre otros, por su hijo, T.S. Monk, y por Branford y Wynton Marsalis.

Thelonious Monk

año siguiente obtuvo un contrato regular en el Five Spot Café del Bowery con su
cuarteto, conformado por Coltrane, Wilbur Ware y Rossiere "Shadow" Wilson a
la batería (luego remplazados, respectivamente, por Johnny Griffin, Ahmed Abdul-Malik y Roy Haynes). Los curiosos pasitos de baile y las deambulaciones que
Monk efectuaba en el escenario del club suscitaron varios comentarios en la prensa. "Me encanta bailar, explicó. No puedo cuando estoy al piano, así que compen-
so cuando uno de mis músicos toca. Me gusta hacer esos pasitos para relajarme.
Además, me gusta bailar con mi propia música, es normal, ¿no?".[153] Las sesiones
del Five Spot Café con Griffin, Abdul-Malik y Haynes fueron incluidas en *Monk
in Action* y en *Misterioso*. También en 1958, Monk se presentó en el Festival de Jazz
de Newport. Al año siguiente dio un concierto en el Town Hall, tocando sus propias composiciones, arregladas por Hal Overton. (El concierto, grabado con el título de *The Thelonious Monk Orchestra at Town Hall*, inspiraría en 2010 el proyecto
"In My Mind" al pianista Jason Moran.) Se presentó además en el Black Hawk de
San Francisco, pero empezó a padecer trastornos emocionales y fue hospitalizado
algún tiempo en una clínica psiquiátrica de Boston.

En 1959 lideró un cuarteto con Charlie Rouse en el saxofón tenor, quien se
adaptó con mucha flexibilidad al estilo de Monk. En 1963 volvió al Five Spot y
grabó *Monk's Dream*, que se convertiría en su disco más vendido durante su vida.

---

[153] *Jazz Me Blues*, p. 188.

Escribió entonces LeRoi Jones: "La influencia de Monk impregna ya todo el jazz y ciertamente ninguno de los jóvenes leones cuya carrera empieza a desarrollarse, a florecer, ha podido escaparse completamente de la influencia de Thelonius' [sic]. Jóvenes músicos como Cecil Taylor, Archie Shepp, Ornette Coleman, Don Cherry, Eric Dolphy y tantos otros reconocen y expresan constantemente su gran deuda para con Monk. De hecho, de todos los grandes nombres del bebop, la influencia de Monk ocupa el segundo lugar entre los músicos jóvenes, justo después de la de Charlie Parker".[154] En 1963 se grabó en el Philharmonic Hall de Nueva York el disco *Big band and Quartet in Concert*, arreglado por Hal Overton. El bajista Butch Warren y el baterista Frank Dunlop, que participaron en el disco, "son la sección rítmica perfecta para Monk porque tienen el mismo *feeling* danzante que él, y los solos del pianista tienen la misma claridad, tanto en el desarrollo temático como en sus composiciones", considera el pianista Bill Dobbins.[155] En 1964 Monk salió en la portada de la revista *Time* y grabó *Monk*. "Este hombre sabe exactamente lo que hace de manera teórica, organizada, muy probablemente con una terminología personal, pero sin embargo fuertemente organizada, apuntó Bill Evans en las notas del disco. Podemos además agradecerle el haber combinado impulso, compasión, fantasía y todo lo que constituye a un artista 'completo', y deberíamos mostrarle nuestra gratitud por su expresión tan directa en esta época de irresistibles presiones conformistas." Siguieron *Solo Monk*, publicado en 1965 (con, en particular, "Dinah", "North of the Sunset" y "Darn That Dream"), y *Underground*, grabado dos años más tarde (que incluye su vals "Ugly Beauty"). En 1969 Monk se presentó de nuevo en la Salle Pleyel de París. Inesperadamente, Philly Joe Jones, que se encontraba en París, se apareció en el escenario y esta vez Monk se robó el show.

En 1971 efectuó una gira internacional con los "Giants of Jazz", integrados por Dizzy Gillespie, Sonny Stitt, Kai Winding, Al McKibbon y Art Blakey, y fue acogido con entusiasmo. En Copenhague, luciendo una chaqueta color lila y un enorme anillo en el meñique, interpretó un "Round Midnight" maravillosamente lógico. El concierto del grupo en el Victoria Theater de Londres, en noviembre, fue grabado con el título de *The Giants of Jazz*, y el disco incluye "Blue Monk" y "Round Midnight" de Monk. En 1973 problemas de salud obligaron al pianista a interrumpir su carrera, pero en 1975 se presentó de nuevo en el Festival de Jazz de Newport y recibió una beca Guggenheim. Tocó en público por última vez en 1976 en el Carnegie Hall y al día siguiente en Bradley's, pequeño club donde fue a improvisar de manera inesperada. A finales de su vida, parcialmente paralítico, vivió en el apartamento de Nica en Weehawken, Nueva Jersey. En febrero de 1982 fue hospitalizado, y falleció unos días más tarde, de un infarto y de hepatitis.

---

[154] *Black Music*, p. 28.
[155] Comunicación oral.

Bud Powell

Como Monk, "Bud" (Earl) Powell (Nueva York, 1924-Nueva York, 1966) fue uno
de los mayores innovadores del jazz y, después de Art Tatum, uno de los pianistas
que más influencia tuvo en esta música. "Powell fue verdaderamente el creador de
todo esto porque, en éste idioma musical, su manera de tocar era absolutamente
perfecta y sumamente estilizada, declaraba el pianista Al Haig respecto al bebop.
Superaba a Bird y superaba a Dizzy. Y allí estaba, tocando un instrumento percusivo, no un instrumento de viento de los que están en primera línea, y a veces los
superaba a todos."[156] Sin embargo la vida de Powell fue trágica, abrumada por la
brutalidad policíaca, el alcohol, la droga, trastornos mentales y problemas de salud, vejaciones espantosas en la cárcel y terribles tratamientos médicos en hospitales psiquiátricos. "Si bien Bird era universal, Bud estaba tan profundamente metido
en la música que no le interesaban tanto los demás aspectos de la vida", aseveraba
el pianista Walter Bishop, Jr.[157] En sus mejores momentos Powell tenía una técnica deslumbrante (tocaba con los dedos extendidos, que eran largos y finos), con
frases refulgentes y armonías geniales, alterando a veces ligeramente las melodías,
cuando rearmonizaba algunos temas, para que coincidieran con sus nuevos acordes.
Aun hacia el final de su vida, cuando ya estaba debilitado y no disponía de los mismos recursos, seguía siendo emocionante. "Era otro Tatum, sólo que mucho más
moderno, sumándose a lo que Tatum ya había creado para los pianistas clásicos y
para todos", decía Erroll Garner.[158] John Coltrane, que tocó un día con Powell en
Filadelfia, se quedó subyugado. "Si tuviera que elegir a un solo músico por su inte-
gridad artística, por la incomparable originalidad de su creación pero también por
la grandeza de su obra, sería a Bud Powell, admitió Bill Evans. Nadie le llega a la
suela del zapato".[159] Oscar Peterson, sin embargo, escribió injustamente a propósito de Powell en su autobiografía: "Nunca lo he considerado como una amenaza
respecto al piano. De acuerdo, tenía swing, pero nunca lo he considerado como un
miembro de la dinastía central del piano ocupada por grandes músicos como Tatum, Wilson y Hank Jones. Bud era un pianista de orquesta linear que podía acompañar muy bien a instrumentos de viento del bebop y ejecutar frases efervescentes
estupendamente articuladas, pero para mi gusto había demasiadas cosas que *no hacía*
con su instrumento. En las baladas, no tocaba amplia y espaciosamente como Hank
Jones, y demasiado frecuentemente no acababa sus ideas, dando una impresión de
incomodidad e insatisfacción".[160] Y la diatriba en contra de Powell sigue hasta el

[156] C. Gerald Fraser, "Al Haig, 58, Dead; Early Bop Pianist", *The New York Times*, 22 noviembre 1982.
[157] Brett J. Primack, "Walter Bishop, Jr.: Jazz Warrior Marches on", *DownBeat*, 24 marzo 1977.
[158] Art Taylor, *Notes and Tones*, p. 95.
[159] Francis Paudras, *Bud Powell: La Danse des infidèles*, p. 7.
[160] *A Jazz Odyssey*, p. 195.

final del párrafo. Según algunos testigos, un día, en París, Peterson acudió a un club en el que Powell se estaba presentando y le pidió permiso para tocar. Peterson fue deslumbrante, como de costumbre, pero Powell conmovió mucho más al público y acaso Peterson sintió algo de celos. En realidad, lejos de ser linear, Powell era un pianista de altas dotes técnicas que podía ser muy contrapuntístico. Utilizaba a veces *block chords* (como en "Sweet and Lovely") y era capaz de ejecutar frases vertiginosas a lo Tatum. "La síncopa está construida sobre una matemática muy ingeniosa, ella misma en perfecta ósmosis con la geometría de la frase. Los espacios distribuidos entre los silencios y los sonidos siguen siendo, para mí, un modelo de equilibrio. La proporción entre todos los elementos, fuesen armónicos, melódicos o rítmicos, creaba un universo perfecto", comentó su amigo Francis Paudras sobre el estilo de Powel.[161] Powell también fue un eximio compositor, autor, en particular, de "Un Poco Loco", "Parisian Thoroughfare", "Hallucinations" (reinterpretado por Miles Davis con el nombre de "Budo"), "Celia", "Time Waits", "Blues in the Closet", "Glass Enclosure" y "Dance of the Infidels".

El abuelo de Powell era guitarrista, su padre William pianista de stride y director de orquesta ocasional, su hermano mayor Bill (William, Jr., apodado "Skeets") tocaba violín y trompeta. Powell le enseñó música a su hermano menor Richie, que tomó algunas clases de batería con Max Roach antes de convertirse en el pianista de Clifford Brown. Bud estudió primero música clásica y llegó rápidamente a dominar el stride (su padre lo animaba a tocar como Fats Waller) y se impregnó de los estilos de Earl Hines, Art Tatum, Teddy Wilson y Billy Kyle. Admiraba a Al Haig y Hank Jones pero sobre todo a Tatum, y su versión de "Over the Rainbow", por ejemplo, debe mucho a Tatum. Algunos músicos, entre ellos Duke Ellington, solían acudir a la casa de los Powell y se maravillaban del talento del joven Bud.

Powell se volvió profesional a los quince años y comenzó a ganarse la vida en *rent parties* de Harlem. En 1939 tocó el piano en la banda de su hermano: Skeets Powell and his Jolly Swingers. Entabló amistad con los pianistas Al Tinney y Gerald Wiggins, yendo a los clubes y los bares de Harlem con ellos.[162] Actuó en solitario, en el estilo stride, en Greenwich Village, y conoció a Thelonious Monk, con el que permanecería unido por una profunda complicidad. En 1943 tocó con los Sunset Royal Entertainers, liderados por Doc Wheeler, que se presentaban en el Apollo Theater con la trompetista, violinista, pianista y cantante Valaida Snow, y de 1943 a 1944 colaboró con Cootie Williams. El 4 de enero de 1944 –no había todavía cumplido veinte años– grabó por primera vez, con el sexteto de Williams ("Round Midnight", que constituye la primera grabación de este tema, "My Old Flame", "I

---

[161] *Bud Powell: La Danse des infidèles, op. cit.* p. 103.

[162] Al Tinney (1921-2002) dirigió de 1939 a 1943 la "banda de la casa" del Monroe's Uptown House y se instaló luego en Buffalo. Gerald Wiggins (1992-2008) lideró un trío con Andy Simpkins al bajo y Paul Humphrey a la batería y grabó, entre otros, con Benny Carter, Illinois Jacquet y Gerald Wilson.

Don't Know", "Sweet Lorraine", "Do Some War Work" y "Floogie Boo"), ya demostrando su madurez musical. Kenny Clarke, que lo oyó en aquella época, afirmaba que "podía hacer al piano todo lo que Monk no podía hacer". Powell grabó
también con una big band cuyo cantante era Eddie 'Cleanhead' Vinson. Monk consiguió entonces que Powell tocara en el Minton's Playhouse, y allí Powell tuvo la
oportunidad de oír a Clyde Hart, Tadd Dameron y otros precursores del bebop y
entablar contactos fructíferos. Monk ayudó a Powell a darse a conocer, y en cambio,
en 1947, Powell grabó "Off Minor" de Monk, algunos meses antes de que el propio
Monk lo hiciera. Colaboró entonces con Sid Catlett, Don Byas, John Kirby, Dexter
Gordon y Dizzy Gillespie (en el club The Three Deuces) y Powell compuso "Tempus Fugit". "Bud Powell fue el pianista definitivo del bebop. Encajó mejor que nadie
con nosotros por la fluidez de su fraseo. Tocaba igual que nosotros, más que ningún otro", comentó Gillespie.[163] Sin embargo, Powell empezó a beber, y en enero
de 1945 fue detenido en Filadelfia por embriaguez y desorden público. La policía lo
golpeó violentamente en la cabeza y lo encarceló. Los golpes que recibió le dejaron
secuelas duraderas, incluso episodios de paranoia. Fue entonces hospitalizado en
el hospital psiquiátrico Bellevue de Nueva York, donde se le administraron electrochoques, y luego mandado a otra institución para enfermos mentales. Al salir,
grabó con el Duke Quintet del saxofonista Frank Socolow, trabajó de manera independiente y brevemente con el quinteto de Gillespie, pero debido a su inestabilidad,
lo tuvo que sustituir Monk. En 1946 grabó con Dexter Gordon ("Long Tall Dexter", "Dexter Digs In" y otros temas), Fats Navarro, Sonny Stitt, los J.J. Johnson's
Be-Boppers y los Kenny Clarke's Be-Bop Boys (entre otros temas, su composición
"Bebop in Pastel", derivada de "Bouncing with Bud"). A continuación actuó o grabó también con Freddie Webster, Charlie Parker, Gil Fuller, Don Byas y otros.

En enero de 1947 realizó su primer disco con su propio nombre (con Curley Russell al bajo y Max Roach a la batería), que incluía "I Should Care", "Nice
Work If You Can Get It", "Everything Happens to Me" y su composición "Bud's
Bubble". En mayo Charlie Parker lo invitó a grabar con su quinteto, también integrado por Miles Davis, Tommy Potter y Max Roach. La sesión produjo en particular "Donna Lee" y "Cheryl". Powell tocó además con Parker en el Three Deuces. Se le habían prescrito medicinas para la esquizofrenia, y su comportamiento
se volvió más y más errático. En el Three Deuces reñía frecuentemente con Fats
Navarro hasta que una noche le vació un vaso de cerveza en la cabeza mientras
el trompetista estaba improvisando en público. Navarro se vengó aplastándole la
mano con su trompeta. En noviembre, tras una pelea en un bar, Powell fue de
nuevo mandado a Bellevue y luego al hospital psiquiátrico Creedmoor de Queens,
donde tuvo que quedarse quince meses. Allí lo sometieron a insulinoterapia (o
choque hipoglicémico), tratamiento que provoca un coma o convulsiones y, una

---

[163] *To Be or not to Bop, op. cit*, p. 25.

Bud Powell

vez más, a electrochoques. A principios de 1949 fue temporalmente autorizado a salir de Creedmoor para una sesión de grabación con Ray Brown y Roach. Esta sesión, que incluía "Tempus Fugit" (alias "Tempus Fugue-It"), más otra, finalizada en 1950, serían publicadas en 1956 con el título de *Jazz Giant*. Considerando todo lo que Powell había sufrido en el hospital, considerando también que no había podido practicar y que inmediatamente tras la sesión de 1949 tuvo que volver a Creedmoor, su actuación es una verdadera proeza.

Al salir de Creedmoor, Powell formó algún tiempo parte de un grupo que incluía a Navarro (y luego a Miles Davis), J.J. Johnson, Dexter Gordon y otras estrellas del jazz. En abril de 1949 el crítico Ralph Schecroun apuntó en la revista *Jazz News*: "La mano izquierda de Bud confiere a su manera de tocar una plenitud y una seguridad que los otros pianistas de bebop no tienen. Bud también es el único pianista de bop que posee suficiente independencia con respecto al tiempo para poder improvisar frases rápidas e intricadas como las de Charlie Parker, que siempre salen a flote con asombrosa precisión". Más tarde en 1949 Powell se presentó con su propia banda en el Orchid Club (antiguamente Onyx Club) de la calle 52. En agosto del mismo año grabó con su propio nombre con un cuarteto conformado por Fats Navarro, Sonny Rollins, Tommy Potter y Roy Haynes. Esta sesión y otra posterior con Curley Russell y Roach se publicaron con el título de *The Amazing Bud Powell, vol. 1*. El álbum incluye "Dance of the Infidels" (cuyos cuatro primeros compases constan de terceras mayores), "Un Poco Loco", "Wail" (basado en *rhythm changes* en mi bemol), "It Could Happen to You" y "Over the Rainbow". Powell tocó de nuevo con Navarro y en diciembre, dio un concierto en el Carnegie Hall con su propio trío. Siguieron otras sesiones de grabación: con Sonny Stitt en particular, con su propio nombre ("April in Paris", "Get Happy", "Yesterdays"), y con Ray Brown al bajo y Buddy Rich a la batería, "Tea For Two" y "Parisian Thoroughfare". Asimismo tocó con el quinteto de Charlie Parker. Una sesión en solitario produjo "The Last Time I Saw Paris", en la que ejecuta stride, la balada "A Nightingale Sang in Berkeley Square", con una sección rápida y frases deslumbrantes, "Dusk in Sandi" y "The Fruit". Con Parker y Gillespie grabó "A Night in Tunisia" y otros temas. A fines de 1951 fue detenido por posesión de marihuana y encarcelado de nuevo, esta vez en la siniestra The Tombs, y luego trasladado a Bellevue y al Pilgrim State Hospital.

Al salir, en febrero de 1953, bajo la supervisión de Oscar Goodstein, dueño del Birdland, Powell improvisó en este club sobre "Sometimes I'm Happy" con sólo su mano izquierda, asombrando a Art Tatum que se exclamó: "¡Este muchacho toca más rápido que yo, pero no se lo digan!" En el mismo año grabó, con George Duvivier al bajo y Art Taylor a la batería, *The Amazing Bud Powell vol. 2*. Incluye el sombrío y magnífico "Glass Enclosure", probable evocación de las estancias de Powell en la cárcel o en hospitales psiquiátricos, que empieza como una marcha y pasa por varios cambios de ambiente, "Polka Dots and Moonbeams" y "I Want to Be Happy". Su armonización de "Polka Dots and Moonbeams" constituiría más tarde una referencia para otros pianistas, entre los cuales Walter Davis, Jr. Colaboró también con Oscar Pettiford, Charles Mingus, y Roy Haynes. El 15 de mayo de 1953, con Gillespie, Parker, Mingus y Max Roach, participó en un concierto en el Massey Hall, en Toronto, y echó fuego. El concierto fue grabado con el título de *The Quintet – Live at Massey Hall*. (Parker, por razones contractuales, fue mencionado como Charlie Chan.) Al año siguiente tocó en Europa, donde entusiasmó al público. En enero de 1954 se fue con Goodstein a Los Ángeles pero el sinfín de trabas que había padecido empezaron a afectarlo gravemente y volvió pronto a Nueva York. El mismo año grabó un "It Never Entered My Mind" bellamente armonizado y en 1955 "Someone to Watch Over Me", "Tenderly", "Dance of the Infidels" y otros temas. A principios de marzo, algunos días antes de la muerte de Parker, actuó con él en el Birdland junto con Kenny Dorham, Mingus y Art Blakey, pero Parker y él estuvieron en un estado espantoso y pudieron apenas tocar. Se unió entonces a Altevia "Buttercup" Edwards, que se haría pasar por su esposa y administraría su carrera. Al año siguiente ella emprendió un juicio de paternidad contra él, pero Goodstein logró demostrar que las medicinas que Powell tomaba lo habían dejado impotente. El 26 de junio Richie, el hermano menor de Powell, murió en un accidente de coche. Muy conmocionado, Powell logró sin embargo, algunos meses más tarde, grabar con Ray Brown y Osie Johnson el lírico *Blues in the Closet* (Blues en el armario) cuyo título, otra vez más, era indicativo de los encerramientos físicos y emocionales sufridos por Powell. En noviembre realizó una gira europea con los Birdland All Stars, en la misma cartelera que Miles Davis, el Modern Jazz Quartet y Lester Young (gira en la que tocó en solitario). Con George Duvivier y Art Taylor grabó también "Moonlight in Vermont" y "Spring Is Here" y en diciembre el maravilloso "Deep Night". En 1957 volvió a los estudios con nuevos temas, publicados con el título de *The Amazing Bud Powell, vol. 3*. Se presentó en París y realizó "Bud on Bach", interpretando el "Solfegietto" de Carl Philip Emmanuel Bach. Algunos insinuaron que tocó mal el "Solfegietto", pero salió airoso, y Tommy Flanagan admiraba la parte improvisada por Powell en esta pieza. Más tarde, aquel mismo año y a principios de 1958 realizó excelentes grabaciones con George Duvivier y Art Taylor, sólo publicadas en 1997, como *Bud Plays Bird*. En 1958 grabó también con Sam Jones y Philly Joe Jones.

En 1959 se instaló en París, donde conoció al grafista francés Francis Paudras, quien le cogió afecto y se convirtió en su amigo y protector. Formó un trío con el bajista francés Pierre Michelot y Kenny Clarke. Tocó también con el bajista Chuck Israels y el baterista G.T. Hogan y con el guitarrista belga Jimmy Gourley y Lucky Thompson. En 1960 se presentó con Oscar Pettiford y Clarke en distintos locales de Francia e Italia y, con Coleman Hawkins, en el Festival de Jazz de Essen, en Alemania. Al año siguiente grabó *A Tribute to Cannonball* y *A Portrait of Thelonious* con Michelot y Clarke (más, en el primer álbum, Idrees Sulieman en algunas piezas y Cannonball Adderley en "Cherokee"). En 1962 actuó en Dinamarca. Un documental rodado en el club Montmartre de Copenhague lo muestra tocando "Round Midnight" con una sonrisa radiante, casi maliciosa. En 1963 realizó *Our Man in Paris* con Dexter Gordon (con el magnífico "Stairway to the Stars") y *Bud Powell in Paris* (con Gilbert "Bibi" Rovère al bajo y Carl "Kansas" Fields a la batería). Desgraciadamente contrajo la tuberculosis y tuvo que ser hospitalizado de nuevo, primero en Suresnes, luego siete meses en Bouffémont, al norte de París, con Paudras costeando los gastos. Pese a su enfermedad, logró componer en el sanatorio ("In the Mood for a Classic", "Hey Diddy Dee", "Una noche con Francis"). Al salir, grabó *Blues for Bouffémont* (con "Like Someone in Love" y "My Old Flame", interpretados con acentos marcados). En el mismo año decidió volver a Estados Unidos. Paudras lo acompañó. Sin embargo, solicitado por vendedores de substancias ilícitas, volvió a tomar droga y su salud se deterioró. Se presentó en el Birdland, con John Ore al bajo y Horace Arnold a la batería. Monk, Barry Harris, Mingus, Roach y otros músicos vinieron a escucharlo pero en los días siguientes su manera de tocar empeoró. En marzo de 1965, en un concierto de homenaje a Charlie Parker en el que también estaban Dizzy Gillespie, Coleman Hawkins, Sonny Stitt, Kenny Dorham y otros, Powell tocó de manera desastrosa. El 1ro de mayo dio su último concierto, igualmente desastroso, en el Town Hall, y fue de nuevo hospitalizado, primero por problemas pulmonares, luego por problemas psiquiátricos. Murió al año siguiente, a los cuarenta y un años. Su funeral tuvo lugar en Harlem, el 6 de agosto de 1966. Dorham fue uno de los portadores del féretro.

Clyde Hart

Otros pianistas fueron asociados, en diversos grados, al bebop. Entre ellos Clyde Hart (Baltimore, Maryland, 1910-Nueva York, 1945), músico de transición entre el swing y el bebop. Hart improvisaba poco pero, apuntaba Dizzy Gillespie, "su forma de tocar seguía la pauta de Teddy Wilson. Así que no tocaba con nosotros, pero sabía lo que hacíamos, y estuvo siempre a nuestro lado. Se adaptó, pero sin apartarse nunca de la antigua forma de tocar".[164] Oscar Pettiford, que trabajó en el Spotlite con Hart (junto con el trompetista 'Little' Benny Harris, Budd Johnson y Stan Levey) agregaba: "Todos pensábamos en el nuevo estilo, tratando de acostumbrarnos a tocarlo. Clyde era el único pianista que podía tocar todo eso sin problema. De hecho, fue el primero que tocó con una mano izquierda al estilo moderno. Me dijo que mientras yo siguiera tan activo al contrabajo, él no necesitaría tocar el ritmo con la mano izquierda y podría limitarse a ejecutar con ella los cambios de acordes".[165] En 1929 Hart colaboró con Gene Coy y luego, en el Midwest, con Jap Allen, Blanche Calloway y los McKinney's Cotton Pickers. En 1936 se instaló en Nueva York, actuando en varios clubes. Acudía a las jam sessions del Minton's Playhouse y participó en algunas de las más importantes sesiones de grabación del bebop. Grabó con Red Allen, Billie Holiday, Stuff Smith, Roy Eldridge, Lester Young, Chu Berry, y, en 1939, con Lionel Hampton (junto con Berry, Gillespie, Benny Carter, Ben Webster, Charlie Christian, Milt Hinton y Cozy Cole). A fines de 1942 remplazó a Billy Kyle en el sexteto de John Kirby y tocó con el guitarrista Tiny Grimes. En 1944 grabó con 'Little' Benny Harris, y en el mismo año y al año siguiente, con Charlie Parker y Gillespie. Grabó además "Disorder at the Border" con Coleman Hawkins. A principios de enero de 1945, una sesión fue organizada con el nombre de Clyde Hart All Stars con Parker, Gillespie, Don Byas, Trummy Young, el cantante Henry 'Rubberlegs' Williams más Mike Bryan (guitarra), Al Hall (guitarra) y Specs Powell (batería). Produjo, en particular, "Sorta Kinda", en el que se oye el boyante y liviano piano de Hart, "That's the Blues", "Seventh Avenue" y "What's the Matter Now". Otra sesión tuvo lugar cinco días más tarde con Byas, Bill Coleman, Benny Harris, Pettiford y Shelly Manne. En febrero Hart grabó sus primeros verdaderos temas de bebop con Parker, Gillespie, Remo Palmieri (guitarra), Slam Stewart (bajo) y Cozy Cole (batería), que incluían el bullicioso "Dizzy Atmosphere", con una cita del riff de "Salt Peanuts" y formidables solos de Parker, Gillespie y Stewart. Falleció al mes siguiente de tuberculosis, a los treinta y cinco años.

---

[164] *To Be or not to Bop*, op. cit. p. 165.
[165] Citado por Leonard Feather en *Inside Jazz*, p. 31.

Tadd Dameron

Tadd (Tadley) Dameron (Cleveland, Ohio, 1917-Nueva York, 1965) es conocido sobre todo como compositor y como el arreglista más importante del bebop. Escribió para Milt Jackson, Sonny Stitt, Chet Baker, Artie Shaw, Billy Eckstine, Benny Golson, Sarah Vaughan, Benny Goodman y muchos otros. Dexter Gordon lo llamaba "el romántico del movimiento bebop". "Me convertí en arreglista únicamente porque no tenía otra manera de poder hacer tocar mi música", explicaba Dameron. "Tadd es uno de los primeros compositores que me llamó verdaderamente la atención cuando escribía para la big band de Dizzy antes de que me sumara a ella", apunta Jimmy Heath.[166] Sin embargo también fue un valioso pianista, con solos depurados, y aficionado a los *block chords*. "Oí a Tadd tocar quintas bemolizadas en 1940. Al principio me parecía muy extraño. Tadd también fue uno de los primeros que tocó series de corcheas de la nueva manera legato", recordaba Kenny Clarke,[167] y Dizzy Gillespie le pidió a Hart que enseñara a Al Haig cómo acompañar en el estilo bebop. Dameron inventó un *turnaround* (cadencia al final de un chorus) basado sobre sustituciones de trítonos (do mayor7, mi bemol7, la bemol7, re bemol7 en vez del más convencional do minor7, la7, re minor7, sol7). Como arreglista, escribía cada parte de manera muy bella y con mucho esmero.

Excelente compositor, fue autor de casi 200 piezas: "Hot House" (basada en los acordes de "What Is This Thing Called Love" de Cole Porter), "If You Could See Me Now" (grabado con Sarah Vaughan en 1946), "Good Bait", "The Squirrel", "Our Delight", "Lady Bird", "Casbah", "Fontainebleau" y el más ambicioso "Soulphony" (tocado por Dizzy Gillespie en el Carnegie Hall en 1948), entre las más conocidas.

La madre de Dameron le dio sus primeras clases de piano, enseñándole de oído. Su hermano mayor Caesar, saxofonista, lo animó a tocar y lo llevó a jam sessions locales, y en algunas de ellas el joven Dameron superó las expectativas. Una noche que fue a improvisar con la Snake White Band, el saxofonista Andy Anderson exclamó: "Tiene diez dedos y todos tocaron las teclas, cada uno en una nota distinta. No se esperaba oír nada igual".[168] Sy Oliver, Duke Ellington, Fletcher Henderson, George Gershwin y los arreglos de la Casa Loma Orchestra cuentan entre las primeras influencias de Dameron. Debutó como cantante con Freddie Webster. Trabajó luego con Zack Whyte, Blanche Calloway y Vido Musso, y a principios de los años cuarenta en Kansas City con los Harlan Leonard's Rockets, y escribió arreglos para Jimmie Lunceford, Count Basie y la big band de Gillespie. Como pianista debutó con Babs Gonzales y sus Three Bip & A Bop y grabó con Gonzales y Dexter Gor-

---

[166] *I Walked with Giants: The Autobiography of Jimmy Heath*, p. 122.
[167] Leonard Feather, *Inside Jazz*, p. 8.
[168] Joe Mosbrook, "Jazzed in Cleveland, Part Thirty, 8 octubre 1997, *www. cleveland.oh.us*.

Tadd Dameron

don. En 1947 grabó *The Fabulous Fats Navarro vol. 1* con Navarro más Ernie Henry,
Charlie Rouse, Nelson Boyd y Shadow Wilson. La sesión generó en particular su
blues "Our Delight" y "Lady Bird", en el que toma un breve solo en acordes. Al año
siguiente grabó "Jahbero" con Navarro, Wardell Gray, Allen Eager, Kenny Clarke y el percusionista cubano Chino Pozo. En 1948 organizó su propia agrupación,
que incluía a Navarro, y dirigió en Nueva York la banda del Royal Roost (también
integrada por Navarro y ocasionalmente Miles Davis). Dio luego un concierto en
la Salle Pleyel de París con Charlie Parker, James Moody y Kenny Clarke. Grabó
con Davis (y con Davis y Parker, en un programa de radio, tocó "Koko" y "52nd St
Theme") y de nuevo con Navarro (más la cantante Rae Pearl y los percusionistas
cubanos Vidal Bolado and Diego Iborra). Se presentó luego en Europa con un quinteto que incluía a Moody y a Clarke, y vivió en Inglaterra de 1949 a 1951. De vuelta
a Estados Unidos tocó hasta 1952 con el saxofonista de R&B 'Bull Moose' Jackson
y escribió arreglos para él. Formó de nuevo un conjunto reclutando, tras la muerte
de Navarro, al joven y brillante Clifford Brown. Los otros integrantes eran Benny
Golson, Gigi Gryce, Cecil Payne y Philly Joe Jones. En 1956 Dameron grabó *Ma-*

ting Call con John Coltrane (y John Simmons al bajo y Philly Joe Jones a la batería), con el bello "On a Misty Night", y *Fontainebleau* con un octeto (grabaría de nuevo "Fontainebleau" en 1962, con una big band).

Toxicómano, fue detenido tres veces por consumo de heroína y de 1959 a 1961 estuve encarcelado en Lexington, Kentucky. Allí practicó el piano cada día, tuvo la oportunidad de tocar con otros músicos y logró liberarse de su adicción. Al salir de prisión, el trompetista Blue Mitchell grabó *Smooth as the Wind* (1961) para el que Dameron había escrito siete de los arreglos mientras estaba en la cárcel y que incluía dos composiciones suyas: "Smooth as the Wind" y "A Blue Time". Escribió también para Milt Jackson, Sonny Stitt, Chet Baker y Benny Goodman. Fue luego hospitalizado por un cáncer, y compuso en el hospital la música de su disco *The Magic Touch*. Lo grabó en 1962 con su conjunto, conformado por Johnny Griffin, Clark Terry, Jerome Richardson, Bill Evans, Ron Carter, George Duvivier y Philly Joe Jones. Se presentó por última vez en 1964, en el Five Spot de Nueva York, y falleció en marzo del año siguiente, a los cuarenta y ocho años. A principios de los años ochenta Philly Joe Jones organizó en homenaje a Dameron una agrupación llamada Dameronia que grabó, con Johnny Griffin al saxofón, un disco con el mismo nombre.

Sir Charles Thompson

Pianista, organista y arreglista, sir Charles Thompson (fue bautizado "sir" por Lester Young) (Springfield, Ohio, 1918-Tokio, Japón, 2016) dominaba diferentes estilos, sonando a veces como Count Basie, a veces como Teddy Wilson (como en su grabación de 1964 de "What's New") o tocando a veces en un estilo bebop (como en su versión de 1993 de"Robbin's Nest"). "Básicamente, el tipo de música que toco tiene un buen *beat*, así que si a la gente le dan ganas de bailar, lo puede hacer con esta música", declaraba.[169] Nacido en una familia de músicos, estudió primero violín. Profesional a los diez años, tocó dos años más tarde en Colorado Springs frente a Count Basie, y luego con Bennie Moten, el trompetista Lloyd Hunter y la *territory band* del bajista Nat Towles. En 1940 trabajó con Lionel Hampton en el Grand Terrace Ballroom de Chicago y luego con Lester Young. De 1944 a 1945 formó parte de la agrupación Coleman Hawkins-Howard McGhee. Tocó también con Lucky Millinder, Illinois Jacquet, Buck Clayton, Jimmy Rushing y Count Basie. En los años cuarenta grabó con Charlie Parker, Dexter Gordon, Miles Davis y J.C. Heard; y en 1947 *Takin' Off*, con un estilo que constituía una transición entre el swing y el bebop[170], y acompañó a Billie Holiday. En los años cincuenta grabó con Paul Quinichette, Vic Dickenson y Coleman Hawkins (algunos temas con Hawkins fueron

---

[169] Entrevista realizada por Mitchell Seidel el 3 de septiembre de 2004, *allaboutjazz.com*.
[170] En 1962 Herbie Hancock grabó su primer disco, también titulado *Takin' Off*.

incluidos, junto con otros tocados con el trío y el sexteto de Thompson, en el disco *For The Ears*), y en los años sesenta con Harold Ashby y Paul Gonsalves. Se presentó también en varios clubes de Nueva York. Hacia el final de su vida se casó con una japonesa y se instaló en Tokio donde, con más de noventa años, siguió presentándose. Otros de sus discos incluyen *Sir Charles Thompson and His Band Featuring Coleman Hawkins* (1954), *Hey There!* (1974) y *I Got Rhythm: Live at the Jazz Showcase* (2001). Es el autor, con Illinois Jacquet, del estándar "Robbins' Nest".

Duke Jordan

'Duke' (Irving) Jordan (Nueva York, 1922-Copenhague, 2006) tocó y grabó con algunos de los más grandes nombres del bebop entre los cuales Coleman Hawkins, Ben Webster, Charlie Parker, la agrupación de Sonny Stitt/Gene Ammons, Oscar Pettiford, Cecil Payne, Howard McGhee, Gigi Gryce, Art Farmer, Kenny Burrell, Tina Brooks, Stan Getz y otros. Su estilo era vigoroso, con frases incisivas y bien articuladas como en "Subway Inn" (en *Two Loves*, 1973). En el mismo disco interpreta "Embraceable You" con grupetti ocasionales, característicos del bebop, y en *Flight to Denmark*, grabado el mismo año, improvisa, en "Everything Happens To Me", con un acorde de mano izquierda en cada tiempo. Cuando Randy Weston vivía en Brooklyn, recordaba que Jordan era "el pianista número uno" y, decía el bajista Bill Crow, que tocó con Jordan: "Sus introducciones de cuatro compases en las piezas eran pequeñas joyas de improvisación. A veces eran tan bellas que no queríamos entrar por temor a perturbar el ambiente que había creado".[171]

Jordan estudió música clásica con un maestro privado, interesándose también en el jazz y, de adolescente, debutó profesionalmente con el trombonista Steve Pulliam y luego con el saxofonista Ray Abrams. En los años cuarenta colaboró con Coleman Hawkins, los Savoy Sultans y la big band de Roy Eldridge's big band. Se presentó en el Three Deuces, donde Charlie Parker lo oyó y lo reclutó. Tocó de 1947 a 1948 con el quinteto de Parker, admitiendo que se perdía a veces con el virtuosismo rítmico del saxofonista. En 1947 grabó con Parker y Miles Davis (entre otros temas "Bongo Bop", "Embraceable You", "Out of Nowhere", "Quasimodo", "Hot House" y "Barbados", en *Charlie Parker on Dial*). En 1949 tocó con Stan Getz y luego brevemente, en Detroit, con una agrupación que incluía a algunas luminarias del jazz de aquella época: Sonny Rollins, Clifford Brown, Tommy Potter y Max Roach. Durante los años cincuenta empezó a presentarse esencialmente con su propio nombre: en Suecia y en Francia en particular. En 1956 y en 1959, con el nombre de Jack Murray, compuso parte de la música de la película de Roger Vadim *Les Liaisons dangereuses*. En 1960 realizó *Flight to Jordan* con Dizzy

[171] En: Steven Cerra, "Jordan: Flight to Europe", 14 agosto 2017, *jazzprofiles.blogspot.com*.

Duke Jordan

Reece, Stanley Turrentine, Reggie Workman y Art Taylor, al que el crítico Scott Yanow otorgó cinco estrellas en la revista *Allmusic*. A pesar de esto, Jordan cayó en el olvido y durante cinco años tuvo que ganarse la vida como taxista en Nueva York. En 1973 reanudó su carrera cuando fue invitado a grabar en Dinamarca (con Mads Vinding al bajo y Ed Thigpen a la batería). Dos discos resultaron de estas sesiones: *Flight to Denmark* y *Two Loves*. En 1978 se estableció en Copenhague, vivió en Estados Unidos en los años noventa y volvió luego a Dinamarca, donde se quedó hasta su muerte. Es autor de varios temas, entre los cuales el estándar "Jordu". Entre sus discos están también *Brooklyn Brothers* (1973), *Lover Man* (1975), *Live in Japan* (1976), *Acoustic Live* (1987) y *Live in Paris* (1994).

Walter Bishop, Jr.

Apodado 'Bish' por los músicos, Walter Bishop, Jr. (Nueva York, 1927-Nueva York, 1998) siguió la pauta directa de Bud Powell. Sonny Rollins lo consideraba "un poderoso músico de bebop". Sus frases están bien estructuradas y acentuadas y puntuadas por acordes, como en "Milestones", grabado en 1961 con Jimmy Garrison al bajo y G.T. Hogan a la batería, su enérgico solo lleno de swing en "Now's the Time" (con Tommy Potter y Kenny Clarke) o sus excursiones posteriores en el soul o funk jazz como "Coral Keys o "Soul Village". Creció en Harlem y fue influenciado por Art Tatum, Nat 'King' Cole y Bud Powell. Su padre, de origen jamaiquino, compuso temas grabados por Billie Holiday, Louis Jordan, Frank Sinatra, Ella Fitzgerald y otros y era amigo de Sonny Rollins, Art Taylor y otros jazzmen. Bishop dejó la escuela para tocar con orquestas de baile, y de 1945 a 1947 prestó servicio militar en la Fuerza Aérea. Mientras estuvo afincado en San Luis, Misuri, logró tocar con algunos boppers en un club de esta ciudad. Colaboró luego con los Jazz Messengers, Charlie Parker, Andy Kirk, Terry Gibbs y Kai Winding. En 1951 grabó "Au Privave" y otros temas con Parker y Miles Davis, y en 1953 "The Serpent's Tooth" y "Round Midnight" con Davis. Tocó también con Oscar Pettiford, Philly Joe Jones y Jackie McLean y en 1959, volvió a grabar con Parker y Davis. En 1960 actuó con Curtis Fuller y formó un trío con Jimmy Garrison al bajo y G.T. Hogan a la batería, con el que realizó el excelente *Speak Low*, interpretando el tema título con un *feeling* "latino". Grabaría de nuevo este tema en 1993, en una versión más rica y armónicamente más sofisticada (en *Speak Low Again*). A fines de los años sesenta estudió con Hal Overton en la Juilliard School of Music y en la década siguiente se trasladó a California, donde enseñó y siguió presentándose. Es también autor de un tratado de armonía: *A Study in Fourths*. Grabó en particular *Summertime* (1963), *Old Folks* (1976), *The Trio* (1978), *What's New* (1990) y *Midnight Blue* (1991).

Sadik Hakim

Otros pianistas directamente ligados al bebop incluyen a Sadik Hakim y a cuatro músicos blancos nacidos casi el mismo año: George Wallington, Al Haig, Joe Albany y Dodo Marmarosa.

Sadik Hakim (Argonne Thornton) (Duluth, Minnesota, 1922-Nueva York, 1983) colaboró entre otros con Ben Webster, Lester Young, Eddie 'Lockjaw' Davis, James Moody y Buddy Tate. Se puede oír su personal estilo en, por ejemplo, "Peace of Mind" o "Booger's Dilemma". Nació en una familia de músicos y su abuelo le enseñó música. En 1937, en Los Ángeles, conoció a Dexter Gordon, Illinois Jacquet y otros jazzmen. Al año siguiente tocó en Peoria con el trompetista Fats Dudley y luego en Chicago con varios músicos locales. Ben Webster lo reclutó en su banda, y en Chicago trabó amistad con Charlie Parker cuando Bird estaba de paso en esta ciudad. En 1945 formó parte de la sesión histórica con Parker que produjo el fulgurante "Ko-ko" (aunque en este tema es Gillespie quien acompaña al piano durante el solo del saxofonista) y en noviembre del mismo año grabó "Billie's Bounce", "Now's the Time" y "Thrivin' on a Riff" con Miles Davis. En 1949 se instaló en Montreal pero, detenido por consumo de droga, tuvo que marcharse de Canadá al año siguiente. De vuelta a Nueva York tocó con James

Moody. Lo conocí en Nueva York a mediados de los años sesenta. Estaba a veces amargo, quejándose de que algunos músicos le habían robado composiciones suyas y se habían llevado todo el mérito. De 1966 a 1976 volvió a Canadá y dirigió varias bandas en Montreal. En 1978 grabó con Sonny Stitt y de 1979 a 1980 tocó en Japón, donde recibió muy buena acogida. Realizó algunos discos con su propio nombre, entre los cuales *The Canadian Concert of Sadik Hakim* (1974), *Piano Conceptions* (1977), *Witches, Goblins, etc.* (1977), y *Memories* (1978). Es también autor, con Thelonious Monk, de "Eronel".

Hijo de inmigrantes italianos, George Wallington (Giacinto Figlia) (Palermo, Italia, 1924-Nueva York, 1993) trabajó en 1944 con el quinteto de Gillespie-Pettiford, primer grupo de bebop que actuó en la Calle 52. Colaboró también brevemente con Miles Davis. Empezó a interesarse por el jazz tras oír a Lester Young con Count Basie en la radio, y estudió en la Juilliard School of Music. En 1949 entró en la banda de Kai Winding y Gerry Mulligan. De 1954 a 1960 lideró varios grupos que incluyeron a Donald Byrd y Jackie McLean. En 1955 grabó *George Wallington Quintet at the Bohemia* y al año siguiente *Jazz for the Carriage Trade*, en el que toca en un estilo muy bebop. A fines de los años cincuenta dejó de actuar en público para trabajar para el negocio de aparatos de aire acondicionado de su familia. Sin embargo, debido al interés por su música en Japón y otros lugares, grabó tres álbumes en los años ochenta. Su discografía también incluye *Virtuoso* (1984), *The New York Scene* (1996) y *Knight Music* (2005).

Al Haig

Al (Alan) Haig (Newark, Nueva Jersey, 1924-Nueva York, 1982) era un eximio músico que ejecutaba generalmente frases cortas y refinadas. "Él es como me imagino al pianista perfecto," decía Bud Powell. Y, escribió Walter Bishop en un poema: "*He looked more like a Harvard grad/Than a bebop lad/He sat there in total concentration/Totally in control of the situation/I mean the tempo was flyin'/And I'm not lyin'*". (Parecía más de Harvard egresado/Que un muchacho al bebop aferrado/Tocaba con plena concentración/Y total control de la situación/Con tempo a gran velocidad/Y sólo digo la verdad.)[172] Haig colaboró con algunas de las estrellas del bebop y también con Stan Getz, Fats Navarro, Chet Baker, Charlie Barnet y Kai Winding, y era capaz de tocar en los tempos rapidísimos que exigía frecuentemente el bebop. Se puede oír su melodioso estilo en, por ejemplo, "If I Should Lose You", cuyo tema ejecuta con acordes (en *Al Haig Trio*, 1954, con Bill Crow al bajo y Lee Abrams a la batería), "Confirmation", "All the Things You Are", "Autumn in New York" o "Polka Dots and Moonbeams". Finalizados sus estudios

---

[172] "I Remember Al Haig 'The White Knight'", octubre 19 2011, *openskyjazz.com*.

de piano en Oberlin College, tocó en Boston con el saxofonista Rudy Williams. Se instaló entonces en Nueva York. A mediados de los años cuarenta colaboró con Tab Smith y Tiny Grimes, tocó en los Three Deuces con el quinteto de Charlie Parker y formó brevemente parte, en 1945, de la banda de Dizzy Gillespie. Ésta se presentó en el Billy Berg de Los Ángeles, pero ante un público hostil o indiferente al bebop. Grabó con Gillespie y Parker ("Groovin' High", "Salt Peanuts", "Shaw Nuff" y "Hot House") y luego con Eddie 'Lockjaw' Davis y Miles Davis. En 1948, en un programa de radio, tocó de nuevo con Davis y Parker ("Groovin' High", "Hot House", "Salt Peanuts", "Out of Nowhere" y otros temas). En 1949 grabó en particular "Jeru" con Davis. En 1952 se radicó en Los Ángeles. Grabó con Stan Getz y Wardell Gray y formó parte de la primera sesión de estudio del histórico *Birth of the Cool* de Davis. Volvió luego a Nueva York y a partir de 1974 actuó en Europa. Otros de sus discos incluyen *Invitation* (1974), *Chelsea Bridge* (1975), *Al Haig Plays the Music of Jerome Kern* (1978) y *Un Poco Loco* (1978).

Aunque estilísticamente más cerca de Art Tatum que del bebop, Joe Albany (Joseph Albani) (Atlantic City, Nueva Jersey, 1924-Nueva York, 1988) tocó entre otros con Charlie Parker (grabando "Ornithology" y otros temas con él), Benny Carter, Lester Young (grabando con él en 1946) y Charles Mingus. La relación con Parker fue a veces tormentosa: durante una sesión en una emisora de radio, recordaba Albany, "Bird me cantó algo como para mostrarme que yo lo acompañaba mal. Probé entonces todas las posiblidades y finalmente hice lo que me parecía estar al revés: no tomé el tiempo metronómico en cuenta. Todavía no le gustó y entonces me volteé y le solté: 'Bird, vete a la …..' y fue el acabose. Me despidió. Nos reconciliamos luego y hasta le daba risa".[173] Albany tenía una predilección por las baladas, que trataba con gran delicadeza ("Too Late Now", "Autumn in Nueva York", en *Portrait of an Artist*, 1982 u "Over the Rainbow" en *An Evening with Joe Albany*, 2015). Como tantos otros músicos de la época del bebop era toxicómano. Pasó algún tiempo en la cárcel y, como Charlie Parker, en el hospital psiquiátrico de Camarillo, California. En 1943 tocó en la Costa Oeste con Benny Carter. En 1946 colaboró brevemente con Parker y Miles Davis y en 1957 grabó con Warne Marsh. En los años setenta actuó en Europa y grabó con el bajista danés Niels-Henning Ørsted Pedersen. Su discografía incluye también *Live in Paris* (1977) y *Portrait of an Artist* (1982).

'Dodo' (Michael) Marmarosa (Pittsburgh, Pennsylvania, 1925-Pittsburgh, 2002) tenía un estilo muy dúctil (como en "Bopmatism" o "The Song Is You", grabados en trío). Recibió una formación clásica a la vez que escuchaba a Teddy Wilson y a Art Tatum. A los quince años entró en la banda de Johnny 'Scat' Davis. En los años cuarenta trabajó con Gene Krupa, Charlie Barnet, Tommy Dorsey y Artie Shaw. En 1946 se instaló en Los Ángeles. Grabó *Dodo's Bounce* (con Barney

---

[173] Ira Gitler, "Portrait of a Legend: Joe Albany", *Down Beat*, 24 octubre 1963, p. 21.

Kessel y Lucky Thompson) y grabó también con Charlie Parker y Miles Davis ("Yardbird Suite", "A Night in Tunisia", "Ornithology"), Lester Young, Howard McGhee y otros. En 1948 volvió a Pittsburgh pero en la década del cincuenta, problemas emocionales lo alejaron de la música. Repuntó y volvió a grabar en 1961 (*Dodo's Back!*) y en 1962 (*Jug and Dodo* con Gene Ammons, publicado tras la muerte de Marmarosa). Formó más tarde parte de un grupo de Dixieland y se retiró de la música.

Dick Twardzik (Danvers, Massachusetts, 1931-París, Francia 1955) fue un pianista prometedor y un compositor original ("A Crutch for the Crab", "Yellow Tango", "Albuquerque Social Swim") que murió de una sobredosis de heroína a los veintisiete años mientras estaba de gira en Europa con Chet Baker. Estudió con Margaret Chaloff, la madre del saxofonista Serge Chaloff, y tocó con éste, con Charlie Mariano, y esporádicamente con Charlie Parker, que apreciaba sus composiciones. Su estilo robusto, no convencional, con acordes muy acusados, refleja la influencia obvia de Bud Powell, aunque sus frases son diferentes, más cercanas a las de un Herbie Nichols. Se lo puede oír en *Trio* (grabado en 1954 con Russ Freeman) o en las sesiones realizadas en París en 1954 y 1955 (con Chet Baker a la trompeta, Carson Smith o Jimmy Bond al bajo y Peter Littman a la batería) con, en particular, un desgarrador "Round About Midnight" en el que Twardzik frasea a veces detrás del tiempo.

Piano jazz moderno

El cool jazz y el third stream

El final de los años cincuenta inauguró un nuevo estilo de jazz en marcado contraste con el bebop y su carácter apasionado. Varios músicos, blancos en su mayoría, acudieron a la música clásica como fuente de inspiración y experimentaron con nuevos procedimientos armónicos y rítmicos. Surgió un tipo de jazz más sosegado e introspectivo designado con los términos de "cool jazz", "West Coast jazz", "progressive jazz" o "Third Stream". (La expresión "Third Stream", que significa "tercera corriente", fue inventada en 1957 por el compositor y trompetista Gunther Schuller.) Lennie Tristano y Dizzy Gillespie, entre otros, repudiaron estas denominaciones: "¿Tercera corriente? Nunca me lo tragué, reaccionó Gillespie. Si sólo hay un río, y de lo que hablamos es de tocar en la 'tercera corriente' con Gunther Schuller y John Lewis, yo siempre he estado en la corriente principal".[174]

Lennie Tristano

En la historia del jazz Lennie (Leonard) Tristano (Chicago, Illinois, 1919-Nueva York, 1978) fue un caso aparte. Fue uno de los grandes innovadores de esta música, en los años cincuenta en particular. Poseía un sentido agudo de la armonía y anticipó algunos de los procedimientos posteriores del jazz, aportando una nueva sofisticación armónica y rítmica, con disonancias, desplazamientos y superposiciones de ritmos y compases impares. Docente durante la mayor parte de su vida, contó entre sus discípulos al guitarrista Billy Bauer, a los saxofonistas Lee Konitz, Warne Marsh y Phil Woods, al trombonista y arreglista Bill Russo, a la pianista Connie Crothers y al baterista Shelly Manne, e influyó en músicos como Charles Mingus (quien estudió con él a principios de los años cincuenta) y Clare Fischer. Recibió poco reconocimiento durante su vida pero nunca hizo concesiones, inventando constantemente y siguiendo su propio camino. Acusado a veces de ser algo frío, fue en realidad un músico entusiasmante, apreciado

---

[174] *To Be or not to Bop, op. cit.*, p. 383.

Lennie Tristano

por Bill Evans y Charlie Parker: "Tiene un gran corazón y está en su música", declaraba Bird.[175]

Recibió una extensa formación clásica, pero admiraba particularmente a Art Tatum, Lester Young y Parker. En los conciertos en solitario que dio en Europa en 1965, transformó temas como "You Don't Know What Love Is", "Darn That Dream" o "Tangerine" en nuevas creaciones, con acordes disonantes pero siempre interesantes. Su estilo era muy contrapuntístico, con frases politonales, casi atonales. Como ya lo había hecho el compositor catalán Frederic Mompou, eliminó a veces las barras de compases. Compuso numerosas piezas, entre las cuales "Retrospection", "April", "Out on a Limb" y "Pennies in Minor". Escogía cuidadosamente sus secciones rítmicas. "Quiero que el tiempo fluya bien, explicaba a Nat Hentoff. Quiero músicos que no rompan la sección rítmica con diseños que en realidad se salen del contexto. Los diseños que se utilicen deben estar relacionados con lo que está pasando para no romper la continuidad. Muchos bateristas interpolan cosas que rompen la frase. De repente la frase se para y tocan algo bonito en la caja o en el tom. Algunos bajistas también hacen eso. Rompen el tiempo para ejecutar algo que no encaja con lo que ya ocurrió y lo que está ocurriendo. Con algunas secciones rítmicas con las que he tocado, no siento un pulso que fluya constantemente pase lo que pase. Tan pronto como siento que se interrumpe el pulso, mi impulso también se interrumpe, que esté yo tocando o tomando una pausa, porque todo es lo mismo".[176]

Ciego desde los diez años, estudió piano y otros instrumentos. Comenzó a presentarse en Chicago, en particular como clarinetista y saxofonista en una banda de Dixieland. En 1945 grabó con la orquesta del saxofonista Emmett Carl y con el sexteto del trombonista Earl Swope. Al año siguiente se mudó para Nueva York. Tocó primero en un restaurante de Long Island con Billy Bauer a la gui-

---

[175] Citado en: *ethaniverson.com*.
[176] Entrevista por Nat Hentoff, *Down Beat*, 16 mayo 1956.

tarra y Arnold Fishkin al bajo. Con Bauer y con Clyde Lombardi o a veces con Bob Leininger al bajo, grabó "I Surrender Dear", "Out on a Limb", "Interlude" y otros temas. En 1947 grabó con Charlie Parker (junto con Miles Davis, Dizzy Gillespie y Max Roach), y fue nombrado "Músico del año" por la revista *Metronome*. Tocó en la radio con Parker, y de nuevo con él el 3 de enero de 1949, en un concierto de los Metronome All Stars (con, también, Gillespie, Fats Navarro y otras estrellas del jazz en el elenco). En el mismo año realizó *Live at Birdland*, con "This Is Called Love", "I Found My Baby" y "Blame me" (su respuesta al estándar "Don't Blame Me") y, con Bauer, Lee Konitz y Warne Marsh, *Crosscurrents*, produciendo, con "Intuition" y "Digression", el primer free jazz jamás grabado. De 1949 a 1950 dirigió un quinteto con Konitz y Marsh, suscitando la admiración de Miles Davis. En agosto de 1951 grabó con Parker y Kenny Clarke "All of Me" y "I Can't Believe That", en el que toma un solo muy moderno, lógico y lleno de swing. En 1952, en su propio sello, grabó "Ju-Ju" y "Pastime", añadiendo, con la técnica del *overdubbing*, una segunda parte de piano –técnica que Bill Evans utilizaría a su vez más tarde– y actuó en Canadá. Al año siguiente, de nuevo con *overdubbing*, grabó el atonal y sombrío "Descent into the Maelstrom", que ya anunciaba los experimentos de Cecil Taylor. En 1955 utilizó la misma técnica en el muy complejo "Turkish Mambo", superponiendo varias métricas, y en el conmovedor y *bluesy* "Requiem", dedicado a Parker, que acababa de fallecer. Estas dos piezas, más "Line-Up" y "East Thirty Second", fueron incluidas en *Lennie Tristano* (1955). En éstas la cinta magnética está acelerada, manipulación voluntaria, pero que provocó las protestas de algunos oyentes. Hacia la misma época grabó con Lee Konitz, el bajista Gene Ramey y el baterista Arthur Taylor, en un restaurante de Nueva York, una serie de estándares entre los cuales "You Go to My Head", en el que alterna entre *block chords* y frases incisivas con fuertes acentos. Tocó en el Half Note de Nueva York y, en 1959, en Canadá. En 1961 grabó *The New Tristano*, considerado por Alan Broadbent "el más estupendo disco de piano en solitario que exista, sin ninguna excepción". Éste incluye, en particular, seis composiciones originales basadas en estándares, entre las cuales "G Minor Complex". Transponiendo "Pennies from Heaven" de do mayor a do menor, Tristano había creado, con la estructura armónica de esa pieza, "Lennie's Pennies", de la que deriva "C-Minor Complex". En esta última, mantiene una línea de bajo *walking* en la mano izquierda mientras toca, con la mano derecha, frases más y más intrincadas.

En 1965 formó parte, con Bill Evans, John Lewis, Earl Hines, Teddy Wilson y Jaki Byard, del Piano Summit de Berlín, y dio un notable concierto en el Festival de Jazz de París. Hacia el final de su vida se concentró sobre todo en la enseñanza y grabó su último disco, *Descent into the Maelstrom*, en 1966. En 1969, poco antes de su último concierto, trató de convencer a dueños de clubes de que lo dejaran presentarse en solitario, pero en vano, y murió casi olvidado.

Dave Brubeck

Al contrario de Lennie Tristano, Dave Brubeck (Concord, California, 1920-Norwalk, Connecticut, 2012), gozó de un éxito comercial enorme y de una popularidad internacional, suscitando algunas reacciones negativas de puristas y críticos de jazz por su estilo a veces tildado de fácil y grandilocuente. Fue sin embargo un excelente pianista y compositor ("Soy esencialmente un compositor que toca piano", declaraba). Experimentó con métricas inusuales ("Take Five", "Pick Up Sticks", "Unsquare Dance", "Blue Rondo a la Turk"), politonalidad ("Curtain Muic"), música barroca (*Brubeck Meets Bach*), música serial ("The Duke Meets Darius Milhaud", homenaje a Duke Ellington), modos exóticos ("Koto Song"), y piezas semejantes a fugas ("Two-Part Contention"). Compuso también misas, ballets y oratorios, y temas suyos como "Take Five", "Blue Rondo a la Turk", "It's a Raggy Waltz" e "In Your Own Sweet Way" se convirtieron en estándares de jazz. Brubeck fue uno de los primeros jazzmen que tocaron en universidades, y grabó *Jazz at Oberlin* (1953), *Jazz at the College of the Pacific* (1953) y *Jazz Goes To College* (1954). Interpretó también a su manera melodías populares, como en *A Dave Brubeck Christmas* (1996), con una versión stride de "Jingle Bells" y preciosas interpretaciones de "Silent Night" y "Joy to the World".

Su padre era criador de ganado y Brubeck creció en su rancho, en el norte de California. Trabajó primero en el rancho al tiempo que amenizaba bailes locales al piano. Estudió primero para ser veterinario, pero, le declaró su profesor de zoología: "Brubeck, el próximo año, cruce el césped y váyase al conservatorio porque su mente no está en estas ranas".[177] En el ejército, durante la Segunda Guerra Mundial, formó una banda llamada The Wolfpack. Finalizado su servicio militar, tomó una lección con Arnold Schoenberg, que encontró doctrinario, y estudió de 1946 a 1949 con Darius Milhaud y Nadia Boulanger. Fundó el Jazz Workshop Ensemble que se convirtió, en 1946, en el Dave Brubeck Octet. Este grupo innovador incluía a Cal Tjader y al saxofonista alto Paul Desmond, que Brubeck había conocido en el ejército. Formó luego un trío. En 1951, tras un accidente de la columna vertebral que afectó sus manos y le impidió tocar con la misma velocidad que antes, organizó con Desmond el Dave Brubeck Quartet, en el que Desmond se encargaría de las melodías. El cuarteto debutó en 1951. Grabó los excelentes *Over the Rainbow* y *You Go to My Head* y su popularidad se acrecentó. En 1954 Brubeck apareció en la portada de la revista *Time*. Al año siguiente se presentó en el Festival de Jazz de Newport, en la misma cartelera que Duke Ellington, The Modern Jazz Quartet, Thelonious Monk y Miles Davis. En 1956 realizó su primer álbum en solitario, *Brubeck Plays Brubeck*, con abundantes notas en las que explica sus conceptos musicales y en el que improvisa a

---

[177] Entrevista por Stanley Péan, 1999, Archivos del Festival international de Jazz, Montreal.

Dave Brubeck

veces a manera de fugas. Reclutó a Joe Morello, baterista de Marian McPartland abierto a sus experiencias rítmicas, y en 1958 al bajista afroamericano Eugene Wright. Rechazó a veces contratos en los que Wright, por razones de segregación racial, no estaba autorizado a tocar. Efectuó, bajo los auspicios del Departamento de Estado, una gira por Europa y Medio Oriente y empezó a incursionar en los ritmos no occidentales componiendo "Blue Rondo à la Turk" tras su concierto en Turquía. (Lennie Tristano había grabado su propio "Turkish Mambo" cinco años antes.) "Blue Rondo à la Turk" está incluido en *Time Out* (1959), que rebasó el millón de ejemplares. El disco incluye también "Take Five", la composición más famosa de Brubeck, cuya melodía de saxofón fue creada por Desmond. Siguió *Time Further Out* (1961), con "Unsquare Dance". En 1963 salió *The Dave Brubeck Quartet at Carnegie Hall*, alabado por los críticos de jazz. En 1968 Brubeck formó un nuevo cuarteto con Gerry Mulligan al saxofón. Siguió actuando hasta el final de su vida, a menudo con sus hijos, y en sus últimos años compuso esencialmente música clásica sacra.

John Lewis

Como Dave Brubeck, John Lewis (La Grange, Illinois, 1920-Nueva York, 2001) se inspiró en parte en la música clásica, con una predilección por la música del Renacimiento y la música barroca –Bach sobre todo– pero quedó profundamente arraigado en el jazz. Sobrio y sutil, insistía en la disciplina en su arte pero, afirmaba: "No me impongo límites cuando estoy al piano".

Creció en Albuquerque. Su padre era violinista y pianista amateur y su madre cantaba en una iglesia. Tocó en la orquesta familiar y ya a los doce años se presentó en un club. Estudió luego antropología y música en la Universidad de Nuevo México. Durante la Segunda Guerra Mundial tocó en Europa, donde estuvo acantonado con el ejército estadounidense. Allá conoció a Kenny Clarke, que lo alentó a seguir su carrera musical, y a Django Reinhardt, en honor de quien compondría "Django". De vuelta a Nueva York tocó con la big band de "Hot Lips" Page y con Eddie "Lockjaw" Davis y escuchó a Charlie Parker, probando algunas de las ideas del saxofonista al piano. En 1946, como Thelonious Monk solía llegar tarde a los ensayos de la big band de Dizzy Gillespie, Lewis lo remplazó tras asegurarle a Lorraine, la esposa de Gillespie, que podría tocar mejor que Monk. Kenny Clarke se unió también a la orquesta. Para ésta, Lewis compuso "Two Bass Hit" (derivado de una pieza titulada "Bright Lights"), "Emanon", "Stay on It" y "Toccata for Trumpet and Orchestra" y arregló "Minor Walk" de Gillespie. En 1947 se presentó con Parker en el Carnegie Hall y grabó con las Miles Davis' All Stars ("Milestones", compuesto por Lewis,[178] "Little Willie Leaps", "Half Nelson" y "Sipping at Bells"). En febrero de 1948 tocó con la big band de Gillespie en el concierto histórico en la Salle Pleyel de París, en el que el público, estupefacto, descubrió a la vez el bebop y el jazz de inspiración afrocubana. Miles Davis le pidió que volviera a Estados Unidos para trabajar con su Nonet y Lewis regresó en septiembre. Con Davis y Parker grabó también el espléndido blues "Parker's Mood". Colaboró con Illinois Jacquet y fue pianista y coarreglista de *Birth of the Cool* de Davis, disco grabado en tres sesiones, en 1949 y 1950, que marcó un hito en la historia del jazz. Para éste arregló "Jeru" de Gerry Mulligan, "Move" de Denzil Best y "Budo" (derivado de "Hallucinations" de Bud Powell), compuso "Rouge" y tocó en "Boplicity". "Lo pasamos de maravilla con la música", recordaba Lewis a propósito de estas sesiones. En mayo de 1949 y de nuevo en 1953 grabó con Sonny Rollins (en particular "Afternoon in Paris", del que grabaría posteriormente diversas versiones). A fines de los años cuarenta colaboró también con Lester Young y luego grabó varias veces con J.J. Johnson, incluso su composición "Sketch No. 1" (1953). En los años cincuenta las sesiones de estudio se sucedieron con una cadencia acelerada: con Parker, Davis, Clifford Brown, Milt Jackson, Ruth Brown, Joe Newman y un sexteto en el que figuraban Gigi Gryce y Charlie Rouse. En 1955

---

[178] Diferente del "Milestones" de Miles Davis que figura en el disco homónimo grabado en 1958.

El Modern Jazz Quartet con Connie Kay, Milt Jackson, John Lewis y Percy Heath.

Lewis fundó la Modern Jazz Society. Grabó *The Modern Jazz Society Presents a Concert of Contemporary Music*, arreglado por él y Gunther Schuller, cuya orquestación incluía clarinete, fagot, flauta, trompa, saxofón y trombón. Al año siguiente grabó con Davis (en *The Birth of the Third Stream*) y tocó en el disco *Grand Encounter* (con Jim Hall, el saxofonista Bill Perkins, Percy Heath y Chico Hamilton), para el que compuso "Two Degrees East – Three Degrees West". En 1957 fue nombrado director artístico de la School of Jazz de Lenox, en Massachusetts. En 1959 grabó varios temas con George Duvivier y Connie Kay, entre ellos el ingenioso "Delaunay's Dilemma" y, con Schuller, realizó en 1961 *Jazz Abstractions*, disco a medio camino entre el free jazz y la música contemporánea.

Sin embargo, Lewis cobró verdaderamente fama con el Modern Jazz Quartet. Milt Jackson, Ray Brown, Kenny Clarke y él habían constituido la sección rítmica de la big band de Gillespie. En 1951 fundaron un grupo llamado primero Milt

Jackson Quartet. Al año siguiente lo rebautizaron Modern Jazz Quartet y Lewis pasó a ser su director y arreglista. El grupo, simplemente conocido por sus iniciales MJQ, lograría un reconocimiento internacional y duraría más de cuarenta años. Lewis concilió la música barroca y el blues, y el MJQ se convirtió en una suerte de orquesta de cámara de jazz, con sus miembros luciendo esmoquins. El grupo duró hasta 1974 y se formó de nuevo en 1981, con algunos cambios de integrantes (Percy Heath, en particular, remplazó a Brown, que se fue a tocar con Oscar Peterson). Lewis escribió arreglos finamente cincelados, parecidos a fugas, entre los cuales "Vendome", "Concorde", "Triesta", "Fontessa", "La Ronde" (derivado de "Two Bass Hit") y "Pyramid", y, con su estilo comedido, equilibraba la fogosidad de Jackson. A mediados de los años cincuenta el MJQ grabó "Django", que se volvió una de las composiciones más conocidas de Lewis, y el blues "Bags' Groove" de Jackson, también muy popular. En "Three Little Feelings Part I", grabado en 1968, Lewis ejecuta contrapunto con Jackson y toca un solo *bluesy*, utilizando sobre todo el registro agudo. En 1955 Clarke, que reprochaba a Lewis el querer volverse comercial y congraciarse con el gran público, dejó el grupo y fue remplazado por Connie Kay. En 1974 Jackson se marchó a su vez y el conjunto se disolvió. El MJQ volvió a tocar, esporádicamente, a partir de los años ochenta, pero terminó por desaparecer en 1994 con la muerte de Kay.

Durante los años ochenta Lewis lideró un sexteto llamado The John Lewis Group. Siguió refinando más y más su estilo. En 1999 grabó *Evolution* en solitario y en 2001 *Evolution II* con su cuarteto (publicado después de su muerte). Dio su último concierto en el Lincoln Center de Nueva York. Compuso también para el cine: para *Sait-on jamais* de Roger Vadim (conocido en Estados Unidos como *No Sun in Venice* y en el Reino Unido como *One Never Knows*), cuya música fue tocada por el MJQ, y para *Odds Against Tomorrow* de Robert Wise, y es también autor de obras clásicas y de músicas de ballet.

El hard bop

A mediados de los años cincuenta surgió, en la costa este de Estados Unidos, un tipo de jazz que incorporaba elementos de R&B, de góspel y de blues conocido como "hard bop". *Soulful* y muy rítmico, con un *feeling* muy "negro", constituía una extensión del bebop y una reacción al cool jazz y al Third Stream, a veces considerados demasiado elitistas y desprovistos de swing, en particular por los oyentes afroamericanos. "Ojalá que ese jazz no vaya demasiado lejos por la dirección que está tomando. No soporto el jazz maricón, el jazz sin tripas", declaró sin ambages Horace Silver en la revista *Down Beat* de 1956. Dizzy Gillespie asintió: "Musicalmente hablando, el periodo cool siempre me recordó a la música de los blancos. Era algo sin garra, y tampoco tenía mucho ritmo. Lee Konitz, Lenny Tristano, toda esa gente, nunca sudaban en escena. Esta música, el jazz, se hace con las tripas. Tienes que sudar como un pollo. Supongo que de lo que se trataba era de no ponerse 'salvaje' o cortante como nosotros. Pero, para mí, el jazz es eso. En mi opinión, el jazz es dinámico, una bomba".[179] Caracterizado por frases cortas y pegajosas, cadencias plagales (IV-V) inspiradas en el góspel (como en "Moanin'" de Bobby Timmons), riffs y, al piano, un diálogo entre la mano izquierda y la mano derecha evocativo del *call and response* del góspel, el hard bop daría pie a un género llamado "soul jazz" o "funk" (de la jerga afroamericana *funky*, que significa "apestoso") en el que predominaría el *groove*.

Horace Silver

Junto con Art Blakey, Horace Silver (Norwalk, Connecticut, 1928-New Rochelle, Nueva York, 2014) fue el principal creador del hard bop, con un estilo dinámico lleno de riffs, ostinatos y elementos de música "latina". Influyó en muchos pianistas, entre los cuales Bobby Timmons, Les McCann y Cecil Taylor. "El oír a Horace me trastornó y me confirmó en mi idea de seguir tocando", confiaba Taylor, cuyo estilo era sin embargo sumamente diferente del de Silver. Con sus

---

[179] *To Be or not to Bop, op. cit.*, p. 382.

acompañamientos propulsivos, que aguijoneaban a los solistas, Silver fue muy solicitado desde el principio de su carrera. Hacía ensayar mucho a sus músicos antes de grabar, poniendo un énfasis particular sobre lo que llamaba *"meaningful simplicity"* (sencillez significativa). Efectivamente, sus solos son sencillos pero siempre bien construidos y lógicos. Compuso muchos temas pegajosos que se convirtieron en estándares, entre los cuales "Room 608", "Sister Sadie", "Doodlin'", "Señor Blues", "Nica's Dream", "Song for My Father", "The Preacher" y "Peace".

Su padre, oriundo de la isla de Maio, en Cabo Verde (cambió su apellido Silva en Silver), tocaba el violín y la guitarra. Silver creció oyendo melodías caboverdianas en su familia, y góspel al pasar frente a la iglesia *sanctified* de su madrina, músicas que lo marcaron fuertemente. A los once años quedó impresionado por la orquesta de Jimmie Lunceford. Estudió piano esencialmente solo, así como saxofón tenor y barítono y armonía. Como Oscar Peterson, comenzó por tocar boogie-woogie. En 1950 su trío (Joe Calloway al bajo y Walter Bolden a la batería), que se presentaba en un club de Hartford, Connecticut, acompañó a Lucky Thompson, Stan Getz y otros músicos de paso por la ciudad. Impresionado, Getz se llevó al trío de gira y grabó "Split Kick", "Potter's Luck" y "Penny" de Silver. En 1951 Silver se instaló en Nueva York. Colaboró primero con "Big Nick" Nicholas en un restaurante donde algunos de los más grandes jazzmen iban a improvisar, luego con Coleman Hawkins, Lester Young y Oscar Pettiford, y formó otro trío. Al año siguiente participó en el primer disco que Lou Donaldson grabó con su propio nombre, componiendo "Safari" y una pieza algo "latina", "Roccus", para éste. Posteriormente Donaldson grabaría "Sweet Juice" de Silver. En 1952 salió *Introducing the Horace Silver Trio*, primer disco de Silver bajo su nombre (con Gene Ramey o Curly Russell al bajo y Art Blakey a la batería), que incluía seis composiciones suyas. La lista de las estrellas con las que grabó durante la década del cincuenta parece un *Who's Who* del jazz: Al Cohn, Terry Gibbs, Coleman Hawkins, Lester Young, Sonny Stitt, Howard McGhee, Milt Jackson, Art Farmer, Miles Davis, Gigi Gryce, Art Blakey, Kenny Dorham, Clark Terry, J.J. Johnson, Nat Adderley, Donald Byrd, Hank Mobley, Kenny Burrell, Lee Morgan, Sonny Rollins. En 1954 Silver organizó un cuarteto con Mobley al saxofón, Doug Watkins al bajo y Arthur Edgehill a la batería. Con Blakey y Dorham formó luego los Jazz Messengers y grabó *Horace Silver and the Jazz Messengers*, que incluye "Room 608", de estilo muy bebop, "The Preacher", basado sobre los acordes del himno "Show Me the Way to Go Home", y el blues "Doodlin'". Dirigió a los Jazz Messengers hasta mayo de 1956 y cuando se marchó, Blakey tomó la cabeza del grupo. Algunos meses más tarde formó el Horace Silver Quintet (con Farmer, Mobley, Watkins y Art Taylor, seguido por Louis Hayes). En el mismo año realizó *Six Pieces of Silver* (con Byrd, Mobley, Watkins y Hayes). El disco, que incluía "Sister Sadie" y "Señor Blues", se volvió un *best seller*. En mayo de 1957 realizó *The Stylings of Silver* (con Farmer y Teddy Kotick al bajo). De 1958 a 1964 formaron parte de su banda el muy *soulful* Blue Mitchell a la trompeta y Junior Cook al saxofón tenor. Al final de los años cincuenta y en los años sesenta realizó *Further Explorations by the Horace Silver Quintet* (1958), con, en particular, "The Outlaw", mezcla de swing y de música "latina", *Finger Poppin'* (1959), el muy logrado *Blowin' the Blues Away* (1959), *Horace-Scope* (1960), con "Nica's Dream" (cuya primera parte es "latina" y el puente swing), *Doin' the Thing* (1961), con "Filthy McNasty", que también se volvió un hit, *The Tokyo Blues* (1962) y *Song For My Father* (1964), uno de los discos más conocidos de Silver. Incluye la balada "Lonely Woman" (diferente de la de Ornette Coleman con el mismo nombre grabada tres años antes), "Qué Pasa", y "Song for my Father" con un feeling "latino", grabado más tarde por algunos cantantes, entre los cuales James Brown. Siguieron *Cape Verdean Blues* (1965), *The Jody Grind* (1966), *Serenade to a Soul Sister* (1968) y *You Gotta Have a Little Love* (1969).

Horace Silver

A fines de los años setenta Silver disolvió su conjunto. Se mudó a Los Ángeles y produjo lo que llamaba "metaphysical self-help music" (música metafísica de superación personal), reclutando, en particular, a Eddie Harris y al cantante Andy Bey. "De hecho, explicaba, ya en 1967 había querido ir en esa dirección. Fue la primera vez que tuve la intuición de seguir ese camino con mi música".[180] Grabó *The United States of Mind* (1972), *Silver 'n' Brass* (1975), orquestado por Wade Marcus, y dos suites: *The Great American Indians Uprise* y *African Ascension* (1977) y *Silver 'n' Strings Plays the Music of the Spheres* (1978). "Trato de hacer reflexionar a la gente con mi música. Con los títulos, la letra y no sé qué más. Trato de hacer que reflexionen. Y de que tomen consciencia de algo más que la vida material", declaró en 1981.[181] En los años noventa volvió al estilo hard bop con *It's Got to Be Funky* (1993), que también se convirtió en un *best seller*, *The Hardbop Grandpop* (1996), *A Prescription for the Blues* (1997) y *Jazz Has a Sense of Humor* (1998). Tocó por última vez en público en 2004. En 1995 Dee Dee Bridgewater grabó *Love and Peace – A Tribute to Horace Silver*, y en 2000 Ran Blake grabó *Horace Is Blue: A Silver Noir*.

---

[180] Bob Rosenbaum, "An Interview with Horace Silver", 6 diciembre 1981, *bobrosenbaum.com*.
[181] *Ibid*.

Carl Perkins

Carl Perkins (Indianápolis, Indiana, 1928-Los Ángeles, 1958), que no debe ser confundido con el cantante de rockabilly con el mismo nombre, fue otro pionero del hard bop. Su estilo recuerda a veces a Hampton Hawes. Su mano izquierda era minusválida, debido a una poliomielitis contraída cuando era joven. Tocaba poniéndola perpendicular al teclado y usaba a veces su codo para las notas bajas. Debutó con Tiny Bradshaw y Big Jay McNeely, y en 1949 se instaló en Los Ángeles. En 1955 y 1956 grabó *Introducing Carl Perkins* (con Leroy Vinnegar y Lawrence Marable, desgraciadamente con un piano pésimo). Tocó luego con Miles Davis y la banda de Clifford Brown-Max Roach y, de 1956 a 1958, con el quinteto del bajista Curtis Counce y en dúo con él. Grabó con Counce, Frank Morgan, Dexter Gordon, Art Pepper, Jim Hall, Dizzy Gillespie, Illinois Jacquet, Chet Baker y Buddy De Franco. Falleció a los veintinueve años de una sobredosis de droga, pero impresionó a muchos músicos que lo oyeron. Es autor de "Grooveyard".

Wynton Kelly

Con su estilo elástico y *bluesy* y sus frases límpidas, Wynton Kelly (Kingston, Jamaica, 1931-Toronto, Canadá, 1971) influyó en numerosos pianistas. Los músicos que tocaron con él, J.J. Johnson y Hank Mobley entre otros, hablaban de su "feeling alegre". "Wynton es el mejor acompañante del mundo para un solista, comentaba Cannonball Adderley. Toca constantemente con el solista con los acordes que escoges y hasta anticipa la dirección que vas a tomar".[182] Y, se entusiasmaba Miles Davis: "Enciende el fogón y lo mantiene. Sin él no hay candela". Bill Evans ("Nada en su manera de tocar parece calculado", decía de Kelly) y Mulgrew Miller se contaban entre sus fervientes admiradores. Se puede oír el magnífico fraseo de Kelly en "Come Rain or Come Shine" (en *Wynton Kelly!*, 1961), "I'll Close My Eyes" (grabado con Blue Mitchell en *Blue Moods*, 1960) o en sus diferentes versiones de "Autumn Leaves" o de "What a Difference a Day Made" (1966), que interpreta a manera de balada con *block chords*, y su *feeling* por el blues en "Blues a la Carte" (en *Introducing Wayne Shorter*, 1959).

Creció en Brooklyn, donde sus padres se establecieron al dejar Jamaica cuando tenía cuatro años (su padre era trinitense y su madre jamaiquina). De niño tocó el órgano en una iglesia y aprendió también a tocar contrabajo y saxofón tenor. Ya profesional a los once años, debutó con grupos de R&B, colaborando luego con Oran "Hot Lips" Page, Eddie "Cleanhead" Vinson, Eddie "Lockjaw" Davis y Babs Gonzales. En 1948, con diecisiete años, grabó el hit "Cornbread" con Hal

---

[182] "Wynton Kelly: 1931-1971 – 'A Pure Spirit'", *jazzprofiles.blogspot.fr*, 21 junio 2011.

Singer y en 1952 tocó y grabó con Dizzy Gillespie. En 1951 ingresó en la banda de Dinah Washington, grabando con ella, y realizó su primer disco (publicado de nuevo, más tarde, con el título de *Piano Interpretations*). Al año siguiente colaboró con Lester Young. A mediados de los años cincuenta volvió a tocar con Washington, y trabajó con Charles Mingus y la big band de Dizzy Gillespie. En 1956 grabó con Billie Holiday y al año siguiente con Abbey Lincoln. En 1958 siguieron *Piano* (con Kenny Burrell, Paul Chambers y Philly Joe Jones) y *Kelly Blue* (con Jimmy Cobb a la batería). De 1959 a 1963 formó parte del conjunto de Miles Davis. Tocó un famoso solo a la vez sencillo y *soulful* en "Freddie the Freeloader" en *Kind of Blue* de Davis, el disco más vendido de la historia del jazz, y participó en otros discos del trompetista, entre los cuales *Miles Davis in Person, Vol. 1*, *Friday at the Blackhawk*, *Miles Davis in Person, Vol. 2*, *Someday My Prince Will Come* y *Miles Davis at Carnegie Hall*. En 1959, junto con John Coltrane, participó en *Cannonball Adderley in Chicago*. Grabó también *Kelly Great* (con Wayne Shorter, que grababa por primera vez, y Lee Morgan), y grabó el legendario "Naima" en *Giant Steps* de Coltrane. Formó entonces un trío, realizando varios discos con su propio nombre, incluso *Kelly at Midnight* (también publicado con el nombre de *Kelly at Midnite*, 1960), *Wynton Kelly!* (1961) y *Full View* (1967). Colaboró también con muchos otros músicos entre los cuales Lee Morgan, Hank Mobley, Art Pepper, Sonny Red, Cecil Payne, Clifford Jordan, Dexter Gordon, Wayne Shorter, Wes Montgomery, Sonny Rollins y Clark Terry. Murió a los treinta y nueve años de una crisis de epilepsia, enfermedad que padeció durante varios años.

Bobby Timmons

Quintaesencia del piano hard bop funky y también organista y vibrafonista, Bobby Timmons (Filadelfia, Pennsylvania, 1935-Nueva York, 1974) influyó en pianistas como Les McCann y Ramsey Lewis. Tenía una mano izquierda muy activa, utilizaba a menudo riffs, como en "So Tired" o "Easy Does It", y tocaba con mucha elegancia. Creció en Filadelfia donde, en sus propias palabras, había "tanta segregación racial como en una ciudad típica del Sur" pero, agregaba, "la mayoría de nosotros se la pasaba con la música de día como de noche".[183] Tocó el órgano en la iglesia de su abuelo, que era clérigo, y el góspel influiría de manera determinante en su música. Se fogueó en bailes, cabarets, clubes y jam sessions, y lo impresionó Ahmad Jamal, que oyó en esta ciudad. En 1954 se radicó en Nueva York y colaboró con Kenny Dorham, Chet Baker, Sonny Stitt, Dinah Washington, la big band de Maynard Ferguson y especialmente, de 1958 a 1961, con los Jazz Messengers. En 1958 grabó también con Kenny Burrell. Durante su estancia con los Jazz Mes-

---

[183] J.C. Thomas, *Coltrane*, p. 22.

sengers, compuso "Moanin'", inspirado en el góspel, que se volvió el tema predilecto de Art Blakey, y durante su estancia con Cannonball Adderley compuso otras dos de sus piezas más conocidas: "This Here", en tres por cuatro y basada en riffs, y "Dat Dere". Con el éxito de esas composiciones formó su propio trío y grabó *This Here Is Bobby Timmons*, *Soul Time*, *In Person*, *Born to Be Blue!* y *Workin' Out*. En 1974 viajó a Europa con la big band de Clark Terry pero se enfermó y tuvo que ser urgentemente repatriado. Años de consumo de alcohol y de droga fueron más fuertes que él y poco después de su regreso a Estados Unidos, murió de cirrosis a los treinta y ocho años.

Duke Pearson

'Duke' (Colombus) Pearson (Atlanta, Georgia, 1932-Atlanta, 1980) estuvo también asociado con el hard bop. Recibió su apodo 'Duke' de su tío, fanático de Duke Ellington. Empezó a tocar en Atlanta y sus alrededores y se instaló en Nueva York en 1959. Trabajó con el sexteto de Art Farmer-Benny Golson y el quinteto de Donald Byrd-Pepper Adams Quintet, realizó una gira con Nancy Wilson, y en 1961 fue nombrado *artists and repertoire director* del sello Blue Note. Dirigió también una big band con Donald Byrd. En 1971 hizo giras con Carmen McRae y con Joe Williams. Murió a los cuarenta y siete años de esclerosis múltiple. Sus discos incluyen *Tender Feelin's* (1960), *Dedication* (1961), *The Right Touch* (1967), *It Could Only Happen With You* (1974) y *I Don't Care Who Knows it* (grabado entre 1968 y 1970 pero publicado en 1996). Pearson es autor de "Lament" y de "Jeannine", grabado por Cannonball Adderley, Donald Byrd, Kenny Burrell, Lonnie Smith, Eddie Jefferson y The Manhattan Transfer.

En la estela del bebop

Thelonious Monk y Bud Powell habían sentado las bases del piano bebop. Numerosos pianistas siguieron en su estela. Sin tratar de infringir los cánones de este género, asimilaron sin embargo otras influencias y enriquecieron a su vez el jazz con sus propios aportes estilísticos.

Jimmy Jones

Discreto y sensitivo, Jimmy Jones (Memphis, Tennessee, 1918-Burbank, California, 1982) adoptó la técnica de los *block chords* y creó su propio lenguaje musical, con finura y gran sofisticación armónica. Era un acompañante sutil y poético con frases finamente cinceladas, admirado por Shirley Horn y Sarah Vaughan. Grabó con una gran cantidad de músicos, de Ben Wester a Johnny Griffin. Creció en Chicago y tocó localmente con varios conjuntos. En 1943 se unió al trío de Stuff Smith y al año siguiente se fue a Nueva York con Smith, donde se presentaron en el Onyx Club. Tocó entonces con J.C. Heard, Ruby Braff, Buck Clayton, Harry Edison, Johnny Hodges, Sonny Stitt, Cannonball Adderley, Ben Webster, Illinois Jacquet, Frank Wess, Thad Jones, y ocasionalmente Duke Ellington. De 1947 a 1952 y de nuevo de 1954 a 1958 acompañó a Sarah Vaughan. A lo largo de su carrera colaboró también con otros cantantes, entre los cuales Anita O'Day, Dakota Staton y Morgana King. En 1950 grabó con Miles Davis. En 1954, junto con Clifford Brown, Paul Quinichette y Herbie Mann, participó en las sesiones de Vaughan, que produjeron en particular "Lullaby of Birdland" y "Embraceable You". En el mismo año, con Joe Benjamin al bajo y Roy Haynes a la batería, grabó "Little Girl Blue", "Good Morning Heartache", "Just Squeeze Me" y otros temas. Acompañó más tarde a Ella Fitzgerald, pasando a ser su director musical a fines de los años sesenta. En 1969 se radicó en Los Ángeles. Trabajó entonces sobre todo como arreglista y compositor para la televisión y el cine. A mediados de los años setenta colaboró con Kenny Burrell y Cannonball Adderley. Sus discos incluyen *Jimmy Jones' Big Eight* and *Jimmy Jones' Big Four* (1946) y *Jimmy Jones' Trio* (1954).

Hank Jones

Hank (Henry) Jones (Vicksburg, Misisipi, 1918-Nueva York, 2010) era refinado, con una técnica sin fallas, un sentido de la armonía y un toque maravillosos. Tenía grandes manos, que le permitían ejecutar acordes muy extensos. Dominaba el stride, pero también podía tocar en un estilo más moderno, y acompañaba con gran fineza. Mulgrew Miller lo consideraba "un ejemplo para todos los que aspiran a la perfección". Era también uno de los pianistas predilectos de Oscar Peterson. Jones fue muy solicitado –participó en más de mil discos– formando parte, en cierta época, de lo que vino a ser llamado "The New York Rhythm Section" (con Barry Galbraith, Osie Johnson y Milt Hinton), que acompañaba a artistas como Dinah Washington para sesiones de grabación. Acompañó también a Marilyn Monroe en 1962 cuando cantó en el Madison Square Garden para los cuarenta y cinco años de John Kennedy y colaboró con artistas tan diversos como el tecladista maliense Cheikh Tidiane Seck, músicos mandingas, Charlie Haden, Diana Krall, Joe Lovano y Christian McBride.

Hank Jones

Mayor de los hermanos Jones, creció en Pontiac, Michigan. Su madre cantaba, su padre tocaba blues en la guitarra, su hermano Thad era trompetista, su hermano Elvin baterista y sus dos hermanas tocaban piano. Profesional a los trece años, actuó localmente y luego en Detroit con *territory bands* y, junto con sus hermanos, con varios grupos. En 1944 se radicó en Nueva York, trabajando con "Hot Lips" Page en el Onyx Club y con Andy Kirk y Coleman Hawkins. Absorbió el bebop, como se puede oír por ejemplo en "When Hearts Are Young", grabado en 1955 con Wendell Marshall y Kenny Clarke, aunque no se consideraba como un pianista de bebop. Colaboró luego con Billy Eckstine, Fats Navarro, Howard McGhee y muchos cantantes. De 1947 a 1951 realizó una gira con la serie de conciertos JATP. De 1948 a 1953 fue pianista de Ella Fitzgerald y luego de Benny Goodman. En 1947 y de nuevo en 1956 grabó con Miles Davis. En 1955 realizó en solitario *Have You Met Hank Jones*. En 1981 fundó el Great Jazz Trio con Ron Carter (y luego Eddie Gomez) y Tony Williams (relevado por Jimmy Cobb). En 1994 dio un concierto en solitario en el Carnegie Hall con, en particular, un conmovedor "Willow Weep For Me". "Pienso que todavía no he hecho lo mejor que hubiera podido", decía modestamente a los noventa años. Tocó en el Festival International de Jazz de Montreal de 2009, arrebatando al público, incluso a Brad Mehldau, que también estaba en la cartelera de este festival.

Jimmy Rowles

Esencialmente autodidacta, Jimmy Rowles (Spokane, Washington, 1918-Los Ángeles, California, 1996) fue uno de los acompañantes más activos de la posguerra. Discreto y escueto, con un profundo conocimiento de los diferentes estilos del jazz, ejecutaba acordes sutiles, escogidos con esmero. Era también cantante, y es autor del bello "The Peacocks". Debutó con varias agregaciones en Spokane y Seattle y se estableció en Los Ángeles en 1940 y en Nueva York en 1974. Grabó con innumerables luminarias del jazz entre las cuales Slim Gaillard, Lester Young, Tommy Dorsey, Benny Goodman, Woody Herman, Bob Crosby, Stan Getz, Chet Baker, Benny Carter, Johnny Hodges, Billie Holiday, Sarah Vaughan, Peggy Lee, Carmen McRae y Ella Fitzgerald, y también Marilyn Monroe. Sus discos incluyen *Piano Playhouse* (1957), *The Jimmy Rowles Trio* (1968), *Stan Getz Presents Jimmy Rowles: The Peacocks* (1977), *As Good as It Gets* (1979), *Music's the Only Thing on My Mind* (1981) y *How Deep Is the Ocean* (1982).

Billy Taylor

Protegido de Art Tatum, que le dio algunas clases, Billy Taylor (Greenville, Carolina del Norte, 1921-Nueva York, 2010) tenía un estilo elegante y límpido. Le gustaban los temas "latinos" y durante su carrera, reclutó a diferentes percusionistas "latinos", entre ellos Cándido Camero y Ray Mantilla. Estudió en Washington con Henry Grant, el exmaestro de Duke Ellington. En 1944 se trasladó a Nueva York, tocando con Ben Webster en el Three Deuces. Colaboró también con Dizzy Gillespie que, recordaba, le enseñó "algunos acordes", y con Eddie South, Stuff Smith, y más tarde, Cozy Cole, Machito y Slam Stewart. En 1949 formó un cuarteto. En 1951 lideró un trío y fue el pianista regular de las jam sessions del Birdland, acompañando a grandes nombres del bebop y hasta a John Coltrane, a quien a veces enseñaba las progresiones armónicas que utilizaba. Se volvió más y más interesado en la música "latina" y grabó en particular "Cu Blue" con Manny Oquendo en el bongó y Frankie Colón en las tumbadoras, *Cross Section*, y *The Billy Taylor Trio with Candido*. Durante los años siguientes actuó sobre todo en trío. Durante la década del setenta fue director musical del programa de televisión *The David Frost Show*. También fue uno de los fundadores de Jazzmobile, asociación que organiza clases de jazz en Harlem y conciertos en las calles de Nueva York. Grabó además *It's a Matter of Pride* (1994).

Red Garland

'Red' (William) Garland (Dallas, Texas, 1923, Dallas, 1984) tenía afinidades parti-
culares con el blues y las baladas. Miles Davis contaba que en sus sesiones de estudio en las que tocaba Garland, era éste quien escogía las baladas que iban a grabar.
Garland influyó en varios pianistas, entre ellos probablemente McCoy Tyner al
principio de su carrera. Tenía un toque cristalino y acompañaba con fineza. Utilizaba *block chords* con *voicings* diferentes de los de Milt Buckner, y acordes enjundio-
sos con, por ejemplo, tres notas en la mano derecha y cuatro en la mano izquierda,
y fraseaba a veces con retrasos.[184] Se puede oír su talento por las baladas en, por
ejemplo, "It Never Entered My Mind", grabado con Davis, en la que Garland teje
frases de una preciosa ligereza.

En el ejército, tomó algunas clases con el pianista Lee Barnes. Durante algún
tiempo fue boxeador y debutó musicalmente con el saxofonista tenor Bill Blocker,
y en 1945 con el trompetista Oran "Hot Lips" Page. Al año siguiente se estableció
en Nueva York y, recomendado por Art Blakey, colaboró con Billy Eckstine. Tocó
también en el Minton's Playhouse con Max Roach, y Bud Powell y Art Tatum le
"enseñaron algunas cosas", según admitía. Siguió entonces con Eddie 'Lockjaw'
Davis, Charlie Parker, Coleman Hawkins, Roy Eldridge, Charlie Ventura, Lester
Young, Fats Navarro, Sonny Stitt, Ben Webster, Art Pepper y Lou Donaldson. En
1953, Philly Joe Jones lo presentó a Miles Davis. A principios de 1955 Garland
ingresó en el quinteto del trompetista, por entonces conformado por Jones, John
Coltrane y Paul Chambers. Con Davis grabó, en particular, *Cookin'* y *Workin'*. Fue

---

[184] Para un análisis más detallado de los acordes de Garland, véase Riccardo Scivales, *Jazz Piano:
The Left Hand*.

luego remplazado por Bill Evans, pero cuando Evans dejó el grupo, Davis reclutó de nuevo a Garland, pidiéndole, sin embargo, que tocara como Ahmad Jamal. La versión de "Billy Boy" de Garland grabada en trío es, de hecho, casi idéntica a la de Jamal en el disco *Poinciana*. De 1956 a 1962 Garland realizó varios álbumes con su propio nombre, en particular *Rojo* (con Ray Barretto en las tumbadores), *Garland of Red*, y *Red Garland Revisited!* (con Kenny Burrell, Paul Chambers y Art Taylor). Grabó también con Jimmy Heath, Blue Mitchell y otros. En 1968 volvió a Texas y actuó localmente. En 1977 realizó *Crossing* (con Ron Carter y Philly Joe Jones) y al año siguiente dio un concierto en San Francisco. Hizo después giras hasta su muerte, a los cincuenta y nueve años. Su discografía también incluye *Soul Junction* (1957), *Red Alone* (1960) y *So Long Blues* (1979).

Elmo Hope

Pianista subestimado, Elmo (St. Elmo Sylvester) Hope (Nueva York, 1923-Nueva York, 1967) fue influenciado por Thelonious Monk y por Bud Powell, que era un amigo de la infancia. Tocaba frases saltarinas, puntuadas por acordes mordaces y disonantes. Era también un compositor inventivo, pero durante la mayor parte de su vida, tuvo que contentarse con tocar en bailes y pequeños clubes. Nacido de padres antillanos, creció en Harlem. A los diecisiete años fue herido de un balazo por un policía. Debutó como pianista clásico pero se orientó hacia el jazz colaborando, en 1947, con Eddie Robinson y luego con Snub Mosley. De 1948 a 1951 pasó por la banda de R&B del trompetista Joe Morris, también integrada por Johnny Griffin, e hizo una gira con Etta Jones. En junio 1953 grabó con Clifford Brown y Lou Donaldson en *The Clifford Brown Memorial Album*, que incluye dos de sus composiciones: "Bellarosa" y "De-Dah". Una semana después realizó su primer disco con su propio nombre: *Introducing the Elmo Hope Trio* (con Percy Heath y Philly Joe Jones). En 1954 grabó *Elmo Hope Quintet* (con Freeman Lee, Stu Williamson, Frank Foster y Harold Land), con sólo composiciones suyas entre las cuales "Abdullah", "So Nice" y "Later For You", basado en los acordes de "All God's Chillun Got Rhythm". En agosto del mismo año participó en el disco *Moving Out* de Sonny Rollins. Las grabaciones siguieron en los años cincuenta con *Hope Meets Foster* (1955, con Frank Foster), *Meditations* (1955), que incluye otras composiciones de Hope, e *Informal Jazz* (1956, con John Coltrane, Hank Mobley y Donald Byrd). Hope también grabó con Lou Donaldson y Jackie McLean.

En 1957, condenado por uso de droga, perdió la autorización de actuar en los clubes neoyorquinos. Se fue entonces de gira con Chet Baker y se mudó a Los Ángeles. Al año siguiente grabó con Curtis Counce y con Harold Land y, en 1959, *Elmo Hope Trio*, con "Minor Bertha", evocación de la pianista Bertha Rosemond, conocida en California y con la que se casó en 1960. Cuando se publicó de nuevo ese disco, en 1970, el crítico Larry Kart escribió en *Down Beat*: "Al fin las ideas de Elmo Hope hallaron su justa expresión. Una música tan honesta y profunda siempre será única, y su belleza vulnerable y oblicua le confiere un lugar especial en la historia del jazz".[185] También en 1959 Hope tocó con Lionel Hampton y en el disco *The Fox* de Harold Land, componiendo, para éste, "Mirror Mind Rose", "One Second Please", "Sims A-Plenty" y "One Down".

En 1961 volvió a Nueva York y grabó con Blue Mitchell, Jimmy Heath, Frank Foster y otros y, con su propio nombre, *Homecoming* (con Mitchell, Foster, Percy Heath y Philly Joe Jones), *Here's Hope*, *High Hope* y *Hope-Full*, en el que su esposa también toca piano. Heroinómano, fue encarcelado varias veces, incluso en Riker's Island, en Nueva York, y en 1963 grabó *Sounds From Riker's Island*. Otras sesiones siguieron, en marzo y mayo de 1966, con John Ore al bajo y, según las piezas, Philly Joe Jones o Clifford Jarvis a la batería, sesiones publicadas más tarde con los títulos de *Last Sessions – Volume One* y *Last Sessions – Volume Two*. El mismo año Hope fue hospitalizado por una neumonía y murió a los cuarenta y tres años. Un grupo bautizado ELMOllenium fue creado por su viuda para perpetuar el legado musical de Hope.

Hampton Hawes

Hampton Hawes (Los Ángeles, California, 1928-Los Ángeles, 1977) era uno de los pianistas más solicitados de la costa oeste, pero, como tantos jazzmen de su generación, pagó muy caro su dependencia a la droga. Arraigado en el bebop (Bud Powell y Charlie Parker fueron dos de sus principales influencias), el blues y el góspel, tenía un magnífico toque y su estilo recuerda a veces, al principio de su carrera, el de Powell. Creció en Watts, el barrio negro de Los Ángeles. Estudió con Samuel Rodney Browne, que también era maestro de Dexter Gordon y otros jazzmen. En 1944, tocó con el saxofonista Cecil 'Big Jay' McNeely. Eric Dolphy le hizo descubrir a Dizzy Gillespie, y Hawes se arrojó al bebop con entusiasmo. Colaboró entonces con Dexter Gordon, Wardell Gray, Howard McGhee, Charlie Parker, Art Pepper, Happy Johnson y Jack McVea. En 1951 salió su primer álbum como líder: *The East West Controversy*, seguido por *The Hampton Hawes Memorial Album*. En 1954, terminado su servicio militar, Hawes grabó con Shorty Rogers y formó un trío (con Red Mitchell, bajo y Chuck Thompson, batería) con el que realizó tres discos. Entre ellos *Hampton Hawes Trio Vol. 1*, con un magnífico "So In Love" tocado en solitario. En 1956 grabó *Bird Song* (con Paul Chambers y Lawrence Marable) y *All Night Session!* (con Jim Hall, Red Mitchell y Eldridge Freeman). Al año siguiente participó, junto con Dannie Richmond, en *Mingus Three* de Charles Mingus. En los años cincuenta tocó también con Dexter Gordon, Teddy Edwards, Sonny Criss, Wild

---

[185] En David Johnson, "Hope Lives: A Portrait of Elmo Hope".

Bill Moore y Red Norvo. En 1958 fue muy duramente condenado a diez años de prisión por consumo de droga. Poco antes de ser encarcelado grabó *The Sermon*, en un estilo hard bop. Beneficiando en 1963 de un perdón del Presidente John Kennedy fue liberado y reanudó sus actividades musicales. Tocó con Jackie McMean y Harold Land, y en 1964, con Monk Montgomery al bajo y Steve Ellington a la batería realizó *The Green Leaves of Summer*. Pese a sus cinco años en la cárcel tocó de manera brillante. Actuó entonces en varios países y grabó en Europa y Japón. De vuelta a Los Ángeles colaboró con el bajista Leroy Vinnegar. En 1971 efectuó una gira a Europa con su trío. A mediados de los años setenta hizo algunos discos con un piano eléctrico. Acompañó entonces a Joan Baez y grabó con Charlie Haden (*As Long as There's Music*, 1976), Martial Solal (*Key for Two*, 1979) y otros. Murió de una hemorragia cerebral a los cuarenta y ocho años.

Lou Levy

Lou Levy (Chicago, Illinois, 1928-Dana Point, California, 2001) era fino y melódico. "En su manera de abordar el piano, siempre da una excelente impresión de autoridad, de tocar de manera amplia; hay intensidad, pensamiento, humor e instinto de showman", decía André Previn.[186] Tocó primero con Jay Burkhart en Chicago y acompañó luego a Sarah Vaughan. Siguieron colaboraciones con Georgie Auld, Chubby Jackson, Woody Herman y, brevemente, Tommy Dorsey. Tras una interrupción de su carrera de pianista, de 1952 a 1954, durante la cual vivió en Minneapolis y trabajó para una revista médica, se instaló en Los Ángeles en 1955 y reanudó sus actividades musicales. Tocó con Conte Candoli, Shorty Rogers, Stan Getz, Peggy Lee (durante dieciocho años, con otros contratos durante este período), Ella Fitzgerald, Zoot Sims, Nancy Wilson, Terry Gibbs, June Christy, Anita O'Day, Lena Horne, Tony Bennett, Frank Sinatra y otros. En 1981 hizo una gira con Getz. Sus discos incluyen *A Most Musical Fella* (1957), *The Kid's Got Ears!* (1982), *Ya Know* (1993), *Lunarcy* (1995) y *By Myself* (1995).

Kenny Drew

Vigoroso, con una manera de tocar muy afirmada, Kenny Drew (Nueva York, 1928-Copenhague, 1993) era también un acompañante experimentado. Dio su primer concierto a los ocho años y luego tocó el piano en la escuela de danza de Pearl Primus. En 1950 grabó por primera vez, con Howard McGhee, y acompañó a Charlie Parker, Coleman Hawkins, Lester Young, Buddy De Franco y otros. En

---

[186] Steven Cerra, "Lou Levy: A Most Musical Pianist", *jazzprofiles.blogspot.fr*, 20 agosto 2011.

1953 se estableció en California y al año siguiente grabó con Clifford Brown. En 1956 se presentó en Nueva York con Dinah Washington y en 1957 con Art Blakey. Durante la década de los cincuenta colaboró también con John Coltrane, Johnny Griffin, Donald Byrd y Buddy Rich. En 1961 se fue a residir a París, grabando varios discos con Dexter Gordon, entre los cuales *Dexter Calling* (con Paul Chambers y Philly Joe Jones), componiendo "Modal Mood" para éste. En 1964 se trasladó a Dinamarca, donde actuó a menudo en trío o en dúo y tocó y grabó con Chet Baker, Sonny Rollins, Sonny Criss y muchos otros. Compuso una "Suite For Big Band". Sus discos incluyen *I'm Old Fashioned*, (1955), *Undercurrent* (1960), *Nature Beauty* (1996), *Morning* (1975), *Home Is Where the Soul Is* (1978) y *Elegy* (1986).

Richard Wyands

Richard Wyands (Oakland, California, 1928 - Nueva York, 2019) es especialmente conocido como *sideman* aunque también lideró sus propios tríos. Debutó en la Bay Area de San Francisco. En los años cincuenta acompañó a Ella Fitzgerald y a Carmen McRae y colaboró luego con Roy Haynes, Charles Mingus, Jerome Richardson, Gigi Gryce, Illinois Jacquet y Kenny Burrell. Grabó también con Gene Ammons, Eddie 'Lockjaw' Davis, Frank Foster, Etta James y otros. Sus discos incluyen *Then, There and Now* (1978), *Reunited* (1995) y *Lady of the Lavender Mist* (2002).

Barry Harris

Pianista y pedagogo, Barry Harris (Detroit, Michigan, 1929) perpetúa el legado de Bud Powell y Tadd Dameron. Es uno de los últimos representantes del bebop y un intérprete de blues inspirado, como en el *soulful* "Blues at This Tempo" (en *12* de Sonny Stitt), "Blues for PCM" (en *Moonlight in Vermont* de Stitt) o "While the Getting's Good Blues" (en *You Must Believe in Spring* de Frank Morgan).

Aprendió el jazz con discos y con músicos más experimentados. Tocó primero el piano en una iglesia y, de adolescente, improvisó con Gene Ammons y otros. Detroit estaba pletórico de jazzmen y de jam sessions. Harris frecuentó a Hank y Elvin Jones, Tommy Flanagan, Donald Byrd, Yusef Lateef, Billy Mitchell y muchos otros y su casa se convirtió en un imán para los jazzmen. En los años cuarenta y cincuenta absorbió el bebop y acompañó a solistas de paso en Detroit incluso, tres o cuatro veces, a Charlie Parker. En 1960 se trasladó a Nueva York. Trabajó, entre otros, con Frank Rosolino, Coleman Hawkins, Charlie Parker (Harris describe su colaboración con él como *"the gas of the ages"* – el mayor gozo de todos los tiempos), Cannonball Adderley, Yusef Lateef, Sonny Stitt, Charles McPherson, Max Roach y actuó con su propio nombre. Vivió algún tiempo con Monk en el apartamento

Barry Harris

de Nica de Koenigswarter en Nueva Jersey. Se consagró luego a la enseñanza, en particular en el Cultural Center que fundó en Nueva York en 1982 y en talleres europeos. En el transcurso de los años ha conceptualizado el bebop, dando la pree-minencia a las escalas, que considera fundamentales para la improvisación, especial-mente la escala mayor o menor con la sexta bemolizada, que llama "the diminished sixth scale". Insiste también sobre la importancia de las notas de pasaje, y sobre un estilo muy contrapuntístico que utilice en particular *block chords*. Su discografía in-cluye *Preminado* (1961), *Chasin' the Bird* (1962), *For the Moment* (1984), *Live in Nue-va York* (2004) y *Live in Rennes* (2009).

Gildo Mahones

'Gildo' (Ermenegildo) Mahones (Nueva York, 1929-Oakland, California, 2018) poseía un toque limpio y preciso. Nació de padres puertorriqueños, actuó en 1949 en el Minton's Playhouse con Percy Heath y Kenny Clarke, acompañando a al-gunos de los más célebres jazzmen. Tocó con Milt Jackson, y de 1953 a 1956 con Lester Young y luego con The Jazz Modes (con, entre otros, Charlie Rouse al saxofón y Julius Watkins a la trompa), Sonny Stitt y, de 1959 a 1964, el trío vocal Lambert, Hendricks and Ross. Se instaló luego en Los Ángeles, grabando con Lou Rawls, James Moody, Harold Land y otros, y después en Pasadena y Oakland, presentándose regularmente en Japón. Hizo también varios discos con la cantante Lorez Alexandria y, con su propio nombre, *The Greatest Gildo Mahones – Soulful Piano* (1964), *I'm Shooting High* (1964) y *Summertime* (1990).

Norman Simmons

Norman Simmons (Chicago, Illinois, 1929) acompañó a muchos cantantes entre los cuales Dakota Staton y Ernestine Anderson. En 1949 formó un conjunto. En 1953 dirigió el trío regular del Beehive de Chicago, que acompañaba a los solistas de paso. Alentado por Anderson se instaló en Nueva York. Tocó con Johnny Griffin y Eddie 'Lockjaw' Davis y grabó con Griffin, Roy Eldridge y Harold Ousley. De 1960 a 1969 trabajó con Carmen McRae y en 1966 arregló "Wade in the Water" para Ramsey Lewis, que se volvió un hit. En 1969 empezó a acompañar a Betty Carter y Anita O'Day y en 1979 colaboró con Joe Williams. En 2002 se unió a la Ellington Legacy Band. Sus discos incluyen *Norman Simmons Trio* (1956), *I'm the Blues* (1981), *13th Moon* (1986) *In Private* (2002) y *Synthesis* (2002).

Toshiko Akiyoshi

Toshiko Akiyoshi (Liaoyang, Manchuria, 1929) es la primera pianista y compositora de jazz japonesa conocida a nivel internacional. Su familia se instaló en Japón en 1946, donde Akiyoshi descubrió el jazz. Formó un grupo en 1951. Al año siguiente Oscar Peterson, por entonces de gira por Japón, la oyó. Convenció a Norman Granz de que la dejara grabar, y Akiyoshi realizó su primer disco con la sección rítmica de Peterson. Primero muy influida por Bud Powell, elaboró poco a poco su propio estilo. Organizó el Toshiko-Mariano Quartet con su esposo Charlie Mariano, y en 1970 otro cuarteto con Lew Tabackin, su segundo esposo. En 1982 ella y Tabackin se radicaron en Nueva York y formaron la Toshiko Akiyoshi Jazz Orchestra *featuring* Lew Tabackin, que duró hasta 2003. Akiyoshi ha utilizado elementos de música japonesa en composiciones como "Kogun" o "Tales of a Courtesan". Su discografía incluye *Amazing Toshiko Akiyoshi* (1953), *East & West* (1963), *Toshiko Akiyoshi: Solo Piano* (1971), *Night & Dream* (1994) y *Toshiko Akiyoshi Plays Gershwin's "Porgy & Bess"* (2016).

Tommy Flanagan

Descrito como "un poeta del piano", Tommy Flanagan (Detroit, Michigan, 1930-Nueva York, 2001) tocaba de manera relajada, con frases elegantes. Fue el acompañador de Ella Fitzgerald en 1956, de 1963 a 1965 y de 1966 a 1976. Su hermano mayor, Johnson, le dio algunas clases. Estudió luego con Gladys Wade Dillard (también maestra de Barry Harris y Kirk Lightsey) y escuchó a Art Tatum, Teddy Wilson, Nat 'King' Cole, dos pianistas locales, Earl Van Riper y Willie Anderson, y también a Charlie Parker, cuyo estilo trataba de imitar. Frecuentó varias jam sessions y en 1945, con sólo quince años, tocó con Frank Rosolino y Lucky Thompson. En 1954, alternando con Barry Harris, tocó en la banda del Blue Bird Inn de Detroit (en la que Elvin Jones era el baterista), local que evocó luego en su composición "Beyond the Blue Bird". Allí acompañó entre otros a Donald Byrd, Pepper Adams, Milt Jackson, Billy Mitchell, Miles Davis, Wardell Gray, Clifford Brown, Kenny Burrell y Thad Jones. En 1956 participó en el disco *Kenny Clarke Meets the Detroit Jazzmen*, y en el mismo año se fue a Nueva York con Burrell. Remplazó a Bud Powell en el Birdland y trabajó con Oscar Pettiford, J.J. Johnson (grabando *Blue Trombone* con él en 1957), Lucky Thompson, Harry 'Sweets' Edison y Elvin Jones. Durante los años siguientes grabó con Coleman Hawkins, Dexter Gordon, Sonny Rollins (en *Saxophone Colossus*), Art Farmer, Gene Ammons, Roy Haynes, Miles Davis, Kenny Dorham, Wes Montgomery y John Coltrane (en *Giant Steps*, 1959, que incluye el emblemático tema título del saxofonista) y otros. Colaboró también con Lester Young, Roland Kirk y Tony Bennett. A principios de los años setenta se presentó más frecuentemente con su propio nombre, en solitario, en dúo (ocasionalmente con Hank Jones, con quien grabó *Our Delights* en 1978) y en trío. En 1982 tocó en dúo con Jaki Byard en San Francisco. Su último concierto tuvo lugar a fines de octubre de 2001, en el Festival de Jazz de San Francisco, y falleció algunas semanas más tarde. Grabó en particular *The Tommy Flanagan Trio* (1960), *Solo Piano* (1974), *Something Borrowed Something Blue* (1978), *Jazz Poet* (1989), *Beyond the Blue Bird* (1990) y *Sea Changes* (1996).

Sonny Clark

Como Elmo Hope, 'Sonny' (Conrad) Clark (Herminie, Pennsylvania, 1931-Nueva York, 1963) fue un pianista menospreciado a cuya vida la droga puso un fin precoz. Fuertemente influenciado por Bud Powell, tenía un toque estupendo y un fraseo incisivo. "Tenía un tipo de creatividad diferente, un toque único y una manera de ser anticuada que también era muy moderna", aseveraba el trombonista Curtis Fuller.[187] Es también autor de composiciones como "Cool Struttin'", "Royal Flush", "News For Lulu" y "Sonny's Crib". Grabó con Sonny Rollins, Lou Donaldson, Charles Mingus, Curtis Fuller, Clifford Jordan, Johnny Griffin, Dexter Gordon, Sonny Criss, Cal Tjader, Grant Green, Stanley Turrentine y otras estrellas.

Su padre, minero, murió de tuberculosis un mes después de su nacimiento. Tras la muerte de su madre, Hope se fue a vivir a Los Ángeles en 1951 con su hermano, también pianista. Tocó con Wardell Gray y, en San Francisco, con Vido Musso y Oscar Pettiford. En 1954 remplazó a Kenny Drew en la banda de Buddy De Franco. "Era interesante e inteligente y tocaba de manera alegre y saltarina, recordaba De Franco.

---

[187] Sam Stephenson, "Sonny Clark: Melody and Melancholy", p. 173.

Cuando oí a Sonny, supe en seguida que éramos musicalmente compatibles para lo que estábamos tratando de hacer con el jazz moderno… A veces, cuando yo improvisaba una frase a él se le ocurría una idea que de inmediato la embellecía".[188] De 1954 a 1955 Clark realizó una gira por Europa con un grupo llamado Jazz Club USA. En 1956 volvió a tocar con De Franco y trabajó con los Lighthouse All Stars del bajista Howard Rumsey. Al año siguiente acompañó a Dinah Washington y se fue a Nueva York con ella. Colaboró entonces con Stan Getz, Anita O'Day, Charles Mingus, J.R. Monterose y otros. Formó también un trío con Sam Jones al bajo y Art Taylor a la batería. En 1957 grabó su primer álbum con su propio nombre: *Sonny Clark Trio* (con Paul Chambers y Philly Joe Jones), que incluye el sombrío "My Conception", y al año siguiente *Blues in the Night* y *Cool Struttin'* (con Art Farmer y Jackie McLean), que se convirtió en su disco más conocido. *Dial "S" for Sonny* (con Hank Mobley, Art Farmer y Curtis Fuller) fue seguido por *Sonny's Crib* (con John Coltrane y Donald Byrd). En 1959 Clark realizó un magnífico disco con un quinteto integrado, entre otros, por Mobley y Art Blakey y publicado en 2000 con el título de *My Conception*. En 1961 realizó su último disco: *Leapin' and Lopin'* (con Tommy Turrentine y Charlie Rouse). El 11 y el 12 de enero de 1963 se presentó en el Junior Bar del Alvin Hotel, en Nueva York, y el 13 murió de una sobredosis de heroína a los treinta y un años. Desde su muerte, el hombre y su música han despertado un nuevo interés con, por ejemplo, *Voodoo* (1985) del Sonny Clark Memorial Quartet (John Zorn, saxofón alto, Wayne Horvitz, teclados, Ray Drummond, bajo y Bobby Previte, batería) e *In the Key of Clark* (2002), disco de homenaje del pianista John Hicks.

Patti Bown

Enérgica y ecléctica, Patti Bown (Seattle, Washington, 1931-Media, Pennsylvania, 2008) comenzó a tocar de oído a los tres años. Más tarde Ray Charles le enseñó, entre otras cosas, cómo acompañar a solistas. En los años cuarenta Bown actuó con conjuntos locales. A mediados de los años cincuenta se instaló en Nueva York y grabó con Billy Eckstine y Jimmy Rushing. En 1958 realizó *Patti Bown Plays Big Piano*, lleno de swing. Al año siguiente Quincy Jones, amigo de infancia, se la llevó a Europa con su big band y añadió su composición "G'won Train" a su repertorio. En los años sesenta Bown colaboró con Gene Ammons, Art Farmer, Oliver Nelson, Cal Massey, Roland Kirk, Etta Jones, George Russell, Harry 'Sweets' Edison, Aretha Franklin, James Brown y otros. Durante la siguiente década, tocó en orquestas de shows de Broadway y en el Village Gate de Nueva York, y en 1997 dio un concierto en el Kennedy Center de Washington. Sus composiciones han sido grabadas por Sarah Vaughan, Benny Golson y Duke Ellington.

---

[188] Marc Myers, "Buddy De Franco + Sonny Clark, Pt 1", 28 enero 2010, *jazzwax.com*.

Ray Bryant

Ray (Raphael) Bryant (Filadelfia, 1931-Nueva York, 2011) estaba profundamente nutrido de blues, como en su expresivo "Me and the Blues" (en *Alone With the Blues*, 1958) y "After Hours" (en *Alone at Montreux*, 1972) y de góspel, como en "Gospel Bird" (en *Soul*, 1964), aunque negaba ser un verdadero pianista de góspel. Tenía también un sentido perfecto del tempo. Creció en Filadelfia, ciudad en aquel entonces repleta de jazz. Su madre tocaba el órgano y el piano, su hermano Tommy el contrabajo y su hermana Vera (madre de los músicos Kevin, Duane y Robin Eubanks) era también pianista. Bryant estudió música clásica pero prefería el blues y el jazz, especialmente Teddy Wilson y Art Tatum. Participó en jam sessions en la casa del trompetista Johnny Coles. A los doce años empezó a tocar para bailes, con bandas de R&B y con un grupo que había formado con Benny Golson, su hermano Tommy y la madre de Golson en la parte vocal. Más tarde fue el pianista regular del Blue Note, acompañando a los jazzmen de paso por este club. En 1955 grabó por primera vez: *Meet Betty Carter and Ray Bryant* (primera grabación para Carter también) y grabó con Miles Davis y luego Max Roach, Sonny Rollins y Kenny Dorham. En 1957 se instaló en Nueva York. Trabajó con Rollins, Charlie Shavers, Curtis Fuller, Carmen McRae y Jo Jones y tocó como *freelance* con varios músicos. Actuaba frecuentemente en solitario y realizó *Alone With The Blues* (1959). Al año siguiente su composición "Little Susie" se volvió un *best seller*. En 1961 grabó con Aretha Franklin. Hizo giras con su propio trío, presentándose en 1972 en el Festival de Jazz de Montreux y en 1998 en el Town Hall de Nueva York. Compuso el estándar "Cubano Chant", que originalmente no fue concebido como una pieza "latina".

Horace Parlan

Horace Parlan (Pittsburgh, Pennsylvania 1931-Korsør, Dinamarca, 2017) era *soulful*, tenía swing y utilizaba ocasionalmente elementos de góspel. De niño contrajo la poliomielitis, que lo dejó con dos dedos de la mano derecha deformados. Sobrepasando esta discapacidad, desarrolló su mano izquierda y se inventó una nueva técnica. En sus años de formación fue influenciado por Bud Powell, Sonny Clark y Ahmad Jamal. Cursó derecho, pero lo abandonó para consagrarse a la música. De 1951 a 1957 tocó en Pittsburgh con Stanley y Tommy Turrentine, Cannonball Adderley, Gigi Gryce y otros y, en Washington, con Sonny Stitt. En 1957 se estableció en Nueva York y de 1957 a 1959 formó parte del Workshop de Charles Mingus. Colaboró luego con Lou Donaldson, The Playhouse Four, el quinteto de Eddie Davis-Johnny Griffin y, de 1963 a 1966, Roland Kirk. De 1960 a 1963 realizó varios álbumes con su propio nombre y también con su trío Us Three (con George Tucker, bajo y Al Harewood, batería), y participó en sesiones de estudio para el se-

Horace Parlan

llo Blue Note. En 1972 se instaló en Copenhague, donde ya vivían varios jazzmen estadounidenses. Grabó con Dexter Gordon, Red Mitchell, Frank Foster y Michael Urbaniak y acompañó a Johnny Griffin, Archie Shepp y otros músicos. Entre sus discos se encuentran *Headin' South* (1960), *Happy Frame of Mind* (1963), *We Three* (1997)[189] y *Relaxin' With Horace* (2004).

Roland Hanna

Heredero de Earl Hines y de Art Tatum, 'Sir' Roland Hanna (Detroit, Michigan, 1932-Hackensack, Nueva Jersey, 2002) (el título de "caballero honorario" se lo otorgó en 1970 el presidente de Liberia William Tubman) tenía altas dotes técnicas y la capacidad de adaptarse a contextos variados. Podía expresarse tanto en stride como en otros estilos de jazz. Tocó también con orquestas sinfónicas y se hallan rasgos de música clásica en algunas de sus composiciones como "Prelude op. 28 No. 20", "Perugia" o "A Child Is Born", que se volvió un estándar. Actuó a menudo en solitario, pero también acompañó a cantantes como Sarah Vaughan, Carmen McRae, Al Hibbler y Dee Dee Bridgewater.

Empezó a estudiar música clásica y descubrió el jazz gracias a Tommy Flanagan. Actuó en la región de Detroit a fines de los años cuarenta y, tras su servicio

---

[189] Un álbum con el mismo título ya había sido grabado en 1959 por Roy Haynes, Phineas Newborn y Paul Chambers.

militar, en varios clubes estadonidenses. A fines de los años cincuenta colaboró con Benny Goodman, Charles Mingus y Sarah Vaughan. En los años sesenta fue pianista del Thad Jones-Mel Lewis Orchestra. En 1967 formó parte del New York Jazz Sextet (con Hubert Laws, Tom McIntosh, Jimmy Owens, Ron Carter y Billy Cobham, que remplazó a Freddie Waits) y a principios de la década del noventa, formó parte del Lincoln Jazz Orchestra y del Smithsonian Jazz Masterworks Orchestra. Grabó también con Kenny Burrell, Elvin Jones, Freddie Hubbard, Benny Carter y muchos otros y compuso numerosas obras, incluso música de ballet y de cámara. Su discografía incluye *Easy to Love* (1959), *Informal Solo* (1974), *Perugia* (1974), *Piano Soliloquy* (1979), *This Time It's Real* (1987), *Live at Maybeck Recital Hall, Vol. 32* (1993), *Dream* (2001) y *Last Concert* (2002).

Walter Davis, Jr.

Walter Davis, Jr. (Richmond, Virginia, 1932-Nueva York, 1990), que no debe ser confundido con el pianista y cantante de blues Walter Davis, era un seguidor de Bud Powell. Powell, sin embargo, no era su único modelo: su "Ruby My Dear" tocado en vivo en Washington en 1986, por ejemplo, capta cabalmente el espíritu y la originalidad de Thelonious Monk. Debutó en los años cuarenta con los Three Bips and a Bop de Babs Gonzales y a los dieciocho años tocó con Charlie Parker. Frecuentó las jam sessions de la Calle 52 y en los años cincuenta tocó con Max Roach, la big band de Dizzy Gillespie, Donald Byrd y los Jazz Messengers (junto con Lee Morgan y Wayne Shorter), y después con Philly Joe Jones y Jackie McLean. Trabajó también como sastre y vivió en el Tíbet para estudiar con los monjes budistas. A fines de los años sesenta, basado en París, grabó con Archie Shepp, Betty Carter y Sonny Rollins así como con su propio nombre. A principios de los años ochenta participó en sesiones de estudio con Sonny Stitt, Philly Joe Jones y Art Blakey. En 1985 se presentó en La Habana con Dizzy Gillespie. En 1988 fue el pianista y arreglista de la cinta musical de la película *Bird* de Clint Eastwood. Falleció a los cincuenta y siete años. Sus discos incluyen *Blues Walk* (1979), *In Walked Thelonious* (1987) y *Scorpio Rising* (1994).

Eddie Higgins

Durante la fin de los años cincuenta y los años sesenta Eddie Higgins (Cambridge, Massachusetts, 1932-Fort Lauderdale, Florida, 2009) fue, con su trío, el pianista regular del London House de Chicago. Tocó entre otros con Coleman Hawkins y con su esposa, la cantante Meredith d'Ambrosio. Entre sus discos están *The Ed Higgins Trio* (1957), *The Piano of Eddie Higgins* (1966), *Dream Dancing* (1976), *Those Quiet Days* (1990), *Secret Love* (2006) y *Portrait in Black and White* (1996).

Gene Harris

Pianista sólido en la tradición de Oscar Peterson, Gene Harris (Benton Harbor, Michigan, 1933-Boise, Idaho, 2000) fue especialmente conocido por sus versiones de "Ode to Billy Joe" y "Battle Hymn of the Republic". Se le acusó a veces de caer en la facilidad y de ser demasiado previsible, pero tenía un bello toque y un excelente sentido del tempo. Grabó en particular con Lester Young, Sonny Stitt, Stanley Turrentine, Milt Jackson y Benny Carter. Esencialmente autodidacta, formó parte de 1956 a 1970 del trío The Three Sounds (con Andy Simpkins, bajo y Bill Dowdy, batería), que acompañó a varios artistas, entre ellos Lou Donaldson, Sonny Stitt, Stanley Turrentine y Nat Adderley, y grabó numerosos discos. En 1977 se estableció en Boise, Idaho. Tras un período relativamente inactivo su carrera repuntó y tocó con Ray Brown y en trío. Sus discos incluyen *Beautiful Friendship* (1965), *Elegant Soul* (1968), *In a Special Way* (1976), *It's the Real Soul* (1995) y *Another Night in London* (2010).

Oliver Jones

Pianista virtuoso, también en la tradición de Oscar Peterson, y organista, Oliver Jones (Little Burgundy, Canadá, 1934) utiliza a menudo densos acordes y arpegios. Nacido de padres barbadenses, empezó a estudiar música en la iglesia y luego con Daisy, la hermana de Oscar Peterson, y se presentó luego en numerosos clubes y festivales canadienses e internacionales. Sus discos también incluyen *Cookin' at Sweet Basil* (1987), *Just Friends* (1989), *Just in Time* (1998) y *Just For My Lady* (2013).

Cedar Walton

Con sus frases limpias, mordaces y lógicas y su estilo caluroso, Cedar Walton (Dallas, Texas, 1934-Brooklyn, Nueva York, 2013) fue uno de los pianistas predilectos de Mary Lou Williams y de muchos jazzmen del hard bop. Lo vi varias veces en Nueva York acompañar sobre la marcha a cantantes con los que nunca había tocado antes. Nunca lo tomaban desprevenido: siempre conocía el repertorio de todos ellos y podía acompañarlos en cualquier tonalidad sin dudar un solo segundo.

Comenzó por tocar boogie-woogie, pero fue Art Tatum quien más lo impactó. En 1955 se radicó en Nueva York donde Thelonious Monk le aconsejó –con su manera tan cararacterística: "*play your own shit*" (toca tu rollo). En Alemania, donde estuvo acantonado durante su servicio militar, tuvo la oportunidad de tocar con Eddie Harris. Al volver a Estados Unidos, colaboró con Kenny Dorham, Sonny Rollins, J.J. Johnson, Gigi Gryce, Art Farmer, los Jazz Messengers de 1961 a 1964 (Art Blakey, recordaba Walton, siempre lo alentaba a componer y arreglar) y luego Abbey Lincoln. Actuó entonces en varios clubes y siguió grabando con un impresionante número de luminarias entre las cuales Blue Mitchell, Clifford Jordan, Gene Ammons, Sonny Stitt, Richard Davis, Jack DeJohnette, Eddie Harris, Abbey Lincoln, Freddie Hubbard, Lee Morgan, Jimmy Heath y Jackie McLean. En los años setenta formó la banda Eastern Rebellion y, siguiendo la moda de aquella época, experimentó brevemente, con un éxito relativo, con el piano Fender Rhodes y el jazz funk. A mediados de los años noventa grabó con Etta James y escribió arreglos para ella. Y hasta el final de su vida siguió, como decía, "refinando" su propia música. Sus discos incluyen *Cedar* (1967), *Soul Circle* (1969), *Seven Minds* (1974), *Eastern Rebellion* (1975), *Soundscapes* (1980), *Latin Tinge* (2002), *One Flight Down* (2006), *Seasoned Wood* (2008) y *The Bouncer* (2011). Walton es también autor de los estándares "Hindsight", "Mode for Joe", "Holy Land", "Bolivia" y "Ugetsu" (conocido primero como "Fantasy in D").

Abdullah Ibrahim

Abdullah Ibrahim (también conocido como Dollar Brand) (Cape Town, 1934) tiene un estilo a veces abrupto e incisivo que refleja en parte la influencia de Duke Ellington y de Thelonious Monk. Se inspira también en la música tradicional sudafricana. Nacido Adolf Johannes Brand de un padre de origen basuto y de una madre san, recibió su apodo de 'Dollar' de marineros afroamericanos con los que trababa amistad en los docks de Cape Town. A los doce años empezó a tocar con orquestas de baile y fue musicalmente influenciado por el saxofonista Kippie Moeketsi, con el que actuaría más tarde. En 1954 empezó a grabar con los Tuxedo Slickers, cuyo repertorio se inspiraba en los de Tommy Dorsey, Glenn Miller, Count Basie y Erskine Hawkins y que interpretaban también varios géneros sudafricanos. En 1959 formó con el trompetista Hugh Masakela el grupo Jazz Epistles. En 1962, huyendo del apartheid, se instaló en Zúrich, donde Duke Ellington lo oyó. Grabó *Ellington Presents the Dollar Brand Trio* y Ellington lo ayudó a ser programado en el Festival de Jazz de Newport. En 1965 grabó *Anatomy of a South African Village*, se casó con la cantante Sathima Bea Benjamin y se instaló con ella en Nueva York. En 1969 grabó el álbum en solitario *African Piano*. En los años setenta se convirtió al islam y cambió su nombre por el de Abdullah Ibrahim. Dio conciertos en solitario y fundó en 1983 el conjunto Ekaya (palabra que significa "casa"), con el que grabó en particular *Sotho Blue*. Al terminarse el apartheid, regresó a Cape Town donde organizó, en 2006, el Cape Town Jazz Orchestra. Otros de sus discos incluyen *Water from an Ancient Well* (1986), *Desert Flowers* (1992), *Mukashi: Once upon a Time* (2013) y *The Song Is My Story* (2014). También compuso "Manenberg", considerado como el himno antiapartheid.

Hugh Lawson

El vigoroso Hugh Lawson (Detroit, 1935-White Plains, Nueva York, 1997) colaboró sobre todo con Yusef Lateef y Charles Mingus. Grabó entre otros con Harry 'Sweets' Edison, Charlie Rouse, Roy Brooks, George Adams, Kenny Burrell y Al Grey y, con su propio nombre, *Prime Time* (1977), *Colour* (1983) y *Casablanca* (1989).

Kirk Lightsey

Pianista, flautista y cantante ocasional, Kirk Lightsey (Detroit, Michigan, 1937) tiene un estilo potente y es delicado en las baladas. Soñaba con ser pianista de concierto, pero se lo impidieron los prejuicios raciales de aquella época. En 1965 tocó en Detroit con Chet Baker y se fue con Melba Liston a Nueva York, donde acompañó a Ernestine Anderson y otros cantantes. Durante la década de los setenta tocó en la Costa Oeste con el Harold Land-Blue Mitchell Quintet y con Dexter Gordon. Durante la década siguiente hizo giras por Europa con su trío, colaboró con Betty Carter, Anita O'Day, Kenny Burrell y Clifford Jordan y grabó sus propios discos. Ingresó entonces en el grupo Leaders (integrado por Arthur Blythe, Chico Freeman, Lester Bowie, Cecil McBee, y Don Moye). Vivió en París en los años noventa y luego regresó a Nueva York, tocando, entre otros, con el trompetista Marcus Belgrave y liderando su propio cuarteto. Alterna ahora entre Nueva York y París. Mencionemos, entre sus discos, *Habiba* (1974), *Everything Happens to Me* (1983), *Temptation* (1990), *Estate* (2007) y *Lightsey to Gladden* (2008).

Steve Kuhn

Pianista inventivo y fino y compositor de alto nivel, Steve Kuhn (Brooklyn, Nueva York, 1938) actúa generalmente con sus propios grupos. Su versión de "I Loves You Porgy" (en *Porgy*, 1989), muy lírica, es diferente de las de Bill Evans. "Trance" (en *Trance*, 1965) es maravillosamente hipnótico, y en *Pavane for a Dead Princess* (2006) Kuhn reinterpreta con inflexiones jazzísticas obras de Ravel, Grieg y otros compositores clásicos, sin desmedro de la calidad artística. De adolescente tocó con Coleman Hawkins y Chet Baker. Colaboró luego con Kenny Dorham, brevemente con John Coltrane (lo remplazó McCoy Tyner), y luego con Stan Getz y Art Farmer. Coltrane lo subyugó: durante años conmemoró el cumpleaños del saxofonista tocando sus composiciones en Birdland y grabando *Mostly Coltrane* en 2009. De 1967 a 1971 vivió en Estocolmo, actuando

Steve Kuhn

en trío. En 1971 volvió a Nueva York. Formó un cuarteto y experimentó con atonalidad y free jazz, y sigue dando conciertos en el mundo entero. Su abundante discografía también incluye *Ecstasy* (1974), *Life's Magic* (1986), *Countdown* (1999) y *At This Time* (2016).

Hal Galper

Hal Galper (Salem, Massachusetts, 1938) es un pianista comunicativo. De niño, ya le gustaba interpretar la música a su manera, consternando a sus maestros de piano clásico. Sus padres lo mandaron a una escuela de ingeniería pero, rememora: "Durante la hora del almuerzo solía salir de la escuela y me iba al club de jazz de enfrente y ahí comía oyendo a los tipos que ensayaban. Por cierto, durante un tiempo tomé clases de bongó con el conserje".[190] Tocó con Chet Baker, Stan Getz, Joe Williams, Anita O' Day, Cannonball Adderley y Phil Woods (de 1980 a 1990). En los años noventa realizó una gira con su propio trío. Grabó en particular *Inner Journey* (1972), *Just Us* (1993) y *Airegin Revisited* (2012).

---

[190] "Interview with Bradley Carter on Practicing", *halgalper.com*.

Joanne Brackeen

Joanne Brackeen (nombre de soltera Joanne Grognan) (Ventura, California, 1938) es aventurera, con una técnica impecable y un conocimiento profundo de la armonía. Actuó en los años cincuenta con Dexter Gordon, Teddy Edwards y el saxofonista Charles Brackeen. En 1965 se casó con Brackeen y se instaló con él en Nueva York. Tocó también con Chick Corea, McCoy Tyner, Ornette Coleman, Pharoah Sanders, Joe Henderson, Stan Getz, Javon Jackson y otros y con sus propios grupos, y enseña en el Berklee College of Music. Mencionemos, entre sus discos, *Invitation* (1976), *Prism* (1978), *Turnaround* (1992) y *Popsicle Illusion* (1999).

Al Dailey

Al (Albert) Dailey (Baltimore, Maryland, 1939-Denver, Colorado, 1984) tenía un swing potente. Debutó con la orquesta del Baltimore Royal Theater. Acompañó a la cantante Damita Joe DuBlanc de 1960 a 1963 y actuó en trío en Washington. En 1964 se trasladó a Nueva York y tocó o grabó con Dexter Gordon, Sarah Vaughan, Charles Mingus, Art Blakey, Freddie Hubbard, Stan Getz, Sonny Rollins, Elvin Jones, Archie Shepp y otros. En los años ochenta formó parte de la Upper Manhattan Jazz Society (con Charlie Rouse, Benny Bailey y Buster Williams). Murió a los cuarenta y cinco años. Sus discos incluyen *The Day After The Dawn* (1977) y *Textures* (1981).

Mike Longo

Pianista y pedagogo, Mike Longo (Cincinnati, Ohio, 1939) armoniza con sutileza. Arrebatado, de niño, por Frankie 'Sugar Chile' Robinson, comenzó tocando boogie-woogie. Ingresó luego en la banda de su padre, que era bajista. En los años cincuenta Cannonball Adderley lo ayudó a conseguir contratos y lo hizo tocar en su iglesia, lo que llevó a grabaciones con Nat Adderley. En los años sesenta Longo estudió con Oscar Peterson, convirtiéndose en su protegido, actuó con su propio trío y pasó a ser el pianista y director musical de Dizzy Gillespie. En los años setenta, como tantos otros pianistas de aquella época, hizo grabaciones con el piano Fender Rhodes. Organizó también la big band New York State of the Arts Ensemble y grabó con Gillespie y Lee Konitz. Sus discos incluyen *Matrix* (1970), con el meditativo "Soliloquy", el funky *Talking with the Spirits* (1976), *Dawn of a New Day* (1998), *Sting Like a Bee* (2009) y *Step on It* (2014).

John Hicks

John Hicks (Atlanta, Georgia, 1941-Nueva York, 2006) era apasionado, y sus solos chisporrotean con electricidad. "Nadie suena como John Hicks, siempre se siente la energía", decía Betty Carter.[191] De adolescente, tocó piano y cantó en una iglesia, y estudió un poco violín y trombón. Debutó profesionalmente en el sur de Estados Unidos con los bluesmen Little Milton and Albert King. En 1963 se fue a vivir a Nueva York. Acompañó a la cantante Big Maybelle y colaboró con los Jazz Messengers, Betty Carter, Woody Herman, Arthur Blythe, Pharoah Sanders y muchos otros. Actuó también en trío y, más tarde, con la flautista Elise Wood, con quien se casó en 2001. Su discografía incluye *Dark Side Light Side* (1979), *I'll Give You Something to Remember Me By* (1988), *Friends Old and New* (1992), en el que toca "Rosetta" de Earl Hines, *Something to Live For* (1997) y *Nightwind – An Erroll Garner Songbook* (1999). Compuso el bello "Naima's Love Song".

Stanley Cowell

Stanley Cowell (Toledo, Ohio, 1941) es un pianista con numerosos recursos. Utiliza a veces una *mbira* africana o sonidos electrónicos y puede ser funky o delicado. Oyó a Art Tatum tocar en la casa de sus padres, experiencia sobrecogedora que le dejó una impresión indeleble. Tocó con Yusef Lateef, Roland Kirk, Max Roach (de 1968 a 1970), Charles Tolliver, Roy Haynes, Stan Getz, Sonny Rollins, los Heath Brothers (Jimmy, Percy y Albert) y otros músicos. Ha actuado también en solitario, en dúo, en trío y con otros tipos de grupos. Compuso "Equipoise" y obras de mayor envergadura, entre las cuales "Asian Art Suite". Mencionemos, entre sus discos, *Brilliant Circles* (1969), *Regeneration* (1975), *Welcome to This New World* (1981), *Departure 2* (1994) y *No Illusions* (2017)

Mickey Tucker

'Mickey' (Michael) Tucker (Durham, Carolina del Norte, 1941) poseía una formidable técnica, como se puede oír en su disco en solitario *Getting' There* (1995), en el que ejecuta piezas tan difíciles y estilísticamente diferentes como "Paraphernalia" de Wayne Shorter's o tres obras del compositor libanés Boghos Gelalian. En los años sesenta tocó con músicos de R&B y con Damita Jo y luego con Junior Cook, James Moody, Billy Harper, Frank Foster, Philly Joe Jones, Art Blakey y John Stubblefield. En los años ochenta colaboró con el Art

---

[191] Peter Vacher, "John Hicks", *The Guardian*, 12 mayo 2006.

Farmer/Benny Golson Jazztet y otros, y en la siguiente década de nuevo con Junior Cook. Se instaló luego en Melbourne, pero un accidente en la mano puso fin a su carrera. Sus discos incluyen *Mister Mysterious* (1978), *The Crawl* (1979), *Hang in There* (1994) y *Getting' There* (1995).

Harry Whitaker

Pianista de jazz, de soul y de góspel y productor, Harry Whitaker (Pensacola, Florida, 1942-Nueva York, 2010) podía tocar de manera free pero también funky, con un estilo que recordaba a veces a Horace Tapscott o Archie Shepp). Creció en Detroit, debutando con el músico de R&B Lloyd Price. Se radicó luego en Brooklyn y actuó en varios clubes neoyorquinos. Colaboró con Roy Ayers, Bobbi Humphrey, Carter Jefferson, Carmen Lundy, Claudia Acuña, Gary Bartz, Terumasa Hino y, sobre todo, Roberta Flack, de quien fue director musical, y dirigió su propio cuarteto. Sus discos incluyen *Black Renaissance: Body, Mind and Spirit* (1976) y *Thoughts Past and Present* (2007).

Larry Willis

Sideman cotizado, Larry Willis (Nueva York, 1942 - Baltimore, 2019) tocó y grabó con numerosos músicos, entre los cuales Blood Sweat and Tears, Nat Adderley, Jimmy Heath, Joe Henderson, Clifford Jordan, Lee Morgan, Carmen McRae, Roy Hargrove y The Fort Apache Band, formado por el conguero y trompetista Jerry González. Grabó jazz por primera vez con Jackie McLean (*Right Now!*). Sus discos incluyen *Inner Crisis* (1973), *Solo Spirit* (1992), *Let's Play* (1994), *Blue Fable* (2007) y *This Time the Dream's on Me* (2012).

Kenny Barron

Con su lirismo, su elegancia, su técnica limpia y su gusto impecable, Kenny Barron (Filadelfia, Pennsylvania, 1943) es uno de los pianistas más solicitados del jazz. Su estilo se caracteriza a menudo por semicorcheas regulares con acentos juiciosos y, a veces, la utilización de *montunos* (véase el capítulo "América Latina, el Caribe y el resto del mundo"). Barron grabó con innumerables músicos, entre ellos Dizzy Gillespie, James Moody, Freddie Hubbard, Yusef Lateef, Stanley Turrentine, Ella Fitzgerald, Bobby Hutcherson, Elvin Jones, George Benson, Buddy Rich y Ron Carter. Ha actuado esencialmente en dúo y trío. "Quiero considerarme a mí mismo como un músico de grupo, admite con modestia. La

Kenny Barron

cuestión no es de atraer indebida atención sobre mí sino de hacer que la música funcione. Entonces es cuando más me divierto".[192]

Estudió música con Vera Eubanks, hermana de Ray Bryant, y con su hermano mayor, el saxofonista Bill Barron. De adolescente, ingresó en la banda de Mel Melvin, de la que Bill también formaba parte, y mientras todavía estaba en la escuela secundaria, actuó además con Philly Joe Jones, Sonny Fortune, Jimmy Heath y otros. Colaboró luego en Detroit con Yusef Lateef, que lo alentó a componer y volver a estudiar, lo que hizo luego con Lateef, en el Manhattan Community College. En 1961 Barron se instaló en Nueva York, tocando con Roy Haynes, Lee Morgan y James Moody. Al año siguiente Moody lo recomendó a Gillespie y sustituyó a Lalo Schifrin en la banda del trompetista, quedándose con él hasta 1966. En los años setenta formó el grupo Sphere (con Charlie Rouse, Buster Williams y Ben Riley), consagrado a la música de Thelonious Monk, pero que también incluía composiciones originales. A principios de los años noventa colaboró con Stan Getz y en los años 2000 formó parte del Classical Jazz Quartet (con Stefon Harris, Ron Carter y Lewis Nash). En 2012 dio una serie de conciertos en dúo con Mulgrew Miller y con Dave Holland. Citemos, entre sus discos, *Golden Lotus* (1980), *Kenny Barron at the Piano* (1982), *Nueva York Attitude* (1989), *Sambao* (1993), *Canta Brasil* (2002), *Night and the City* (1996), *Minor Blues* (2009), *The Art of Conversation* (dúo con Holland, 2014), *Book of Intuition* (2016) y *Concentric Circles* (2018). Es autor de "Joanne Julia", "Enchanted Flower", "Seascape", "Bud-Like", "Clouds" y "Calypso".

---

[192] John Regen, "Interview, Kenny Barron", *Keyboard*, 19 septiembre 2016.

George Cables

George Cables (Brooklyn, Nueva York, 1944) es expansivo, con un poderoso e inconfundible swing. Aunque, como Kenny Barron, se considera sobre todo como un pianista de grupo, es particularmente elocuente en trío o en solitario, como en *Piano at Maybeck* (1994). Estudió primero música clásica y orientándose finalmente hacia el jazz, formó a los dieciocho años los Jazz Samaritans, con Steve Grossman, Clint Houston y Billy Cobham. Ha tocado y grabado con Woody Show, Art Blakey, Max Roach, Joe Henderson, Freddie Hubbard, Dexter Gordon y muchos más. Sus discos incluyen *Whisper Not* (1987), *Cables' Fables* (1995), *Shared Secrets* (2001) y *Icons & Influences* (2014).

Otros pianistas

Gil (Alvin Gilbert) Coggins (Nueva York, 1928- Nueva York, 2004) creció en Harlem en una familia de origen barbadense. En 1946 conoció al joven Miles Davis en San Luis, Misuri. Grabó con él y también con John Coltrane, Sonny Rollins, Lester Young, los Jazz Messengers, Ray Draper y Jackie McLean. En 1954 renunció a su carrera musical para trabajar en el sector de bienes raíces. En 1990 volvió al jazz y grabó su primer disco como líder, *Gil's Mood*, en el que toca al estilo bebop. Grabó también *Better Late Than Never* (2007), publicado después de su muerte.

Art Simmons (Glen White, Virginia Occidental, 1926-Beckley, Virginia Occidental, 2018) vivió algún tiempo en Alemania, donde estuvo acantonado tras la Segunda Guerra Mundial, y se estableció en París in 1949. Colaboró en particular con Charlie Parker, Kenny Clarke, Dizzy Gillespie, Art Taylor, Carmen McRae y Billie Holiday. Se retiró finalmente de la música y regresó a Estados Unidos. Sus discos incluyen *Art Simmons Quartet* (1956) and *Boogie Woogie Piano Stylings* (1959) y *Duets*, con Jack Diéval (1969).

Wade Legge (Huntington, Virginia Occidental, 1934-Buffalo, Nueva York, 1963) era influenciado por Bud Powell, de cuyas ideas se inspiraba a veces, como en *New Faces New Sounds* (1953) o sus frases candentes en *Joltin'*, del vibrafonista Joe Roland (1955). Recomendado por Milt Jackson, tocó con Dizzy Gillespie, primero como bajista y luego como pianista (de 1952 a 1954). Durante una estancia en Europa con el trompetista grabó *Wade Legge Trio* (con Lou Hackney, bajo y Al Jones, batería). De vuelta a Estados Unidos actuó de forma independiente. Durante los años cincuenta participó en más de cincuenta sesiones de grabación y trabajó con Jimmy Knepper, Pepper Adams, Miles Davis, Sonny Rollins, Milt Jackson, Charles Mingus, Donald Byrd, Jackie McLean, Gigi Gryce y otros. En 1959 se mudó a Buffalo, donde murió cuatro años más tarde a los veintinueve años.

Vigoroso pianista y vibrafonista que se expresaba sobre todo en el registro mediano y bajo del piano, Eddie Costa (Atlas, Pennsylvania, 1930-Nueva York, 1962) tocó en más de cien discos. Acompañó entre otros a Tony Bennett y Chris Connor y murió a los treinta y un años. Grabó en particular *Eddie Costa/Vinnie Burke Trío* (1956) y *The House of Blue Lights* (1959).

Mencionemos también a Ron Burton (1934-2013), que tocó con Roland Kirk, George Adams y su propio grupo, African American Connection, y grabó con Adams, Beaver Harris, Charlie Rouse, Leon Thomas y Stanley Turrentine; a Ronnie (Ronald) Mathews (1935-2008), que trabajó con Max Roach, Art Blakey, Johnny Griffin, Freddie Hubbard, Dizzy Gillespie y muchos otros; a Ellis Marsalis (Nueva Orleans, 1934), padre de los músicos Wynton, Branford, Delfeayo y Jason Marsalis, que tocó con Cannonball Adderley, Nat Adderley y Al Hirt, grabó con David 'Fathead' Newman y Eddie Harris y con su propio nombre; a Don Friedman (1935-2016), que colaboró con Dexter Gordon, Chet Baker, Ornette Coleman, Pepper Adams, Booker Little, Clark Terry y otros y dirigió su propio trío: a Jack Wilson (1936-2007), pianista y organista, tocó con Gene Ammons, Sonny Stitt, Eddie Harris, Al Hibbler y, en California, con numerosos músicos, desde Gerald Wilson hasta Sarah Vaughan; a Roger Kellaway (Waban, Massachusetts, 1939), también compositor y arreglista; a Sonelius Smith (Hillhouse, Mississippi, 1942), que tocó con John Stubblefield, Kenny Dorham, Roland Kirk, Frank Foster, Donald Byrd, Elvin Jones, Freddie Hubbard, Art Blakey, Lionel Hampton, Stanley Cowell, Andrew Cyrille y David Murray; y a Amina Claudine Myers (Blackwell, Arkansas, 1942), pianista, organista, cantante y compositora influenciada por el blues, que ha colaborado entre otros con Lester Bowie, Charlie Haden, Archie Shepp y David Murray.

Algunos maestros aparte

Oscar Peterson

Coloso del piano jazz, Oscar Peterson (Montreal, Canadá, 1925-Mississaugua, Canadá, 2007) es uno de los artistas más populares de esta música, con más de 200 discos en su haber. Count Basie lo consideraba como el mejor pianista que existía. Aunque padeció artritis en las manos, era un virtuoso que practicaba constantemente y desde las primeras notas que tocaba brotaban el swing y la vitalidad. (Cantaba también ocasionalmente.) Tenía una técnica deslumbrante, un dominio total del piano, un estilo soulful y *bluesy* que ha sido muchas veces copiado, y un toque cristalino. Utilizaba acordes muy ricos, muchas veces arpegiados, líneas de bajo *walking* en décimas, y sus frases, ocasionalmente ejecutadas con dos manos, se encadenaban con precisión. Era un armonista consumado, en las baladas en particular (como en el sobrecogedor "I've Got a Crush on You", en *A Rare Mood*, 1964, su interpretación en solitario, parecida a un himno, de "I'm In the Mood for Love", en *Girl Talk*, 1968, su larga introducción rubato de "If You Could See Me Now", en el disco homónimo, 1983, o su "Salute to Bach", grabado en concierto en Berlín en 1985). Era también un consumado acompañante. Influyó en muchos pianistas, entre los cuales Monty Alexander, Gene Harris, su compatriota Oliver Jones, Mulgrew Miller y Johnny O'Neal. Recuerdo en particular un concierto que dio en el Carnegie Hall. Su maestría era tal que el piano parecía desaparecer, como si la música brotara directamente de él. Tocó muchas veces en trío, pero uno de sus mejores discos es *My Favorite Instrument*, grabado a piano solo en 1968.

Sus padres eran originarios del Caribe. Su padre Daniel, maletero para el Canadian Pacific Railway, tocaba la guitarra y el órgano y lo obligaba a practicar el piano casi continuamente, aunque Peterson admitía que le gustaba pasarse casi todo el día al piano. Sus dos hermanos tocaban música y su hermana Daisy, pianista, le dio sus primeras clases de este instrumento. De niño estudió también trompeta y corneta y tocó con la banda familiar. Sin embargo, como sus pulmones eran débiles debido a un episodio de tuberculosis, un médico le aconsejó renunciar a los instrumentos de viento. Teddy Wilson, Art Tatum, Nat 'King' Cole, George Shearing, Erroll Garner y Milt Buckner, entre otros, modelaron su sensibilidad. Tras oír la versión de Tatum de "Tiger Rag", se quedó tan descorazonado que abandonó el piano por algún tiempo. Estudió luego con un pianista de jazz, Louis Hooper, y con un maestro de música clásica húngaro, Paul de Marky, y admiraba en particular a Rachmaninov. De adolescente tocó boogie-woogie "a lo Meade 'Lux' Lexis", según decía. Ingresó luego en la banda de Percy Ferguson (hermano de Maynard) y a los quince años ganó un concurso en la radio nacional. Dizzy Gillespie y otros, que lo oyeron en 1946, cuando Peterson sólo tenía veintiún años, se quedaron estupefactos. Peterson formó su primer trío en Montreal. Tocó entonces en la radio y empezó a grabar, esencialmente boogie-woogies. En 1949 el empresario y productor Norman Granz lo oyó en la radio mientras estaba en Montreal y lo convenció de que se presentara en Nueva York. En septiembre de ese año Peterson hizo su debut estadounidense en el Carnegie Hall, suscitando críticas entusiastas. "Mientras que algunas estrellas del bebop tienen buenas ideas pero deben sudar para ejecutarlas, Peterson se las zampa con un exceso de poder que no deja duda alguna en cuanto a sus enormes reservas de técnica", apuntó Mike Levin en *Down Beat* en 1949.[193] Peterson se presentó luego en el Bop City. En 1950 hizo una gira por el sur de Estados Unidos con los conciertos JATP y acompañó a Ella Fitzgerald. En 1951 formó un trío inspirado en el de Nat 'King' Cole, con Ray Brown al bajo y primero Charlie Smith y luego Irving Ashby, seguido por Barney Kessel y Herb Ellis en la guitarra, encontrando el trío con Ellis y Brown "sumamente estimulante". A lo largo de su carrera acompañó también a Billie Holiday, Carmen McRae, Fred Astaire y Anita O'Day. En 1956, con Ellis y Ray Brown, grabó *Oscar Peterson at the Stratford Shakespearean Festival*, que marcó un hito en su carrera. Al año siguiente grabó con Louis Armstrong, y el excelente *At the Concertgebouw* fue publicado en 1958. En ese mismo año Ellis se fue a residir a California y Peterson remplazó la guitarra por la batería en su trío, reclutando a Ed Thigpen. Con su nuevo grupo acompañó a Ella Fitzgerald y Louis Armstrong para el disco en dúo de estos dos artistas. En 1959 grabó *Oscar Peterson Plays the Cole Porter Song Book*, en 1962 *West Side Story* (que constituyó para él, confesaba, un desafío), el excelente *Something Warm* y *Night Train*, uno de sus discos más conocidos, que incluye su composición "Hymn to Freedom", homenaje a Martin Luther King. En 1964, con Ray Brown y Thigpen, realizó *Canadiana Suite*. En 1965 organizó un nuevo trío con Sam Jones y Louis Hayes (seguido por Bobby Durham) y durante los años siguientes tocó con una gran variedad de músicos. En 1967 realizó su primer disco en solitario, *Exclusively For My Friends*, y al año siguiente *Girl Talk*, también uno de sus discos más conocidos.

---

[193] En: *Down Beat – The Great Interviews: A 75th Anniversary Anthology*.

A partir de los años setenta grabó con Harry 'Sweets' Edison, Billie Holiday, Roy Eldridge, Sarah Vaughan, Lionel Hampton, Dizzy Gillespie y Count Basie. En 1970 realizó el logrado *Tristeza On Piano*, y en los años setenta organizó un nuevo trío con el guitarrista Joe Pass y el bajista danés Niels-Henning Ørsted Pedersen. En 1974 reclutó al baterista inglés Martin Drew, y en los años noventa al guitarrista sueco Ulf Wakenius. En los años ochenta tocó en duo con Herbie Hancock. En 1993 sufrió un infarto que le impidió durante algún tiempo consagrarse al piano. Al final de su vida lo llevaban al escenario en una silla de ruedas, y pese a su mano izquierda discapacitada siguió tocando estupendamente. En 1996 dio un concierto en la Salle Pleyel de París, grabado con el título de *Oscar in Paris*, y en 1999 se presentó en el Carnegie Hall. Es autor de varias composiciones, entre ellas "Blues for Big Scotia", y de ejercicios para el piano. Fundó también, en Toronto, la Advanced School for Contemporary Music.

Clare Fischer

Pianista, organista, compositor y arreglista, Clare Fischer (Durand, Michigan, 1928-Los Ángeles, California, 2012) ejerció su talento en contextos muy variados: jazz, música cubana, música brasileña, música pop y soul, y con artistas tan diferentes como Singers Unlimited, Natalie Cole, Chaka Khan, Branford Marsalis, Michael Jackson, Brandy, Prince, Paul McCartney y Céline Dion. Conocía todos los entresijos de la armonía, logrando coloridos inauditos, y Bill Evans lo consideraba como uno de los pianistas de jazz más interesantes de su época. Junto con Herbie Hancock y otros, también fue pionero de la utilización de los teclados electrónicos y despertaba la admiración de los músicos "latinos". Se apreciará su inventiva en "Fugue" (en *Memento*, 1992), en la que ejecuta una fuga con tres voces, en su *bolero-guajira* "Gaviota" (en *Latin Patterns*, 1999, en su arreglo del estándar "O pato", en el que sobrepone "Take the A Train", basado en la misma progresión armónica, en su interpretación del bolero cubano "Tú mi delirio" (en *Symphonic Boleros*, 1993) y hasta en sus ejercicios, armónicamente sofisticados, o sus arreglos de estándares como "Yesterdays" o "Everything Happens to Me".

Estudió tuba, violín, piano, violonchelo, clarinete y saxofón, y más tarde armonía y composición en la Michigan State University. De adolescente, dirigió su propia banda y empezó a escribir arreglos. Pasó a ser director musical y pianista del grupo vocal The Hi-Los, creando para éste arreglos que inspirarían a Herbie Hancock. "Yo no sería yo si no fuera por Clare Fischer", admite Hancock, agregando: "Estudié solo las armonías de sus arreglos. Eran más avanzados que todo lo que los demás hacían, y fue así hasta la muerte de Clare".[194] En 1957 Fischer se instaló en

[194] "Herbie Hancock remembers Clare Fischer", *Jazz Times*, 5 abril 2013.

Los Ángeles. Organizó una *charanga*, tipo de orquesta cubana de la cual el percusionista Modesto Durán tomó la cabeza, acompañó a cantantes, escribió arreglos para Donald Byrd, Dizzy Gillespie, Bud Shank, Joe Pass y los Jazz Crusaders y formó un trío con Gary Peacock al bajo y Gene Stone a la batería. En 1962 grabó con su trío *First Time Out*, en 1963 el inventivo *Extension*, con sólo composiciones suyas y una orquesta que incluía cornos, tuba, trombones tenor y bajo y clarinete contrabajo, en 1964 *Só Danço Samba* y en 1965 *Manteca!*, en el que toca el órgano y participan los percusionistas Nicolás 'Cuco' Martínez, Adolfo 'Chino' Valdés, Carlos Vidal y Rudy Calzado. Escribió entonces arreglos para Sérgio Mendes y Willie Ruff y tocó y grabó con Cal Tjader. Volvió luego a actuar en trío y en 1968 fundó una big band. En 1974 formó el grupo Salsa Picante y luego el cuarteto vocal 2 + 2 y siguió tocando, arreglando y componiendo hasta su muerte. Es autor de los estándares "latinos" "Morning" y "Pensativa" y de una obra sinfónica, *The Duke, Swee' Pea and Me*, compuesta para el clarinetista clásico Richard Stolzman. Entre sus otros discos están *Clare Fischer Plays by and with Himself* (1987), en el que utiliza la técnica del *overdubbing* en "Giant Steps", e *Introspectivo* (2005).

Ahmad Jamal

Durante toda su carrera, Ahmad Jamal (Pittsburgh, Pennsylvania, 1930) ha tocado sobre todo en trío, escogiendo con cuidado a sus colaboradores musicales. "Hay que encontrar músicos que están de acuerdo con lo que uno hace; se logra entonces una empatía, una respiración común", declara.[195] Ha también actuado con cantantes e instrumentistas, entre ellos Dinah Washington, Johnny Hartman y los hermanos Turrentine (que eran vecinos y amigos suyos en Pittsburgh), George Coleman y Gary Burton. Como Duke Ellington, rechaza la palabra "jazz", prefiriéndole la denominación de "música clásica americana". Ha influido en varios

[195] John Fordham, "Ahmad Jamal: after a time you discover Mozart in you!", 1ro de febrero de 2013, *theguardian.com*.

pianistas, entre ellos Red Garland. Keith Jarrett expresó su admiración por Jamal
y, dice Harold Mabern: "Toca una obra maestra de tres acordes aun antes de ha-
berse sentado en el asiento del piano. Levanta entonces las manos para dar la señal,
y a partir de este momento surge la magia. Es su sonido, su conocimiento de los
acordes, su manera de orquestar desde la parte baja hasta la parte aguda del piano
o su manera de tocar una balada, volviendo al puente cada vez de manera diferente. Y ese toque tan suyo, que llamo el toque Franz Liszt. Muchos pianistas podrían
quizás igualar su técnica, pero su toque y su sonido los diferencian –así son Ahmad
y Art Tatum".[196] Miles Davis, que también apreciaba a Jamal, grabó sus composiciones "Ahmad's Blues" y "New Rhumba", y le pidió a Red Garland, que era su
pianista en aquella época, que tocara como Jamal. Jamal deja a veces que la sección
rítmica siga sola durante largos trechos y de repente dispara frases fulgurantes o
toca un acorde con un sentido espectacular del espacio y de los matices. Utiliza
también pedales armónicos, frases en movimiento contrario, contrapunto y otros
procedimientos. "Cuando Ahmad Jamal improvisa sobre una estructura armónica,
toca constantemente por encima de las barras de los compases, no define estricta-
mente el principio y el final de esta estructura pero vuela completamente por encima de ella de manera musical, creando más una entidad que una serie de chorus",
comenta el pianista Eric Reed.[197]

Nacido Frederick Russell Jones, cambió su nombre en 1952 tras convertirse al
islam. Ya muy joven era capaz de tocar piezas de oído y repentizaba ávidamente las
partituras que le llevaba su tía. Estudió música clásica con Mary Cardwell Dawson,
fundadora de la National Negro Opera Company, pero se apasionaba más por el
jazz, Erroll Garner en particular. Contestó supuestamente a un periodista brasileño
que le había preguntado cuáles eran sus influencias: "Yo soy mis propias influencias.
Los demás no me influencian, soy yo el que los influencia",[198] pese a que reconoció
en otras circunstancias haber sido marcado durante su juventud por Duke Ellington,
Count Basie, Ben Webster, Charlie Parker, Dizzy Gillespie y Miles Davis. Debutó
profesionalmente a los once años y de adolescente asombró a músicos mucho más
experimentados. Realizó una gira con el trompetista George Hudson y tocó luego
con los Four Strings del violinista Joe Kennedy. En 1948 acompañó brevemente a
Dinah Washington. Se instaló en Chicago y como Nat 'King' Cole, formó un trío
sin batería, The Three Strings, con Ray Crawford a la guitarra, que golpeaba ocasionalmente la madera de su instrumento para lograr efectos percusivos, y Eddie
Calhoun al bajo (y a veces Israel Crosby o Richard Davis). En 1955 grabó *Chamber
Music of the New Jazz*. Al año siguiente sustituyó la guitarra con una batería en su

[196] Entrevista por Ted Panken: "For Ahmad Jamal's 85th Birthday, a Downbeat Feature from
     2002", 2 julio 2015, *tedpankenwordpress.com*.
[197] "The Dozens: Eric Reed selects twelve essential Ahmad Jamal tracks" (Ted Panken, ed.),
     jazz.com.
[198] Leonard Feather, *The Passion for Jazz*, p. 47.

trío, reclutando primero a Walter Perkins y luego al baterista neoorleanés Vernell Fournier, que contribuyó a la pulsación elástica del grupo. En 1958 su disco *Live at the Pershing Lounge*, grabado con Crosby y Fournier, con el estándar "Poinciana", obtuvo un rotundo éxito. Jamal ya se mostraba brillante, con su toque cristalino y su fraseo característico. En 1963 formó un nuevo trío, con Jamil Nasser al bajo y Frank Gant a la batería, y grabó una nueva versión de "Poinciana". *The Awakening*, realizado en 1969, se volvió uno de sus discos más populares. En la década del ochenta actuó en el Blues Alley de Washington. Durante muchos años su trío incluyó también al bajista James Cammack y al baterista Idris Muhammad. Incluyó luego al bajista Reginald Veal y al baterista neoorleanés Herlin Riley. Mencionemos, entre sus otros discos, *Ahmad's Blues* (1951), *Extensions* (1965), *Freeflight* (1971), *American Classical Música* (1982) y *Marseille* (2017).

Shirley Horn

Aunque Shirley Horn (Washington, 1934-Washington, 2005) logró una popularidad considerable hacia el final de su vida como cantante, era también una pianista excepcional. Se acompañaba a sí misma a la perfección, con acordes refinados, magistralmente colocados, muchas veces detrás del tiempo, y siempre con swing. "Soy mi mejor acompañante, decía atinadamente. Siempre sé adónde voy".[199] Interpretaba algunas baladas con tempos lentísimos (como también lo hacen a veces Andy Bey, Gonzalo Rubalcaba o Jacky Terrasson). "La prueba para un músico, afirmaba, es saber tocar despacio". Durante más de treinta años tuvo a Charles Ables como bajista y durante más o menos veinte años a Steve Williams como baterista, logrando una excepcional empatía y complicidad con ambos.

   Creció oyendo jazz en su casa y en su barrio de Washington. Estudió música clásica en Howard University y admiraba a Rachmaninov, pero prefería a Oscar Peterson, Erroll Garner (grabaró más tarde su "Dreamy") y Ahmad Jamal. Los domingos tocaba en una iglesia y por la noche, a escondidas de sus padres, en un bar. Empezó a cantar profesionalmente una noche en la que un cliente le pidió que cantara "My Melancholy Baby". En 1954 formó su primer trío. En 1959 grabó con Stuff Smith (*Cat on a Hot Fiddle*), y además de su propios discos, grabó, durante su carrera, con Antônio Carlos Jobim, Joe Williams, Carmen McRae, Toots Thielemans, Oscar Peterson y Clark Terry. En 1960 realizó su primer álbum como líder, *Ember and Ashes*. Miles Davis apreciaba su sentido del espacio y su elegancia, tan cerca de los suyos, y al año siguiente la invitó a Nueva York. Actuó en la primera parte de la función del quinteto del trompetista en el Village Vanguard e improvisó algunas

---

[199] Lara Pellegrinelli, "Shirley Horn: Around the Horn with Shirley", *Jazz Times*, mayo 2001, *jazztimes.com*.

veces con el grupo, cuyo pianista era entonces Wynton Kelly. "Davis y yo teníamos la misma sensibilidad, a ambos nos gustaba el silencio", recordaba Horn. Quincy Jones la alentó también, pero quería promoverla esencialmente como cantante y Horn rechazó su propuesta. Siguió grabando (*Loads of Love*, *Shirley Horn with Horns*, *Travelin' Light*) y actuó en Washington y Baltimore. Su carrera cobró protagonismo a mediados de los años setenta. En 1976 realizó *A Lazy Afternoon* (con Buster Williams y Billy Hart) y en 1987 *I Thought About You*. Sin embargo, permaneció generalmente desconocida del gran público y actuó regularmente en el One Step Down, pequeño club ubicado en un sótano de Washington. Alcanzó realmente la fama en los últimos años de su vida: en 1991 la invité a dar un concierto en el Châtelet de París, teatro del cual yo estaba encargada de la programación de jazz. "Fue fenomenal, tuvimos tanta cohesión", declaró después. Se presentó luego en varios festivales e influenció a cantantes como Diana Krall. A causa de su diabetes se le tuvo que amputar un pie en 2002. Confinada a una silla de ruedas e incapaz de tocar el piano, continuó no obstante su carrera de cantante, haciéndose acompañar por el pianista de origen húngaro George Mesterhazy. En 2004 logró tocar de nuevo con la ayuda de una prótesis. Otros de sus discos incluyen *Close Enough for Love* (1989), *You Won't Forget Me* (1990, grabado con Miles Davis, Buck Hill, Branford Marsalis, Wynton Marsalis, Toots Thielemans y Buster Williams como invitados especiales) y *I Remember Miles* (1998, con Roy Hargrove y otros invitados).

Andy Bey

Como Shirley Horn, Andy Bey (Newark, Nueva Jersey, 1939) es sobre todo conocido como cantante, pero también es un pianista conmovedor y de gran expresividad y, como en el caso de Horn, se ha escrito poco sobre él como pianista. Se acompaña con algunos acordes sorpresivos, *block chords* y acentos espectaculares. Sus solos son generalmente breves pero intensos. Dobla a veces el tempo y vuelve al tempo inicial y, como Horn, es capaz de cantar y tocar en tempos lentísimos. "Me gusta tomarme mi tiempo, pero puedo sin embargo tomar riesgos. Puedes seguir sintiendo el groove por más lento que sea. Así que la lentitud me conviene, porque la lentitud puede estar llena de *suspense*", explica.[200] Aprendió el piano de oído, copiando a su hermana mayor, y se distinguió rápidamente en este instrumento. A los trece años grabó el disco en solitario *Mama's Little Boy's Got the Blues*, y a los diecisiete realizó giras y grabó con el grupo conformado por él y sus hermanas: Andy and the Bey Sisters. En los años setenta colaboró con Dee Dee Bridgewater y Max Roach y en los años noventa cantó con Horace Silver. Después de muchos años lejos de los estudios de grabación volvió en 1996 con *Ballads, Blues & Bey*, con el que conquistó a un público

---

[200] "Andy Bey: A risk-taking virtuoso", *npr.org*.

más extenso. Su discografía también incluye *Experience and Judgment* (1974), *Ballads, Blues & Bey* (1996), *Ain't Necessarily So* (2007), *The World According to Andy Bey* (2013) y *Pages from an Imaginary Life* (2014).

Johnny O'Neal

Pianista soulful y brillante y cantante, influenciado por el góspel y el blues, Johnny O'Neal (Detroit, Michigan, 1956) es esencialmente autodidacta. Posee un extenso repertorio y recorre con facilidad todo el teclado. Se escuchará por ejemplo su lograda versión de "Overjoyed" de Stevie Wonder. De adolescente, tocó en varias iglesias de Detroit y sus alrededores. En 1974 se instaló en Birmingham, Alabama. En 1976 improvisó en Chicago con Ray Brown, que lo recomendó a Milt Jackson. Tocó posteriormente con Sonny Stitt, Eddie 'Lockjaw' Davis, Anita O'Day, Buddy DeFranco, Dizzy Gillespie, Nancy Wilson, Russell Malone y otros. En 1981 se fue a Nueva York y colaboró con Clark Terry y, de 1982 a 1985, con los Jazz Messengers. En 1985 se presentó en el Carnegie Hall. En 2004 interpretó "Yesterdays" en la película *Ray* sobre Ray Charles, recreando la versión de Art Tatum, y sigue actuando con su propio nombre. Sus discos incluyen *Coming Out* (1983), *On the Montreal Scene* (1995), *Soulful Swinging* (1997), *Live at Smalls* (2013) e *In the Moment* (2017).

Electrones libres

Desde la llegada del bebop, aparecieron varios pianistas que se han rehusado a dejarse encasillar y que se sustraen efectivamente a toda categorización.

Herbie Nichols

Herbie Nichols (Nueva York, 1919-Nueva York, 1963) permaneció muchos años desconocido aunque fue apreciado en particular por Archie Shepp, Roswell Rudd y Steve Lacy. "Durante las sesiones de piano, Nichols no era tan agresivo como los otros músicos, pero mandó a un buen número de oponentes a casa a practicar y mejorarse un poco. No trataba de hacer gala de su talento pero tenía buen gusto, autoridad, inventiva y bastante energía como para plantar cara a los demás chorus tras chorus", apuntó Billy Taylor, que lo oyó en una jam session del Hollywood Bar de Harlem.[201] Nichols sólo grabó tres discos con su propio nombre debido a que los productores no encontraban su música bastante comercial, y para sobrevivir tuvo que tocar con grupos de Dixieland o de R&B y acompañar a cantantes no siempre muy conocidos. Su aventurera música, que suena a veces como un cruce entre Bud Powell y Thelonious Monk, tiene un aspecto rugoso y abrupto. Cortas frases angulares contrastan con repentinos diseños rápidos puntuados por acordes disonantes, y a veces cambios de tempo. El enérgico "Step Tempest", casi atonal, "House Party Starting" y "I Didn't Happen", de carácter bebop, "Love Gloom Cash Love", con su feeling stride, "The Third World", precioso vals contrapuntístico o "The Gig", con sus cambios de ambiente, constituyen diferentes ejemplos del estilo de Nichols. Fue un compositor original cuyas obras han sido tocadas por varios músicos, desde John Coltrane hasta Jason Moran y algunos pianistas rusos. La más conocida de sus composiciones es "Lady Sings the Blues" (titulada primero "Serenade"), de la que Billie Holiday escribió la letra. Nichols la grabó en 1955 en su tercer disco: *Herbie Nichols Trio*.

---

[201] *Jazz Piano*, p. 183.

Herbie Nichols

Sus padres eran oriundos de la isla de San Cristóbal y de Trinidad. Creció en el barrio neoyorquino de San Juan Hill y luego en Harlem, oyendo música caribeña. Estudió música clásica, y su padre le prohibía tocar jazz. Nichols formó no obstante una banda de jazz mientras estaba en la escuela secundaria y Ellis Larkins lo alentó a seguir con el jazz. En 1937 pasó a ser pianista y arreglista ocasional de los Royal Barons, dirigidos por el saxofonista Freddie Williams, de los que George Duvivier era el bajista. A fines de los años treinta participó en las jam sessions del Monroe's Uptown House y tocó brevemente en el Minton's Playhouse, pero el ambiente competitivo de este club le desagradó. Admiraba a Kenny Kersey y en los años cuarenta a Monk, quien le presentó a Mary Lou Williams, así como a Duke Ellington y Art Tatum. En 1941 fue movilizado. Después de la guerra colaboró con Hal Singer, Illinois Jacquet, Danny Barker, John Kirby, el bajista y cantante 'Chocolate' Williams, Sonny Stitt y Arnett Cobb, y grabó con el trombonista Snub Mosely. En 1951 Mary Lou Williams grabó tres de sus composiciones: "The Bebop Waltz" (rebautizada "Mary's Waltz"), "At da Function" y "Stennell" (rebautizada "Opus Z"). En 1952, con su cuarteto (Dannie Barker, guitarra, Chocolate Williams, bajo y Shadow Wilson, batería), Nichols grabó "S'Wonderful" de Gershwin y sus propias piezas: "Nichols and Dimes", "Who's Blues" y "My Lady Gingersnap", pero el disco pasó desapercibido. En 1955 realizó *The Prophetic Herbie Nichols* (con Al McKibbon y Art Blakey) y al año siguiente, con Teddy Kotick y Max Roach, grabó "Wildflower", "Riff Primatif" y otras de sus composiciones. En 1957 realizó su último disco: *Love, Gloom, Cash, Love* (con George Duvivier y Dannie Richmond). A principios de los años sesenta acompañó a Sheila Jordan para sesiones de grabación, tocó en Nueva York con Archie Shepp y el bajista Ahmed Abdul-Malik, y en Escandinavia con un grupo de Dixieland. Falleció a los cuarenta y cuatro años. En 1992 el pianista Frank Kimbrough y el bajista Ben Allison fundaron un grupo llamado The Herbie Nichols Project para interpretar y grabar las composiciones de Nichols.

Jaki Byard

Pianista polifacético, saxofonista, guitarrista y trombonista ocasional, Jaki (John) Byard (Worcester, Massachusetts, 1922-Nueva York, 1999) se expresaba en distintos estilos, desde el stride (como en el brillante "Excerpts from European Episode") hasta el blues ("Blues for Smoke") y free jazz. "Cuando toco me gusta ser conservador y también progresista", explicaba Byard. Rindiendo homenaje a dos antiguos maestros del piano grabó en particular un extracto de *Yamecraw* de James P. Johnson (en *Hi-Fly*) y "Memories of You" de Eubie Blake (en *The Jaki Byard Experience*). En *Here's Jaki* interpreta el más moderno "Giant Steps" con una larga introducción y expone el tema al estilo bebop. En *Sunshine of My Soul* ofrece una versión lúdica de "St. Louis Blues" en la que inyecta stride y blues. En "Beatrice" (en *Fuschia Swing Song* de Sam Rivers) toca acordes que anuncian los que utilizaría Herbie Hancock al año siguiente en "Ceora" de Lee Morgan. Durante un taller de piano organizado en Berlín en 1965, estuvo casi *free*; en *Parisian Solos* toca "Bésame mucho" al estilo swing y en *Solo Piano* mantiene un *pattern* de stride en la mano izquierda mientras ejecuta frases audaces con la mano derecha.

Aprendió el jazz esencialmente de oído. "Toqué los solos de Bud Powell y fue una fase. Luego vino Garner y fue una fase, y luego Tatum. Finalmente decidí juntar todo eso y decir: '¡al diablo con todo eso, ya basta!'", confió Byard al saxofonista Marty Ehrlich, que estudió con él.[202] Aprendió también a tocar trompeta, saxofón alto, batería, contrabajo y violín. En 1941 se instaló en Boston. Trabajó con bandas locales y fue contratado por un club como pianista regular. Conoció en el ejército a Kenny Clarke y al pianista Ernie Washington y aprendió a tocar trombón. Después de la guerra colaboró en Boston con Sam Rivers y acompañó a cantantes y bailarines. Tocó también saxofón con Herb Pomeroy (y piano durante los entreactos). A fines de los años cuarenta trabajó con Earl Bostic, Charlie Mariano y Alan Dawson, y a fines de los años cincuenta y principios de los sesenta con Maynard Ferguson. Asimismo, grabó con Roland Kirk, Eric Dolphy y Booker Ervin. En 1960 se presentó en Town Hall con Charles Mingus. De 1962 a 1964 formó parte del Jazz Workshop del bajista y volvió a tocar con Ervin, Dawson y Mariano. Durante los años sesenta grabó también con Sam Rivers y realizó sus propios discos, entre ellos *Here's Jaki*, *Hi-Fly*, *Out Front*, *Sunshine of My Soul* y *Solo Piano*. A partir del final de esa década, enseñó en el New England Conservatory de Boston y a partir del final de la siguiente lideró dos big bands, ambas llamadas The Apollo Stompers, una en Boston y la otra en Nueva York. En 1986 grabó *Jaki Byard With Strings*, tocando con Ray Nance en un estilo muy personal y romántico en la balada "Falling Rains of Life", y en 1988 se unió a la Mingus Big Band, creada por la viuda de Mingus para ejecutar

---

[202] Citado por Peter Watrous en "Jaki Byard, a Jazz Musician And Teacher, Is Dead at 76", *The New York Times*, 15 febrero 1999.

las composiciones de éste. Grabó con Ricky Ford y siguió tocando y enseñando hasta el final de su vida. Fue encontrado muerto en su casa de Queens con una bala en la cabeza. El misterio de su fallecimiento nunca ha sido elucidado.

Charles Mingus

Hombre apasionado y con fuerte personalidad, difícil a veces, según algunos músicos que colaboraron con él, Charles Mingus (Nogales, Arizona, 1922-Cuernavaca, México, 1979) infundía respeto, como salta claramente a la vista en su autobiografía *Beneath the Underdog* (Menos que un perro). Tocaba ocasionalmente el piano en concierto, declarando que lo tocaba "como un compositor" y que era "un pianista frustrado". "Llegué a considerar el diapasón del bajo como un teclado de piano", decía. Sin embargo era un pianista talentoso y expresivo. Mostró en su arte la misma obstinación que Thelonious Monk, rechazando todos los compromisos e instigando a sus músicos a tomar riesgos.

Creció en Watts. Su hermana Grace era pianista. Su madre sólo toleraba música sacra en la casa, lo que no impidió que Mingus, apasionado por Duke Ellington y otros músicos, se orientara hacia el jazz. Estudió piano con Lloyd Reese, pedagogo renombrado, así como violonchelo y trombón, pero escogió finalmente el contrabajo. El flautista Buddy Collette y Art Tatum lo alentaron sin embargo a seguir tocando el piano, y Tatum le enseñó algunos *voicings*. En 1961 Mingus grabó al piano el funky *Mingus - Oh Yeah*, inspirado en el góspel, con "Wham Bam Thank You Ma'am", en el que su estilo recuerda a Ellington, y en 1963 *Mingus Plays Piano*, disco en solitario en el que es a la vez sobrio y elocuente. Incluye en particular un "Memories of You" pensativo y "Myself When I Am Real", con una introducción con colores ravelianos. En esta pieza el ritmo acelera y Mingus improvisa frases de tipo español sobre un ostinato de mano izquierda. En 1965 grabó *Tonight at Noon*, tocando piano en "The Spur of the Moment" así como en "Four Hands", en el que su estilo se acerca al de Herbie Nichols.

Mal Waldron

Mal Waldron (Nueva York, 1925-Bruselas, 2002) tenía afinidades con Thelonious Monk y Duke Ellington. Era conciso y *bluesy*. Le gustaban los acordes disonantes, los compases ternarios, los ostinatos, las repeticiones de motivos y las tonalidades menores. Nacido de padres caribeños estudió primero saxofón alto. De niño empezó a actuar en su barrio. En 1949 estudió piano y composición en el Queens College y compuso la música de un ballet. Debutó con los saxofonistas Ike Quebec y Big Nick Nicholas y el baterista Kansas Fields y trabajó con grupos de

R&B. De 1954 a 1959 grabó varios álbumes con Charles Mingus y en 1958 grabó con Gene Ammons (*Blue Gene*). De 1957 a 1959 acompañó a Billie Holiday trabó con ella una profunda amistad que duró hasta la muerte de la cantante. Colaboró también con Tiny Grimes, Jackie McLean, y brevemente con John Coltrane. A principios de los años sesenta grabó con Eric Dolphy y se presentó en el Five Spot Cafe de Greenwich Village con un quinteto liderado por Dolphy y Booker Little. Tocó también en el disco *Straight Ahead* de Abbey Lincoln (en el que figuraba Coleman Hawkins), y de 1961 a 1962 colaboró con Max Roach (que estaba casado en esa época con Lincoln). En 1963 una sobredosis de droga lo dejó incapaz de seguir tocando profesionalmente y le hizo olvidar lo que sabía de música. Tras un largo período de rehabilitación recuperó algunas de sus facultades pero su estilo cambió, volviéndose menos lírico y más sobrio y anguloso. "Empecé con un gran árbol e intenté desbastar y desbastar, tratando de encontrar el palillo perfecto, pero en 1960 todavía no lo había logrado–de verdad", dijo al periodista Ted Panken.[203] En 1965 se fue a residir definitivamente a Europa, viviendo primero en París y en Múnich, donde tocó a menudo en dúo y acompañó a la cantante Jeanne Lee. A principios de los años 1980 vivió en Japón, donde se casó con una japonesa, y volvió a Europa, estableciéndose en Bruselas. Grabó también con Steve Lacy (*Japan Dream*, 1992) y compuso la música de tres películas así como el estándar "Soul Eyes" y obras como "The Seagulls of Kristiansund". Sus discos incluyen *Impressions* (1959), con su composición "Overseas Suite", *Left Alone* (1959), grabado tras la muerte de Holiday (1969), *Tokyo Bound* (1970), *Black Glory* (1971), *Meditations* (1972) y *The Whirling Dervish* (2006).

Randy Weston

Randy Weston (Nueva York, 1926-Brooklyn, Nueva York, 2018) tenía un estilo escueto, *bluesy* y percusivo y una rica sonoridad. "No soy un músico de jazz, soy un cuentista por medio de la música", declaró en la introducción de su autobiografía. Enamorado de los ritmos africanos y del blues tuvo también sus fuentes en el góspel y en Count Basie, Nat 'King' Cole, Art Tatum, Duke Ellington, y, sobre todo, Thelonious Monk.

Creció en Brooklyn, donde entabló amistad con Max Roach, Wynton Kelly, Duke Jordan, Cecil Payne y otros músicos. Estudió primero violonchelo y su madre le enseñó a tocar góspel. Su padre, de origen panameño, lo obligaba a practicar, pero Weston no necesitaba coacción. Eddie Heywood, Eubie Blake, Duke Jordan y Monk le enseñaron algunos elementos de jazz. La música caribeña y el jazz latino lo

---

[203] "Two Interviews with Mal Waldron on the 86th Anniversary of His Birth", 15 agosto 2011, *tedpanken.wordpress.com*.

El bajista Ron Carter y el pianista Randy Weston, 1961.

fascinaban, sobre todo el creado por Dizzy Gillespie con Chano Pozo. Más tarde, reclutaría frecuentemente a percusionistas, entre ellos a Montego Joe, Chief Bey, Big Black, Cándido Camero, y a su propio hijo, Azzedin. De adolescente tocó el piano en una banda de la que formaba parte su amigo el trompetista Ray Copeland y, tras su estancia en el ejército, tocó con grupos de R&B. Colaboró luego con el cantante de blues 'Bull Moose' Jackson, Cecil Payne, Kenny Dorham, Art Blakey, Eddie 'Cleanhead' Vinson y Melba Liston, quien le escribió arreglos. A partir de 1954 actuó con sus propios tríos y cuartetos, grabó con su propio nombre (*Randy Weston Plays Cole Porter – Cole Porter in a Modern Mood*) y compuso. En 1955 grabó el calipso "Fire Down There" (en *Get Happy*), un año antes de que Sonny Rollins grabara prácticamente la misma pieza con el nombre de "St. Thomas". A principios de los años sesenta la revuelta empezaba a estallar en la comunidad afroamericana. En vez de expresar abiertamente sus frustraciones y su ira, como lo hacían otros músicos, Weston acudió a sus raíces africanas, realizando *Uhuru Afrika* en 1960 (*uhuru* significa "libertad" en kiswahili). Lo grabó con una big band que incluía a los percusionistas cubanos Cándido Camero y Armando Peraza y al percusionista nigeriano Babatunde Olatunji y, aunque Melba Liston fue mencionada como arreglista, los miembros de la banda se aprendieron la mayor parte de la música de memoria (el disco fue prohibido en Sudáfrica en 1964). En 1961 Weston visitó Nigeria. En 1966 se presentó en el Festival de Jazz de Monterey (con Booker Ervin en el saxofón) y el año siguiente visitó Marruecos. De 1968 a 1973 vivió en Tánger, donde dirigió el African Rhythms Club. Asistió a una ceremonia sacra *gnawa* que lo deslumbró emocionalmente y tuvo más tarde la oportunidad de tocar con esos percusionistas *gnawa* del sur de Marruecos. Más y más atraído por la música africana grabó *Uhuru Africa*, *African Sunrise: Selections from the Spirits*, *Freedom Africa* y *Bantu*. En 1973 vivió algún tiempo en París, regresando luego a Estados Unidos. Siguió expresando su amor por África con *Music from the New African Nations*, *African Cookbook*, *Blues to Africa*, *African Nite* y *African Rhythms*. Tras un período más tranquilo, repuntaron, a fines de los años ochenta, sus actividades musicales. En 1992 realizó *The Spirits of Our Ancestors*. En 1998 intentó, con *Khepera*, fusionar la música africana y la música china. En 2012 tocó su "Nubian Suite". Lideró luego su African Rhythms Trio (con el bajista Alex Blake, de origen panameño, y el percusionista Neil Clarke), con el que grabó *The Storyteller*. En 2014 siguió *The Roots of the Blues*, dúo con el saxofonista Billy Harper. En 2016 dio un concierto en el Carnegie Hall. Se presentó también en el Festival de Jazz de Montreux y otros festivales, entre ellos el de música *gnawa* de Marruecos. Sus composiciones más conocidas incluyen "Hi Fly" y "Little Niles", que se volvieron estándares de jazz. Weston es también autor de retratos musicales: de su padre, de Duke Ellington, Thelonious Monk, Myriam Makeba y Billie Holiday.

Andrew Hill

Pianista y compositor experimental, Andrew Hill (Chicago, Illinois, 1937-Jersey City, Nueva Jersey, 2007) estaba, según decía, "preocupado por el sonido". Ejecutaba a menudo sobrios acordes de mano izquierda y cortas frases atonales, como en "Refuge" (1964), "Snake Hip Waltz" (1975) o "Siete ocho", cercano del free, y le gustaban las métricas impares. Nacido de padres haitianos creció en el South Side de Chicago. De niño cantaba, bailaba claqué y estudió acordeón y saxofón barítono. A los trece años, aprendió a tocar piano y estudió brevemente con Hindemith. Trabajó entonces con una banda de R&B, con el cantante Paul Williams y, ocasionalmente, con Charlie Parker y Miles Davis cuando estaban de paso por Chicago. En 1954 grabó con el bajista Dave Shipp y en 1956, con su propio trío, *So in Love*. En 1961 acompañó a Dinah Washington. Se instaló entonces en Nueva York, donde acompañó a Johnny Hartman y Al Hibbler. Al año siguiente se estableció en Los Ángeles y tocó con Roland Kirk. En 1963 volvió a Nueva York y grabó de nuevo con su propio nombre (*Black Fire* en particular) y tocó en *Our Thing* de Joe Henderson. Realizó entonces *Point of Departure* (con Eric Dolphy, Kenny Dorham, Joe Henderson, Richard Davis y Tony Williams), que impulsó verdaderamente su carrera. Como *sideman* grabó también con Joe Henderson, Bobby Hutcherson y Hank Mobley. En los años noventa formó un trío relativamente *free* con Reggie Workman (bajo) y Pheeroan akLaff (batería). Siguió presentándose y grabando hasta su muerte. Sus discos también incluyen *Smoke Stack* (grabado en 1963 pero publicado en 1966), *Judgment* (1964), *Strange Serenade* (1980), *Shades* (1986) y *Time Lines* (2006).

Carla Bley

Carla Bley (Karen Borg) (Oakland, 1938) es sobre todo conocida como compositora y directora de orquesta. Ha experimentado con varios géneros de música, entre ellos el tango, la ópera y hasta el rock. Toca a veces en un estilo un poco monkiano, pero también puede ser lírica. En 1959 se mudó a Nueva York y a los diecinueve años se casó con Paul Bley. Tocó free jazz con su segundo esposo, el trompetista Mike Mantler y con la Jazz Composers Orchestra de éste, y formó su propio conjunto. También fue uno de los miembros fundadores de la Jazz Composers Guild. Colaboró con Pharoah Sanders, Charles Moffett y Alan Shorter y, en Europa, con los Jazz Rarities (de los que formaba parte Steve Lacy). Vivió entonces con el bajista Steve Swallow y se presentó con él. *4x4*, grabado en 2000 en Oslo con un pequeño grupo, incluye el interesante "Les trois lagons", inspirado en la obra de Henri Matisse. Compuso además la música de la película francesa *Mortelle randonnée* (1984). Sus discos incluyen *Dinner Music* (1977), *Sextet* (1987), *Are We There Yet?* (1999) y *Andando el Tiempo* (2015).

Myra Melford

Myra Melford (Evanston, Illinois, 1957) crea mundos a veces poéticos, a veces *bluesy* o cercanos del góspel y a veces inspirados en varias civilizaciones. Puede también ser fogosa, golpeando el teclado con sus puños y utilizándolo como un instrumento de percusión. En 1978 conoció al violinista Leroy Jenkins, que influyó en ella, y estudió con Jaki Byard, Don Pullen y Henry Threadgill. En 1997 formó el trío Equal Interest con Jenkins y Joseph Jarman. Tocó con el Trio M y con el clarinetista Ben Goldberg en un dúo llamado Dialogue, y formó en 2012 el quinteto Snowy Egret. Sus discos incluyen *Alive in the House of Saints* (1993), *Yet Can Spring* (2001), *Life Carries Me This Way* (2013), *Everything Here Is Possible* (2014) y *Snowy Egret* (2015).

Bill Evans y Denny Zeitlin

Bill Evans

Músico poético y conmovedor con un fraseo muy personal, Bill Evans (Plainfield, Nueva Jersey, 1929-Nueva York, 1980) fue uno de los grandes innovadores del jazz. Apreciado por Miles Davis y por pianistas tan diversos como Horace Silver, Earl Hines y Oscar Peterson, influyó en particular en Keith Jarrett, Paul Bley, Chick Corea, Denny Zeitlin, Richie Beirach, Herbie Hancock y Enrico Pieranunzi. Francis Paudras menciona en su libro *La Danse des infidèles* que Bud Powell estaba fascinado por "Waltz for Debby" de Evans y creía que éste era negro. El mismo Evans fue influenciado por varios pianistas de jazz, entre ellos Nat 'King' Cole y Bud Powell, y por compositores clásicos como Scriabin, Rachmaninov, Ravel, Debussy, Fauré y Lili Boulanger. Su "Since We Met" recuerda, por ejemplo, la "Sonatine" de Ravel y "Peace Piece" evoca la "Berceuse" de Chopin. Si bien Fauré introdujo los modos antiguos en la música clásica, Evans popularizó el uso de los modos en el jazz (como en "Time Remembered"), modos que aportan diferentes colores y permiten a veces improvisar con más libertad que con progresiones armónicas clásicas. Como Scriabin y algunos impresionistas franceses, Ravel entre ellos, Evans remplazaba a menudo las cadencias III-VI-II-V-I tradicionales con acordes suspendidos o secuencias de acordes sobre pedales de dominante. Le gustaban los acordes sin fundamentales y los acordes apoyaturados, los *voicings* con segundas en el registro agudo y sextas en la mano izquierda y tríadas de superestructuras (novenas, undécimas, decimoterceras) en la mano derecha, los *block chords*, el contrapunto y los desplazamientos de ritmo (como en "Five"), y podía tocar en cualquier tonalidad. Zurdo (como, en particular, Donald Lambert, Erroll Garner, McCoy Tyner y Dom Salvador), tenía grandes manos y podía alcanzar décimas. Hacia el final de su vida tocaba como dominado por un sentimiento de urgencia y Marc Johnson, su bajista, confió que a veces se perdía en algunas piezas. A veces también, Evans arrancaba sin avisar en la tonalidad que le gustaba en el momento, obligando a sus bajistas a adaptarse inmediatamente. Rearmonizaba estándares y temas de Broadway o de Tin Pan Alley con sumo cuidado por el movimiento de las voces y la melodía. "Le tengo mucho respeto a la canción popular norteamericana y a algunos de los maestros que compusieron en ese género musical. Para los músicos de jazz ésta se ha convertido en un vehículo para la improvisación y han utilizado muchas estructuras de estos temas para improvisar. Estudié mucho esto analíticamente y con diligencia durante mi formación. Me sumergí profundamente en la cuestión y estoy convencido de que vale la pena trabajarlo porque hay exploraciones en este terreno que todavía no he empezado a realizar".[204] El toque de Evans recordaba el del pianista italiano Arturo Benedetti Michelangeli, que Evans admiraba, admiración que era mutua. Grabó con músicos muy diversos, adaptándose cada vez brillantemente a cada contexto, por difícil que fuera. Compuso piezas magníficas y originales, nunca, como bien señaló Jack Reilly, sobre la estructura armónica de otra persona.[205] Entre ellas "Waltz for Debby", "Blue in Green" (erróneamente atribuida a Miles Davis, que se apropió este tema), "Turn Out the Stars", "Very Early", "Comrade Conrad", "Time Remembered", "My Bells", "The Two Lonely People" y "Peace Piece" y tocó frecuentemente, renovándolas cada vez, sus piezas predilectas, entre ellas "Nardis" de Miles Davis, que solía interpretar con largas introducciones.

Estudió violín, piano, flauta y flautín y creció escuchando música clásica y liturgias de la iglesia ortodoxa de su madre, de origen eslavo. A los doce años tocó boogie-woogie en cines y al año siguiente remplazó a su hermano Harry, también pianista, en la banda de su escuela secundaria. Ingresó entonces en la orquesta de Buddy Valentino, en la que descubrió el placer de la improvisación. A los quince años formó un trío de jazz y tocó luego con la big band del multiinstrumentista Don Elliott. Estudió música en el Southeastern Louisiana College, donde impresionó a sus profesores y a los demás estudiantes, y actuó también en clubes de Nueva Orleans con su grupo, The Casuals. Hacia la misma época compuso el vals "Very Early", que ya mostraba su sofisticación en materia de composición y que se volvió un estándar. En 1951, durante su servicio militar, tocó la flauta en una banda de metales del ejército y piano con sus colegas, presentándose, en los días de permiso, en varios clubes de Chicago. Su estancia en el ejército lo déjó amargo y le hizo perder confianza en sí, pero ahí conoció a varios músicos, entre los cuales Earl Zindars, del cual grabaría luego algunas piezas. En 1954 compuso "Waltz for Debby" en honor a su joven sobrina, que se convirtió en su tema más conocido y que grabaría en particular con Cannonball Adderley. Al año siguiente se instaló en Nueva York. Estudió composición en el Mannes College of Music y tocó con el guitarrista Mundell Lowe, la banda de R&B y de boogie-woogie del saxofonista Herbie Fields y los

[204] Enstice, Wayne and Paul Rubin, *Jazz Spoken Here*, p. 114.
[205] *The Harmony of Bill Evans*, p. ii.

Bill Evans

clarinetistas Jerry Wald y Tony Scott. En 1956 grabó con Scott una pieza modal: "Aeolian Drinking Song", y en la década del cincuenta grabó también con Jimmy Knepper, Sahib Shihab, Idrees Sulieman, Eddie Costa, Helen Merrill y Art Farmer. Conoció al compositor George Russell, que compartía sus intereses por los modos (Russell había escrito un libro sobre el modo lidio publicado en 1953: *The Lydian Chromatic Concept of Tonal Organization*). Evans grabó "Concerto for Billy the Kid" de Rusell (en *Jazz Workshop*, 1956) y, de Russell también: "All About Rosie" (en *Modern Jazz Concert*, 1957). Pese a la dificultad de estas dos composiciones Evans salió airoso. En este mismo año realizó su primer álbum: *New Jazz Conceptions* (con Teddy Kotick al bajo y Paul Motian a la batería), que incluía los complejos "Five" y "Displacement". Sin embargo *New Jazz Conceptions* obtuvo poco éxito y Evans siguió tocando como independiente. "En aquella época experimentaba con los modos. Creo que estábamos tocando un blues. Fue la primera vez que oí un pasaje en el que no hubo cambios de acordes, en el que el mismo acorde flotaba –si se puede decir– en el aire durante toda la pieza", recordaba el bajista Bill Crow.[206] La colaboración de Evans con Charles Mingus es poco conocida, pero en agosto de 1957, Evans grabó con él en *East Coasting by Charlie Mingus*, adaptándose al universo del bajista, y aunque Evans aseveraba que no era un pianista de blues, toca con gran fineza, en este disco, en "Fifty-First Street Blues".

[206] Ashley Khan, *Kind of Blue*, p. 72.

A principios de 1958 Russell presentó Evans a Miles Davis, quien ya había escuchado al pianista en el Birdland. En febrero Evans tocó con el trompetista en *Jazz Track* (en "On Green Dolphin Street", "Stella by Starlight" y "Fran Dance") junto con Cannonball Adderley, John Coltrane, Paul Chambers y Jimmy Cobb y tomó solos excepcionales. Dos meses después Davis lo reclutó en su conjunto del que Evans fue el primer y, en aquella época, único músico blanco. "Bill aportó un profundo conocimiento de la música clásica, de gente como Rachmaninoff [sic] y Ravel, escribió Davis en su autobiografía. Él fue quien me dijo que escuchara al pianista italiano Arturo Michelangeli [Benedetti Michelangeli]. Es lo que hice y me enamoré de su manera de tocar. Bill tenía ese fuego tranquilo que tanto me gustaba en el piano. La manera como lo abordaba, el sonido que sacaba de él eran como notas de cristal o agua chispeante cayendo de una clara cascada. Tuve que cambiar de nuevo el sonido de la banda para adaptarlo al estilo de Bill, con nuevas piezas, al principio más suaves. Bill tocaba por debajo del ritmo y eso me gustaba, me gustaba su manera de tocar escalas con la banda. Red [Garland] llevaba el ritmo pero Bill lo atenuaba y, de todo lo que yo hacía con esas cosas modales, me parecía que Bill lo hacía mejor".[207] Evans tocó también en *Le Grand Jazz* de Michel Legrand. En 1958 grabó *Portrait of Cannonball* con Cannonball Adderley. En noviembre, harto de las giras constantes y de los comentarios raciales que le hacían algunos miembros de la banda de Miles Davis y del público afroamericano, dejó el grupo del trompetista. "Después de ocho meses me siento agotado en todos los sentidos: física, mental y espiritualmente", confió al periodista Don Nelsen.[208] Supuestamente fue durante su estancia con Davis que empezó a tomar heroína. Formó entonces un trío y grabó *Everybody Digs Bill Evans* (con Sam Jones y Philly Joe Jones), con el bello "Peace Piece", basado sobre un ostinato de mano izquierda, que inspiraría el principio de "Flamenco Sketches" en *Kind of Blue*. En 1959 Davis llamó de nuevo a Evans para que participara en *Kind of Blue*, del que Evans escribió los arreglos. El disco incluye "All Blues", "Blue in Green" y "So What", basado en el modo dórico, en el que Evans utiliza acordes en cuartas que se volverían luego comunes en el jazz. En 1960 volvió a grabar para Russell, esta vez junto con Paul Bley. "Le eché todo lo que tenía desde la primera frase y me dejó con la boca abierta al oír que me lo regresaba enseguida, confesó Bley. Eso era una buena y una mala noticia. Toda la sesión fue así. Hiciera lo que yo hiciera, Bill estaba listo y me lo mandaba de vuelta en seguida, tomando la iniciativa, siguiendo, haciendo todo lo que George hubiera podido esperar".[209]

En 1959 Evans organizó un trío con el joven y brillante bajista Scott LaFaro y el baterista Paul Motian en el que los instrumentos estaban en pie de igualdad y conversaban juntos. El mismo año grabó *Portrait in Jazz* (1959). En 1961 parti-

---

[207] Davis, Miles con Quincy Troupe, *The Autobiography*, p. 226.
[208] "Bill Evans", *Down Beat*, 8 diciembre 1980, p. 17.
[209] Paul Bley con David Lee, *Stopping Time*, p. 73.

cipó al disco *Blues and the Abstract Truth* de Oliver Nelson y, con su trío, grabó en febrero *Explorations*, el 25 de junio el excepcional *Sunday at the Village Vanguard* y el mismo día, también en el Village Vanguard, *Waltz for Debby* (publicado al año siguiente). Esas sesiones produjeron en particular "Elsa", vals de Earl Zindar, "Nardis", "My Foolish Heart", "My Romance", "Jade Visions" de LaFaro, "I Loves You Porgy" de Gershwin y "Waltz for Debby". En mayo del mismo año Miles Davis dio un concierto en el Carnegie Hall en el que interpretó "Spring Is Here", orquestado en parte por Gil Evans a partir de la grabación de esta pieza por Bill Evans. El 6 de julio de 1961, once días después de la grabación en el Village Vanguard, LaFaro murió en un accidente de coche a los veinticinco años. Desmoronado, Evans dejó de tocar en público hasta la Navidad, sólo grabando en diciembre (y en mayo del año siguiente) *Nirvana* con Herbie Mann y con el nuevo trío que acababa de formar, con Chuck Israels remplazando a LaFaro (en el curso de su carrera tendría varios bajistas entre los cuales Eddie Gomez, y varios bateristas).

En 1962 Evans se arrojó de nuevo a la música con renovado vigor. Grabó con su trío *How My Heart Sings!* y el bello *Moonbeams*, y también *Interplay* (con Freddie Hubbard, Jim Hall, Percy Heath y Philly Joe Jones), *Undercurrent* (con Jim Hall –los dos grabarían de nuevo juntos en 1966 con *Intermodulation*), *Loose Blues* (con Zoot Sims, Jim Hall, Ron Carter y Philly Joe Jones), y *Know What I Mean?* (con Cannonball Adderley, Percy Heath y Connie Kay, cuya pieza título fue compuesta por Evans en el estudio de grabación y que incluye "Waltz for Debby"). En el disco Evans es elástico y aéreo, y encaja perfectamente con Adderley. Grabó también una admirable versión de "Danny Boy", publicada después de su muerte en *Bill Evans – Conception* (1981). Al año siguiente compuso el sombrío "N.Y.C.'s No Lark" (anagrama de Sonny Clark, que acababa de morir). Lo incluyó en *Conversations with Myself*, disco en solitario grabado en el mismo año con *overdubbing*, por el que obtuvo un segundo *Grammy Award*. "Se puede plantear el argumento según el cual un mismo pensamiento dirigió las tres ejecuciones, escribió Evans en las notas de la carátula. Pero en mi opinión esto no es completamente cierto. Las funciones de cada pista son diferentes, y si bien a nivel verbal se pudiera sentir que es un estado de ánimo diferente el que produce una declaración o un comentario sobre el intercambio ocurrido entre las dos primeras, me parece que la música, aquí, tiene más bien la cualidad de un trío que la de un solo".[210] Evans utilizaría de nuevo la técnica del *overdubbing* en *Further Conversations With Myself* (1967) y en *New Conversations* (1978). En 1964, con su trío y una orquesta sinfónica dirigida y arreglada por Claus Ogerman, grabó "Granadas", basado en un tema de Enrique Granados, "Prelude" de Scriabin y otras piezas clásicas, y actuó en Europa. En 1968 salió otro álbum de piano solo: *Alone*, con un sobrecogedor "Here's That

---

[210] Verve 521-409-2.

Raining Day", y el disco del concierto de Evans en el Festival de Jazz de Montreux (con Eddie Gomez y Jack DeJohnette), que incluye un extraordinario "I Loves You Porgy", obtuvo de nuevo un *Grammy Award*. En 1969 Evans utilizó un Fender Rhodes en *From Left to Right*, tocando un piano acústico con la otra mano, con un bello solo en "The Dolphin", del pianista brasileño Luiz Eça. Durante la década del setenta grabó, entre otros, con Tony Bennett, Stan Getz, Harold Land, Kenny Burrell y Toots Thielemans. En 1971, en su disco en dúo con Eddie Gomez: *Intuition*, experimentó, en "T.T.T". (Twelve Tone Tune), con una serie dodecafónica, logrando hacerla muy melódica. En 1972 volvió a colaborar con George Russell, grabando la suite "Living Time" de éste. En 1975 realizó otro disco en solitario: *Alone Again*, que incluye "People" y "What Kind of Fool Am I". Trastornado por el suicidio de su hermano Harry (Ellaine, la compañera de Evans, se había suicidado en 1973 cuando él había conocido en California a la joven Nenette Zazzara, con la que se casaría), rindió homenaje a su hermano con "We Will Meet Again". En 1978 formó su último trío, con el joven bajista Marc Johnson y el baterista Joe LaBarbera, que consideró como uno de los mejores tríos desde hacía mucho tiempo. En 1979 dio un concierto emocionante en París al que asistieron algunos de sus amigos músicos, y otro en Buenos Aires, ambos de los cuales fueron grabados. En 1980 sus problemas de salud empeoraron (padecía hepatitis, y tras haber tomado heroína por muchos años se había vuelto adicto a la cocaína). Tocaba con los dedos muy hinchados, pero logró mantener la misma fuerza emocional y la misma musicalidad durante sus actuaciones en Alemania, en San Francisco y en el Village Vanguard de Nueva York. Murió poco después de su función en el Village Vanguard, a los cincuenta y un años.

Denny Zeitlin

Pianista y psiquiatra, Denny Zeitlin (Chicago, Illinois, 1938) posee una rica paleta armónica y una bella sonoridad. Inventivo, siempre dispuesto a tomar riesgos, utiliza a veces las cuerdas del piano. Toca a menudo en solitario y, aun tocando en trío, deja espacios para expresarse solo. Empezó a tocar profesionalmente de adolescente, colaborando con Johnny Griffin, Wes Montgomery, Joe Farrell, Wilbur Ware, Bob Cranshaw y otros. En 1963, mientras estudiaba medicina, grabó por primera vez, en *Flute Fever* de Jeremy Steig, y realizó luego cuatro discos en trío con su propio nombre, entre los cuales *Cathexis* y *Carnival*. Éstos despertaron la admiración de Bill Evans, que grabó "Quiet Now" de Zeitlin. Entre 1964 y 1968 Zeitlin realizó *The Columbia Studio Sessions* con, en particular, una versión de "Spring Is Here" muy diferente de la de Evans. En los años setenta experimentó con instrumentos electrónicos, volviendo más tarde al piano acústico. Sus discos también incluyen *Live at the Trident* (1965), *Slickrock* (2004), *Solo Voyage*

Denny Zeitlin

(2005), *Precipice – Solo Piano Concert* (2008), *Both/And* (2013), en el que toca en solitario con cuatro teclados electrónicos y un piano acústico, y el valioso *Wishing on the Moon* (2018), grabado con sus compañeros habituales: el bajista Buster Williams y el baterista Matt Wilson.

El soul jazz, el funk, el smooth jazz, la *fusion* y el "New Orleans groove"

El soul jazz, el funk, el smooth jazz y la *fusion*

Desde los años sesenta el góspel y el R&B han inspirado a algunos pianistas de jazz, dando lugar a lo que llegó a llamarse el "soul jazz". El soul jazz coincidió con la emergencia de los movimientos de reivindicación afroamericanos y, como anteriormente el hard bop, constituyó una reacción al jazz cool, free y de vanguardia. "La aparición del soul como movimiento hizo surgir problemas raciales que habían permanecido larvados durante años en el jazz, escribió Lerone Bennett Jr. El jazz es y ha sido, por lo menos en parte, una música de protesta. Durante los últimos quince años ha expresado de manera bastante precisa las tensiones del 'gueto enfurecido.' La soul music es el reflejo más reciente y probablemente más preciso del estado de ánimo o del alma, si se quiere, del joven negro urbano. Hay, en esta música, un nuevo aspecto del orgullo racial, una celebración de los vínculos con el África y una adopción, llena de desafío, del *honky-tonk*, de la *house-rent party* [fiesta dada para ayudar a pagar la renta] y de la gente que dice '*dis here*' y '*dat dere*'–en breve la adopción de todo lo que la clase media norteamericana repudia".[211]

Los términos "soul", "soul brother" y "soul food" se volvieron populares en la comunidad afroamericana, y desde el final de los años cincuenta hasta los años sesenta algunos discos grabados por jazzmen se titulaban por ejemplo *Boss Soul, Soul Time, Soul Summit, Soul Station, Soul Box, Soul People, Soul Groove, Swing and Soul, The Natural Soul, Soul Shoutin', Soul Cycle, The Big Soul Band, The Soul of Jazz Percussion, Jungle Soul, Manufacturers of Soul, More Soul, The Soul Clinic, Elegant Soul, Soul Sym-*

---

[211] "The Soul of Soul", *Ebony*, vol. XVII, No 2, diciembre 1961, pp. 114-115.

phony, *Chile con Soul* o *Nippon Soul*. Ahmad Jamal grabó tocando un Fender Rhodes una pieza titulada "Soul Girl", y el pianista y organista de góspel Herbert 'Pee Wee' Pickard, acompañante de los Gospel Harmonettes, grabó en 1968 un álbum titulado *Soul Piano*. Sin embargo, algunos músicos, hastiados, se rebelaron contra este abuso de la palabra "soul". Entre ellos Cannonball Adderley: "Riverside Records nos puso una presión terrible cuando descubrieron que había una palabra llamada 'soul'. Nos convertimos, en lo que concierne a la imagen, en artistas de soul jazz. No dejaban de promovernos así y yo luchaba deliberadamente contra eso, hasta el punto en que se convirtió en un juego".[212] Y en 1963 Les McCann, exasperado, replicó al periodista François Postif, que lo tildaba de músico "soul:" "¿Soul? ¿Qué es eso? Para mí eso de soul no existe: yo he tocado así desde la primera vez que puse la mano sobre un piano. Es curioso cómo le gusta a la gente ponerle etiquetas a todo".[213]

A fines de los años sesenta los sintetizadores y los teclados electrónicos surgieron en el jazz, dando pie a subgéneros conocidos con los nombres de funk, fusion, smooth e easy-listening jazz (jazz fácil de escuchar). Estas dos últimas denominaciones designan un tipo de jazz bastante comercial, blando y relajante con sintetizadores, sobre todo popular en California. Ray Charles fue uno de los primeros que utilizó un piano eléctrico en el jazz. A partir de 1968 Miles Davis les pidió a Herbie Hancock, Chick Corea, Keith Jarrett y Joe Zawinul que tocaran con teclados electrónicos, y este cambio a un tipo de jazz más funky le alienó a algunos de sus fans, que lo acusaron de volverse "comercial". Como señalamos anteriormente, la palabra "funk" ya había aparecido en los años cincuenta. Horace Silver había grabado "Opus de Funk" en 1953 y Ray Charles y Milt Jackson habían grabado "Blue Funk" (en *Soul Brothers – Soul Meeting*) en 1958. Los discos de Miles Davis *Bitches Brew* (1970), que se volvió un *best seller*, y *Jack Johnson* (1971), el grupo Lifetime de Tony Williams, el Mahavishnu Orchestra de John McLaughlin (con su tecladista Jan Hammer), que mezclaba jazz, rock y modos y métricas de la India y de los Balcanes y, en Gran Bretaña, Michael Gibbs, Mike Westbrook y la banda Nucleus, abrieron el paso a lo que iba a ser conocido como "jazz-rock" a principios de los setenta, y más tarde como "fusion". Joe Zawinul es considerado como uno de los principales representantes de esta *fusion*, aunque declaró que no sabía realmente lo que esta palabra significaba.

En los años ochenta apareció brevemente el acid jazz, retoño funky del jazz influido por el R&B de los años sesenta. Representado en particular por el organista británico Brian Auger y su grupo Oblivion Express, fue popularizado en Londres por DJs de funk, soul y disco. El acid jazz generó algunos seguidores en el extranjero, entre los cuales Branford Marsalis y su grupo Buckshot LeFonque (que incluyó a los tecladistas Frank McComb, Joey Calderazzo y Kermith Campbell), pero esta música fue rápidamente absorbida en el corpus del funk jazz.

---

[212] Roy Carr, *A Century of Jazz: A Hundred Years of the Greatest Music Ever Made*, p. 160.
[213] *Jazz Me Blues*, p. 154.

Bill Doggett

Bill Doggett

Pianista y organista, Bill Doggett (Fila-delfia, Pennsylvania, 1916-Nueva York, 1996) se orientó en los años sesenta del blues y del jazz hacia el soul y el funk jazz con una música alegre, hecha para chasquear los dedos y marcar el ritmo con el pie. A los quince años formó un grupo que actuó localmente. Tocó en los años cuarenta con Lucky Millin-der, los Ink Spots y los Tympany Five de Louis Jordan y, más tarde, con Ella Fitzgerald y Della Reese. En 1952 orga-nizó una banda de R&B, y sus composi-ciones "Honky Tonk" y "Hippy Dippy" se volvieron hits, especialmente con los fans del rock 'n' roll. Durante los años cincuenta escribió arreglos para Louis Armstrong, Count Basie, Ella Fitzge-rald y Lionel Hampton. A partir de la década del setenta y hasta el final de su vida se presentó en clubes de jazz y festivales en Estados Unidos y Europa.

Junior Mance

'Junior' (Julian) Mance (Chicago, Illinois, 1928) es uno de los intérpretes más conocidos de un tipo de piano jazz muy soulful, *bluesy* y funky. Su estilo se ca-racteriza por riffs, elementos de blues y un swing constante. Su padre le enseñó a tocar stride y boogie-woogie, y a los diez años obtuvo su primer trabajo, con un saxofonista local. En 1947 actuó con Gene Ammons y dos años más tarde, un día que a Bud Powell, que era en aquella época el pianista de Lester Young, lo había dejado el avión, Mance tuvo la oportunidad de tocar con Young. En 1953, en el club Bee Hive de Chicago, acompañó a muchas grandes figuras del jazz, incluso a Charlie Parker. Al año siguiente actuó y grabó con Dinah Washington, y Jimmy Jones le dio algunos consejos musicales. Trabajó también con Can-nonball y Nat Adderley, Art Blakey, Dizzy Gillespie y el quinteto de Eddie Da-vis-Johnny Griffin, y grabó con Howard McGhee, Aretha Franklin y los blues-men Junior Wells y Buddy Guy. En 1961 formó su propio trío. Evolucionó de discos orientados hacia el bebop como *At the Village Vanguard* (1961) a los funky *With a Lotta Help from My Friends* (1970) y *Holy Mama: Junior Mance* (1979). De

1990 a 2009 formó parte del conjunto de pianistas 100 Gold Fingers ensemble, que actuaba cada año en el Japón y cuyos miembros variaban de un año a otro, y en 2013 hizo una gira internacional con dos músicos japoneses, el bajista Hide Tanaka y el violinista Michi Fuji.

Ray Charles

Conocido con el nombre admirativo de 'Genius', Ray Charles (Ray Charles Robinson) (Albany, Georgia, 1930-Beverly Hills, California, 2004) es sobre todo conocido como cantante, pero era también un pianista soulful y *bluesy* que se acompañaba a sí mismo (tocaba además el saxofón alto). Le gustaba un estilo de blues bastante tradicional, marcado por el del sur de Estados Unidos, así como el góspel. Fue el primero que utilizó un piano eléctrico en un disco con "What'd I Say" (excepto Earl Hines antes, pero Hines había utilizado un prototipo). Creció en Greenville, Florida. Perdió la vista cuando era niño y estudió en una institución especializada. Escuchó jazz, a Art Tatum y Nat 'King' Cole en particular, tratando de imitar a Cole ("Como él, yo quería tocar cosas sabrosas para acompañarme cuando cantaba", decía), y varios instrumentistas de viento. A los quince años formó un conjunto y más tarde el McSon Trio. En 1948 se instaló en Seattle y fundó el Maxim Trio. En 1954 organizó un septeto que incluía a los saxofonistas David 'Fathead' Newman y Hank Crawford. En 1957 grabó un disco instrumental: *The Great Ray Charles*, en el que toca en un estilo hard bop, acompañado por una orquesta, y *Soul Meeting* con Milt Jackson, que incluye en particular el hit "Hallelujah, I Love Her So". Al año siguiente, de nuevo con Jackson, grabó *Soul Brothers*. Se presentó entonces en el Festival de Jazz de Newport, donde recibió tremenda ovación. Con los años su carrera de cantante se desarrolló, pero siguió acompañándose al piano, con inmenso talento y ritmos pegajosos.

Joe Zawinul

Joe Zawinul (Viena, Austria 1932-Viena, 2007) era un músico inventivo con, en sus comienzos, un profundo feeling por el blues y la soul music. Pianista superior en la tradición del hard bop al principio de su carrera, se orientó más tarde hacia un tipo de jazz mucho más funky, con teclados electrónicos y hasta un vocoder. Estudió música clásica en el Konservatorium de Viena y tocó con varios conjuntos de radio y de estudio. En 1959 se estableció en Estados Unidos. Tocó con Maynard Ferguson, Dinah Washington, Cannonball Adderley y, siguiendo el ejemplo de Ray Charles, empezó a utilizar un piano eléctrico. En 1966 compuso para Cannonball Adderley "Mercy, Mercy, Mercy", inspirado en el góspel.

Lo grabó con el saxofonista y la pieza se volvió un hit. En el mismo estilo compuso también "Walk Tall" y "Country Preacher", así como la pieza modal "74 Miles Away". A fines de los años sesenta grabó *In a Silent Way* (Zawinul afirmaba ser el autor de las líneas de bajo utilizadas en el tema título) y *Bitches Brew* (en el que también toca Chick Corea) con Miles Davis, y su colaboración con el trompetista incrementó su fama. En 1970 formó con el saxofonista Wayne Shorter y el bajista Miroslav Vitouš el grupo de *fusion* Weather Report, que obtuvo un hit en 1977 con "Birdland" (en *Heavy Weather*). Weather Report duró hasta 1986, con varios cambios de personal. En 1989 Zawinul tocó en dúo con Herbie Hancock. Organizó más tarde el Zawinul Syndicate, reclutando a músicos de varios orígenes étnicos entre los cuales el percusionista indio Trilok Gurtu, el percusionista marfileño Paco Séry, el bajista mauriciano Linley Marthe, el cantante y multiinstrumentista marroquí Aziz Sahmaoui y el guitarrista brasileño Alegre Corrêa. Sus últimos discos incluyen *Faces and Places* (2002), *Midnight Jam* (2005) y *Brown Street* (2007).

Dave Grusin

Pianista y tecladista, Dave Grusin (Little Town, Colorado, 1934) puede ser funky o lírico y refinado, con un toque bellísimo. Tras estudiar música en la Universidad de Colorado, pasó a ser pianista y director musical de Andy Williams y de la Dave Grusin Orchestra para el programa de televisión *The Andy Williams Show*. Compuso para el cine y la televisión, fundó un sello discográfico y se ha presentado frecuentemente con el guitarrista Lee Ritenour. Grabó también con numerosos músicos, de Art Farmer a Sarah Vaughan, Chaka Khan y Bette Midler. Sus discos incluyen *Mountain Dance* (1980), *Harlequin* (1985), *Homage to Duke* (1993), *Now Playing* (2004) y *One Night Only!* (2011).

Les McCann

Pianista, organista y cantante funky esencialmente autodidacta, marcado por el góspel, Les McCann (Leslie Coleman) (Lexington, Kentucky, 1935) es uno de los primeros músicos de jazz que utilizó un piano eléctrico, y también un clavinet y un sintetizador. Es conocido por su jazz robusto y de enorme swing pero puede también ser meditativo. Se alistó a la Marina estadounidense al principio de los años cincuenta, y durante su estancia en California, frecuentó los clubes de jazz. Erroll Garner lo impresionó particularmente. Wynton Kelly, Ray Bryant y Bill Evans formaban también parte de sus pianistas predilectos aunque en una versión en vivo de "Maleah", McCann toca con una sección rítmica que recuerda la de Ahmad Jamal y cita "Poinciana", el tema emblemático de Jamal. Formó el trío Les McCann Ltd, con el que grabó varios discos, entre ellos *In New York* (1961). En 1960 logró el éxito con *The Shout*. En 1962 tocó en *That's Where It's At* de Stanley Turrentine, y el hit "Compared to What", grabado en 1969 con el saxofonista Eddie Harris en *Swiss Movement*, constituyó el tope de su carrera. En 1995 padeció un infarto, sin embargo, en 1997 grabó *Pacifique* con el pianista alemán Joja Wendt. En "algunas piezas McCann toca el Fender Rhodes mientras Wendt toca el piano acústico. En los últimos años McCann ha dado precedencia a su carrera de cantante. Mencionemos, entre sus otros discos, *Plays the Truth* (1960), *Les Is More* (1967), *Swiss Movement* (1969), *On the Soul Side* (1994) y *Pump it up* (2002). De lo que ha grabado, su pieza predilecta es "The Lovers", composición de 26 minutos incluida en su disco *Invitation to Openness* (1972).

Ramsey Lewis

También muy influido por el góspel, Ramsey Lewis (Chicago, Illinois, 1935) es *soulful*, con ritmos pegajosos. "Lo que me interesa es producir un ruido alegre. Y si esto llega a la gente, pues he hecho mi trabajo", afirma.[214] De nueve a quince años tocó en una iglesia. John Lewis y Ahmad Jamal fueron dos de sus primeras influencias jazzistas. Continuó sus estudios en el Chicago Music College. De adolescente, empezó a llamar el atención con el grupo The Cleffs, que se convirtió en el Ramsey Lewis Trio (con Eldee Young, bajo e Isaac "Red" Holt, batería, sustituidos más tarde por Cleveland Eaton y Maurice White). En 1956 grabó por primera vez y dos años más tarde realizó *Ramsey Lewis and the Gentlemen of Swing*. En 1965 obtuvo un *best seller* con su versión del hit rock 'n' roll de Dobie Gray "The 'in' Crowd", grabado en vivo en el Bohemian Caverns de Washington. Formó entonces un nuevo trío y obtuvo dos nuevos éxitos con "Hang on Sloopy" y "Wade in the Water", que lindaban con la música pop. En 1974 obtuvo otro éxito con *Sun Goddess*, en el que experimentó con teclados electrónicos y en el que figuraba el grupo Earth, Wind & Fire. En 1984 colaboró con Nancy Wilson y dio más tarde conciertos con el pianista Billy Taylor. Uno de sus discos más bellos es *Classic Encounter* (1988), grabado con el Philharmonia Orchestra de Londres y arreglado por James Mack, especialmente la pieza "After the Rain". En 1995 organizó la banda Urban Knights, y ha también actuado con Dee Dee Bridgewater. Entre sus numerosos discos están *Keys to the City* (1987) (dos años antes, Mulgrew Miller había grabado un álbum con el mismo nombre), *Appassionata* (1999), *The Very Best of Ramsey Lewis* (2006) y *Taking Another Look* (2011).

---

[214] Entrevista por Baldwin "Smitty" Smith, *jazzmonthly.com* (sin fecha).

Ramsey Lewis

Joe Sample

Uno de los más expresivos pianistas soul y funk, Joe Sample (Houston, Texas, 1939-Houston, 2014) era un músico superior con excelente gusto, un fraseo mordaz y un sonido inmediatamente reconocible, como en *The Jazz Crusaders: Recorded Live at the Newport and Pacific Jazz Festivals 1966*) o *Pass the Plate* (1971). En las notas de su CD *The Pecan Tree* evocó la música que oía cuando creció en Texas: "El árbol [de pecán] y yo vivíamos con los 'Sanctified Holy Rollers' y los campamientos organizados por la iglesia Pentecostal. Su música era fantástica. Su intensidad me daba miedo. El sonido del blues en vivo resonaba de una casa a otra y de un bar a otro. Era el eco de nuestras emociones". Fundó en los años cincuenta The Swingsters con el saxofonista tenor Wilton Felder, el trombonista Wayne Henderson y el baterista Nesbert "Stix" Hooper, y luego el Modern Jazz Sextet, que se convirtió en el Jazz Crusaders y más tarde simplemente en The Crusaders. Sample se estableció luego en Los Ángeles y trabajó como músico de estudio con artistas como Marvin Gaye, Diana Ross, los Jackson 5, Joni Mitchell, Steely Dan y Randy Crawford (con la que grabó "Rio de Janeiro Blues" y el hit "Street Life"). Su discografía incluye *Carmel* (1979), *Spellbound* (1989) con Marcus Miller, y Al Jarreau, Michael Franks y Take 6 en la parte vocal, *Soul Shadows* (1997), en el que rinde homenaje a leyendas del jazz como Scott Joplin, Duke Ellington, George Gershwin, Fats Waller y Jelly Roll Morton, y *The Pecan Tree* (2002).

244   Isabelle Leymarie

Bob James

Bob (Robert McElhiney) James (Marshall, Misuri, 1939) es uno de los precursores del smooth jazz, es decir un jazz un poco liso y fácil de escuchar. Es, sin embargo, un pianista de alto calibre. Es también un excelente arreglista, y su música ha sido frecuentemente *sampleada*. Debutó en Misuri con la orquesta de baile de Earle Parsons y varios grupos locales y colaboró luego con Nick Brignola. En 1963 grabó su primer disco, *The Bob James Trio: Bold Conceptions*, producido por Quincy Jones. En él toca en un estilo muy diferente del jazz más comercial por el que sería conoci-

Bob James

do más tarde. Se instaló luego en Nueva York, escribió arreglos y, de 1965 a 1968, acompañó a Sarah Vaughan. En los años setenta grabó con Stanley Turrentine y Milt Jackson. Trabajó entonces esencialmente como músico de estudio y arreglista, acompañando a Dionne Warwick, Roberta Flack y otros. Su primer éxito con su propio nombre fue el disco *One* (1974). Grabó también *Touchdown* (1978), que consolidó su fama. En los últimos años ha realizado giras con su cuarteto (que incluye a David McMurray a la flauta), tocando piano acústico y eléctrico. En 2005 realizó *Urban Flamingo*, de nuevo en el estilo *smooth* que caracteriza su último período. Sus discos incluyen también *Joined at the Hip* (1996), *Straight Up*, (1996), *Ataraxis* (2007) y *The New Cool* (2015).

Lonnie Liston Smith

Pianista, tecladista y cantante, Lonnie Liston Smith (Richmond, Virginia, 1940) representa perfectamente el estilo *fusion* con su música "espacial" y funky. En su juventud tocó también la trompeta y la tuba. Su padre formaba parte del grupo de góspel The Harmonizing Four, sus hermanos eran cantantes. Smith escogió el jazz tras oír el disco *Charlie Parker with Strings*. Tocó con Gary Bartz, Grachan Moncur, Mickey Bass, Betty Carter, Ethel Ennis y la orquesta del Royal Theater de Baltimore. En 1963 se instaló en Nueva York y colaboró de nuevo con Carter, y con Roland Kirk, Art Blakey, Joe Williams, Pharoah Sanders, y, de 1969 a 1971, Leon Thomas. Durante los años setenta tocó con Stanley Turrentine, Gato Barbieri y Miles Davis y organizó luego el conjunto Cosmic Echoes. En 1974 grabó *Cosmic Funk*. Al año siguiente su disco *Expansions*, con sus teclados cósmicos, se volvió un *best seller*. (Cinco años antes había salido un disco de McCoy Tyner también titulado *Expansions*). En 1986 realizó un disco al piano acústico: *Make Someone Happy* (con Cecil McBee y Al Foster) y colaboró luego con el rapero Guru. Su música ha sido *sampleada* en particular por el rapero Jay-Z y la cantante soul Mary J. Blige.

Don Grusin

Pianista y tecladista con un estilo parecido al de su hermano mayor Dave y productor de discos, Don Grusin (Denver, Colorado, 1941) formó parte de la banda de *fusion* latina Azteca liderada por Pete Escovedo. En 1975 hizo una gira con Quincy Jones. Grabó con Randy Crawford, Billy Eckstine, Joe Pass, Ernie Watts, Harvey Mason, Milton Nascimento y muchos otros y formó la banda de *fusion* Friendship. Sus discos incluyen *Raven* (1990), *No Borders* (1992), *The Hang* (2004) y *Piano in Venice* (2008).

George Duke

George Duke (San Rafael, California, 1946-Los Ángeles, California, 2013) era un pianista, tecladista y cantante expansivo, soulful y melodioso. Formó un trío en 1966 y hasta 1970 acompañó al grupo vocal The Third Wave. En San Francisco tocó con Dizzy Gillespie, Bobby Hutcherson, Harold Land, Kenny Dorham y otros. En 1971 viajó a Brasil con Cannonball Adderley y, entusiasmado por la música que oyó allí, grabó en 1980 *A Brazilian Love Affair*. En 2010 se presentó en el Java Festival con el bajista Christian McBride y el baterista Ronald Bruner, Jr., y tocó de manera pasmosa. Al año siguiente organizó un trío con David Sanborn y Marcus Miller. Grabó con Sonny Rollins, Billy Cobham, Stanley Clarke y muchos otros y fue también productor. Su discografía incluye también *The 1976 Solo Keyboard Album*, *Guardian of the Light* (1983), *After Hours* (1998), *In a Mellow Tone* (2006) y *Dream Weaver* (2013).

Patrice Rushen

Pianista, cantante, productora y compositora, Patrice Rushen (Los Ángeles, California 1954) es funky, con un excelente sentido del ritmo. En *Prelusion* (1974), su primer disco, grabado cuando tenía veinte años al piano acústico, improvisa de manera muy fluida. Evolucionó desde esa época hacia un registro más comercial, utilizando esencialmente teclados electrónicos, como en 1988 en el Festival de Jazz de Montreux, en el que se presentó con Wayne Shorter y Carlos Santana. Desde 2000 ha sido miembro del grupo de *fusion* CAB y del grupo del bajista Christian McBride. Grabó también *Signature* (1997) y *The Essentials: Patrice Rushen* (2002) y ha compuesto para el cine y la televisión.

Shaun Martin

Pianista y tecladista, Shaun Martin (Dallas, Texas, 1978) es tan brillante en el jazz como en la soul music, el góspel y el funk. Empezó con el piano a los cuatro años, tocó la batería en una iglesia y colaboró luego con Chaka Khan, Erykah Badu y Snarky Puppy, y con el artista de góspel Kirk Franklin, de quien pasó a ser director musical a fines de los años noventa. Grabó *Seven Summers* (2015).

Caleb Sean

Pianista, cantante, baterista y productor, Caleb Sean (Caleb Sean McCampbell) (Dallas, Texas, 1986) puede expresarse en estilos muy diferentes. Nacido en una familia de músicos (su madre es cantante y su padre miembro del grupo de R&B Mac Band), empezó a tocar profesionalmente cuando estaba todavía en la escuela secundaria. Actuó con Michael Bublé, numerosos artistas de góspel y con las bandas de *fusion* The Funky Knuckles y Snarky Puppy, y grabó en particular *After the Party* (2010).

Cory Henry

Pianista, organista, cantante y productor, Cory Henry (Brooklyn, Nueva York, 1987) es uno de los músicos más entusiasmantes y funky que surgió en los últimos años en los mundos del jazz, del R&B y del góspel. Su madre tocaba el órgano, la batería, el saxofón y cantaba y su padre le hizo escuchar sus discos de jazz y de soul music. A los dos años Henry ya realizaba proezas al órgano Hammond B3 de la iglesia, y siguió mostrando asombrosa precocidad musical. En 2006 empezó a hacer giras con Bruce Springsteen, Boys II Men, Kenny Garrett y otros artistas. Tocó también con Snarky Puppy y su propio grupo, the Funk Apostles, y grabó *Gotcha Now Doc* (2012), *First Steps* (2014), *The Revival* (2016) y *Art of Love* (2018).

El "New Orleans groove"

El estilo contemporáneo de piano jazz neoorleanés se caracteriza generalmente por un feeling exuberante y contagioso y una mezcla de ritmos "latinos", blues, góspel, boogie-woogie, músicas de fanfarrias y rock'n'roll. Varios pianistas neoorleaneses han también sido o son cantantes.

Tuts Washington

Isidore 'Tuts' Washington (Nueva Orleans, 1907-Nueva Orleans, 1984), también conocido como 'Papa Yellow', tocaba un tipo de música arraigada en el blues, el stride y el boogie-woogie. Utilizaba a menudo décimas, a veces *rolled tenths* (trinos de décimas) en la mano izquierda mientras ejecutaba frases saltarinas con la derecha. Influenció a Professor Longhair, Fats Domino, Allen Toussaint y otros pianistas neoorleaneses. Creció oyendo música en Storyville y estudió con Joseph Louis 'Red' Cayou, excelente pianista de estilo *barrelhouse*. En los años veinte y treinta dirigió varias bandas. Actuó luego con Tab Smith en San Luis, Misuri, y volvió a Nueva Orleans. En los años cincuenta grabó con el cantante y guitarrista Smiley Lewis. En 1983, un año antes de su muerte, realizó un álbum en solitario: *Nueva Orleans Piano Professor*.

Professor Longhair

El exuberante 'Professor Longhair' (Henry Roeland Byrd) (Bogalusa, Louisiana, 1918-Nueva Orleans, 1980), también conocido como 'Fess', representa perfectamente extrovertido estilo de piano jazz neoorleanés. Su música, descrita a veces como "rumba-boogie", fue influenciada por la de Tuts Washington y también por la música cubana, el zydeco, el calipso y otros géneros. Su tema predilecto: "Tipitina", derivado de "Junker Blues" de Champion Jack Dupree y grabado en 1953, recuerda, con su ritmo, el "Watermelon Man" de Herbie Hancock, pese a que "Watermelon Man" salió nueve años más tarde. Professor Longhair cantaba y silbaba también, como en su disco *Rock'N'Roll Gumbo* (1985). Como Erroll Garner, no sabía leer música. Personaje bohemio que muchas veces tuvo dificultades para llegar al fin del mes, nunca tuvo su propio piano. Aprendió a tocar el piano de oído en un instrumento al que le faltaban teclas, así como guitarra, batería y armónica, y trabajó con varias agrupaciones. Fue también cocinero, boxeador y tahúr profesional. En los años cuarenta lideró varias bandas, entre ellas Professor Longhair and His Shuffling Hungarians, con la que grabó en 1949. En los años cincuenta padeció un liviano infarto del que se recuperó y posteriormente grabó para varios sellos discográficos. En los años sesenta cayó en el olvido y tuvo que ganarse la vida como conserje. Descubierto de nuevo unos años más tarde, se presentó en 1971 en el New Orleans Heritage Festival y, en 1973, en los festivales de jazz de Newport y de Montreux, encantando al público son sus blues sabrosos. Realizó también *New Orleans Piano* (1972) y, poco antes de su muerte, el efervescente *Crawfish Fiesta*, grabado en un piano de sonido metálico. Otra célebre composición suya es "Mardi Gras in New Orleans", incluida en el disco *Rock 'N' Roll Gumbo*.

Fats Domino

Antoine 'Fats' Domino (Nueva Orleans, 1928-Harvey, Louisiana, 2017) es también representativo del bullicioso estilo R&B de Nueva Orleans. Fue un pionero del rock'n'roll e influyó en varios músicos jamaiquinos. Su cuñado Harrison Verrett, guitarrista de jazz, le dio sus primeras clases de música. De adolescente empezó a cantar y a tocar el piano en clubes y fue en parte influenciado por el pianista y cantante tejano Little Willie Littlefield. Más tarde ejerció durante el día varios oficios, incluso obrero en una fábrica. En 1946 entró en la banda del bajista Billy Diamond, quien lo apodó 'Fats' porque le recordaba a Fats Waller y al pianista y cantante neoorleanés Walter 'Fats' Pichon. Su primer disco: *The Fat Man* (1950), fue un *best seller*, y su versión de "On Blueberry Hill" (1956), pieza ya grabada por Louis Armstrong, se volvió un hit. Su última gira tuvo lugar en Europa en 1995, y en 2007 se presentó en el cabaret Tipitina de Nueva Orleans. Grabó decenas de discos, entre los cuales *Fats on Fire* (1964), *In Concert!* (1973) y *Fats Domino Vol. 1* (1981). Su funeral, en Nueva Orleans, dio lugar a un desfile, con participantes que cantaron y tocaron su música.

Huey 'Piano' Smith

Huey 'Piano' Smith (Nueva Orleans, 1934) es un pianista de R&B influenciado por Professor Longhair. Es, también, un pionero del rock'n'roll, conocido por su humor demoledor y su talento de comediante. Comenzó a actuar de niño y tocó en 1955 con Little Richard. En 1957 obtuvo un hit con "Rockin' Pneumonia & the Boogie-Woogie Flu" (cantado por Bobby Marchan) y el año siguiente con "High Blood Pressure" y el exuberante "Don't You Just Know It". Actuó luego con varios grupos pero nunca encontró de nuevo el éxito que tuvo en la década del cincuenta y casi desapareció del ámbito musical.

James Booker

James Booker (Nueva Orleans, 1938-Nueva Orleans, 1983), conocido con el apodo de 'Gonzo', era un pianista, organista y cantante con enorme vitalidad y una voz muy timbrada. Su mezcla de góspel, blues *gutbucket*, boogie-woogie, música "latina" y jazz recuerda el estilo de Ray Charles. Booker influenció en particular a Harry Connick, Jr. En su versión en vivo de "Sunny Side of the Street", por ejemplo, su virtuosismo es difícil de igualar. Durante su actuación en el Festival de Jazz de Montreux, en 1978, interpretó un deslumbrante "You Don't Love Me", cantando y acompañándose al piano.

Excéntrico, tuerto y homosexual, se presentaba a veces con vestimentas pintorescas y una venda negra en el ojo. Era conocido como el "Piano Prince of New Orleans", "Bayou Maharajah" o "The black Liberace" (aunque esta denominación sea inapropiada, ya que el estilo de Booker es completamente diferente del de Liberace). Alcohólico y adicto a la cocaína y a la heroína, fue encarcelado durante algun tiempo en la Louisiana State Penitentiary por posesión de drogas. Estudió primero saxofón, escogiendo luego el piano. A los catorce años grabó "Doin' the Hambone" y en la década del sesenta, con el nombre de Lil Booker, logró un hit al órgano con "Gonzo". En 1976 grabó *Junco Partners* y al año siguiente *Piano Wizard: Live!*, en el que toca al estilo góspel y canta a la manera de Ray Charles. En los años setenta dio conciertos en Europa, alcanzando una fama mayor a la que había tenido en Nueva Orleans y presentándose en lugares más prestigiosos que en Estados Unidos. Al regresar, se volvió cada vez más errático y paranoico. Su consumo de droga aumentó y murió a los cuarenta y cuatro años. Sus otros discos incluyen *Taste of Honey: Live in New Orleans* (1977), *Live at Montreux* (1978), *Classified* (1982) y *King of the New Orleans Keyboard* (2005). Es también autor de "Papa Was a Rascal", interpretado por varios artistas.

Allen Toussaint

Pianista, cantante, compositor y productor, Allen Toussaint (Nueva Orleans, 1938-Madrid, España, 2015) podía ser funky, *bluesy* o romántico. Estudió piano y trompeta. Un vecino le dio algunas clases de música y Toussaint se inspiró en Pro-

Jon Batiste

fessor Longhair. De adolescente tocó con la banda The Flamingos y con el guitarrista Snooks Eaglin. Grabó con Fats Domino, Smiley Lewis, Lee Allen y otros músicos locales. Algunas de sus canciones, entre las cuales "I Like it Like That", "Here
Come the Girls" y "Play Something Sweet", han sido interpretadas por varios artistas. Sus discos también incluyen *Life, Love and Faith* (1972) y *American Tunes* (2016).

Henry Butler

Pianista y cantante, Henry Butler (Nueva Orleans, 1949-Nueva York, 2018) se
nutrió con blues y góspel. Ciego de nacimiento estudió en la Louisiana School for
the Blind, la Southern University de Baton Rouge y en la Michigan State University así como con Alvin Batiste, que le enseñó algunos ritmos "latinos" y caribeños, George Duke, Roland Hanna y Harold Mabern. Cuando en 2005 el huracán
Katrina destruyó su casa y su piano, se fue a vivir a Colorado y luego a Nueva
York. Sus discos incluyen *Blues and More* (1992), *For All Seasons* (1996) y *Viper's
Drag* (2014), grabado con el trompetista Steven Bernstein.

Jon Batiste

Jon Batiste (Kenner, Louisiana, 1963) es efervescente, muy rítmico, rapsódico a veces, dotado de una aparente facilidad y con grandes manos que recorren todo el teclado, como en sus versiones en solitario de "The Star Spangled Banner, "Pure Ima-
gination", o "Django", de la que la prensa estadounidense alabó el "romanticismo

rachmaninoviano". Empezó por tocar batería e otros instrumentos de percusión en la banda familiar, la Batiste Brothers Band, pasando luego al piano. A los diecisiete años grabó su primer disco: *Times in New Orleans*. Ha tocado con Cassandra Wilson, Roy Hargrove, Wynton Marsalis, la Lincoln Center Jazz Orchestra y otros y fundó la banda Stay Human, en la que canta y toca el piano y la melódica. Sus discos incluyen también *The Amazing Jon Batiste!* (2009), *My NY: Jonathan Batiste and the Stay Human Band* (2011) grabado en el metro neoyorquino, y *Hollywood Africans* (2018), suscitado por un encuentro con el letrista y productor Joseph Henry 'T Bone' Burnett. "De verdad, la palabra que seguía surgiendo era 'trance', recuerda Batiste a propósito de este encuentro, como si estuviéramos invocando a los ancestros y a los espíritus a nuestra habitación para crear algo que perpetuara este linaje. Hasta leímos un poema de Zorah Neale Hurst sobre el espíritu de los ancestros que él me había mandado, poema titulado 'High John the Conqueror'. Esa fue la chispa que nos impulsó a ir a un estudio de grabación".

Otros pianistas

Mencionemos, entre otros pianistas neoorleaneses, a Joe Robichaux (1900-1965); a Walter Gabriel 'Fats' Pichon (1906-1967), que dirigió una excelente big band en Nueva Orleans en los años treinta y colaboró en Nueva York con Luis Russell y Red Allen; a Alton Purnell (1911-1987), que se estableció más tarde en Los Ángeles; a 'Archibald' (John Leon) Gross (1916-1973), que obtuvo un hit en 1950 con su versión de "Stagger Lee" titulada "Stack-A-Lee"; a Kid Stormy Weather, que tocaba blues y *barrelhouse* piano y cantaba, y grabó en 1935 "Short Hair Blues" y "Bread and Water Blues"; al ágil y polifacético Burnell Santiago, que imitaba al piano frases de clarinete y tocaba también música clásica; y a Art Neville (1937-2019), también organista y cantante y miembro de los The Neville Brothers y de los The Funky Meters.

McCoy Tyner

"Belleza es la palabra adecuada para el estilo de McCoy Tyner. Y todo va en una sola pieza, porque él también vive así", decía John Coltrane. Y, agrega el bajista Christian McBride, "McCoy es absolutamente una fuerza de la naturaleza, es como ver montañas, ver el cielo, ver el océano".[215] Junto con Herbie Hancock, Alfred McCoy Tyner (Filadelfia, Pennsylvania, 1938) es uno de los pianistas posteriores al hard bop cuya influencia ha sido más considerable y uno de los precursores del jazz modal. "Cuando no siento la música, no toco", declara Tyner.[216] "Me gusta vivir una aventura cuando toco, añade. Me gusta también tener la libertad de hacerlo por algo más que el simple hecho de hacer algo 'curioso' o diferente. Me gusta experimentar, llevarme a la gente de paseo, traerla de vuelta. Es como un viaje. Quiero que vean que de eso se trata la música. Se trata de gozar, de irse de viaje".[217] Sumamente rítmico, percusivo en las piezas rápidas y a veces cautivador, ejecuta a menudo, tal como lo hacía Coltrane, lo que el crítico de jazz Ira Gitler llamó "*sheets of sounds*" (capas de sonido). Interpreta las baladas con acordes muy densos y un toque liviano y cristalino que recuerda el de Red Garland, como en "I Thought I'd Let You Know" (en *Expansions*, 1968) o su precioso solo en "Lady Day" (en *The Soothsayer* de Wayne Shorter, 1965), con una calidad etérea que alcanza al sublime. Es aficionado a los *voicings* en cuartas y quintas, a los modos, el dórico en particular (como en su "Blues on the Corner") y a los pentatónicos. Como Coltrane, tiene una concepción espiritual de la música: "Para mí la vida y la música son lo mismo y siempre descubro más sobre la música cuando aprendo más sobre mí mismo, mi entorno, sobre tantas cosas de la vida. Toco lo que vivo". Interrogado a propósito de la interpenetración de sus frases de mano izquierda y de mano derecha, explicó: "Es una técnica que he elaborado con los años, una suerte de preguntas-y-respuestas, una especie de juego con uno mismo. Puede hasta tratarse de dos declaraciones simultáneas. Nunca he intentado utilizar la téc-

---

[215] Lewis Porter, *John Coltrane: His Life and Music*, p. 266.
[216] "McCoy Tyner: A Walking Spirit in Concert", 11 julio 2008, *npr.org*.
[217] Lewis Porter, *Ibid*, p. 266.

nica por la técnica: no creo en el exhibicionismo, pero si en algún momento hay que proyectar cierta emoción o una combinación de emociones, bueno es tener las herramientas con qué expresarlas".[218]

Filadelfia, donde Tyner creció, era un vivero de músicos de jazz. "Había jam sessions en las casas. Era muy común, recuerda. Podían estar Lee Morgan, Archie Shepp, Reggie Workman y los hermanos Heath. Había mucho entusiasmo y la gente se tomaba la música en serio".[219] Su madre lo alentó a estudiar música. "Mi madre me dio a escoger: '¿Quieres clases de canto o de piano?' Me alegro de haber escogido el piano," dice Tyner. De adolescente formó un septeto de R&B y actuó en clubes locales. Aprendió también las tumbadoras, lo que le dio una sólida base rítmica. Estudió más tarde en la Granoff School of Music. Bud Powell y Thelonious Monk lo influenciaron, pero muy pronto creó su propio estilo. En 1954 tocó con el trompetista Calvin Massey así como con Lee Morgan y el saxofonista Paul Jeffrey. Dos años más tarde conoció a John Coltrane y en 1957 participó en su primer concierto con él (junto con Jimmy Garrison al bajo). Al año siguiente Coltrane tocó "The Believer" de Tyner. En 1959 actuó y grabó con el Art Farmer-Benny Golson Jazztet. En 1960 ingresó en la banda de Coltrane, remplazando a Steve Kuhn, evento que inauguró una nueva etapa en su carrera. Siguió evolucionando en contacto con el saxofonista, con el que entabló lazos estrechos. Grabó con él *Coltrane Plays the Blues* (1960), *Live at Newport* (1963), con una espléndida versión de "My Favorite Things", *A Love Supreme* (1965) y otros discos considerados hoy como clásicos. Tyner evocó la génesis de "My Favorite Things": "Al principio no me gustaba ese tema, pero a John sí, así que comenzamos a tocarlo y empecé a apreciarlo. Al público le gustaba mucho, con nuestra manera de tocarlo en tres por cuatro. Era probablemente el único vals de jazz que la gente había oído desde 'Valse Hot' de Sonny Rollins".[220] En 1963 grabó también *A Jazz Message* con Art Blakey. A fines de 1965, con la llegada del baterista Rashied Ali, Tyner, desaprobando el rumbo musical que el grupo estaba tomando, y deseoso de seguir su propio camino, dejó a Coltrane, seguido, un mes después, por el baterista Elvin Jones. Alice Coltrane sustituyó entonces a Tyner en el conjunto de su esposo. Durante su estancia con Coltrane, Tyner grabó con su propio nombre *Inception* y *Nights of Ballads and Blues*. En los años sesenta grabó también con Grant Green, Wayne Shorter, Stanley Turrentine, Lee Morgan, Donald Byrd, Bobby Hutcherson, Lou Donaldson y Blue Mitchell.

---

[218] Leonard Feather, *The Passion for Jazz*, p. 47.

[219] Martin Johnson: "McCoy Tyner and Michael Brecker", p. 18.

[220] J.C. Thomas, *Chasin' the Trane*, p. 133. Sin embargo, ya había habido en el jazz algunos precedentes en tres por cuatro, entre ellos "Jitterbug Waltz" de Fats Waller (1942), "Waltz Boogie" de Mary Lou Williams (1946), *Jazz in 3/4 Time* de Max Roach (1957), el puente de "Cherokee" como lo tocó Ahmad Jamal (1958), "This Here" de Bobby Timmons' (1960) y "Waltz for Debby" de Bill Evans, grabado en 1961, en el mismo año que *My Favorite Things* de Coltrane, pero que Evans ya había interpretado antes.

McCoy Tyner

Actuó luego con su propio trío. En 1967 realizó *The Real McCoy*, con Joe Hen-derson al saxofón, que incluye "Passion Dance", "Contemplation" y "Blues on the Corner". Siguió *Expansions* (con Woody Shaw, Gary Bartz y Wayne Shorter), que incluye sus composiciones "Vision", "Song of Happiness", el animado "Smitty's Place", "Peresina", basado en un ostinato de mano izquierda con improvisaciones modales, y una balada de Cal Massey: "I Thought I'd Let You Know". A principios de los años setenta tocó brevemente con Ike y Tina Turner y organizó luego un cuarteto con el saxofonista Sonny Fortune o a veces el violinista John Blake. Gra-bó *Sahara*, en el que tocó también el koto, la flauta e instrumentos de percusión, que se volvió uno de sus *best-sellers*, *Enlightenment*, *Trident*, en el que experimentó con el clavicémbalo y la celesta, y muchos otros discos. En 1978 dio un concierto junto con Sonny Rollins, Ron Carter y Al Foster, grabado con el título de *Milesto-ne Jazzstars in Concert*. Fascinado por los ritmos "latinos" grabó en 1981 *13ᵗʰ Hour* con los percusionistas brasileños Airto Moreira y Dom U Romão y *La Leyenda de la Hora* con los cubanos Paquito D'Rivera, Ignacio Berroa y Daniel Ponce, recién llegados a Estados Unidos. "Traté de poner de relieve algunos ritmos interesantes, a los que mi estilo de piano se adapta perfectamente. Estoy consciente de que con tempos apropiados mi manera de expresarme al piano se está volviendo sumamen-te percusiva", explicó en 1981.[221] En 1990 realizó *One on One* en dúo con Stéphane

---

[221] *Jazz Me Blues*, p. 130.

Grappelli, y a fines de los años noventa un disco con canciones de Burt Bacharach: *What the World Needs Now*. También lideró un trío. Organizó entonces su Latin All Stars band (con Claudio Roditi, Gary Bartz, Dave Valentín, Steve Turre, Johnny Almendra, Avery Sharpe, Ignacio Berroa y Giovanni Hidalgo) y tocó con los percusionistas Jerry González, Rafael Cruz y Valtinho Anastacio. *Journey* (1993), grabado con una big band, incluye dos piezas "latinas": "Samba Bei Ber" y "Enero in Brasil" de Avery Sharpe. En 2008 Tyner realizó una gira con su cuarteto, que incluía a Bartz, y grabó *Guitars* con varios guitarristas. Sigue grabando y actuando, de manera poderosa y dinámica (como en "Walk Spirit Talk Spirit"). También compuso la balada "You Taught My Heart to Sing", grabada por Jackie McLean, Dianne Reeves, George Cables y Wallace Roney. Su discografía también incluye *McCoy Tyner Plays Duke Ellington* (1964), *La Leyenda de la Hora* (1981), *The Turning Point* (1992), *Infinity* (1995) y los álbumes a piano solo *Jazz Roots* (2000) y *Solo: Live from San Francisco* (2009).

Alice Coltrane

En algunos momentos de su carrera, la pianista, arpista y organista Alice Coltrane (nombre de soltera Alice McLeod) (Detroit, Michigan, 1937-Los Ángeles, 2007) evolucionó en una dirección similar a la de McCoy Tyner, utilizando también "capas de sonido". Estudió música clásica y a los nueve años tocó el órgano en la iglesia. Uno de sus modelos fue la excelente y hoy injustamente olvidada pianista y vibrafonista de Detroit Terry Pollard (1931-2009). Alice Coltrane frecuentó jam sessions y pasó a tocar con Yusef Lateef y Sonny Stitt. Se casó con el cantante Kenneth 'Pancho' Hagood y se mudó con él a París en 1960. Se presentó en varios clubes de la capital francesa, colaborando en particular con el vibrafonista Terry Gibbs (ella también tocaba el vibráfono) y entabló amistad con Bud Powell, quien le dio algunas clases. En YouTube se la puede ver interpretando en trío "Woody'n You" en el Blue Note de París, en enero de 1960, en un estilo bebop muy virtuoso. De vuelta a Estados Unidos se casó con John Coltrane, que había conocido en Detroit y con quien se encontró de nuevo en Nueva York. Cuando McCoy Tyner dejó a Coltrane, ella tocó en el conjunto de su esposo hasta la muerte de éste. En los años ochenta actuó con su hijo, el saxofonista Ravi Coltrane, y se orientó hacia la espiritualidad hindú. Sus discos incluyen *A Monastic Trio* (1967), *Cosmic Music* (1968) y *Translinear Light* (2004), en el que ejecuta arpegios al estilo de un arpa.

Herbie Hancock, Chick Corea, Keith Jarrett

Herbie Hancock

Herbie (Herbert Jeffrey) Hancock (Chicago, Illinois, 1940) es también uno de los pianistas, desde el hard bop, cuya influencia ha sido de lo más fuerte. Es un músico polifacético, de constantes inquietudes creativas, cuyos hallazgos armónicos y rítmicos han sido a menudo copiados (en particular sus acordes sin fundamental, que recuerdan los de los impresionistas franceses). Es también un compositor inspirado del que varias piezas: "Watermelon Man", "Dolphin Dance", "Cantaloupe Island", "Chameleon" y "Maiden Voyage" se han vuelto estándares. "Me gusta descubrir nuevas reglas para transgredirlas, dice. Miro a mi alrededor, veo lo que se está transformando en una convención musical y trato de encontrar cómo librarme de ella. De ahí viene la innovación y es lo que me apremia a seguir tocando".[222]

Hancock puede pasar con la misma facilidad de un funk arrollador ("Actual Proof" o "Rockit", que se volvió el emblema del movimiento hip hop) a baladas expresivas de intensa belleza ("Goodbye to Childhood", "Both Sides Now", "Sweet Bird"), piezas de carácter brasileño ("Speak Like a Child") o temas de potente swing (su solo en "Autumn Leaves" o su versión de "Speak Like a Child" tocada en concierto en Lugano en 1963 con Ron Carter y Billy Cobham). Es asimismo un excepcional acompañante de cantantes, entre los cuales Patti Austin, Christina Aguilera, Chaka Khan, Seal, Corinne Bailey Rae, Pink, Milton Nascimento y Raúl Midón. "Es uno de mis pianistas preferidos, afirma el pianista inglés Jason Rebello. Admiro su manera de rearmonizar las progresiones de acordes. Eso crea a menudo una impresión de sorpresa y luego una impresión de llegar a la meta que encuentro maravillosa. Utiliza su técnica de manera brillante en su solo

---

[222] *The Guardian*, 11 noviembre 2017.

al Fender Rhodes en 'Chameleon', pieza basada esencialmente en dos acordes. Sin embargo, Herbie logra hallar muchas variaciones armónicas sobre esta progresión de acordes sencilla".[223]

A los once años Hancock ejecutó el primer movimiento del *Concierto para piano en re mayor* de Mozart ("Concierto de la Coronación") con la Orquesta Sinfónica de Chicago. Un amigo de su escuela le hizo descubrir el jazz y Hancock escuchó con entusiasmo a Oscar Peterson, George Shearing, Bill Evans y otros pianistas, así como la orquesta de Robert Farnon y al grupo vocal The Hi-Lo's, para el que transcribió los arreglos de Clare Fischer. Estudió música con Chris Anderson, pianista y cantante autodidacta que armonizaba estupendamente. También estudió ingeniería eléctrica (en diferentes épocas de su carrera experimentó, en el jazz, con teclados electrónicos, incluso con algunos prototipos), pero la música fue más fuerte y prosiguió sus estudios musicales. Hizo sus pinitos en Chicago con Coleman Hawkins y, en 1961, tocó con Donald Byrd, que lo llevó a Nueva York. Ahí estudió brevemente composición con Vittorio Giannini y luego actuó o grabó con Oliver Nelson, Phil Woods, el Donald Byrd-Art Pepper Quintet, Sam Rivers, Grachan Moncur, Kenny Burrell, Al Grey y otros. Su primer disco con su propio nombre, *Takin' Off*, grabado en 1962 con Freddie Hubbard y Dexter Gordon cuando sólo tenía veintidós años, reveló una extraordinaria madurez. Su estilo característico ya estaba presente, y su música demostraba un gusto exquisito y una impresionante inteligencia armónica y rítmica. *Takin' Off* incluye el funky "Watermelon Man", basado en un riff de tipo *call and response* e inspirado en un vendedor ambulante de sandías que había visto de niño. A fines de 1962 Hancock lo tocó con Mongo Santamaría, que lo grabó, y la pieza se volvió un hit. (Byrd le había pedido a Hancock que lo tocara para Santamaría, y originalmente "Watermelon Man" no había sido concebido como una pieza "latina".) Grabó también con Freddie Hubbard, Roland Kirk y Joe Henderson y, durante el invierno de 1962-1963, con Eric Dolphy. "Eric me abrió el cerebro, enseñándome lo que era posible en el jazz", recuerda Hancock. En 1963 Hancock fue reclutado por Miles Davis (cuya banda estaba integrada por George Coleman, Ron Carter y Tony Williams). Davis dejaba a sus músicos entera libertad de expresarse, aconsejando simplemente a Hancock de evitar lo que llamaba las *"butter notes"* (literalmente "notas de mantequilla"), o sea las notas obvias (las terceras y las séptimas). "A partir de entonces todo cambió para mí, no sería lo que soy si Miles no me hubiera dicho eso", reconoce Hancock. Empezó a dejar más espacio en su manera de tocar, llegando frecuentemente hasta a quedarse sin tocar para dejar más espacio a Davis, y experimentó con nuevos *voicings*. En el mismo año la banda grabó *Seven Steps to Heaven*, en el que Hancock tocó en algunas piezas y Victor Feldman en las otras, y se presentó en el Festival de Jazz de Antibes. Al año siguiente Hancock

---

[223] Comunicación oral.

Herbie Hancock

realizó *Inventions and Dimensions* (con Paul Chambers al bajo y los percusionistas Willie Bobo y Oswaldo 'Chichuaha' Martínez). En él da muestras de su deslumbrante sentido del ritmo, con frases modales y polimodales. En 1965 salió *Maiden Voyage*, uno de sus discos más conocidos. En el magnífico "Maiden Voyage" utiliza suspensiones (acordes no resueltos), con un ingenioso *vamp* (ostinato). Grabaría también esta pieza con Bobby Hutcherson en *Happenings* (1967) y la tocaría varias veces en concierto. En 1964 Wayne Shorter sustituyó a Coleman en la banda de Davis, que adquirió entonces otro colorido. Con los años Shorter y Hancock, unidos por una estrecha amistad (ambos practican el budismo), actuarían frecuentemente juntos. "Era aventura, aventura, aventura", dice Shorter de su estancia con Davis. Con Davis, Hancock utilizó un piano Fender Rhodes por primera vez en 1968 (en *Miles in the Sky*). Grabó también con Sonny Rollins (en *Now's the Time* y *The Standard Sonny Rollins*), Freddie Hubbard (*Red Clay*), Grant Green, Bobby Hutcherson, Kenny Dorham, Hank Mobley, Lee Morgan y otros y en 1965 colaboró con Charles Lloyd.

En 1968, despedido por Davis por haber vuelto tarde de su luna de miel en Brasil (Hancock había estado enfermo), organizó su propio conjunto pero participó no obstante con Davis en tres discos entre los cuales, junto con Chick Corea y Joe Zawinul, *In a Silent Way*, y con su propio nombre, grabó en 1969 el bello *The Prisoner*, con una sección de vientos conformada por tres trombones, un fliscorno, una flauta y dos clarinetes. Hancock apreciaba a Sly Stone y su música funky, y grabó *Fat Albert Rotunda* (1970), que incluye el precioso "Tell Me a Bedtime Story" de Hancock, tocado al piano eléctrico. En 1971 grabó *Mwandishi*, perpetuando la estética de Davis en *In a Silent Way*. Su conjunto constaba de Bennie Maupin, Eddie Henderson, Julian Priester, Buster Williams y Billy Hart más Patrick Gleason al sintetizador. Grabó luego *Crossings* (1972), en el que utilizó un sintetizador, y al año siguiente *Sextant* y *Head Hunters*, que integraba elementos de música pigmea y se volvió un *best seller*. "Chameleon", en particular, en el que Hancock toca el piano y el sintetizador, se colocó entre los veinte primeros de la clasificación de R&B, y el baterista Mike Clark sustituyó a Harvey Mason. "Otra gran diferencia es que en los espectáculos de Mwandishi el público se quedaba sentado de manera reverente, pero en los de Head Hunters *bailaba*", recuerda Hancock.[224] Al año siguiente participó en el espléndido *Native Dancer* de Wayne Shorter, en el que canta Milton Nascimento y que cuenta también con la presencia del tecladista brasileño Wagner Tiso. En él Hancock interpreta su composición "Joanna's Theme". A fines de los años setenta dirigió V.S.O.P., conjunto al estilo del cuarteto de Miles Davis (con Freddie Hubbard y luego Wallace Roney a la trompeta), que tocaba jazz acústico. En 1977 grabó con Ron Carter (*Third Plane*, con una nueva versión de "Dolphin Dance") y realizó una gira en dúo con Chick Corea (haría otra con él en 2015). Al año siguiente grabó el disco de *fusion Sunlight*, utilizando un vocoder en "I Thought It Was You", tema que se volvió un hit pop. En 1982 grabó con el joven Wynton Marsalis a la trompeta y en 1983 obtuvo otro hit con *Future Shock*, del cual "Rockit" fue adoptado por numerosos *break dancers*. En 1989 participó en *Something* de Buster Williams. Grabó también con el tocador de kora gambiano Foday Musa Suso (*Village Life* y *Jazz Africa*).

Los años noventa marcaron, para él, una vuelta al piano acústico. En 1995 grabó con Joe Henderson (en *Double Rainbow*, en el que el saxofonista interpreta la música de Antonio Carlos Jobim). Al año siguiente grabó *The New Standard* (1996), con temas de Prince, Stevie Wonder, Sade y "Scarborough Fair", y el exquisito *Gershwin's World* (1998). Ofrece en él una versión funky de "St. Louis Blues" cantada por Stevie Wonder, stride en "My Man's Gone Now" de Gershwin y "Blueberry Rhyme" de James P. Johnson, y una maravillosa improvisación sobre "Lullaby" de Gershwin, acompañado por una orquesta de música de cámara. Formó entonces un conjunto con el multiinstrumentista y rapero Terrace Martin, el cantante y guitarrista beninés Lionel Loueke, el bajista James Genus y el baterista Trevor Lawrence, Jr. Otros de sus discos incluyen *Possibilities* (2005), *River – The Joni Letters*, homenaje a Joni Mitchell (2007), y *The Imagine Project* (2010), los tres grabados con cantantes. Asimismo Hancock ha interpretado obras clásicas como solista con orquestas sinfónicas y compuesto la música de las películas *Blow-Up* (1965), *Death Wish* (1974) y *Round Midnight* (1987), por la que ganó un Oscar, así como música para la televisión.

---

[224] Herbie Hancock, *Possibilities*, p. 184.

Chick Corea

'Chick' (Armando) Corea (Chelsea, Massachusetts, 1941) es, como Hancock, ecléctico y aventurero. Precursor del jazz modal, ha también tocado música "latina" y música clásica. Siempre dispuesto a experimentar, ha improvisado sobre composiciones de Scriabin y Bartók y colaborado con una gran variedad de músicos, incluyendo dúos con Bobby McFerrin, Herbie Hancock, Gary Burton, Stanley Clarke, Stefano Bollani, Hiromi Uehara, Christian McBride y Joey Alexander. Ha también actuado en trío con Roy Haynes y Miroslav Vitouš. En diversas épocas de su carrera formó los conjuntos Elektric Band, Akoustic Band, Circle, Return to Forever, Origin, Five Peace Band, Freedom Band y The Vigil. Su estilo se caracteriza por la frecuente utilización de *voicings* en cuartas, de pentatónicos y de modos, pero de manera diferente de la de McCoy Tyner.

El padre de Corea, trompetista, dirigía una banda de Dixieland y Corea creció escuchando sus discos, así como a Bud Powell y Horace Silver en particular. Más tarde, fue influenciado por Paul Bley. Estudió batería, y tocó el piano en su escuela secundaria y también con su padre y con Cab Calloway. Por esa época oyó a Herman Chittison, quien lo impresionó fuertemente, y formó un trío. A principios de los años sesenta se radicó en Nueva York y estudió en la Juilliard School of Music. De 1962 a 1966 formó parte del conjunto de Mongo Santamaría (grabando "Happy Now" con él en 1962) y en 1963 participó en el disco *Stitt Goes Latin* de Sonny Stitt. En 1964, ampliando su experiencia con la música "latina", colaboró con Willie Bobo y trabajó también con el Blue Mitchell-Junior Cook Quintet (Mitchell grabó "Chick's Tune" de Corea en *A Thing To Do* y otras dos de sus composiciones: "Tones for Joan's Bones" y la pieza modal "Straight Up and Down" en *Boss Horn*). Corea tocó además en *Manhattan Latin* de Dave Pike. En 1965 colaboró con Montego Joe y Herbie Mann y en 1967 con Cal Tjader, con el que grabó otra pieza modal, su composición "Oran". Siguió interesándose en los ritmos "latinos" ("Armando's Rhumba", "Samba Yanta") y también ejecutó música clásica. A partir de 1966 se concentró en su propia carrera y realizó su primer disco como líder: *Tones For Joan's Bones* (con Woody Shaw a la trompeta). Dos años más tarde siguió *Now He Sings, Now He Sobs* (con Miroslav Vitouš y Roy Haynes), que incluye dos composiciones suyas: "Matrix" y "Steps" y un inventivo "My One and Only Love", disco que lo dio a conocer a un público más amplio. De 1967 a 1968 colaboró con Stan Getz, grabando con él *Sweet Rain*, en el que figuran sus composiciones "Litha" y "Windows". Dio también algunos conciertos con Sarah Vaughan y con el baterista Pete La Roca. En 1969 remplazó a Herbie Hancock en *Filles de Kilimanjaro* de Miles Davis (tocando el piano eléctrico –instrumento que no le gustó al principio– en "Petits Machins") y participó en *In a Silent Way* y *Bitches Brew* del trompetista. Actuó además con Gary Burton.

En 1970 y 1971, con Dave Holland al bajo y Barry Altschul a la batería, experimentó con la improvisación colectiva free (en *Arc*) y, reclutando al saxofonista de vanguardia Anthony Braxton, creó el conjunto Circle. En 1972 grabó con el percusionista Armando Peraza y formó Return to Forever con Joe Farrell (saxofón tenor y flauta), Stanley Clarke (bajo), Airto Moreira (batería) y Flora Purim (percusión). Return Forever se convirtió progresivamente en uno de los grupos de *fusion* más populares y pasó por varios cambios de personal. También en 1972, Corea grabó de nuevo con Getz (incluso sus propias composiciones "La Fiesta", "Four Hundred Miles High" y "Captain Marvel") y el año siguiente *Light as a Feather* con Return to Forever, que incluye "Spain", cuya introducción se inspiró en el "Concierto de Aranjuez" de Joaquín Rodrigo. Exploró entonces una música más orientada hacia el rock y la *fusion*. En 1976 grabó *My Spanish Heart*, con "Armando's Rhumba", tocado al sintetizador, en 1978 *Delphi I: Solo Piano Improvisations*, en 1981 *Trio Música* (con Vitouš y Haynes), al año siguiente un dúo con el pianista chipriota Nicolas Economou así como *Tap Step* (en el que toca Joe Henderson) y *Touchstone* (con Paco de Lucía y Lee Konitz), y acompañó a Chaka Khan en *Echoes of an Era*, con un espléndido "The Man I Love". En 1978 (y de nuevo en 2015) realizó una gira con Herbie Hancock. En 1983 grabó a piano solo *Children's Songs*, que recuerda a veces la música impresionista francesa. En 1989 formó la Akoustic Band (con John Patitucci al bajo y Dave Weckl a la batería) y grabó *Akoustic Band*, ejecutando un "Bessie's Blues" lleno de swing. En 1992 grabó *Zyryab* con De Lucía, en 1994 el álbum en solitario *Expressions*, con un "My Ship" bien armonizado, y en 1997 *Native Sense* en dúo con Gary Burton. En 2006 se presentó en dúo con el banjoista Bela Fleck y al año siguiente volvió a grabar con Burton (*The New Crystal Silence*). En 2008 formó un nuevo Return to Forever, y otro en 2012. También en 2008 hizo una gira con el grupo The Five Peace Band (del que formó parte el guitarrista John McLaughlin) y realizó *Further Explorations*, que considera como su mejor disco.[225] En 2013 se presentó con su conjunto The Vigil (que incluía, en particular, al flautista, saxofonista y clarinetista inglés Tim Garland y al joven guitarrista Charles Altura). En 2014 grabó el disco en solitario *Portraits* y en 2017 *Chinese Butterfly* con Steve Gadd. Compuso también "Child's Tune", "You're Everything" y *The Continents: Concerto for Jazz Quintet and Chamber Orchestra*.

Keith Jarrett

Uno de los pianistas más aclamados del jazz, Keith Jarrett (Allentown, Pennsylvania, 1945) es tan prolífico, tan prometeico y de tan inagotable inventiva que es difícil dar cuenta de todas sus realizaciones. Además del piano, toca clavicémbalo, clavicordio, órgano, guitarra, saxofón soprano, batería y algunos otros instrumentos y compone. Le gusta desafiarse a sí mismo, estar en la cuerda floja. Ha tocado casi todo, desde música clásica (Bach en particular) hasta conciertos enteros en los que improvisa en solitario, como en su famoso *Köln Concert* (1975) o los de París (1990 y 2008), Viena (1991), La Scala de Milán (1995), Tokio y Londres (2008) y del Carnegie Hall (2017) hasta estándares de jazz (*Standards*), free jazz y música inspirada en varias tradiciones del mundo. "El único factor que unifica todas sus grabaciones es su compromiso total en el proceso momentáneo de creatividad musical", apunta Bill Dobbins.[226] Jarrett tiende a gruñir y a contorsionarse al tocar, pero explica que ésa es su manera de expresarse, que se encuentra, durante sus actuaciones, "en un estado de éxtasis". "Parte de mi concepción del hecho de tocar es el desear que mi personalidad se transfiera de mí a la música", dice[227]. Melodista exquisito, con bruscas explosiones rítmicas, tiene un fraseo muy personal e improvisa a menudo extensas introducciones (como en "My Funny Valentine" en *Still Live*) y codas (como en "Smoke Gets in Your Eyes", en *Tribute*) y desarrolla largas frases sinuosas y saltarinas.

Niño prodigio con oído absoluto, actuó, a los cinco años, en un programa de televisión presentado por el director de orquesta Paul Whiteman. Dos años más tarde dio un recital que incluía dos de sus composiciones. Recibió una formación clásica a la vez que escuchaba jazz. Estudió en la Emmaus High School de Pensilvania, y en el Berklee College of Music. Actuó primero en la región de Boston. Se

---

[225] En 1958 Horace Silver había grabado un disco titulado *Further Explorations by the Horace Silver Quintet*.

[226] *The Contemporary Jazz Pianist*, p. 126.

[227] Alyn Shipton, *A Handful of Keys*, p. 77.

Keith Jarrett en el *Köln Concert*

instaló en Nueva York en 1964 y se presentó en el Village Vanguard. Colaboró con
Roland Kirk y Tony Scott y se quedó cuatro meses con los Jazz Messengers, grabando "Buttercorn Lady" y "Secret Love" con ellos. Jack DeJohnette lo recomendó a Charles Lloyd y colaboró con el saxofonista de 1966 a 1969. En "Sunrise" (en
Forest Flower de Lloyd), grabado en 1966 en el Festival de Jazz de Monterey, tomó
un asombroso solo que lo propulsó al primer plano del jazz. Por su swing y el pei-
nado afro que lucía en aquella época, algunos, Ornette Coleman entre ellos, creían
que era negro. A los veintidós años grabó *Life Between the Exit Signs* (con Charlie
Haden en el bajo y Paul Motian en la batería), con frases vigorosas y muy originales, y en 1968 *Somewhere Before*. De 1970 a 1971 tocó, junto con Chick Corea,
con Miles Davis, utilizando un piano y un órgano eléctricos, instrumentos que le
desagradaban. En 1971 formó su American Quartet (con Dewey Redman, Haden
y Motian) y grabó *El Juicio* (publicado en 1975). Al año siguiente realizó en Oslo
el disco en solitario *Facing You*, con un contrapuntístico "In Front" y un "Rittoria"
abrasador, y *Expectations* (con Airto Moreira, el guitarrista Sam Brown y secciones
de vientos y de cuerdas, en el que Jarrett toca varios instrumentos). Se presentó
también en trío (sin Redman). En 1975 dio su *Köln Concert* que, transcrito, se convirtió en una pieza de estudio para algunos pianistas. De 1974 a 1980 organizó
con músicos noruegos (el saxofonista Jan Garbarek, el bajista Palle Danielsen y el
baterista Jon Christensen) lo que ha sido llamado su European Quartet. Con ese
grupo grabó *Belonging* (1974), donde siguió demostrando su virtuosismo en las
preciosas baladas "Belonging", "Solstice" y "Blossom", con frases fulgurantes y
audacias armónicas, o en el funky "'Long as You Know You're Living Yours". Si-

guió, en 1977, *My Song* –uno de los discos preferidos del pianista cubano Chucho Valdés– con el muy inspirado "The Journey Home". En 1980 Jarrett compuso *The Celestial Hawk*, obra en tres movimientos para piano y orquesta. En 1983 formó el trío Standards (con Gary Peacock y Jack DeJohnette) y grabó *Standards, vol. 1* y *Standards, vol. 2* con, en *el 2*, una bella versión de su composición "So Tender" (que Jarrett ya había tocado en 1972 en el álbum *Free* de Airto Moreira). Al año siguiente se dedicó a tocar mayormente música clásica, y volvió a improvisar en solitario en 1987. *Bya Blue*, (1987) incluye su composición "Rainbow" (grabada luego por Kenny Kirkland), con un muy logrado solo. Dio un concierto a piano solo en el Suntory Hall de Tokio, publicado al año siguiente con el título de *Dark Intervals*. Ian Carr, biógrafo de Jarrett, escribió a propósito de éste: "Con el uso del pedal de resonancia, el uso de notas de bajo arpegiadas y de figuraciones en el registro mediano con un dinámico flujo y reflujo, Jarrett logra un amplio sonido que parece emanar no de un simple piano acústico sino de una fuente no identificable y extraterrestre". [228] A partir del principio de los años ochenta Jarrett alternó entre experimentos free y estándares, grabando en particular *Tribute* en 1989 en la Filarmonía de Colonia con Peacock y DeJohnette, en el que toca estándares y dos de sus composiciones: "Sun Prayer" y "U Dance". En 1991 salió su álbum en vivo *The Cure*, con un estupendo "Things Ain't What They Used to Be" de Duke Ellington. De 1997 a 1998, padeciendo el síndrome de fatiga crónica, casi dejó de presentarse. En 1999 realizó un disco en solitario de estándares: *The Melody at Night, With You* y en 2010 otro disco de estándares: *Jasmine*, en dúo con Charlie Haden, más otro disco en solitario: *Rio* (2010). En 2013 salieron *No End*, en el que toca varios instrumentos y *Somewhere*, disco en trío grabado en concierto en Lucerna cuatro años antes, con un precioso "Stars Fell on Alabama" e impetuosas interpretaciones de "Somewhere" y de "Tonight" de Leonard Bernstein. En 2017 dio un concierto a piano solo en el Carnegie Hall. Ha también compuesto obras clásicas.

---

[228] *Keith Jarrett: The Man and His Music*, p. 183.

El free y el progressive jazz

En la década del sesenta la revuelta de los afroamericanos contra la discriminación racial, la violencia y las injusticias que padecían desde tantos años estalló, con manifestaciones y motines en todo Estados Unidos, entre ellos el famoso motín de Watts en 1965 y el de Newark en 1967. Los hippies rechazaban la sociedad burguesa y sus valores y se oponían a la guerra de Vietnam. En un impulso libertador paralelo al del Black Power y de otros movimientos contestatarios de aquella época, algunos músicos decidieron abolir las restricciones rítmicas y armónicas del jazz, en particular las progresiones de acordes y las estructuras convencionales de numerosas piezas (como la forma AABA) así como el lastre del tempo metronómico, dando lugar a lo que llegó a llamarse free jazz, the New Thing o progressive jazz. Algunos músicos negros, que lucían a veces peinados afros y dashikis, ya no buscaban congraciarse con el público, como lo hacían por ejemplo Louis Armstrong o Dizzy Gillespie, repudiando lo que consideraban como "tío tomismo". Ya no querían ser considerados como entertainers sino como verdaderos creadores dignos de respeto, y para ellos el free jazz se convirtió en una suerte de manifiesto político, en un medio de contestación y una afirmación de orgullo racial y cultural. En los lofts de Lower Manhattan y en los barrios negros de las grandes ciudades, los conciertos de jazz se acompañaban frecuentemente de poesía, declamada a la manera de los griots africanos, y de danza.

El free jazz recordaba, en literatura, los experimentos de escritura automática o, en las artes plásticas, la pintura automática, con a veces una ausencia total de temas, pero como el oído necesita una estructura para que los sonidos "significaran algo", el free jazz fue considerado por algunos como un callejón sin salida. Músicos *mainstream* como Miles Davis, George Shearing y más tarde Wynton Marsalis, convencidos de que hay que someter su imaginación a una disciplina, recusaron la ausencia de normas y los "extravíos" o excesos del free jazz. "La libertad total no existe. Hay que acatar las reglas que gobiernan esta tierra y que gobiernan la vida. Si no hay disciplina hay desorden", declaró Ahmad Jamal.[229] "No me gusta el *freedom jazz*, en mi

---

[229] "Ahmad Jamal: A National Treasure Speaks", 21 noviembre 2008, *bebopified.com*.

opinión no tiene ni raíces ni cimientos", añadió George Shearing.[230] "La única manera en la que puedo trabajar es tener una suerte de restricción – es el reto de cierto oficio o forma – y luego encontrar la libertad dentro de eso, lo que es una labor enorme", explicaba Bill Evans.[231] Y, escribió Brad Mehldau: "Los límites mismos de una forma implican la posibilidad de una meta; sin ellos no hay proyecto".[232] Sin embargo, algunos improvisadores talentosos lograron crear estructuras instantáneamente, sin esquema armónico preestablecido, como Keith Jarrett en sus conciertos en solitario, creando lo que algunos han percibido como "caos controlado". Entrando la década de los setenta, el free jazz empezó a debilitarse, dando paso a la *fusion* por un lado y a un neoclasicismo por el otro.

Sun Ra

Pianista y director de orquesta fuera de serie, Sun Ra (Herman Poole Blount) (Birmingham, Alabama, 1914-Birmingham, 1993) fue uno de los precursores del free y de la utilización de instrumentos electrónicos en el jazz, aunque era más bien conocido como el líder de sus Arkestras "intergalácticas", con los músicos luciendo vestuarios extravagantes, a veces imitados de los del Egipto antiguo, y cantando, y sus declaraciones "cósmicas" y algo confusas. Comentó a propósito de su música: "Para elaborarla he tenido que separarme del mundo. Tal estado de ánimo tiene indecibles esplendores. Es algo que nadie jamás podrá quitarme".[233] Ejecutaba a veces stride, o melodías reducidas a su más sencilla expresión, como en "A Joyful Noise", en el que esboza la melodía de "Round Midnight". En el Festival de Jazz de Montreux de 1976, ofreció una versión de "Take the A Train" con sólo fragmentos del tema, explicando que quería sonar exactamente como un tren. Dos años más tarde, en Venecia, ejecutó un solo de piano completamente free. A lo largo de su carrera colaboró con una gran variedad de artistas, entre ellos John Cage (en *John Cage Meets Sun Ra*, grabado en Coney Island en 1987), tocando, con él, el sintetizador Yamaha DX7.

De adolescente trabajó en Birmingham con varios músicos y estudió durante un año educación y música en la Alabama Agricultural and Mechanical University. En 1934 tocó con la cantante Ethel Harper, recuperando luego su banda, que rebautizó Sonny Blount Orchestra. Hacia 1936 afirmó haber tenido una experiencia mística y haber sido teleportado hacia Saturno. Objetor de conciencia, se negó durante la guerra a ser enlistado en el ejército y fue encarcelado. Tras su liberación, en 1945, se instaló en Chicago, trabajando de *freelance* bajo el nombre de Sonny

---

[230] Entrevista de George Shearing por Les Tomkins, 1976, *nationaljazzarchive.co.uk*.
[231] En: Dan Morgenstern, *Living With Jazz*, p. 237.
[232] Notas del CD *Art of the Trio 4–Back at the Vanguard*.
[233] David G. Such, *Avant-Garde Musicians: Performing 'Out There,'* p. 122.

Blount con la cantante de blues Wynonie Harris, Fletcher Henderson, y, brevemente, Coleman Hawkins y Stuff Smith. Al principio de los años cincuenta se presentó con su propio trío. Formó luego su primera Arkestra y cambió su nombre
por el de Sony'r Ra. De 1956 a 1960 grabó, en el curso de varias sesiones, *Angels
and Demons at Play* con su Myth Science Arkestra (publicado en 1965) que recuerda, por su desbocada inventiva, la música exuberante de Hermeto Pascoal. En
"Blues at Midnight" (en *Jazz in Silhouette*), grabado en 1959, Sun Ra toca todavía
a la manera bebop, pero su estilo cambiaría radicalmente con los años. A principios de los sesenta se fue a vivir a Nueva York y produjo una música más atonal
o free defendida por Dizzy Gillespie y Thelonious Monk. En 1968 se instaló en
Filadelfia con su Arkestra. Durante los años setenta se presentó en Europa y visitó
Egipto, donde grabó. A principios de 1971 enseñó también en la Universidad de
California en Berkeley. Pese a un infarto, en 1990, siguió tocando y componiendo hasta su muerte. Tras su fallecimiento, los saxofonistas John Gilmore y luego
Marshall Allen tomaron la cabeza de la Arkestra, con Farid Abdul-Bari Barron
tocando el piano. Sun Ra grabó dos discos en solitario: *Solo Piano Vol. 1* (1977),
con un muy personal "Sometimes I Feel Like a Motherless Child" y *St. Louis Blues*
(1977), con la pieza título interpretada en stride, y "Honeysuckle Rose".

Cecil Taylor

Cecil Taylor (Long Island City, Nueva York, 1929-Brooklyn, Nueva York, 2018)
siempre rechazó los compromisos, empeñándose en tocar su propia música, aunque
fuera juzgada difícilmente accesible por algunos oyentes. Tenía un estilo atonal, impetuoso, enérgico y percusivo (utilizaba a veces su codo para tocar), y era aficionado
a los *clusters* y las disonancias. Como Duke Ellington, que admiraba, repudiaba el
término "jazz", que encontrababa restrictivo. Abierto y culto, interesado por la poesía, la danza, la arquitectura y otras formas de arte, tocó con bateristas como Tony
Williams, Max Roach, Louis Moholo, Elvin Jones, Andrew Cyrille y Tony Oxley y
colaboró con bailarines. En el documental *Imagine the Sound* (1981) dispara una serie de frases ejecutadas con dos manos, con fraseos sorprendentes, increíbles explosiones de energía y avalanchas de notas. Se trata de una verdadera proeza física, en el
sentido atlético de la palabra. La madre de Taylor era bailarina y tocaba también el
piano, y Taylor explicaba que él trataba de imitar al piano los saltos en el espacio de
los bailarines. De hecho su manera de tocar era efectivamente una especie de danza.
"Me encanta practicar, simplemente porque eso es prepararse, es parte del proceso
de planificación, declaraba. No hay nada 'free' en todo eso; es construir voladizos
y torres eléctricas. Soy un fanático de Santiago Calatrava, el ingeniero estructural
español. Si uno mira los planos de muchas de sus construcciones, parecen animales
o plantas (…) A veces, cuando todo sale realmente bien, te preguntas: '¿quién es

Cecil Taylor

ése que está al piano?' A veces te pierdes, pero siempre tratas de alcanzar ese nivel de trascendencia".[234]

Empezó el piano muy joven y también estudió percusión, lo que influyó en su estilo de piano. Oyó de niño a Ella Fitzgerald y fue una revelación. En 1952 ingresó en el New England Conservatory of Music, y se entusiasmó por Babs Gonzales, Mary Lou Williams, Billie Holiday, Horace Silver, Miles Davis, Dave Brubeck y muchos más. Debutó en el Club Harlem de Manhattan, tocando un piano escacharrado. Trabajó luego con "Hot Lips" Page, Lawrence Brown y Johnny Hodges y formó en 1955 un cuarteto con el saxofonista Steve Lacy. Al año siguiente grabó su primer disco: *Jazz Advance* (con Lacy, Buell Neidlinger al bajo y Dennis Charles a la batería), en el que interpreta de manera muy original "Azure" de Duke Ellington, "You'd Be so Nice to Come Home to" y "Bemsha Swing". Con su cuarteto se presentó luego en el Five Spot de Nueva York, y después en el Festival de Jazz de Newport. En 1957 grabó *Transition* con el mismo grupo, ya incursionando en el free jazz. En 1959, con John Coltrane y Kenny Dorham, tocó varios temas publicados al año siguiente con el título de *Stereo Drive* y más tarde de *Coltrane Time*, acompañando e improvisando con originalidad. Grabó también *Lookin' Ahead* (con Neidlinger y Dennis Charles más Earl Griffith al vibráfono). En éste toca en particular la balada "African Violets", utilizando acordes atonales que lo demarcan de los otros jazzmen de aquella época. En 1960 realizó *The World of Cecil Taylor* (con la misma sección rítmica más Archie Shepp al saxofón). "Aprendí mucho de Taylor", admitió Shepp. "This Nearly Was Mine" empieza como una balada llena de ligereza, seguida por bruscos acordes en el registro bajo y la pieza se vuelve free mientras el bajo mantiene un pulso regular. "El sentido rítmico de Taylor es quizás lo que más me entusiasma. Parece colocar el ritmo justo sobre la superficie melódica de su música", comentó LeRoi Jones a principios de los años sesenta.[235] En 1962 el baterista Sunny Murray, que tocaba free como Taylor, se unió a la banda. Taylor realizó entonces una gira por Europa con su trío (con Jimmy Lyons al saxofón y Murray). En 1965 Andrew

[234] Entrevista por Jason Gross, enero 2001, *furious.com*.
[235] *Black Music*, p. 111

Cyrille remplazó a Murray. En 1966 Taylor realizó dos de sus discos más conocidos: *Unit Structures* y *Conquistador*, y dos años más tarde el álbum en solitario *For Olim*. En éste, su música se acerca a la música contemporánea, a lo que haría por ejemplo un Aloys Kontarsky con la música de Stockhausen. En 1969 Taylor se presentó en solitario y enseñó en varias instituciones académicas. A fines del decenio colaboró con la compañía de danza de Diane McIntyre. Grabó también con Mary Lou Williams después de su desconcertante concierto con ella de 1979 en el Carnegie Hall[236]. En 1990 formó el Feel Trio con el bajista William Parker y el percusionista Tony Oxley. Grabaron En Londres, en el curso de una semana de actuaciones, grabaron diez discos, y John Fordham describió a Taylor en *The Guardian* como "un coloso idiosincrático de la música moderna de piano y absolutamente indiferente a los gustos populares o a los vientos culturales predominantes de cualquier tipo." En los años 2000 Taylor organizó el Cecil Taylor Ensemble y la Cecil Taylor Big Band. En 2009 se presentó con su trío (Albey Balgochian, bajo y Jackson Krall, batería) y en 2016 dio un concierto triunfante en el Whitney Museum con Tony Oxley tocando instrumentos electrónicos y el bailarín japonés Min Tanaka.

Muhal Richard Abrams

Muhal Richard Abrams (Chicago, Illinois, 1930-Nueva York, 2017) inspiró a varios jazzmen de vanguardia, especialmente en Chicago. En 1946 siguió algunas clases de música electrónica en la universidad, pero fue esencialmente autodidacta: escuchó a Art Tatum, Charlie Parker, Thelonious Monk y Bud Powell, analizó partituras de Duke Ellington y de Fletcher Henderson, y estudió *The Schillinger System of Musical Composition* del compositor y teórico ruso Joseph Schillinger. Empezó tocando blues y R&B y acompañó a músicos de paso por Chicago, entre ellos Max Roach, Johnny Griffin, Dexter Gordon, Ruth Brown y Woody Shaw. En 1950 escribió arreglos para el ensamble de Walter 'King' Fleming, y en 1955 tocó con Eddie Harris y el grupo Modern Jazz Two + 3. En 1961 organizó con el pianista Jodie Christian su Experimental Band de la que saldría en 1965 la AACM (Association for the Advancement of Creative Musicians). En 1967 grabó su primer álbum como líder, *Levels and Degrees of Light* y en 1969 *Young at Heart/Wise in Time*, en el que utiliza las cuerdas del piano para efectos de arpa. En 1975 se radicó en Nueva York, donde estableció una rama de la AACM. En su disco en solitario *Afrisong* (1975) toca un cautivador "The Infinite Flow", un "Peace on You" melodioso y, en "Hymn to the East", motivos sobre ostinatos de mano izquierda. Otros de sus discos incluyen *Sightsong* (1976), *Blu Blu Blu* (1991), *Vision Towards Essence* (grabado en 1998 pero publicado en 2007) y *The Visibility of Thought* (2001).

---

[236] Véase p. del volumen I.

Paul Bley

En el curso de su carrera, Paul Bley (Montreal, Canadá, 1932-Stuart, Florida, 2016) evolucionó del llamado "mainstream jazz" al free, volviendo luego a un jazz más melódico aunque experimental, y grabó abundantemente. Si bien "When Will the Blues Leave Me" (1964) pertenece estilísticamente al bebop, Bley es más aventurero en piezas como "All the Things You Are" (1987), "The Nearness of You" (1988) o "Love Lost" (2001), rastreando la melodía, alejándose de la estructura armónica y volviendo a ella. Adolescente, formó un grupo de jazz y tocó blues con una banda integrada por ex-sidemen de Duke Ellington. En 1949 sucedió a Oscar Peterson en el Alberta Lounge de Montreal cuando éste se marchó a Estados Unidos. En 1950 prosiguió sus estudios en la Juilliard School of Music. En 1953 grabó su primer disco, *Introducing Paul Bley* (con Charles Mingus y Art Blakey), en el que toca en un estilo muy bebop. Formó un quinteto que duró algunos meses y colaboró luego con Charlie Parker, Jackie McLean, Donald Byrd, Arthur Taylor, Doug Watkins y Lester Young. Realizó después una gira con Dakota Staton y fundó un trío con Charlie Haden al bajo y Billy Higgins a la batería. En 1955 se mudó a Los Ángeles y organizó en 1957 un cuarteto con Dave Pike, Charlie Haden y Lennie McBrown. Ornette Coleman y Don Cherry se unieron a él y con ellos, y empezó a tomar más riesgos musicales. En 1958 fundó una nueva banda, con Bobby Hutcherson al vibráfono y Scott LaFaro al bajo. En 1959 se estableció en Nueva York. Grabó con Bill Evans una pieza para dos pianos y orquesta de George Russell y tocó con Jim Hall, Oliver Nelson, Jimmy Giuffre, Sonny Rollins y Charles Mingus.

En 1963 grabó con el cuarteto de Sonny Rollins y Coleman Hawkins como *guest star* (en *Sonny Meets Hawk!)*, tomando un solo magistral en "All the Things You Are". En el mismo año realizó *Footloose!* (con Steve Swallow y Pete La Roca), que Keith Jarrett considera como uno de los más logrados discos de Bley, con un estilo casi atonal que anuncia el de Jarrett. Dirigió también su propio trío (con Steve Swallow o Gary Peacock al bajo y Paul Motian a la batería). En 1964 grabó *Turning Point* y luego *Barrage*, en el que se sale del tiempo metronómico. A partir de 1965 experimentó con música free y con teclados electrónicos. A fines de los años sesenta fue uno de los primeros que utilizó un sintetizador Moog (grabando *Paul Bley Synthesizer Show*, 1970). Durante la década del setenta lideró varios tríos. En 1976, con Peacock y Barry Altschul, grabó *Japan Suite*, con improvisaciones son casi free. En 1985 realizó *Diane* con Chet Baker, volviendo a un estilo más *mainstream*. En los años noventa enseñó en el New England Conservatory of Music de Boston y siguió presentándose en varios países y grabando. Una de sus últimas actuaciones fue con Charlie Haden en el Blue Note de Nueva York. El último párrafo de su autobiografía resume su filosofía: "Lo único que necesitábamos saber en cuanto al futuro de la música de piano en solitario era lo que no se debía hacer, y esto era lo que ya se había hecho antes. Las decisiones sobre qué hacer están todavía abiertas y no hay precedentes. Una de las razones por las que grabo mucho es que las respuestas todavía no han llegado".[237]

Horace Tapscott

Horace Tapscott (Houston, Texas, 1934-Houston, 1999) tenía un estilo abrupto, a veces lindante con el free jazz como, por ejemplo, en "Niger's Theme", "The Dark Tree" con evanescentes frases casi atonales sobre un ostinato de bajo, o "Aiee! The Phantom". Fuertemente consciente de sus raíces africanas, dirigió en Watts su Pan-Afrikan People Arkestra, pero sus posicionamientos políticos por la igualdad racial y las Panteras Negras en particular, le impidieron a veces obtener contratos en lugares más convencionales. Creció oyendo spirituals y blues, y su madre, pianista y cantante, le dio sus primeras clases de piano. Estudió también el trombón. De niño, em-

pezó a presentarse en público, y tocó con la banda de su escuela secundaria, de la que también formaban parte Eric Dolphy y Don Cherry. Colaboró, como trombonista, con Gerald Wilson y Lionel Hampton, y decidió consagrarse al piano, volviéndose uno de los principales jazzmen de vanguardia de la Costa Oeste. En 1961 formó su Pan-Afrikan People Arkestra, inspirada en la Arkestra de Sun Ra y basada en improvisación colectiva. Sin embargo, en 1965, su militantismo sociopolítico le valió acusaciones de incitación a motines. Fue vigilado por el FBI y a veces le prohibieron actuar.

En 1963 fundó la UGMA (Underground Musicians Association), que se convirtió en UGMAA (Union of God's Musicians and Artists Ascension). En 1968 compuso y escribió arreglos para el disco de Sonny Criss *Sonny's Dream - Birth of the New Cool*. Al año siguiente realizó su primer disco con su propio nombre: *The Giant Is Awakened*. En los años sesenta pasó por un período difícil pero realizó algunos discos como líder, incluyendo *In New York* (1979, con Art Davis, bajo y Roy Haynes, batería), con "Akirfa", tocado en un estilo bebop, y dos discos con su

---

[237] *Stopping Time*, p. 154.

Pan-Afrikan Peoples Arkestra. Durante el siguiente decenio realizó varios discos en solitario. Su carrera repuntó en los años noventa: se presentó en Europa con su Arkestra y como solista con el saxofonista Arthur Blythe, grabó *Aiee! The Phantom*, y logró más reconocimiento. Dos años antes de su muerte realizó *Thoughts of Dar-Es-Salaam* con Ray Drummond y Billy Hart.

Ran Blake

Ran Blake (Springfield, Massachusets, 1935) es un pianista no convencional asociado con la corriente "Third Stream", que llama *"synthesized duality"*. Es aficionado a las armonizaciones fuera de lo común y toca con un admirable sentido de los matices.

Aficionado a los *films noirs*, concibe inicialmente sus composiciones, explicó, como storyboards de cine. En "Somewhere Over the Rainbow", grabado en vivo en Lisboa en 2012, toca acordes inesperados, como lo hace también en "Nature Boy" (en *Sonic Temple*), interpretado con mucho espacio. Utiliza a veces, cuando toca, elementos de música griega o de otras músicas "étnicas". En sus años de formación fue influenciado entre otros por Thelonious Monk pero escuchó también a una gran variedad de músicas, de Prokofiev y Debussy a Mahalia Jackson, cantantes de jazz, Stan Kenton, Paul Bley, Al Green y, en Connecticut, la música de las diferentes iglesias de Hartford. Estudió con Ray Cassarino, exmiembro de la orquesta de Woody Herman, y tomó dos clases con Oscar Peterson. Continuó sus estudios en Bard College, en Nueva York, y con Mary Lou Williams y Gunther Schuller. En 1957 tocó en dúo con la cantante Jeanne Lee, con la que grabó *The Newest Sound Around* en 1961, y en 1962 se presentó en el Festival de Jazz de Monterey. En 1967 enseñó en el New England Conservatory of Music, pasando, en 1980, a ser director de su departamento de Third Stream, y sigue actuando, enseñando y grabando. Sus discos incluyen *Ran Blake Plays Piano Solo* (1966), *Vertigo* (1984), *Something to Live For* (1999), *All That Is Tied* (2006), *Ghost Tones* (2015) y *Town and Country* (2017). Es también autor del libro *Primacy of the Ear* (Primacia del oído).

Don Pullen

Pianista y organista fogoso, Don Pullen (Roanoke, Virginia, 1941-Los Ángeles, California, 1995) tenía un toque percusivo y un estilo cercano al hard bop. Alternaba entre pasajes vigorosos con a menudo *clusters* y pasajes sosegados y líricos y tenía también afinidades con los ritmos "latinos". De niño tocó góspel y fue influenciado por su primo Clyde "Fats" Wright, que era pianista. "El góspel y el blues, afirmaba Pullen, constituyen el fundamento de mi música". Y, declaraba en 1976: "La música debería elevar a la persona. Si desprecias siempre al público cuando tocas, no irás a ningún lado."[238] En 1964 residió en Chicago, donde se inició en los conceptos musicales de Muhal Richard Abrams. Se instaló luego en Nueva York, grabó dos discos free con el saxofonista Giuseppi Logan y formó un dúo con Milford Graves. Acompañó a Arthur Prysock, Ruth Brown, Big Maybelle, Nina Simone, Jimmy Rushing y otros cantantes. En 1972 tocó con los Jazz Messengers y de 1973 a 1975 con Charles Mingus: En 1979 organizó con George Adams un cuarteto que duró hasta 1988 y formó parte, con Ricky Ford y Beaver Harris, del grupo 360 Degree Music Experience. De 1990 hasta su muerte lideró la African-Brazilian Connection, que incluía a músicos brasileños, al saxofonista panameño Carlos Ward y al percusionista senegalés Mor Thiam. En 1991 tocó, junto con Chico Freeman y Sam Rivers, con la banda Roots. Colaboró también con John Scofield. En 1990 grabó en particular *Random Thoughts* (con James Genus, bajo y Lewis Nash, batería) y en 1993 *Ode to Life*, que incluye un homenaje a Adams, que acababa de fallecer a los cincuenta y dos años: "Ah George, We Hardly Knew Ya". Un mes antes de su propia muerte, a los cincuenta y tres años, Pullen realizó *Sacred Common Ground* con Carlos Ward, Joseph Bowie, Santi Debriano e indios kootenai de Montana: los Chief Cliff Singers.

Anthony Davis

Interesado, además del jazz, por varias tradiciones musicales del mundo (balinesas, africanas, indias) y la música clásica, Anthony Davis (Paterson, Nueva Jersey, 1951) tiene un sentido sutil de la melodía y rechaza la facilidad. En *Daydream* del flautista James Newton (1983) toca frases meditativas y acompaña discretamente en "Daydream", improvisando más enérgicamente en otras piezas. Sin embargo, la mayor parte de su obra como pianista es free, como en los conciertos dados a principios de los años noventa con su quinteto (Terry King, Marty Ehrlich, Rick Rozie y Pheeroan akLaff). En 1973 creó el grupo Advent, con George Lewis (trombón), Hal Lewis (saxofón), Wes Brown (bajo) y Gerry Hemingway (batería). Colaboró luego con el saxofonista Marion Brown y formó New Delta Ahkri con Brown y el trompetista Leo Smith. Se instaló en Nueva York y grabó su primer disco con su propio nombre: *Song For the Old World.* Tocó entonces con Oliver Lake y Anthony Braxton y grabó con George Lewis y Barry Altschul. En 1975 lideró un cuarteto integrado por Jay Hoggard (vibráfono), Mark Helias (bajo) y Ed Blackwell (batería). Actuó luego en trío con el violinista Leroy Jenkins y el baterista Andrew Cyrille y colaboró con Altschul, Chico Freeman, James Newton y Hoggard. Comenzó también a enseñar y a componer obras de factura clásica tocadas por

---

[238] "Don Pullen: An Interview by Vernon Frazer", *Coda*, octubre 1976.

orquestas sinfónicas en Nueva York, Brooklyn y Houston. En 1981 organizó el octeto Episteme. Sus composiciones incluyen las óperas *Opera X* (1984), inspirada en la vida de Malcolm X, con un libreto de la poetisa Thulani Davis, *Walonda's Dream* y *Lilith*, y sus discos incluyen también *Of Blues and Dreams* (1978), *Lady of the Mirrors* (1980), *Episteme* (1981), *Amistad* (2008) y *Cerulean Landscape* (dúo con el saxofonista y flautista Jason Robinson, 2008).

Matthew Shipp

Matthew Shipp (Wilmington, Delaware, 1960) sigue en las huellas de Cecil Taylor. Como él ataca a veces el teclado con torrentes de notas. En su actuación en vivo de "Greensleeves", por ejemplo, enuncia el tema con acordes staccato, sigue de manera más convencional y se arroja en una improvisación free. Toca "Take the A Train" (en *To Duke*) con acordes disonantes, reinterpreta "In a Sentimental Mood" y es más tonal en su versión en vivo de "Root of Things" (2014). De niño pasó por una crisis mística y se entregó luego con pasión al piano. En 1984 mudó a Nueva York. Tocó con el cuarteto de David Ware y, entre otros, con William Parker, Roscoe Mitchell y Mat Maneri. Colaboró también con la pintora y cineasta Barbara Jameskiewicz y grabó, en particular, *Art of the Improviser* (2011), *Piano Sutras* (2013), *To Duke* (2015) y *Zero* (2018).

Otros pianistas

Cabe también mencionar a Bobby Few (Cleveland, Ohio, 1935), que ha tocado con Rahsaan Roland Kirk, Jackie McLean, Albert Ayler, Archie Shepp y Steve Lacy; Alexander von Schlippenbach (Berlín, 1938); Dave Burrell (Middletown, Ohio, 1940), que ha tocado con Pharoah Sanders, Marion Brown y Archie Shepp; la volcánica Irène Schweizer (Schaffhausen, Suiza, 1941); Marilyn Crispell (Filadelfia, Pennsylvania, 1947), que ha tocado con Anthony Braxton, Reggie Workman, Roscoe Mitchell y Leo Smith; y los británicos Howard Riley (Huddersfield, 1943) y Keith Tippett (Bristol, 1947).

Los pianistas de Memphis

Ha habido en la historia del jazz y, en lo que nos concierne, en la historia del piano jazz, ciudades de una importancia particular: Nueva Orleans, Nueva York, Chicago, Detroit, para el bebop y el hard bop, pero también Filadelfia, Pittsburgh, San Luis y Memphis. Este capítulo trata de los principales pianistas que nacieron o vivieron en Memphis y que comparten algunos rasgos estilísticos o por lo menos un feeling característico de esta ciudad. El pianista James Williams pensaba atinadamente que los pianistas de Memphis tienen un swing caluroso, arraigado en el blues. Capital durante muchos años del comercio del algodón que llegaba del Sur por el Mississippi, Memphis ha sido un centro importante del blues, del góspel, del R&B, de la soul music y del jazz (Lil Hardin, Booker Little, Frank Strozier, Jimmy Jones, George Coleman, Buster Bailey, Charles Lloyd, Aretha Franklin y Dee Dee Bridgewater, entre otros, nacieron allí). "En el curso de la historia numerosos músicos gravitaron alrededor de Memphis porque durante muchos años distintos grupos tocaban en los barcos de vapor que recorrían el Misisipi, y era un punto intermediario entre el Sur profundo y Chicago. Si alguien aspiraba a irse por ejemplo, de Nueva Orleans a Chicago o a Kansas City, había muchas probabilidades de que pasase por Memphis", explicaba Williams.[239] Beale Street, en particular, albergaba el célebre sello Stax con el que grabaron Otis Redding, Isaac Hayes y otras estrellas de la soul music. Memphis también ha producido jazz de gran calidad desde que W.C. Handy vivía allí, época en que Jelly Roll Morton se presentó en esa ciudad. "Si un músico de jazz quería ganarse la vida, decía Harold Mabern a propósito de Memphis, tenía forzosamente que tocar también rhythm 'n' blues. En aquella época, todos pensábamos que eso nos hacía perder el tiempo que le consagraríamos al jazz. Pero ahora me doy cuenta de que era una verdadera alegría".[240] Un día yo estaba observando, en el salón del famoso Peabody Hotel de Memphis, las teclas de un piano mecánico que tocaba una vieja pieza de jazz *bluesy*. Los acordes eran muy abiertos, el sonido

---

[239] Entrevista transcrita y editada por Ted Panken para las notas del CD *Memphis Convention*, DIW Records.

[240] *haroldmabern.jazzgiants.net*.

muy amplio y, viendo y oyendo esos acordes, se me ocurrió que, en el estilo de pianistas de Memphis como Phineas Newborn, Jr., Harold Mabern, Mulgrew Miller o Donald Brown, nutridos de góspel y de blues, había algo muy orquestal y *soulful* parecido a lo que salía de ese piano.

Phineas Newborn

Músico subestimado, Phineas Newborn (Whiteville, Tennessee, 1931-Memphis, Tennessee, 1989) es uno de los gigantes del piano jazz. Tocaba también saxofón tenor y barítono, tuba, trompa, vibráfono y trompeta, estaba nutrido de blues y poseía una técnica y unas manos asombrosamente independientes. "Finesse (fineza) Newborn", lo llamaba el pianista Mulgrew Miller. Hank Jones, Count Basie, Tommy Flanagan, Ahmad Jamal y John Contrane se contaban también entre sus admiradores y, escribió Oscar Peterson en sus memorias: "Sus ideas flexibles y dúctiles se basaban en frases armónicas complementarias de la mano izquierda que servían a veces no sólo para enriquecer sino hasta para suplantar las frases de la mano derecha. Su agilidad en el teclado era maravillosa y tuvo que ser intimidante para muchos otros pianistas. Lo que, en su manera de tocar, parecía desmoralizar a cantidad de pianistas, era la facilidad con la que ejecutaba frases con dos manos".[241] El pianista James Hurt recuerda que Newborn fue un día a visitar a su familia: "Se sentó ante esa vieja caja pesada y empezó a despedazarla. Tocaba un tema con la mano izquierda y otro con la derecha. Asombroso".[242] En 1976 Newborn le explicó al trompetista y director de orquesta Gerald Wilson que había practicado ejercicios en octavas con un método para pianistas clásicos, pero que todos estaban en do. Encontrando eso monótono, decidió utilizar los ejercicios, pero adaptándolos a su propia música. Le confió también a Wilson que quería sonar como un instrumento de viento, como Charlie Parker o Lester Young.[243] Ejecutaba pasajes contrapuntísticos y ricos acordes –*block chords* muchas veces– sobre todo en las baladas, como en su versión de "Lush Life" grabada en un programa de radio con introducción rachmaninoviana o jachaturiana. Newborn influyó en varios pianistas. Desgraciadamente, como Bud Powell, padeció trastornos mentales y hacia el final de su vida, fue atacado y gravemente golpeado.

Creció en Memphis. Su padre, Phineas Newborn, Sr., tocaba la batería con bandas de blues locales y con los Chickasaw Syncopators de Jimmie Lunceford, y su madre cantaba y tocaba piano. Newborn empezó a estudiar a los seis años con el pianista de la banda de su padre, y a los diez años tocó con grupos de R&B. "Lo

[241] Oscar Peterson, *A Jazz Odyssey, op. cit.*, p. 142.
[242] "James Hurt Piano", *smallslive.com*.
[243] Entrevista realizada en Los Ángeles en Radio WBCA.

único que le interesaba a Junior era tocar
el piano", decía su hermano Calvin, que
era guitarrista. Cuando Phineas cumplió
quince años, él y Calvin ingresaron en la
Finas Newborn Orchestra de su padre,
que acompañó a B.B. King en 1949 y
1950, y Newborn grabó con Lou Sargent,
que gozaba de cierto éxito con "Ridin'
the Boogie". Newborn se instaló entonces en Nashville y estudió música clásica,
con una admiración particular por Liszt
y Scriabin

De 1950 a 1952 tocó con Lionel
Hampton, remplazando a Milt Buckner
y aprendiendo a tocar el vibráfono, e improvisaba ocasionalmente con la orquesta
de Count Basie. En 1953 actuó en Memphis con un pequeño conjunto que incluía
a varios cantantes. En 1955, finalizado su

servicio militar, volvió a tocar brevemente con la banda de su padre y colaboró con
el armonicista de blues Big Walter Horton y con el saxofonista Willis "Gator" Johnson. En 1956, alentado por Basie, se instaló con Calvin en Nueva York y formó el
Phineas Newborn Jr. Quartet, que se presentó durante varios meses en la primera
parte del show de la orquesta de Basie. "Cuando Phineas llegó a Nueva York, recordaba Red Garland, asustó a todo mundo, incluso a Oscar Peterson". Newborn
se presentó también en clubes y dio conciertos. Poco después de su llegada grabó
su primer disco con su propio nombre: *Here Is Phineas*, con Oscar Pettiford, Kenny
Clarke, y con Calvin Newborn en algunas piezas. Deslumbra con su virtuosismo y
sus frases ágiles y chispeantes (como en su versión de "Daahoud") y transforma temas como "All the Things You Are" en obras maestras. En octubre del mismo año
realizó *Phineas' Rainbow* (con George Joyner, el futuro Jamil Nasser, al bajo y Philly
Joe Jones a la batería). Al año siguiente grabó con una orquesta de cuerdas arreglada y dirigida por Dennis Farnon, embelleciendo considerablemente la melodía de
"While My Lady Sleeps", y grabó con Charles Mingus. La versión de "Nostalgia in
Times Square" tocada por Newborn sería utilizada en 1959 en la película *Shadows*
de John Cassavetes. En 1958, con su hermano Calvin, George Joyner y Denzil Best
a la batería grabó "I'll Remember April", "Back Home" y "No Moon at All", más
"What's New" a piano solo. (Estas cuatro piezas, más las interpretadas con la orquesta de Farnon fueron publicadas en 1992 con el título de *While My Lady Sleeps*.)
En 1959 realizó también *We Three* (con Paul Chambers y Roy Haynes), con su composición "Sugar Ray", en la que mantiene en su solo una mano izquierda al estilo de

guitarra. De 1958 a 1959 realizó una gira europea con un conjunto bautizado Jazz at Carnegie Hall, que incluía a Red Garland, Zoot Sims, Lee Konitz, J.J. Johnson, Kai Winding, Oscar Pettiford y Kenny Clarke, y actuó en solitario en Roma y Estocolmo. En Estocolmo grabó con Benny Bailey (trompeta), Oscar Pettiford (bajo) y Rune Carlsson (batería).

Hacia 1960 se instaló en Los Ángeles, tocando con su trío y participando en discos de Howard McGhee, Teddy Edwards y otros. En 1961 grabó *A World of Piano!* (con Paul Chambers y Philly Joe Jones), con un pimentoso "Manteca". Desgraciadamente no encontró el reconocimiento que se merecía. Muy aquejado, empezó a padecer problemas mentales, y una herida en la mano puso trabas a su carrera. Fue internado en el Camarillo State Mental Hospital, el centro psiquiátrico donde Charlie Parker había sido tratado. En 1969 realizó el estupendo *Harlem Blues* (con Ray Brown y Elvin Jones). A principios de los años setenta regresó a Memphis. En 1974, cuando estaba a punto de grabar *Solo Piano*, fue brutalmente asaltado y tuvo fracturas en los pómulos, los brazos y los dedos. Al salir del hospital logró sin embargo – increíble proeza – grabar el disco, con una pasmosa versión de "The Breeze and I" de Ernesto Lecuona, así como el brillante *Look Out – Phineas is Back!* Su carrera repuntó un poco a fines de los años setenta. En 1978 se presentó en el Village Gate de Nueva York y más tarde, también en esa ciudad, en el Sweet Basil, así como en el Festival de Jazz de Montreux, aunque no con exactamente el mismo virtuosismo de antes.

Charles Thomas

Desconocido a nivel internacional antes de su concierto en el Festival de Jazz de Clermont-Ferrand, dos años antes de su muerte, Charles Thomas (Memphis, 1935-Little Rock, Arkansas, 1999) gozaba sin embargo de alta consideración en el sur de Estados Unidos. Tenía un amplio repertorio e influyó en músicos como Mulgrew Miller, Harold Mabern, al que enseñó algunos rudimentos de bebop, James Williams y Donald Brown. Su toque era ligeramente percusivo, y ejecutaba largas y fluidas frases en un estilo bebop. Quería que su música fuera accesible: "Si se carga algo con demasiado acordes extraños, la gente se pone nerviosa, no entiende", decía. Tocó algún tiempo con la orquesta de Duke Ellington tras la muerte de éste, pero queriendo guardar su independencia, prefirió quedarse en Arkansas. Su padre era pastor baptista y de niño Thomas tocó el órgano de la iglesia. Impresionado por George Shearing, que oyó en la radio, se orientó hacia el jazz. De adolescente, tocó en dúo con Phineas Newborn, Jr., su amigo de la escuela secundaria. De 1955 a 1965 trabajó en Memphis, con actuaciones ocasionales en Detroit y Chicago con Freddie Hubbard, Woody Shaw, Junior Cook, Eddie Harris, Johnny Griffin, Charlie Rouse, Frank Foster, Tony Bennett y otros. Kenny Burrell y Yusef Lateef trataron de convencerlo de que se fuera a Nueva York. Sólo James Williams lo logró, dos años más tarde, y Thomas se presentó ahí, en el club Bradley's. Grabó *Live in Europe* (1998), *The Finishing Touch*, (2002) y *The Legend of Charles Thomas* (2003).

Harold Mabern

Harold Mabern (Memphis, 1936 - Nueva York, 2019) era un pianista potente y muy rítmico que recorría fácilmente, con sus grandes manos, todo el teclado. Él mismo se consideraba fundamentalmente como un pianista de blues con un *feeling* por el jazz, y como un buen acompañante. El trompetista Roy Hargrove recordaba haber tocado una noche en Bradley's. George Coleman vino a improvisar e hizo pasar a Hargrove por todas las tonalidades, con también cambios de compases en cuatro por cuatro a compases en cinco por cuatro y Mabern, que era el pianista aquella noche, "siguió sin ningún problema", se maravilló Hargrove.

En los años setenta, en Nueva York, vi a Mabern acompañar de improviso a cantantes con los que nunca había tocado antes, y durante su carrera acompañó en particular a Betty Carter, Johnny Hartman, Arthur Prysock, Joe Williams, Sarah Vaughan, Dakota Staton e Irene Reid. Puede ser *funky* y también cincelar elegantes frases melódicas. En *A Season of Ballads* (1992), ejecuta el precioso "Raintree" a piano solo con pasajes en acordes alternando con frases lineares, y ofrece un expansivo "Love Wise". En su poderosa versión de "Dat Dere", tocada en vivo en Italia, utiliza pentatónicos, y "You Don't Know What Love Is", ejecutado en Small's, en Nueva York, es muy orquestal.

Tocó primero el tambor en la charanga de su escuela, lo que quizá explique el impulso rítmico que lo caracteriza a menudo. Tras conocer a Charles Thomas escogió el piano, y Phineas Newborn, con quien entabló amistad, se convirtió en su modelo. Sigue considerando a Newborn, y también a Ahmad Jamal, como sus pianistas predilectos. Colaboró con Frank Strozier, George Coleman y Booker Little y se marchó a Chicago en 1954, donde tuvo la oportunidad de oír a Jamal en vivo. Aprendió solo el piano, salvo algunas lecciones con el bajista Bill Lee y los pianistas Chris Anderson y Billy Wallace. Tocó entonces con la big band del trombonista Morris Ellis, remplazó en 1959 a Muhal Richard Abrams en el grupo MJT + 3 del baterista Walter Perkins y grabó con el saxofonista Jimmy Forrest. Se instaló luego en Nueva York, colaboró con Lionel Hampton y después con el Art Farmer-Benny Golson's Jazztet (grabando *Here & Now* y *Another Git Together* con este grupo en 1962). Tocó también con varios cantantes y con Donald Byrd y Roy Haynes. En 1963 actuó con Miles Davis en San Francisco y luego con J.J. Johnson y grabó con Max Roach. A fines de los años sesenta colaboró con Roland Kirk, Sonny Rollins, Freddie Hubbard, Lee Morgan, Blue Mitchell, Roy Haynes y Wes Montgomery, y a partir de los años setenta con Archie Shepp, George Coleman, Clark Terry, George Benson, Joe Newman, el Piano Choir de Stanley Cowell y el Contemporary Piano Ensemble de James Williams. "Si él tenía algo específico que quería que yo tocara, recuerda Mabern a propósito de su colaboración con Montgomery, si, por ejemplo, quería que yo ejecutara un diseño al unísono con él, pues yo lo entendía inmediatamente porque siendo autodidacta, siempre he tenido que utilizar mi oído".[244] Su discografía incluye *Workin' and Wailin'* (1969), *Maya with Love* (1999, con Christian McBride y Tony Reedus), *Mr. Lucky* (2012) y *Afro Blue* (2014). Dos de sus discos predilectos son *A Few Miles from Memphis* (1968, con George Coleman, Bill Lee y Walter Perkins) y *Greasy Kid Stuff!* (1970, con Hubert Laws, Lee Morgan, Buster Williams e Idris Muhammad), en los que toca en un estilo hard bop muy funky.

James Williams

James Williams (Memphis, 1951-Nueva York, 2004) tenía un estilo percusivo y vigoroso y galvanizaba a los solistas. Su hermana era pianista de góspel. De niño tocó el órgano en una iglesia baptista de Memphis y se fogueó luego con grupos de R&B. Arrebatado, él también, por Phineas Newborn, se orientó hacia el jazz en 1968, escuchando, entre otros, a Oscar Peterson y a un pianista local, Robert L. Talley, que acompañaba a B.B. King y Al Jackson. Estudió música en la Universidad de Memphis y luego en la Berklee School of Music y trabajó con Alan Dawson, Clark Terry, Woody Shaw, Joe Henderson, Milt Jackson y, a fines de los años setenta, con los Jazz Messengers. A partir de 1981 tocó con Sonny Stitt, Louis Hayes, Jackie McLean, Slide Hampton, Billy Pierce, Dizzy Gillespie, Art Farmer y muchos otros. Dirigió también varios grupos entre los cuales el Contemporary Piano Ensemble y, en los años noventa, ICU. Murió de cáncer a los cincuenta y tres años. Sus discos incluyen también *Meet the Magical Trio* (1988), *Truth, Justice & the Blues* (1994), grabado con los cantantes Miles Griffith y Roger Holland, *James Williams At Maybeck* (1995) y *Jazz Dialogues* (2003).

Donald Brown

Donald Brown (DeSoto, Mississippi, 1954) es *bluesy* y rebosante de swing y de energía. Es también un compositor prolífico y original y tiene un fraseo muy personal. Su movimiento de las voces no sigue siempre los cánones académicos, pero su música tiene fuerza y coherencia. Creció en Memphis, donde cinco de sus hermanas tocaban góspel. Estudió primero batería, trompeta y trompa barítono, y

---

[244] *haroldmabern.jazzgiants.net.*

piano en la Memphis State University. Allí conoció a James Williams y escuchó a Oscar Peterson, Clifford Brown y otros maestros del jazz. En 1976 siguió a Williams a Boston. Tocó localmente, incluso como organista, y volvió a Memphis, donde trabajó con bandas de R&B y como músico de estudio. De 1980 a 1982 y de nuevo en 1987 formó parte de los Jazz Messengers. Pese a ciertos problemas de artritis reumatoide y luego de tendinitis en las manos, prosiguió su carrera musical. De 1983 a 1985 enseñó en el Berklee College of Music. Tocó también con el Eddie "Lockjaw" Davis-Johnny Griffin Quintet y con Freddie Hubbard, y desde 1981 enseña en la Universidad de Tennessee. En 1993 formó parte del Contemporary Piano Ensemble, junto con Harold Mabern, Mulgrew Miller, Geoff Keezer y James Williams. Sus composiciones han sido grabadas, en particular, por Wynton Marsalis, Mulgrew Miller, Elvin Jones y Billy Drummond. Mencionemos, entre sus otros discos, *Early Bird* (1988), *Sources of Inspiration* (1989), que considera como una de sus mejores grabaciones, *Piano Short Stories* (1996), *Enchanté!*, (1999) *French Kiss* (2000), *Autumn in New York* (2002), *Fast Forward to the Past* (2008) y *Born to Be Blue* (2013).

Mulgrew Miller

El brillante Mulgrew Miller (Greenwood, Mississippi, 1955-Allentown, Pennsylvania, 2013) tocó en centenares de discos y fue uno de los pianistas más cotizados del jazz por su gusto impecable, su swing contagioso, su formidable dominio del piano, su conocimiento del lenguaje del jazz y su calurosa personalidad. Es también autor de numerosas composiciones, entre las cuales "Carousel", "Farewell to Dogma", "From Day to Day", "Song for Darnell, "When I Get There" y "Eleventh Hour". "Se expresa con tal claridad, tal profundidad, tal pasión, que uno se pierde en su mundo", apuntó Samuel Fromartz.[245] Era un músico cabal, conocedor del góspel y del blues pero también del jazz moderno, con un toque exquisito que recuerda el de Oscar Peterson y una gran fuerza expresiva. "Siempre estoy en búsqueda de la belleza", decía, haciéndose eco de lo que Tadd Dameron ya había declarado antes, y la belleza, su música la expresaba plenamente. Podía tocar de manera sumamente coherente en los tempos más rápidos y, en las baladas, con un lirismo sobrecogedor. "Me reclutan frecuentemente porque creo que soy un buen *comper* [acompañante]", me confió una vez con modestia. Lo era efectivamente, pero también era mucho más que eso. Todo lo que Miller tocaba sonaba bien, tenía su propósito y era claramente enunciado. "Abordo las piezas como himnos", explicaba. "No trato de innovar a cualquier precio: haciendo eso uno pierde su identidad. Trato, más bien, de escuchar mi propia voz. No estoy contra nada en la música, no trato de demostrar

---

[245] Notas del CD *Getting to Know You*, Novus, 1995.

nada. Sólo hago lo que me gusta, que es tocar el piano". Utilizaba los modos con un arte consumado y en sus solos, tal como lo hacía a veces Bud Powell, cambiaba a veces la cualidad de los acordes o alteraba ligeramente la estructura armónica, pero sin nunca desvirtuar el carácter de las piezas. "Tiene una manera de dar otra forma y de abrir las dimensiones armónicas, asevera el saxofonista Bobby Watson. Contentarse con sólo tocar los acordes es una cosa, pero él los toma y te libera, y libera todas las notas que tocas. Te hace sonar correcto en cada nota."[246] En su solo en una de las versiones que grabó de "Here Is That Rainy Day", Miller utiliza varios modos, algunos alterados, escalas menores alteradas y otros procedimientos, creando un sonido de gran belleza. En los temas como en sus solos, arpegiaba a veces los acordes de mano izquierda y tenía un estilo muy contrapuntístico. Como Phineas Newborn, al que conoció cuando era estudiante, y como Harold Mabern, ejecutaba a veces frases con dos manos, pero su estilo y su sonido eran completamente personales.

Empezó el piano a los seis años, y dos años más tarde comenzó a tomar clases más formales. Sus hermanos y hermanas eran músicos *amateurs*. De adolescente tocó en las iglesias de Greenwood ("Yo era una especie de mascota", recordaba) y con grupos de R&B, a la vez que estudiaba música clásica. Actuó con su hermano mayor, que tocaba bajo eléctrico y piano y le hizo descubrir el jazz. En bares locales tuvo la oportunidad de escuchar a Abie "Boogaloo" Ames, pianista de blues, boogie-woogie y de jazz, que le dio algunas lecciones, y oyó a Oscar Peterson en la televisión, lo que fue una suerte de epifanía para él. Decidió entonces que eso era el tipo de música que quería tocar. A los catorce años formó un trío y empezó a presentarse en varios lugares "sin la menor noción de cómo se tocaba jazz y, especialmente, sin

---

[246] Notas del CD *Jewel – The Robert Watson Sextet*, Evidence, 1993.

técnica", declaraba. Tocábamos estándares, pop tunes, blues. ¡En el Delta [del Mississippi] uno no puede salir adelante sin tocar el blues!" Su fama creció rápidamente. Tocó góspel y R&B en la región de Memphis y siempre fue un pianista de góspel y de blues excepcional. Estudió luego música en la Memphis State University, donde entabló amistad con James Williams y Donald Brown. Williams "me enseñó mil veces más música que la escuela", admitía. Conoció también al saxofonista, flautista y clarinetista de R&B y jazz Bill Easley, que trabajaba como músico de estudio para Stax y otros sellos discográficos. Easley le proporcionó una actuación temporal con la orquesta de Duke Ellington, dirigida en aquella época por Mercer Ellington. En 1975 Miller estudió en Boston con Margaret Chaloff, quien lo ayudó a perfeccionar su técnica, y trabajó con los saxofonistas Ricky Ford y Bill Pierce. Pasó luego un año en Los Ángeles, donde también tocó en iglesias y conoció a Rudolph Johnson, saxofonista tenor de Ray Charles quien, recordaba, "me ayudó musical y espiritualmente". En 1976 pasó finalmente a ser el pianista regular de la orquesta de Duke Ellington, con la que grabó en Polonia la suite *Three Black Kings* de Duke Ellington y con la que se quedó hasta 1979. Se instaló entonces en Nueva York donde impresionó a todos los músicos que lo oyeron. Colaboró con Betty Carter, Art Blakey, Woody Shaw, Johnny Griffin, Jackie McLean, George Coleman, Junior Cook y Tony Williams, con quien tocó durante varios años. En 1985 grabó su primer disco con su propio nombre: el muy logrado *Keys to the City* (con Ira Coleman al bajo y Marvin "Smitty" Smith a la batería. Alcanzó el mismo nivel de excelencia con *With Our Own Eyes* (1993, con Richie Goods y Tony Reedus), con espléndidas versiones de "Summer Me, Winter Me" y de "Body and Soul" y un prodigioso brote de ideas. De 1987 a 1989 trabajó con Wallace Roney. En 1997 actuó en Japón con el conjunto de diez pianistas 100 Golden Fingers. En 1999 realizó una gira internacional con el bajista Neils Henning Ørsted Pedersen, con quien realizó un CD de piezas de Duke Ellington. Hacia 2005 colaboró con Dave Holland, y en 2010 con John Scofield. Dio también algunos conciertos con Rufus Reid y Lewis Nash. Actuó en dúo con Kenny Barron, realizó una gira europea con el trompetista Terell Stafford y se unió luego a la banda de Ron Carter. Paralelamente a estas actividades actuó con sus propios grupos, la mayoría de las veces en trío. Acompañó, con suma sensibilidad, a cantantes como Cassandra Wilson, Dianne Reeves, Miriam Klein, René Marie, Karin Allyson y Jubilant Sykes, y para sus conciertos y sus grabaciones se rodeó de jóvenes músicos de alto calibre. Dio también clases maestras en el mundo entero y dirigió el Departamento de jazz de la William Paterson University en Wayne, Nueva Jersey. Estaba a punto de presentarse en dúo con Cedar Walton cuando murió de un infarto a los cincuenta y siete años, dejando un gran vacío en el mundo del jazz. Uno de sus mejores discos es *Solo* (2010), grabado en concierto en Clermont-Ferrand. Su discografía también incluye *Wingspan* (1987), *The Countdown* (1994), *The Sequel* (2002), los dos volúmenes de *Live at Yoshi's* (2004 and 2005) y los dos volúmenes de *Live at the Kennedy Center* (2006 y 2007).

James Hurt

Pianista y tecladista de ideas avanzadas James Hurt (Memphis, 1968) utiliza a menudo repeticiones de notas, frases veloces, modos y frases *bluesy* puntuadas por vigorosos acordes, y toca a veces free. Trata de expresar en su música, explica, "su interés por los asuntos espirituales y cósmicos". Creció en Memphis, oyendo soul music, blues y R&B. Estudió primero batería y otros instrumentos de percusión pero, deslumbrado por Phineas Newborn, que era amigo de su familia, escogió el piano. De adolescente se trasladó a Nashville, donde tocó country music, estudió piano y composición y tocó el tambor en charangas. En 1994 se instaló en Nueva York y trabajó con Sherman Irby, Antonio Hart, Russell Gunn, Gregory Tardy, Abraham Burton y Leo Smith. En su primer álbum como líder, *Dark Grooves - Mystical Rhythms* (1999), con Gunn a la trompeta, toca también percusión y utiliza cuatro bateristas. A principios de los años 2000 fue uno de los fundadores del grupo de hip hop The Real Live Show. En 2010 participó, en el Festival International de Jazz de Montreal, en el concierto de homenaje a Miles Davis titulado *Bitches Brew Revisited*. Grabó también con el saxofonista Jacques Schwarz-Bart.

Keith Brown

Hijo de Donald Brown, Keith Brown (Memphis, 1983) creció rodeado de música. Su madre toca piano y varios instrumentos de viento, su hermano es baterista y varios de sus tíos y tías también tocan música. Escuchó hip hop, R&B y jazz, en particular a Phineas Newborn, James Williams, Mulgrew Miller, y su padre le dio clases de piano. Ha tocado con Bill Mobley, Billy Pierce, Benny Golson, Bobby Watson, Greg Tardy y otros. Grabó *Sweet & Lovely* (2010) y *The Journey* (2015).

Algunas nuevas voces

Tras algunos de los desbordamientos del free jazz, aves de mal agüero, convencidas de que el jazz había agotado todas sus posibilidades y poco conscientes de la vitalidad de esta música, predijeron su muerte. De hecho, una multiplicidad de jazzmen talentosos que se expresan en los estilos más diversos, desde lo más experimental hasta lo más convencional, ha surgido en el mundo entero. El jazz actual, fructífero, se caracteriza por su globalización y su ecumenismo y ha producido numerosos aciertos. Sin embargo, en lo que se refiere al piano, desde la muerte de figuras cimeras como Jelly Roll Morton, Fats Waller, Duke Ellington, Count Basie, Erroll Garner, Thelonious Monk, Bud Powell o Bill Evans, creadores con estilos sumamente distintivos, pocos de los nuevos pianistas han logrado alcanzar una estatura similar. Pero quizá éste sea también el problema de muchas de las formas de arte actuales.

Si bien hasta más o menos la década del sesenta el jazz evolucionó de manera relativamente linear, hoy se desarrolla en una miríada de direcciones, y su amplio campo abarca tanto el rap como la música no occidental o electrónica. Más que nunca el comentario de Duke Ellington, citado por Herbie Hancock en las notas de *Gershwin's World*, cobra vigencia: "Se está poniendo más y más difícil decir dónde empieza el jazz y dónde para, dónde empieza Tin Pan Alley y dónde termina el jazz, o hasta dónde está la frontera entre la música clásica y el jazz. Me parece que no hay una línea de demarcación". Pianistas más jóvenes como Gerald Clayton están de acuerdo: si bien su ámbito es el jazz, consideran que su música rebasa las fronteras de este género y se dirige a un público más extenso. Algunos, como James Hurt o Robert Glasper, han colaborado o colaboran con músicos de hip hop, demostrando que estas fronteras son porosas o, cuando menos, indefinidamente extensibles. "Para mí, ser un músico de jazz quiere decir tener las herramientas para tocar todo lo demás", afirma Glasper.

No obstante la extensión del jazz, la mayoría de los pianistas actuales le deben todavía algo al bebop y al hard bop o a maestros como Bill Evans, McCoy Tyner, Herbie Hancock, Keith Jarrett y Chick Corea, pero tienen a su disposición un rico vocabulario que incluye politonalidad, polimodalidad, polychords, pentatónicos, escalas y modos alterados y exóticos, métricas impares y poliritmos. Como dijo una vez Billy Taylor: "El jazz es muchas cosas y creo que es esto que lo hace tan duradero".[247]

Si bien algunos de los primeros *ticklers* de la época del ragtime y del stride habían aprendido música de oído y tocaban de manera instintiva o habían sido formados por uno o varios maestros más experimentados, la mayoría de los pianistas de hoy salen de escuelas de música, de conservatorios o de universidades. Tienen generalmente un alto nivel técnico, amplios conocimientos teóricos, una buena comprensión de la historia del jazz y una consciencia de su herencia cultural. Sin embargo, la multiplicación de los lugares de aprendizaje del jazz y el acceso mundial a las mismas fuentes de información y a las mismas músicas, difundidas instantáneamente en las redes sociales y el Internet, benéficos en lo que posibilitan la expansión del jazz, engendran también cierto grado de uniformidad y academismo, con pianistas muchas veces forjados en el mismo molde y que suenan igual. "El hecho de haber tenido que aprender todo por mí mismo tuvo sus ventajas. No es como si alguien me hubiese comunicado informaciones tras haberlas digerido él mismo", reconoce Toshiko Akiyoshi.[248] Se encuentra también, a veces, cierto cerebralismo en la manera de abordar el jazz, cierta falta de calor y de vida que lamentan músicos como Kenny Barron. Para maestros tales como John Coltrane, Sonny Rollins, Wayne Shorter o Herbie Hancock, empero, el arte y la vida se confunden y la música debe reflejar los valores morales y espirituales de quienes la practican. Existen no obstante pianistas entusiasmantes, algunos de ellos de asombrosa precocidad, que contribuyen al enriquecimiento y a la evolución del jazz. Desgraciadamente, por su multiplicidad, nos es imposible aquí caracterizar su estilo de manera detallada. Nos contentaremos con mencionarlos por orden cronológico, con sólo algunas sucintas indicaciones biográficas, o simplemente con citar sus nombres. Y sabemos que a la hora de escribir este apunte estarán apareciendo muchos otros.

Bill Dobbins

Verdadera enciclopedia del jazz, Bill Dobbins (Akron, Ohio, 1947) ha tocado y grabado con Clark Terry, Phil Woods, Al Cohn, Red Mitchell, Peter Erskine, Kevin Mahogany, Paquito D'Rivera y otros y de 1994 a 2002 fue el principal director de la WDR Big Band de Colonia, Alemania. Sus discos incluyen *Preludes and Predilections, vol 1-4* y *Prism: the WDR Big Band Plays the Music of Bill Dobbins and Peter Erskine* (2000), y es autor del método *A Creative Approach to Jazz Piano Harmony*.

---

[247] En: Phyl Garland, *The Sound of Soul*, p. 176.
[248] Steven Moore: "The Art of Becoming a Jazz Musician. An Interview with Toshiko Akiyoshi", *Michigan Quarterly Review*, Vol. XLIII, No. 3, verano 2001, *quod.lib.umich.edu*.

Richie Beirach

Richie Beirach (Brooklyn, Nueva York, 1947) asimiló los estilos de Bill Evans, Chick Corea y otros maestros. Ha colaborado con Stan Getz, Chet Baker, Dave Liebman, Freddie Hubbard, John Scofield, John Abercrombie y el grupo Quest, y grabó con George Adams, George Coleman, John Abercrombie, Jeremy Steig, George Mraz y otros. Lidera un trío conformado por la tecladista Regina Litvinova y el baterista Christian Scheuber. Grabó *Elegy for Bill Evans* (1981), *What Is This Thing Called Love* (1999), *Impressions of Tokyo – Ancient City of the Future* (2011) e *Inborn* (2018).

Marc Copland

Meditativo e intimista, Marc Copland (Filadelfia, 1948) construye, sobre ostinatos de mano izquierda, series de miniaturas, con pedales armónicos y polychords. Estudió saxofón alto y piano, consagrándose únicamente al piano cuando se instaló en Nueva York. Tocó con James Moody, Joe Lovano, Wallace Roney, John Abercrombie y Gary Peacock así como en solitario y con otros tipos de agrupaciones. Su discografía incluye *Poetic Motion* (2002), *Round and Round* (dúo con Greg Osby, 2003), *Both/And* (2006), *Some More Love Songs* (2012) y *When the Birds Leave* (2017).

Jessica Williams

Admirada por Dave Brubeck, Jessica Williams (Baltimore, Maryland, 1948), ha actuado muchas veces en solitario, y se puede oír la riqueza de su estilo en, por ejemplo, sus interpretaciones en vivo de "Body and Soul" o de "My One and Only Love", que transforma en fuga. Tocó en Filadelfia con el quinteto de Philly Joe Jones. En 1977 se mudó a San Francisco y colaboró con Eddie Harris, Dexter Gordon, Tony Williams y Stan Getz. Su discografía incluye *Portraits* (1978), *Rivers of Memory* (1980), *Intuition* (1995), *Blue Fire* (2000), *The Art of the Piano* (2009) y *With Love* (2014).

Kenny Werner

Kenny Werner (Brooklyn, Nueva York, 1951) toca con determinación y armonías rebuscadas. Colaboró en Brasil con el saxofonista Victor Assis Brasil y estudió con su hermano, el pianista João Assis Brasil. En 1981 organizó un trío, y algunos años más tarde ingresó en el Mel Lewis Orchestra. En los años noventa actuó con Toots Thielemans y grabó con Joe Lovano. Formó un nuevo trío en 2000. Sus discos incluyen *Introducing the Trio* (1994), *A Delicate Balance* (1998), *No Beginning No End* (2010) y *The Space* (2018). Es también autor del libro *Effortless Mastery: Liberating the Musician Within*.

Phil Markowitz

Phil Markowitz (Brooklyn, Nueva York, 1952) trabajó con Chet Baker y formó el trío de *fusion* Petrus, que se presentó en 1973 en el Festival de Jazz de Newport. Ha tocado también con el Mel Lewis Orchestra, Bob Berg, Joe Chambers, Phil Woods, Toots Thielemans, Miroslav Vitouš, Al DiMeola, Dave Liebman, Bob Mintzer, el grupo Saxophone Summit y otros y lidera un trío. Su composición "Sno' Peas" fue grabada por Bill Evans en *Affinity*. Sus discos incluyen *Restless Dreams* (1983), *In the Woods* (1994), *Taxi Ride* (1998) y *Catalysis* (2008).

Hilton Ruiz

El impetuoso Hilton Ruiz (Nueva York, 1952-Nueva Orleans, 2006) de origen puertorriqueño, interpretaba con igual facilidad bebop y música "latina". A los ocho años tocó Mozart en el Carnegie Hall. De adolescente perteneció a un grupo de *fusion* "latina": the Eastsiders. Estudió con Cedar Walton, Mary Lou Williams, el pianista panameño Nicolás Rodríguez y en el taller Jazz Interactions de Nueva York. Colaboró con Rahsaan Roland Kirk, Clark Terry, Joe Newman, Frank Foster, Jackie McLean, Mongo Santamaría, Ismael Rivera y Tito Puente, y grabó con George Coleman, Chico Freeman, Dizzy Gillespie y Abbey Lincoln. Fue encontrado en un charco de sangre con el cráneo fracturado frente a un club de Nueva Orleans y su muerte nunca ha sido elucidada. Sus discos incluyen *Piano Man* (1975), *Doin' It Right* (1990), *Heroes* (1993), *Enchantment* (2000) y *Nueva York Story* (2004).

Lyle Mays

Armonista genial y pianista virtuoso, Lyle Mays (Wausaukee, Wisconsin, 1953) crea ambientes extraños y poéticos. Experto en computadoras, utilizó un piano Midi "preparado" para algunos efectos en su estupendo disco *Solo Improvisations For Expanded Piano* (2000). De adolescente tocó el órgano en la iglesia. Tras sus estudios universitarios realizó una gira por Europa con Woody Herman. Colaboró luego con Pat Metheny y grabó *As Falls Wichita, So Falls Whichita Falls*

(1980) y otros discos con él. Compuso también obras clásicas, entre ellas "Twelve Days in the Shadow of a Miracle". Sus discos incluyen *Fictionary* (1992), *Sweet Dreams* (1988), *Solo: Improvisations for Expanded Piano* (2000) y *The Ludwigsburg Concert* (2015).

Kenny Kirkland

Kenny Kirkland

El entusiasmante Kenny Kirkland (Brooklyn, Nueva York, 1955-Queens, Nueva York, 1998) hacía bailar el piano con un swing infalible. Tenía un sonido a la vez percusivo y elástico y una profunda comprensión de los colores modales. Utilizaba a veces sintetizadores, pero sin nunca caer en la *fusion* o el comercialismo. Ejemplos de su estilo incluyen su versión de "Ana Maria" de Wayne Shorter, su interpretación "latina" de "Celia" de Bud Powell, su vals "Chance", su composición "Dienda", grabada con Branford Marsalis, "Rainbow" (grabado antes por Keith Jarrett) o "Pools of Amber" de Jeff "Tain" Watts. Aficionado a la soul music y al funk, se orientó progresivamente hacia el jazz, especialmente bajo la influencia de Herbie Hancock. En 1977 el guitarrista Rodney Jones lo puso en contacto con Michael Urbaniak, quien lo reclutó. Trabajó después con Angela Bofill, Don Elias, Miroslav Vitouš, Charles Sullivan, Billy Harper, Slide Hampton, Dave Liebman, Terumasa Hino, Jay Hoggard, Shunzo Ohno, John Scofield, Kenny Garrett, Carmen Lundy, Youssou N'Dour, Stephen Stills, Davis Crosby, Wynton Marsalis, Jim Hall, Branford Marsalis y otros. Con Branford Marsalis formó parte de la orquesta del programa de televisión *The Tonight Show* y colaboró luego con Sting. Grabó también con Dizzy Gillespie, Carlos Garnett, Robert Hurst, Elvin Jones, Jay Hoggard, Marvin 'Smitty' Smith, Charles Fambrough, Terence Blanchard, Dianne Reeves y Jeff 'Tain' Watts, y, con su propio nombre, *Kenny Kirkland* (1991). Durante toda su vida tuvo una salud frágil y una poliomielitis contraída en su niñez lo obligaba a caminar con un bastón. Fue encontrado muerto en su apartamento, con sólo cuarenta y tres años.

Fred Hersch

Fred Hersch (Cincinnati, 1955) tiene un estilo a la vez orquestal e íntimo, que refleja la influencia de Bach, Bill Evans, Earl Hines, Tommy Flanagan y otros músicos que admira. Aprecia también a Thelonious Monk y a Ornette Coleman y termina a menudo sus conciertos con una pieza de Monk. Algunas de sus improvisaciones son pequeñas joyas. Tocó primero con Gunther Schuller y acompañó a la cantante Dawn Upshaw. En 1977 se instaló en Nueva York, colaborando en particular con Stan Getz, Joe Henderson, Toots Thielemans, Art Farmer, Gary Burton, Andy Bey, Norma Winstone y Kurt Elling. En 2007 estuvo dos meses en coma, debido al virus VIH, del que padece, pero logró más tarde reanudar su carrera. Sus discos incluyen *Evanessence: a Tribute to Bill Evans* (1990), *Let Yourself Go* (1998), *Songs Without Words* (2001), *Fred Hersch Plays Jobim* (2009), *Solo* (2015), *Sunday Night at the Village Vanguard* (2016) y *Live in Europe* (2018).

Uri Caine

Uri Caine (Filadelfia, Pennsylvania, 1956) ha experimentado con música brasileña, música klezmer jasídica, góspel, música clásica, hip hop, funk y otros géneros, inspirándose por ejemplo en Wagner (*Wagner e Venezia*, 1997), Bach (*The Goldberg Variations*, 2000), Beethoven (*Diabelli Variations*, 2002), Mahler (*Urlicht/Primal Light*, 1996, *I Went Out This Morning Over the Countryside*, 1999, y *Dark Flame*, 2003), Schumann, Mozart y Verdi. Estudió composición con George Rochberg y el pianista francés Bernard Pfeiffer. En 1990 comenzó a colaborar con el clarinetista y saxofonista Don Byron y en 2001 se asoció con el baterista Zach Danziger para formar el conjunto Uri Caine Bedrock 3, que mezclaba *jungle* y *fusion*. Sus discos incluyen también *Sphere Music* (1994), *Toys* (1996), *Rio* (2001), *The Filadelfia Experiment* (2001), *Sonic Boom* (2012) y *Two Minuettos* (2016), dúo con el trompetista italiano Paolo Fresu.

Billy Childs

Billy Childs (Los Ángeles, 1957) toca y compone piezas de gran belleza. A los seis años comenzó a presentarse en público. Tocó y grabó primero con J.J. Johnson, colaboró después con Freddie Hubbard, Bobby Hutcherson y Branford Marsalis y formó el conjunto Night Flight con Dianne Reeves. Fundó también el Jazz Chamber Ensemble, y ejecutó obras suyas a medio camino entre el jazz y la música clásica, entre ellas "Raindrop Patterns" (en *Autumn: In Moving Pictures*, 2010), "Into the Light" y "The Path Among the Trees", tocadas con el Calder Quartet.

Geri Allen

Ha compuesto además obras clásicas. Otros de sus discos incluyen *Twilight Is Upon Us* (1989) *Portrait of a Player* (1993), *I've Known Rivers* (1995), *The Child Within* (1996), *Take For Example This* (1998), *Lyric* (2005) y *Rebirth* (2017).

Geri Allen

Fina e inventiva, Geri Allen (Pontiac, Michigan, 1957-Filadelfia, Pennsylvania, 2017) tenía a veces el sonido ligeramente atonal característico de muchos pianistas de jazz actuales. Creció en Detroit. Apasionada por el R&B, el soul y el funk, tocó con Mary Wilson and the Supremes. Estudió después en la Howard University de Washington, tocando paralelamente con Wallace Roney, con quien se casó. Continuó sus estudios con Kenny Barron y se graduó en etnomusicología en la Universidad de Pittsburgh. En 1982 se instaló en Nueva York y tocó con Nathan Davis, Oliver Lake, Lester Bowie, James Newton, los Five Elements de Steve Coleman, Andrew Cyrille y Anthony Cox. En 1986 formó el grupo funk Open On All Sides. Tocó luego con Wayne Shorter, en trío con Charlie Haden y Paul Motian, con Betty Carter y, al año siguiente, con Ornette Coleman. En 1996, desempeñó el papel de Mary Lou Williams en la película *Kansas City* de Robert Altman. En 2006 compuso la suite "For the Healing of Nations" en honor a las víctimas del World Trade Center. Otros de sus discos incluyen *The Printmakers* (1985), *The Nurturer* (1990), *Maroons* (1992), *Twenty One* (1994), *Grand River Crossings* (2012) y *Perfection* (2015).

Kenny Drew, Jr

Hijo de Kenny Drew, Kenny Drew, Jr (Nueva York, 1958-St. Petersburg, Florida, 2014) tocaba con mucha energía y una mano izquierda muy activa. Comenzó a tocar jazz a los diecisiete años. Debutó con grupos de soul y de funk, acompañando en particular a Smokey Robinson. En 1990 ganó la Great American Jazz Piano Competition y colaboró con la Mingus Heritage Band, Frank Morgan, Stanley Turrentine, Slide Hampton y otros. Padecía de diabetes y falleció a los cincuenta y seis años. Grabó *The Flame Within* (1987), *Live at Maybeck* (1995) *Passionata* (1998), *The Rainbow Connection* (1998), *Duality* (2011) y *Coral Sea* (2012).

Bruce Barth

Bruce Barth (Pasadena, California, 1958), admirado por Tony Bennett y Terence Blanchard, es un pianista melódico y completo con un swing poderoso y un bello toque. Se mudó a Nueva York en 1988 y ha tocado con Stanley Turrentine, Nat Adderley, Terence Blanchard, Art Farmer, Freddie Hubbard, Vincent Herring, Roy Hargrove, Terell Stafford, René Marie, Jeremy Pelt y otros. Citemos, entre sus discos, *In Focus* (1993), *Morning Call* (1994), *Live at the Village Vanguard* (2003), *Live at Small's* (2011), *Three Things of Beauty* (2012) y *Daybreak* (2014).

John di Martino

Pianista y compositor refinado, John di Martino (Filadelfia, Pennsylvania, 1959) perteneció, al principio de su carrera, al conjunto New World Spirit de Ray Barretto. Ha colaborado entre otros con Jon Hendricks, Billy Eckstine, Freddy Cole, Grady Tate, James Moody, Houston Person, David 'Fathead' Newman y Taj Mahal. Sus discos incluyen *So in Love* (2005), *Love* (2010), grabado con el cantante cubano Issac Delgado, *Turnaround* (2012) e *Impromptu* (2012, dúo con el corneta Warren Vaché).

Rodney Kendrick

Potente y a veces iconoclasta, con un estilo que recuerda a Thelonious Monk o Herbie Nichols, Rodney Kendrick (Filadelfia, Pennsylvania, 1960) ha colaborado con raperos y con poetas. Creció en Miami y comenzó como baterista antes de escoger el piano. A fines de los años setenta tocó con James Brown y George Clinton. A principio de los años ochenta se instaló en Nueva York y tocó brevemente con George Benson. Colaboró luego con Freddie Hubbard, Stanley Turrentine, Clark Terry, J.J. Johnson y Abbey Lincoln, convirtiéndose en su director musical. Ha grabado en particular con el pianista sudafricano Bheki Mseleku y, como líder, *The Secrets of Rodney Kendrick* (1994), *We Don't Die We Multiply* (1997), *Thank You* (2004) y *The Colors of Rhythm* (2014).

David Kikoski

David Kikoski (Milltown, Nueva Jersey, 1961) es ingenioso y tiene una excelente técnica. Estudió primero con su padre, saxofonista, con quien actuó de adolescente en bares locales, y luego en el Berklee College of Music. Recomendado por Pat Metheny, tocó con Roy Haynes. Colaboró también con Randy Brecker, Billy Hart, la Mingus Heritage Band, David Sánchez, Adam Cruz y otros. Su discografía incluye *Presage* (1989), *Inner Trust* (1998), *Details* (2003), *Live at Smalls* (2018), *Consequences* (2012) y *Kayemode* (2016).

Michael Orta

Michael Orta (Reading, Pennsylvania, 1962-Miami Springs, Florida, 2018) interpretaba tanto jazz como música brasileña y cubana. Nacido de padres de origen cubano, era hermano del bajista Nick Orta. Colaboró con Nestor Torres, Arturo Sandoval, Paquito D'Rivera, James Moody, Toots Thielemans, Larry Coryell y Tom Harell y dirigió el Araya-Orta Latin Jazz Quartet. Grabó *Dance of the Phoenix* (1990), *Freedom Tower* (1996), *The Wave* (1998) y *Misty* (2001) y es autor de *Jazz Etudes for Piano*.

Renee Rosnes

Pianista melodiosa y excelente compositora, Renee Rosnes (Regina, Canadá, 1962) estuvo inicialmente influenciada por Herbie Hancock y Wayne Shorter pero ha desarrollado su propio estilo. Estudió con Oscar Peterson y en la Royal Academy of Music de Toronto y debutó profesionalmente en Toronto y Vancouver. Se instaló luego en Nueva York y colaboró con Joe Henderson, Jon Faddis, Sonny Fortune, J.J. Johnson, Wayne Shorter, Buster Williams y su primer esposo, Billy Drummond. Sus discos incluyen *Life on Earth* (2002), *Double Portrait* (2010, dúo con Bill Charlap) y *Written in the Rocks* (2016).

Cyrus Chestnut

Cyrus Chestnut (Baltimore, Maryland, 1963) es soulful y expansivo, con un excelente sentido de los matices y de los acentos. Su madre cantaba góspel, su padre era organista. Debutó tocando en iglesias locales y adquirió más experiencia tocando con varios grupos mientras estaba en la escuela secundaria. Estudió luego en el Peabody Conservatory y en el Berklee College of Music, donde fue particularmente impresionado por Donald Brown. John Hicks lo tomó bajo su ala. Trabajó con Betty Carter, Roy Hargrove, Jon Hendricks, Terence Blanchard y otros, y con sus propios tríos. Sus discos incluyen *Revelations* (1994), *Blessed Quietness* (1996), *Spirit* (2009), *Midnight Melodies* (2014), *A Million Colors in Your Mind* (2015) y *Kaleidoscope* (2018).

Benny Green

Antiguo protegido de Oscar Peterson, Benny Green (Nueva York, 1963) sigue en la línea del bebop y del hard bop, aunque también admira a Erroll Garner y otros pianistas. Domina también el stride. De adolescente tocó con bandas de su escuela y con ensambles dirigidos por el trompetista y saxofonista Hadley Caliman y por Chuck Israels. Tras una estancia en San Francisco volvió a Nueva York en 1982, estudiando con Walter Bishop, y colaboró con Betty Carter, Art Blakey, Freddie Hubbard y, en 1992, con Ray Brown. Grabó *Source* (2011), *Magic Beans* (2013) y *Then and Now* (2018).

Marcus Roberts

Marcus (Marthaniel) Roberts (Jacksonville, Florida, 1963) se dio sobre todo a conocer durante su colaboración con Wynton Marsalis. Ha interpretado, entre otras, obras de Gershwin y James P. Johnson y de Scott Joplin. Perdió la vista a los cinco años y estudió en Florida, en la misma escuela en la que Ray Charles había sido alumno. Su madre cantaba góspel en la iglesia y, de niño, la acompañó al órgano. Se orientó hacia el jazz tras oír a Duke Ellington en la radio, y también a Art Tatum y Thelonious Monk. Reemplazó a Kenny Kirkland en el cuarteto de Wynton Marsalis y en 1987 ganó el primer concurso de piano Thelonious Monk. En 1993 interpretó su *Romance, Swing and the Blues* en el Lincoln Center y en 2012 fundó la orquesta The Modern Jazz Generation. Arregló el *Concierto para piano en fa* de Gershwin, interpretado con su trío y la Orquesta Filarmónica de Berlín bajo la batuta de Seiji Ozawa. Ha grabado, entre otros, con Wynton Marsalis y con Elvin Jones y, con su propio nombre, *From Rags to Rhythm* (2013), *Romance, Swing and the Blues* (2014) y *Trio Crescent: Celebrating John Coltrane* (2017). Compuso también *Spirit and the Blues: Piano Concerto in C Minor*.

Jacky Terrasson

Bill Carrothers

Bill Carrothers (Minneapolis, Minnesota, 1964) crea una música lírica, reflejo de sus gustos eclécticos, que van de Charles Ives al jazz, al bluegrass, a la pop y a la música clásica. Revive a veces viejas canciones como "Rose of Picardy" o "Three Little Words", piezas que datan de la gran Depresión y de la guerra de Secesión, o temas como "Imperial March" de *Star Wars*. En 1988 vivió en Brooklyn. Se instaló luego en Woodstock y, en 2001, en una aldea de Minnesota. Ha colaborado con Dewey Redman, James Moody, Charlie Rouse y Prince. Actúa a menudo en trío. Sus discos incluyen *I Love Paris* (2004), *Civil War Diaries* (2005), *Excelsior* (2011) y *Love and Longing* (2012).

Jacky Terrasson

Jacky Terrasson (Berlín, Alemania, 1965) es frecuentemente exuberante, con una mano izquierda contrapuntística pero también puede improvisar en tempos lentísimos. Saca su inspiración de las fuentes más variadas: Prince, Stevie Wonder, Ravel, canciones francesas, Lili Boulanger, estándares de jazz. Como Ahmad Jamal, deja que la sección rítmica se exprese y vuelve de repente con acordes atinadamente colocados. Ha acompañado a cantantes como Betty Carter, Cassandra Wilson, Xiomara Laugart, Dee Dee Bridgewater, Abbey Lincoln y Cecile McLorin

Salvant. Nacido de una madre afroamericana y de un padre francés, tocó con los saxofonistas Guy Lafitte y Barney Wilen y con Art Taylor. En 1993 ganó el concurso de piano Thelonious Monk y colaboró con Betty Carter. Dirigió después sus propios tríos y ha tocado en dúo con el trompetista Stéphane Belmondo. Sus discos incluyen *Reach* (1996), *Kindred* (2001), *Push* (2010), *Gouache* (2012), *Take This* (2015) y *Mother* (2016).

Mike Cain

Mike Cain (Los Ángeles, 1966) tiene un sonido muy bello, en el registro agudo especialmente. En (*Solo*, 2011) mezcla piano acústico y efectos electrónicos y utiliza también efectos electrónicos en *Hoo Doo* (2018). Debutó profesionalmente a los catorce años. En 1990 se instaló en Nueva York. Ha tocado y grabado en particular con Jack DeJohnette, Gerald Wilson, Clifford Jordan, Dianne Reeves, Steve Coleman, Anthony Cox, Billy Higgins, James Newton, Greg Osby y M'Base. Sus discos incluyen también *Strange Omen* (1990), *Evidence of Things Unseen* (1994), *Circa* (1996) y *Solo* (2011).

Bill Charlap

Bill Charlap (Nueva York, 1966) es aficionado a un tipo de jazz *mainstream* ricamente armonizado en el que la melodía prima. Suscitó la aprobación de George Shearing, quien escribió las notas del disco *All Through the Night* de Charlap (1997). Fue expuesto, desde muy joven, a un amplio espectro de músicas. Ha tocado, entre otros, con Gerry Mulligan, Benny Carter, Warren Vaché, Tony Bennett, Phil Woods, Brian Lynch, Ruby Braff y Diana Krall, y actúa a menudo en trío, generalmente con Peter Washington (bajo) y Kenny Washington (batería). En 2008 formó parte del septeto The Blue Note 7, consagrado a la música del sello Blue Note. Sus discos incluyen también *Along With Me* (1993), *Voyage* (2001), *Somewhere: The Songs of Leonard Bernstein* (2004) y *Uptown, Downtown* (2017).

Stephen Scott

Stephen Scott (Nueva York, 1969), que no debe ser confundido con el compositor del mismo nombre, tiene una sonoridad potente. Sus frases y sus solos son hábilmente construidos y es sensual en las baladas. Es, también, un buen compositor y orquestador con un sentido de las texturas y de los colores ("Aminah's Dream", "Positive Images"). A los dieciocho años tocó con Betty Carter y luego con Jon

Hendricks, los Harper Brothers, Wynton y Branford Marsalis, Bobby Watson, Joe Henderson, Sonny Rollins, Ron Carter, Clifton Anderson, The Cookers y otros y actuó con sus propios dúos o tríos. Grabó *Something to Consider* (1991), *The Beautiful Thing* (1997) y *Vision Quest* (1999), y también en el disco de composiciones "latinas" *When Skies Are Grey* de Ron Carter (2001)

Brad Mehldau

Brad Mehldau (Jacksonville, Florida, 1970) toca un jazz sofisticado, introspectivo y de gran refinamiento armónico. Actúa generalmente en trío. Culto, y elocuente, es aficionado a las referencias literarias: en *The Art of the Trio, Volume 1* (1997), utiliza uno de los "Sonetos a Orfeo" de Rilke en lugar de notas, y en *Trio Progression, Art of the Trio, Volume 5* (2001), propone un ensayo filosófico sobre la música y el lenguaje. Es, también, explícito en cuanto a sus conceptos musicales. Niño adoptado, creció en West Hartford, Connecticut. En 1993 formó parte del cuarteto de Joshua Redman, con quien grabó *MoodSwing* y realizó una gira en los Estados Unidos y en Europa. En 1995, habiéndose vuelto adicto a la heroína, se estableció en Los Ángeles, donde se quedó cinco años. Logró liberarse de su dependencia, formó un trío con Larry Grenadier y Jorge Rossy y grabó su primer disco como líder: *Introducing Brad Mehldau*. Mehldau también grabó con Charles Lloyd y con Mark Guiliana (con éste *Mehliana: Taming the Dragon*, 2014) y ha compuesto varias obras entre las cuales un concierto para piano y orquesta, un ciclo de canciones: "Love Songs", para Anne Sofie von Otter, y *Variations for Piano and Orchestra on a Melancholy Theme*. Otros de sus discos incluyen *Elegiac Cycle* (1999), *Largo* (2002), *After Bach* (2018) y *Seymour Reads the Constitution* (2018).

Eric Reed

Muy soulful, Eric Reed (Filadelfia, Pennsylvania,1970) tiene su principal fuente en el góspel, del que es un consumado exponente. Empezó cantando y tocando en una iglesia baptista de la que su padre era pastor. Escuchó en particular a Dave Brubeck, Ramsey Lewis y Horace Silver, expresando, en su música, el lado caluroso y comunicativo de estos pianistas. Su familia se instaló en Los Ángeles, donde tocó con Teddy Edwards, John Clayton y Gerald Wilson. Colaboró luego con Wynton Marsalis, Joe Henderson y Freddie Hubbard y la Lincoln Center Jazz Orchestra, y actúa con sus propios tríos. Ha grabado con Clark Terry, Dianne Reeves y otras luminarias del jazz. Su discografía incluye *From My Heart* (2002), *The Dancing Monk* (2011), *The Baddest Monk* (2012), *The Adventurous Monk* (2014) y *Groovewise* (2014).

Craig Taborn

Craig Taborn (Minneapolis, Minnesota, 1970) es inventivo, con un excelente sentido del ritmo. Sus intereses van del jazz y de la música clásica a lo que describe como "vanguardia post-black metal". Improvisa a veces variaciones a partir de una célula de base. Instalado en Nueva York, colaboró con James Carter, Roscoe Mitchell, Tim Berne, el Art Ensemble of Chicago, Dave Holland, Lester Bowie, Steve Coleman y Bill Frisell. Grabó *Junk Magic* (2004), *Chants* (2012) y *The Transitory Poems* (2019, dúo con Vijay Iyer).

Xavier Davis

Xavier Davis (Grand Rapids, Michigan, 1971) toca con un fraseo y acordes que siempre despiertan interés. Estudió el piano y el trombón y tocó luego con el trío de Betty Carter. Ha actuado, entre otros, con Tom Harrell, la Christian McBride Big Band, y el Black Arts Jazz Collective y con sus propios tríos y enseñó en la Juilliard School of Music y la Michigan State University. Ha grabado con Freddie Hubbard, Abbey Lincoln, Nat Adderley, Wynton Marsalis y Christian McBride y también, como líder, *Dance of Life* (1999) y *Rise Up Detroit* (2018).

Anthony Wonsey

Anthony Wonsey (Chicago, Illinois, 1972) tiene un irreprimible swing y armoniza con talento (*Anthonyology*, 1996, *Another Perspective*, 1996, *Blues for Hiroshi*, 2004, *The Thang*, 2005). "Pienso que la música está hecha en primer lugar para que uno la goce, no para analizarla", dice[249]. Tras tocar en Boston con Roy Hargrove y Antonio Hart hizo una gira con Kenny Garrett, y ha actuado y grabado con Carl Allen, Nicholas Payton, Vincent Herring, Carmen Lundy, Russell Malone, Wynton Marsalis y otros.

Carlos McKinney

Pianista vigoroso, Carlos McKinney (Detroit, Michigan, 1973) viene de una gran familia musical de Detroit. Colaboró con Wallace Roney, Antonio Hart, Branford Marsalis, Wynton Marsalis, Roy Hargrove, Elvin Jones, Sonny Rollins y muchos otros. En 1997 grabó con su propio nombre *Up-Front* (con Buster Williams, bajo

---

[249] Notas del CD *Anthonyology*, Evidence Music, 1996.

Jason Moran

y Ralph Penland, batería). También grabó con el cuarteto de Williams (*Joined at the Hip*, 1998) y con Elvin Jones (*The Truth Heard Live at the Blue Note*, 1999). Pasó luego a ser productor de artistas de pop music.

Jason Moran

Jason Moran (Houston, Texas, 1975) se abreva en las fuentes más inesperadas: hip hop, Hermeto Pascoal, stride, Björk, Brahms, free jazz, sonidos de diferentes idiomas o hasta las inflexiones de voz de una mujer china leyendo las cotizaciones de la Bolsa. Le gusta deconstruir y reconstruir algunas piezas. Participó en torneos de tenis y de golf pero la música terminó imponiéndose: el hip hop primero y, tras descubrir a Thelonious Monk, el jazz. Tocó con el cuarteto de Greg Osby, dirigió el grupo The Bandwagon y colaboró en particular con Charles Lloyd, Dave Holland y su esposa, la cantante Alicia Hall. En 1998 grabó su primer disco: *Soundtrack to Human Motion*. En 2002 tocó música inspirada en los raps de Afrika Bambaataa. *All Rise - A Joyful Elegy for Fats Waller* (2014) incluye interpretaciones muy originales de "Ain't Misbehavin'" y de "Lulu's Back in Town". Realizó también *Black Stars* (2001), *Ten* (2010), *The Armory Concert* (2016) y *Music for Joan Jonas* (2018) y compuso la música de la película *Selma*.

Dany Grissett

Dúctil y melódico, Danny Grissett (Los Ángeles, 1975) tocó en Los Ángeles con Billy Higgins, George Coleman, Jackie McLean y el baterista Roy McCurdy. En 2003 se radicó en Nueva York y trabajó con Nicholas Payton, Vincent Herring y Tom Harrell. Entre sus otros discos están *Form* (2009), *Stride* (2011), *The In-Between* (2015) y *Remembrance* (2017).

Orrin Evans

Orrin Evans (Trenton, Nueva Jersey, 1976) tiene un gran sentido del espacio. Toca con una energía un poco abrupta y acordes inventivos, y acompaña con sutileza. Deconstruye a veces las piezas, al límite del free jazz. Puede también ser tierno y sosegado con, de repente, frases fulgurantes. Se instaló en Nueva York en 1996 y ha tocado con Bobby Watson, Wallace Roney, Pharoah Sanders, the Charles Mingus Big Band, Roy Hargrove y sus propios conjuntos. Sus discos incluyen *Blessed Ones* (2001), *Faith in Action* (2010), *Liberation Blues* (2014), *The Evolution of Oneself* (2015), *#knowingishalfthebattle* (2016) y *Presence* (2018, con la Captain Black Big band).

Robert Glasper

Lleno de fantasía, de humor y de imaginación, Robert Glasper (Houston, Texas 1978) ha sabido crear un estilo absolutamente original. Construye a menudo sus solos a partir de pequeñas células melódicas y rítmicas y de pedales armónicos, y sus ricos *voicings* han inspirado a otros músicos. En sus actuaciones toca de manera sumamente relajada, como si la música brotara de su piano de manera espontánea. Puede ser funky o hipnótico. Ha experimentado con raperos y hasta integrado un fragmento de un discurso del Presidente Barack Obama en una de sus improvisaciones, y considera que el hip hop es el nuevo jazz. Tocó primero en la iglesia. Escuchó a Miles Davis, quien lo impresionó fuertemente, a McCoy Tyner y a Chick Corea. Trabajó luego scon Russell Malone, Mark Whitfield, Terence Blanchard y Roy Hargrove y actúa generalmente con sus propios grupos, el Robert Glasper Trio y el Robert Glasper Experiment. Sus otros discos incluyen *Mood* (2004), *Canvas* (2005), *In My Element* (2007), *Black Radio 2* (2013) y *Artscience* (2016).

Gerald Clayton

Gerald Clayton (Utrecht, Holanda, 1984) acepta los desafíos musicales más variados, desde la música experimental hasta conciertos con orquestas sinfónicas o el blues tradicional. Tiene swing, un gran dominio de su instrumento y fineza armónica. Hijo del bajista John Clayton y sobrino del saxofonista y flautista Jeff Clayton, estudió música clásica durante once años en California y tocó con los Clayton Brothers, ensamble fundado por su padre y su tío. Se estableció luego en Nueva York y continuó sus estudios en la Manhattan School of Music. Ha colaborado con su padre, Clark Terry, Roy Haynes, Christian McBride, Roy Hargrove, Charles Lloyd y muchos otros, y grabado con Hargrove, Kendrick Scott, Ambrose Akinmusire y Diana Krall. Compuso "Piedmont Blues: A Search for Salvation", homenaje a los

Robert Glasper

músicos de blues de la región de Durham, Carolina del Norte, tocado en concierto en diciembre de 2013 con el conjunto de jazz The Assembly, la cantante René Marie y el Union Baptist Gospel Choir. Con su propio nombre grabó *Two-Shade* (2009), *Bond: The Paris Sessions* (2011), *Life Forum* (2013) y *Tributary Tales* (2017).

Aaron Diehl

El brillante Aaron Diehl (Columbus, Ohio, 1985) toca jazz y música clásica de alto nivel. Ha tocado con Wynton Marsalis, Cecile McLorin Salvant, Lew Tabackin y Wycliffe Gordon, interpretó Gershwin con varias orquestas sinfónicas y también Philip Glass, y grabó *Live at Caramoor* (2009), *Live at the Players* (2010), *The Bespoke Man's Narrative* (2013) y *Space Time Continuum* (2013).

Sullivan Fortner

Pianista cabal, reconocido como uno de los más impresionantes del jazz de hoy, y también organista y cantante ocasional, Sullivan Fortner (Nueva Orleans, 1986), es lírico, con raíces en el góspel. Toca admirablemente en solitario y acompaña con sensibilidad y acordes refinados. En *The Window* (2018), disco premiado con un *Grammy*, acompaña a la cantante Cecile McLorin Salvant e improvisa de manera magistral, como en "Somewhere", de Leonard Bernstein. Se escuchará también "When I Fall in Love" (en A *Thing Called Joe* del baterista Guilhem Flouzat, 2017), que interpreta en la tonalidad de si. Toca con total naturalidad, a veces sólo con la mano izquierda, volcado hacia el público y sin siquiera mirar el teclado. Decidió ser músico, y pianista de jazz, en particular, al oír discos de Erroll Garner. En 2015 ganó en 2015 el concurso de la American Pianists Association. Ha tocado con Roy Hargrove, Stefon Harris, Wynton Marsalis y muchos otros, así como con sus propios grupos y grabó en particular con Harris, Donald Harrison y Justin Robinson, y, como líder, *Aria* (2015) y *Moments Preserved* (2018).

Justin Kauflin

Justin Kauflin (Silver Spring, Maryland, 1986) ha despertado, con su sensibilidad e imaginación, la admiración de músicos tales como Clark Terry, que fue su mentor (compuso el rapsódico "For Clark" en su honor), Mulgrew Miller y Quincy Jones, quien es su productor. A los seis años ya daba conciertos. A los once años perdió la vista y en sus actuaciones lo acompaña a veces su perra guía. Sus discos incluyen *Introducing Justin Kauflin* (2010), *Live at the Edye Broad Stage* (2014), *Dedication* (2015) y *Coming Home* (2018).

James Francies

Poderoso y muy rítmico, James Francies (Houston, Texas, 1995) cantó y tocó el piano en la iglesia. Se mudó a Nueva York en 2013 y ha colaborado con Bobby Watson, Joe Lovano, Terell Stafford, Chris Potter, Jeff "Tain" Watts, Pat Metheny, and Stefon Harris y el grupo de hip hop The Roots. Lidera también su propia banda, Kinetic, y ha grabado con el baterista Eric Harland. Su primer disco: *Flight* (2018), mezcla sonidos acústicos y electrónicos y canto.

Otros pianistas

Entre otros pianistas, que también merecerían más extensos informes, mencionemos (por orden alfabético), a Lynne Arriale, Rob Bargad, Martin Berejano, Joe Bonner (1948-2014), Kris Bowers, Theron Brown, Joey Calderazzo, Marc Cary, Michael Cochrane, Harold Danko, Armen Donelian, Taylor Eigsti, Taber Gable, Jeff Gardner, Aaron Goldberg, Victor Gould, Onaje Allen Gumbs, Kevin Hays, David Hazeltine, Laurence Hobgood, Geoff Keezer, Eric Lewis (conocido como ELEW), creador de un estilo que llama "rockjazz", Peter Martin, Jim McNeely, Danny Mixon, Greg Murphy, Lee Musiker, Bill O'Connell, Aaron Parks, Ben Paterson, Jeb Patton, Christian Sands, Rob Schneiderman, Jahari Stampley, Isaiah J. Thompson, James Weidman, Matthew Whitaker (que es también organista), Spike Wilner y Glenn Zaleski.

Citemos también a los pianistas de origen asiático Jon Jang (nacido en California en 1954 de padres chinos), que combina música asiática y jazz, Vijay Iyer, hijo de inmigrantes tamiles a Estados Unidos, Makoto Ozone (Kobe, Japón, 1961), John Chin (Seúl, Corea, 1976), Helen Sung (nacida en Houston), de origen chino, Hiromi Ueharu, Eldar Djangirov, Joey Alexander y Mahesh Balasooriya (Los Ángeles, 1990) de origen cingalés, que ha tocado con Christian McBride, Roy Hargrove, John Clayton, Randy Brecker, Hubert Laws y, con Arturo Sandoval en la Casa Blanca.

Se destacan en particular Iyer (Albany, New York, 1971) con su música en la confluencia de la música contemporánea y del jazz, basada a menudo en desarrollos temáticos. También ha empleado a veces elementos de música de la India. A partir de 1994 tocó con Steve Coleman y el trombonista George Lewis, y en los años siguientes con Roscoe Mitchell y otros músicos de ideas avanzadas. Sus discos incluyen *Panoptic Modes* (2000), *Still Life with Commentator* (2007), *Break Stuff* (2014) y *Far From Over* (2017); la efervescente Hiromi Uehara (Hamamatsu, Japón, 1979), también conocida como sólo Hiromi, con su deslumbrante técnica y agudo sentido agudo de la armonía. Con catorce años tocó con la Orquesta Filarmónica Checa. A los diecisiete años conoció a Chick Corea, que le propuso tocar en concierto con él al día siguiente. Formó un trío, y durante el verano de 2010, tocó con Stanley Clarke. En 2006 organizó el grupo Hiromi's Sonicbloom. Citemos, entre sus discos, *Another Mind* (2003), *Spiral* (2005), *Time Control* (2007) y *Spark* (2016). Eldar Djangirov (Kirguistán, 1983), también conocido como sólo Eldar, es un pianista brillante cuya virtuosidad recuerda a Art Tatum o a Oscar Peterson. Su padre, saxofonista y pianista amateur, lo inició en el jazz. Con apenas nueve años tocó en el Festival de Jazz de Novosibirsk. Al año siguiente su familia se instaló en Kansas City para propiciar sus estudios musicales, y a los doce años tocó en el programa de radio *Piano Jazz* de Marian McPartland. Vivió luego en San Diego, Los Ángeles y Nueva York. Sus discos incluyen *Eldar* (2001), *Handprints* (2003), *Re-Imagination* (2007), the solo CD *Three Stories* (2011), *Breakthrough* (2013) y *World Tour Vol. 1* (2015). Joey Alexander (Josiah Alexander Sila) (Denpasar, Indonesia, 2003), impresionó a músicos como Herbie Hancock y Wynton Marsalis con su madurez descomunal. Creció en Indonesia donde su padre le hizo escuchar discos de jazz. Ya daba conciertos a los nueve años, y acompañó a artistas locales en la televisión indonesia. A los doce años tocó en el Apollo Theater de Harlem, prueba de fuego de la que salió airoso. En 2014 Marsalis lo invitó a tocar con Jazz at Lincoln Center y casi de inmediato Alexander cobró fama internacional. Se presenta hoy en los más prestigiosos festivales, y con sólo quince años ya ha grabado con su propio nombre *My Favorite Things* (2015), *Countdown* (2016), *Joey. Monk Live!* (2017) y *Eclipse* (2018).

Algunos cantantes, que se acompañan a sí mismos, son también valiosos pianistas. Entre ellos Patricia Barber (Chicago, 1955), Diana Krall (Nanaimo, Canadá, 1964), Harry Connick, Jr. (Nueva Orleans, 1967) y Peter Cincotti (Nueva York, 1983).

Europa

España

El jazz empezó verdaderamente en España en 1929, cuando actuaron en varias ciudades de este país Sam Wooding y sus Chocolate Kiddies. Poco después vinieron el británico Jack Hilton, Harry Fleming, Willie Lewis y Josephine Baker, pero el piano jazz español sólo se dio a conocer al nivel internacional con "Tete" (Vincenç) Montoliu, en los años 1950. En la actualidad goza de una enorme vitalidad.

Tete Montoliu

Tete Montoliu (Barcelona, 1933-Barcelona, 1997) fue el pianista de jazz español más conocido de su época. Ciego de nacimiento estudió música con el método Braille. Fue primero influenciado por Art Tatum ("In a Sentimental Mood") aunque también se encuentran rasgos de Teddy Wilson y Oscar Peterson en su estilo (su solo en "Stella by Starlight"). En 1956 realizó una gira por España y Francia con Lionel Hampton y grabó *Jazz Flamenco* con él. En la década de los sesenta tocó en Nueva York con, entre otros, Richard Davis y Elvin Jones. En los años ochenta acompañó en España a algunos de los más grandes jazzmen norteamericanos, entre ellos Dexter Gordon, Johnny Griffin, Joe Henderson, Dizzy Gillespie y Roy Hargrove. Su discografía incluye *That's All* (1971), *Tootie's Tempo* (1976), *Face to Face* (1982), *A Spanish Treasure* (1991), y *Montoliu Plays Tete* (1996).

Chano Domínguez

Muchas veces ardiente y apasionado 'Chano' (Sebastián) Domínguez (Cádiz, 1960) mezcla flamenco y jazz ("Oye como viene", "Alma de mujer"). De niño estudió primero guitarra, formando parte del grupo de rock CAI, y en 1986 se orientó hacia el jazz, fundando el cuarteto Hiscadix. En 1993 se instaló en Nueva

York. Ha tocado con Wynton Marsalis, Paquito D'Rivera, Jack DeJohnette, Gonzalo Rubalcaba, Herbie Hancock (en dúo en La Habana en 2000), Chucho Valdés y Joe Lovano, y grabó *Chano* (1993), *Oye Como Viene* (2003), *Con Alma* (2005) y el CD en solitario *Over the Rainbow* (2017).

Ignasi Terraza

Ignasi Terraza (Barcelona, 1962) toca con mucha determinación y swing, como en "Corcovado" (en *Live at the Living Room – Bangkok*, 2010) y "Canco No 6" (en *In a Sentimental Groove*, 2005). Ciego desde los diez años, estudió informática antes de escoger la música profesionalmente en 2003. Ha actuado internacionalmente con su trío y tocó, entre otros, con Stacey Kent, Frank Wess y Ted Curson. De 1990 a 1993 dirigió con el guitarrista estadounidense David Mitchell el Mitchell-Terraza Quartet y ha también actuado con la Sant Andreu Jazz Band. Sus discos incluyen *Night Sounds* (2000), *Plaça Vella* (2009) y *Suit Miró* (2013).

Otros pianistas

Entre otros pianistas citemos a Alex Conde. Nació en Valencia, es hijo de un cantante. Se mudó primero a Boston, estudiando en el Berklee College of Music, y luego a San Francisco. Como Chano Domínguez, fusiona flamenco y jazz y ha grabado *Descarga for Monk* (2015). Pedro Ojesto (Madrid, 1953) mezcla armoniosamente jazz y flamenco con su Flamenco Jazz Company. Quiere, dice, "desarrollar un lenguaje en el que confluyen la música flamenca en toda su profundidad y su riqueza con las herramientas y el contenido musical que nos ha dado el jazz". Entre sus discos están *Nikela* (2011) y *Rumbo Desconocido* (2013). Albert Sanz (Valencia, 1978). Hijo de un padre pianista clásico, compositor y director de orquesta y de una madre cantante y compositora, vivió algun tiempo en Estados Unidos a principios de los años 2000 y se presentó en La Habana en prestigioso el Festival Jazz Plaza. Grabó en particular *Des d'aquí* (1998), nombrado en 1998 mejor disco de jazz del año en España, *El fabulador* (2004), *O que será* (2013), *For Regulars Only* (2013) y *Mediterraníes* (2016). Daniel García Diego (Salamanca, 1983). Aunque oriundo de Castilla y León, también cultiva el flamenco. "El flamenco y el jazz son hermanos, tienen algunas cosas esenciales en común", afirma. Estudio música en Salamanca y también con Danilo Pérez en el Berklee College of Music de Boston. Lidera un trío con Reinier Elizarde 'El Negrón' (contrabajo) y Michael Olivera (batería). "Me gusta pensar que el trío es como un espacio tridimensional en el que cada uno de nosotros es un eje y por el que puedes moverte libremente", dice también, reflejando la misma perspectiva que Bill Evans. Ha grabado *Alba* (2015), *Samsara* (2018) y *Travesuras* (2019). Mencionemos también al menorquino Marco Mezquida (*Piano Solo*, 2018), al valenciano Polo Ortí, cuyas composiciones han sido tocadas por Gary Burton (*Boiling Earth*, 2011) y al vasco Iñaki Salvador (*Espacio abierto*, 2011).

Francia

Uno de los primeros pianistas de jazz que tocó en Francia fue Claude Hopkins, director musical de la orquesta de La *Revue nègre*, que se presentó en 1925 en París con Josephine Baker y Sidney Bechet. Varios pianistas surgieron después, entre ellos el belga Clément Doucet (1895-1950), que tocó en el cabaret Le Bœuf sur le Toit, en París, con el pianista francés Jean Wiéner, Jack Diéval (1920-2012), conocido como "el Debussy del jazz", Henri Renaud (1925-2002) y Raymond Fol (1928-1979).

Bernard Pfeiffer

Bernard Pfeiffer (Épinal, Francia, 1922- Filadelfia, Pennsylvania, 1976) asimiló la doble herencia de Art Tatum y de Bud Powell. Obtuvo el primer premio de piano en el Conservatorio de París y tocó con el saxofonista André Ekyan y con Django Reinhardt. Grabó con Rex Stewart, Don Byas, James Moody y Kenny Clarke, dirigió un conjunto a principios de los años cincuenta y compuso música para el cine. En 1954 se estableció en Filadelfia. Se presentó en el Carnegie Hall, Birdland y el Festival de Jazz de Newport y se consagró a la enseñanza, teniendo en particular a Uri Caine y Sumi Tonooka como alumnos. Murió a los cincuenta y tres años. Sus discos incluyen *Piano et rythmes* (1954), *Bernie's Tunes* (1956), *The Astounding Bernard Pfeiffer* (1958), *Modern Jazz for People Who Like Original Music* (1959) y *Formidable* (2006).

Martial Solal

Martial Solal (Argel, 1927) es brillante e inventivo, con armonías y frases complejas. Sin embargo, ha sido a veces criticado por sus bruscos cambios de estilo y de texturas. En 1950 se radicó en París. Colaboró con Django Reinhardt, Sidney Bechet, Don Byas y otros y compuso la música de la película *Sin aliento* de Jean-Luc Godard. En 1963 se presentó en el Festival de Jazz de Newport y a partir de 1968 tocó y grabó con Lee Konitz. Ha actuado frecuentemente en solitario o en trío y con su orquesta Newdecaband. Sus discos incluyen *En trio* (1965), *En solo* (1971), *Plays Ellington* (1975), *Just Friends* (1997), *Live at the Village Vanguard* (2009) y *My One and Only Love* (2018).

George Arvanitas

Pianista fino y de mucho swing de tradición bebop, Georges Arvanitas (Marsella, 1931-París, 2005) acompañó a Mezz Mezzrow, Albert Nicholas, Buck Clayton, Don Byas, James Moody y otros jazzmen estadounidenses. Se estableció en París en los años cincuenta. Vivió en Nueva York en los sesenta, tocando con Yusef Lateef y Ted Curson. De vuelta en París actuó en trío. Entre sus discos están *Porgy and Bess* (1973), *Bird of Paradise* (1988) y *Rencontre* (1998).

Michel Legrand

Sobre todo conocido como compositor de música para el cine, Michel Legrand (Bécon-les Bruyères, 1932-Neuilly-sur-Seine, 2019) grabó varios discos como pianista de jazz. Su discografía incluye *Legrand Jazz* (1958), en el que toca estándares, *Paris Jazz Trio* (1959), *At Shelly's Manne*-Hole (1968, con Ray Brown y Shelly Manne), *Le Jazz Grand* (1979, con Gerry Mulligan) y *Michel Plays Legrand* (1993). Compuso en particular "You Must Believe in Spring", grabado por Bill Evans, Abbey Lincoln y otros, "The Windmills of Your Mind", grabado por Dianne Reeves, Barbara Streisand, Mel Tormé, Grady Tate, Abbey Lincoln, Carmen Lundy y Dorothy Ashby, y "Noelle's Theme", grabado por Bill Evans.

René Urtreger

Pianista de inspiración bebop, René Urtreger (París, 1934) debutó con Don Byas y Buck Clayton. Tocó luego con J.J. Johnson, Stan Getz, Zoot Sims, Lionel Hampton, Lester Young y, en 1956 y 1957, con Miles Davis, grabando con él la música de la película *Ascensor para el cadalso* (música que fue, dice, "95% improvisada"). Tocó también con el trío HUM (con el bajista Pierre Michelot y el baterista Daniel Humair) y con su propio trío. Sus discos incluyen *René Urtreger Trio* (1957), *Récidive* (1978) y *Tentatives* (2006).

Bernard Maury

Excepcional pianista y armonista Bernard Maury (Agen, 1943-Caen, 2005) fue uno de los más finos conocedores de Bill Evans y del jazz brasileño (fue amigo de Evans y vivió en Río de Janeiro donde acompañó a la cantante Maria Creuza). Suscitó la admiración de jazzmen como Herbie Hancock, Ray Bryant y Michel Petrucciani le pedía ocasionalmente consejos de armonía y orquestación. Fundó en París la Bill Evans Piano Academy.

Michel Petrucciani

Muy melódico, con un swing enorme y rebosante de entusiasmo e imaginación, Michel Petrucciani (Orange, 1962-Nueva York, 1999) ejecutaba largas frases claramente articuladas con un toque ligeramente percusivo. Sus improvisaciones eran a veces basadas sobre ostinatos de mano izquierda ("Take the A Train"). Podía también ser funky con, a menudo, motivos repetidos sobre varios compases. Se escuchará por ejemplo "Colors", "In a Sentimental Mood", "Looking Up" o "Brazilian Like". Era también un excelente y prolífico compositor ("Cantabile", "Home", "Looking Up", "Petite Louise", "Chloé Meets Gershwin"). Sufría de osteogénesis imperfecta y tenía que tocar con los pedales del piano alzados, y cuando era joven tenían que llevarlo al escenario en brazos. Más tarde caminaba con un bastón. Sin embargo, su enfermedad le provocaba una extensión de los ligamentos de las manos que le permitía alcanzar acordes muy abiertos. Nacido en una familia de músicos (su padre era guitarrista, su hermano Louis bajista y su hermano Philippe guitarrista), tocó a los trece años con Clark Terry. En 1981 se marchó a Estados Unidos y trabajó con Charles Lloyd y Freddie Hubbard y con sus propios grupos. Volvió luego a Francia y siguió actuando internacionalmente, en particular en trío con el bajista Anthony Jackson y el baterista Steve Gadd. Falleció de neumonía en Nueva York a los treinta y seis años. Entre sus discos están *Flash* (1980), *Estate* (1982), *Live at the Village Vanguard* (1984), *Pianism* (1985), *Michel Plays Petrucciani* (1987), *Promenade With Duke* (1993) y *Solo Live* (1998).

Manuel Rocheman

Alumno de Martial Solal, Manuel Rocheman (París, 1964) tiene una impresionante técnica y una gran inteligencia armónica. Tocó, entre otros, con Toninho Horta, Al Foster, Chuck Israels, Johnny Griffin, Eddie Henderson, Victor Lewis y Rick Margitza, y grabó, en particular, *White Keys* (1991), *I Am Old Fashioned* (2000), *Alone at Last* (2003), *Cactus Dance* (2007) y *misTeRIO* (2016).

Pierre de Bethmann

Pierre de Bethmann (Boulogne-Billancourt, 1965), ganó en 1994 un concurso de piano en Francia y formó el grupo Prysm. Ha tocado, entre otros, con Dave Liebman y Rick Margitza y grabado, en particular, *TimeBlue* (1999), *Cubique* (2009), *Sisyphe* (2014) y *Todhe Todhe* (2019).

Otros pianistas

Citemos también a Jacques Loussier (1934-2019), Christian Jacob (basado en Estados Unidos), Hervé Sellin, Jean-Michel Pilc (basado en Canadá), Baptiste Trotignon, y Vincent Bourgeyx.

El Reino Unido

Marian McPartland

Marian McPartland (nombre de soltera Margaret Marian Turner) (Windsor, Inglaterra, 1918-Port Washington, Nueva York, 2013) actuó principalmente en trío pero también con Jimmy McPartland, Roy Eldridge, Coleman Hawkins, Terry Gibbs, Joe Morello, así como con los numerosos pianistas que invitaba a su programa de radio *Marian McPartland's Piano Jazz*, que presentó de 1978 a 2011. Tras estudiar piano y canto clásico en Londres se entusiasmó por el jazz. En 1945 se casó con el trompetista Jimmy McPartland, mudándose con él a Estados Unidos y empezando verdaderamente a tocar jazz con él. Su grupo más conocido fue el trío que lideró de 1953 a 1956 con Bill Crow al bajo y Joe Morello a la batería. Su discografía incluye *Lullaby of Birdland* (1952), *Solo Concert at Haverford* (1974), *Personal Choice* (1982), *Live at Yoshi's Nitespot* (1995) y *Marian McPartland Trio With Joe Morello and Rufus Reid* (2005).

Victor Feldman

Pianista de mucho swing y vibrafonista, Victor Feldman (Edgware, Inglaterra, 1934, Woodland Hills, California, 1987) fue admirado, entre otros, por Miles Davis, que lo invitó a unirse a su conjunto. En 1955 se estableció en Estados Unidos y colaboró con Woody Herman, Buddy DeFranco y su propio grupo, en el que Scott LaFaro tocaba el bajo. Grabó con Benny Goodman, George Shearing, Cannonball Adderley y Miles Davis y, con su propio nombre, *A Taste of Honey and a Taste of Bossa Nova* (1962), *The Venezuelan Joropo* (1967), *Smooth* (1970), *Rio Nights* (1987, con Hubert Laws) y otros discos. Compuso música para el cine, y también los estándares "Seven Steps to Heaven" y "Joshua", grabados por Davis en *Seven Steps to Heaven* (1963).

John Taylor

Armónicamente audaz, John Taylor (Manchester, Inglaterra, 1942-Segré, Francia, 2015) era aficionado a las métricas impares y era un compositor refinado ("Ambleside", "Eulogy", "Glebe Ascending"). En 1969 tocó con Alan Skidmore y John Surman. Acompañó luego a la cantante Cleo Laine y formó en 1977 el trío Azimuth (diferente del grupo Azymuth del pianista brasileño José Roberto Bertrami). En los años ochenta colaboró con Jan Garbarek, Gil Evans, Lee Konitz, Charlie Mariano y otros, y a partir de 2000 con Kenny Wheeler, John Abercrombie y Ralph Towner. Sus discos incluyen *Solo* (1992), *Rosslyn* (2003), *Phases* (2009), *Giulia's Thursdays* (2012) e *In Two Minds* (2014).

Julian Joseph

Nacido en una familia oriunda de la isla de San Vicente, Julian Joseph (Londres, 1966) tiene un estilo poderoso. En 1995 interpretó el *Concierto en fa* de Gershwin y tocó en dúo con el pianista sudafricano Bkeki Mseleku. Ha grabado con Billy Cobham, George Coleman, Chico Freeman, Jean Toussaint y Courtney Pine y, como líder, *The Language of Truth* (1991), *Universal Traveller* (1996), *Julian Joseph Live at the Vortex* (2011) y otros discos.

Jason Rebello

Brillante y ecléctico, Jason Rebello (Carshaulton, 1969) se interesó primero por la folk music y luego por el jazz al oír a Herbie Hancock. En 1990, impresionado por Rebello, Wayne Shorter produjo su primer álbum, *A Clearer View*. Tras la muerte de Kenny Kirkland, entonces pianista de Sting, Rebello tocó con el cantante de

Jamie Cullum

1998 a 2004 y prosiguió su carrera bajo su propio nombre. Ha también colaborado con James Moody, Art Blakey, Branford Marsalis y Jeff Beck y grabado *Keeping
Time* (1993), *Make It Real* (1994), *Anything But Look* (2013) y *Held* (2016).

Jamie Cullum

Pianista y cantante carismático, al borde de la pop music, pero con solos de piano
jazzy, Jamie Cullum (Rochford, 1979) atrae a un amplio público. De origen alemán por su padre e indobirmano por su madre, tocó de adolescente con grupos
de rock y de hip hop, y luego, como líder, en clubes de jazz londinenses. En 1999
produjo su primer álbum: *Jamie Cullum Trio - Heard It All Before*, que despertó la
atención. Cuatro años más tarde su secundo disco, *Twentysomething*, se convirtió
en un *best seller*. Ha colaborado con artistas de pop music y grabado *Pointless Nos-
talgic* (2002), *Live at Ronnie Scott's* (2006), *The Pursuit* (2009), *Interlude* (2014) y *The
Song Society Playlist* (2018).

John Turville

Músico de gran fineza, John Turville (Nottingham, 1979) ha tocado con numerosos músicos de Gran Bretaña y también con Solstice, del que es líder (*Alimenta-
tion*, 2016). Dirige además la E17 big band y grabó *Midas*, (2008), *Red Skies* (2012,
con la cantante Brigitte Beraha) y *Head First* (2019).

Gwilym Simcock

Gwilym Simcock (Bangor, Gales, 1981) construye frecuentemente sus improvi-
saciones sobre ostinatos, con un estilo muy contrapuntístico. Ha tocado con Tim
Garland, Dave Holland, Lee Konitz, Bobby McFerrin y Pat Metheny y fundado
el grupo The Impossible Gentlemen. Sus discos incluyen *Perception* (2007), *Blues
Vignette* (2009), *Instrumation* (2014), *Reverie at Schloss Elmau* (2014) y *Near and
Now* (2019).

Ashley Henry

Nacido de padres jamaiquinos, Ashley Henry (Londres, 1991) se expresa en un
estilo que recuerda a veces el de Robert Glasper. Ha tocado entre otros con Gary
Crosby, Jean Toussaint, grupos de hip hop y con sus propios ensambles, y grabado
Ashley Henry's 5ive (2016) e *Easter EP* (2018).

Jacob Collier

Genial multiinstrumentista, Jacob Collier (Londres, 1994) ha tenido un ascensión
fulgurante en el mundo del jazz. Debutó de niño como actor y cantante en varias
producciones teatrales entre las cuales *The Turn of the Screw* de Benjamin Britten,
cuyo lenguaje armónico lo impresionó. Realizó varios vídeos inventivos en los que
superpone varias voces, todas cantadas por él, y toca todos los instrumentos de
música. Sus armonizaciones de temas como "Fascinating Rhythm" o "Don't You
Worry About a Thing" subyugaron a Herbie Hancock, al grupo vocal Take 6 y a
Quincy Jones, quien tomó a Collier bajo su ala y se volvió su productor. Collier
ha actuado con varias orquestas (entre la cuales la WDR Big Band y la Metropole
Orkest), pero se presenta ahora generalmente solo, con un instrumento concebido
para él por un ingeniero del Massachusetts Institute of Technology que le permite
incrementar sus posibilidades armónicas. Ha grabado *In My Room* (2016) y también tocado en *Anything But Look* de Jason Rebello (2013).

Otros pianistas

Dill (Dillwyn) Jones (1923-1984), especialista del stride, se estableció en Nueva York
en 1961 y tocó con Gene Krupa, Jimmy McPartland y Budd Johnson. Stan (Stanley)
Tracey (1926-2013) tocó con Ted Heath de 1958 a 1959. De 1960 a 1967 fue el pianista regular del Ronnie Scott's Jazz Club en Londres y actuó luego con sus propios
grupos. Su disco *Jazz Suite* (1965), inspirado en *Under Milk Wood* de Dylan Thomas,
sigue siendo una referencia en el jazz británico. Gordon Beck (1936-2011) formó un
trío en 1963 y tocó con Helen Merrill, Joe Henderson, Lee Konitz, Gato Barbieri
y Steve Grossman. Su estancia con la European Rhythm Machine de Phil Woods
contribuyó a su fama fuera del Reino Unido. Mencionemos también a Brian Lemon
(1937-2014), Roy Budd (1947-1993), Mike Westbrook, Ivo Neame, Frank Harrison,
Steve Hamilton, Nikki Iles, Django Bates, Andrew McCormack, y Trevor Watkis.

Italia

El jazz surgió verdaderamente en Italia en los años treinta, especialmente con la Syncopated Orchestra, organizada por el empresario y dueño de club Arturo "Mirador" Agazzi, el saxofonista Carlo Benzi y el pianista Gaetano 'Milietto' Nervetti (1897-1979). Tras la Segunda Guerra Mundial apareció Romano Mussolini (Forlì, 1927-Roma, 2006), hijo del dictador Benito Mussolini, pianista autodidacta, competente pero bastante convencional.

Giorgio Gaslini

Giorgio Gaslini

Muy melódico, Giorgio Gaslini (Milán, 1929-Borgo Val di Taro, 2014) fue uno de los jazzistas italianos más prolíficos. Grabó por primera vez a los dieciséis años, con su trío. Durante las décadas de los cincuenta y sesenta lideró un cuarteto, que tocó en la cinta musical de la película *La Notte* de Michelangelo Antonioni (1961). Colaboró con numerosos jazzmen, entre los cuales Anthony Braxton, Steve Lacy, Don Cherry, Max Roach y Gato Barbieri y compuso óperas, ballets, músicas para el cine y obras sinfónicas. Sus discos incluyen *Africa!* (1969), *Jazz a confronto: Mario Schiano con Giorgio Gaslini* (1974), *Gaslini Plays Monk* (1981) y *Piano Solo* (2011).

Franco d'Andrea

Con más de doscientos discos con su nombre, Franco (Francesco) d'Andrea (Merano, 1941) es considerado como una referencia en Italia. Marcado al principio por el bebop, Thelonious Monk sobre todo, supo crear su propio estilo. Debutó en los años sesenta con el trompetista Nunzio Rotondo, tocando luego con Gato Barbieri, el Modern Art Trio, Steve Lacy, Slide Hampton, Max Roach, Johnny Griffin y numerosos músicos italianos. Entre sus grabaciones están *Airegin* (1991), *Jobim* (1997), *The Siena Concert* (2008) y *Monk and the Time Machine* (2014).

Enrico Pieranunzi

Enrico Pieranunzi (Roma, 1949) es sensitivo y fino, en la tradición de Bill Evans Acompañó a Johnny Griffin, Art Farmer, Kenny Clarke, Jim Hall, Chet Baker y otros, y actúa a menudo en trío. Grabó, en particular, *New and Old Sounds* (1976), *Jazz Roads* (1980), *Untold Story* (1993), *Live in Switzerland* (2000) y *My Songbook* (2016) y es autor de un libro sobre Bill Evans.

Dado Moroni

Pianista potente y de mucho swing, 'Dado' (Edgardo) Moroni (Génova, 1962) es admirado, entre otros, por Kenny Barron, con el que ha tocado en dúo. Empezó a tocar profesionalmente y a grabar de adolescente. En 1991 se instaló en Estados Unidos, colaborando con Freddie Hubbard, Clark Terry, Ray Brown y muchos otros, y regresó luego a Italia. Sus discos incluyen *With Duke In Mind* (1994), *The Way I Am* (1995) *Solo Dado* (2008), *Live in Beverly Hills* (2011) y *Quiet Yesterday* (2012).

Antonio Faraò

Virtuoso, Antonio Faraò (Roma, 1965) está arraigado en una sólida tradición bebop, pero con un concepto armónico más moderno. Ha tocado con Benny Golson y con sus propios grupos, entre los cuales su cuarteto estadounidense (Joe Lovano, Ira Coleman, Jack DeJohnette) y su Electric Band (Donald Harrison, Linley Marthe, Mike Clark). Sus discos incluyen *Black Inside* (2008), *Thorn* (2000), *Evan* (2013), y *News From* (2017, con el rapero Snoop Dogg y el cantante napolitano Walter Ricci).

Suecia

Bobo Stenson

'Bobo' (Bo Gustav) Stenson (Västerås, 1944) crea climas poéticos. Ha tocado o grabado en particular con Sonny Rollins, Stan Getz, Gary Burton, Don Cherry, Jan Garbarek, Charles Lloyd y Thomas Stánko. Sus discos incluyen *Very Early* (1986), *Serenity* (1999), *Indicum* (2012) y *Contra la Indecisión* (2018).

Esbjörn Svensson

Esbjörn Svensson (Skultuna, 1964-Estocolmo, 2008) formó en 1993 un trío de jazz (con Dan Berglund al bajo y Magnus Öström a la batería) conocido como e.s.t., que se convirtió en uno de los grupos de jazz escandinavos más conocidos a nivel internacional. *Good Morning Susie Soho* (2000) y *Strange Place for Snow* (2002) aportaron más amplio reconocimiento a Svensson, y el trío grabó su último álbum en vivo, *e.s.t. Live in Hamburg*, en 2006. Svensson falleció a los cuarenta y cuatro años en un accidente de buceo. Sus discos también incluyen *When Everyone Has Gone* (1993), *Live in Hamburg* (2007) y *301* (2012).

Jan Lundgren

Jan Lundgren (Olofström, 1966) formó un trío con el que grabó *Swedish Standards* (1997). Ha tocado con numerosos artistas suecos así como con Johnny Griffin, Billy Drummond, Mark Murphy, Lee Konitz y otros jazzmen norteamericanos. Sus discos incluyen también *Conclusion* (1994), *Lonely One* (2001), *Blue Lights* (2003) y *Quietly There with Harry Allen* (2014).

Niels Lan Doky Trio

Dinamarca

Niels Lan Doky

Niels Lan Doky (Copenhague, 1963) tiene una sensibilidad romántica. Puede también ser funky, con frases que recuerdan a veces a Joe Sample. Con quince años tocó con Thad Jones. Colaboró luego con Joe Henderson, Jack DeJohnette, Al Jarreau, Charlie Haden, Niels-Henning Ørsted Pedersen, Woody Shaw Ray Brown y el Oscar Peterson Legacy Quartet y dirigió sus propios grupos, entre los cuales su trío estadounidense (Ira Coleman o Gary Peacock, bajo, y Jeff 'Tain' Watts, batería). Su discografía también incluye *Manhattan Portrait* (1993), *Niels Lan Doky* (1998), *Human Behavior* (2011) y *Scandinavian Standards* (2013).

Noruega

Bugge Wesseltoft

Bugge Wesseltoft (Jens Christian Bugge Wesseltoft) (Porsgrunn, 1964) ha ejercido una influencia considerable sobre el jazz noruego con un tipo de música a veces funky o atmosférica. Sus discos incluyen *Songs* (2001), *It's Snowing on My Piano* (2007), *Playing* (2009) y *Everybody Loves Angels* (2017).

Alemania

Siggy Kessler

Pianista bebop, Siggy (Siegfried) Kessler (Sarrebrück, 1935-La Grande-Motte, Francia 2007) vivió muchos años en Francia y colaboró en particular con Archie Shepp. Fue encontrado ahogado en el puerto de La Grande-Motte. Grabó con Shepp, Dizzy Reece y Hal Singer y, con su propio nombre, *Live at the Gill's Club* (1969), *Solaire* (1971), *Invitation* (1979) y *Corps et Âme* (1981).

Alexander von Schlippenbach

Pianista free, Alexander von Schlippenbach (Berlín, 1939) ha dirigido la Globe Unity Orchestra y, en 2005 grabó los obras completas de Thelonious Monk (*Monk Casino*).

Joachim Kühn

Joachim Kühn (Leipzig, 1944) se estableció en París en 1968 y, en la segunda mitad de los años setenta, en California. Volvió luego a París y se radicó finalmente en Ibiza. Tocó con Slide Hampton, Phil Woods, Don Cherry y Ornette Coleman, adoptando más tarde, a nivel armónico, el "sistema disminuido aumentado" de su teórico, Ashby Anderson. Grabó también jazz rock con el guitarrista holandés Jan Akkerman. Su nuevo trío de consta de Chris Jennings (bajo) y Eric Schaefer (batería). Sus discos incluyen *Charisma* (1977), *Usual Confusion* (1993), *Diminished Augmented System* (1999), *Piano Works* (2005) y *Love and Peace* (2017).

Frank Woeste

Frank Woeste (Hannover, 1976), basado en París, experimenta con métricas impares y nuevos sonidos electrónicos. Ha tocado con Dave Douglas, Youn Sun Nah, Mark Turner, Clarence Penn y Stefano di Batista y grabado *Frank Woeste – Solo* (2004), *Frank Woeste Trio – Untold Stories* (2007), *Double You* (2011) y *Pocket Rhapsody* (2015).

Polonia

Adam Makowicz

Adam 'Makowicz' (Matyszkowicz) (Hnojnik, 1940) es un virtuoso en la línea de Art Tatum que puedo tocar a velocidades asombrosas. También ha dado conciertos de música clásica. Estudió en el Conservatorio de Música Chopin de Cracovia. Benny Goodman, quien lo oyó en Europa, lo recomendó al productor John Hammond. Makowicz se instaló entonces en Nueva York en 1978 y luego en Toronto. Sus discos incluyen *New Faces in Polish Jazz* (1968), *Adam* (1977), *Interface* (1986) y *Indigo Bliss* (2012).

Los Países Bajos

Misha Mengelberg

Misha Mengelberg (Kiev, 1935-Amsterdam, 2017), grabó con Eric Dolphy en 1964 y fue uno de los primeros exponentes de la música de Herbie Nichols fuera de Estados Unidos.

Bert van den Brink

Pianista, acordeonista y organista en gran parte autodidacta, Bert van den Brink (Geldrop, 1958) ha tocado, en particular, con Toots Thielemans, Chet Baker, Benny Golson, Nat Adderley, Dee Dee Bridgewater y Lee Konitz y grabado *Friendship* (2009) y *Blowing* (2013).

Karel Boehlee

Karel Boehlee (Leide, 1960) es refinado, poético, con un sentido agudo de la melodía. Ha tocado notablemente con Toots Thielemans y formado un trío en 2003. Sus discos incluyen *Blue Prelude* (2005), *Last Tango in Paris* (2006), *At the Beauforthuis* (2007), *Love Dance* (2008), *Secret Life* (2010) y *Switch* (2015).

Rob van Bavel

Rob van Bavel (Breda, 1965) tiene una sensibilidad que recuerdan a veces la de Bill Evans pero también puede tocar con enorme swing (*Just Me*, 2014). Ha trabajado con Woody Shaw, Randy Brecker, Johnny Griffin y otros, lideró sus propios grupos y grabó *Rob van Bavel Trio* (1989), *Solo Piano at the Pinehill* (2000), *Almost Blue* (2005), *Anniversary* (2009), y *Dutch Jazz* (2014)

Bélgica

Erik Vermeulen

Músico original, a veces un poco abstracto, Erik Vermeulen (Ypres, 1959) ha tocado con Slide Hampton, Clark Terry, Art Farmer y Joe Lovano. Sus discos incluyen *Songs of Minutes* (2000), *Inner City* (2002), *Live Chroma* (2009). Y *Decades* (2014, dúo con el saxofonista Ben Sluijs).

Nathalie Loriers

Nathalie Loriers

Excelente pianista y compositora, a menudo poética, Nathalie Loriers (Namur, 1966) ha tocado con Toots Thielemans, Lee Konitz, Charlie Mariano y otros, y con sus propios tríos y su cuarteto. Su discografía incluye *Nymphéas* (1991), *Silent Spring* (1999), *Tombouctou* (2002), *Le Peuple des Silencieux* (2014) y *We Will Really Meet Again* (2016).

Suiza

George Gruntz

El pianista de jazz suizo más conocido de su generación y también clavecinista y organista, George Gruntz (Basilea, 1932-Basilea, 2013) combinó a veces música barroca y jazz y experimentó también con la música tunecina. Tocó con Phil Woods, Rahsaan Roland Kirk, Don Cherry, Chet Baker, Dexter Gordon y otros, fundó en 1968 el grupo European Rhythm Machine con Daniel Humair y Phil Woods y, a partir de los años setenta, la George Gruntz Concert Band. Sus discos incluyen *Noon in Tunisia* (1967), *Eternal Baroque* (1974), *Happening Now* (1987) y *Matterhorn Matters* (2010).

Moncef Genoud

Moncef Genoud (Túnez, 1961) es un pianista muy dúctil, inspirado en Oscar Peterson, Keith Jarrett y Brad Mehldau. Ciego de nacimiento y adoptado por una familia suiza, creció en Ginebra. Estudió entre otros con Martial Solal. Ha tocado en particular con Harold Danko, John Stubblefield, Michael Brecker y Sangoma Everett y grabado *Aqua* (2006), *Strange Experience* (2008), *Métissage* (2011) y *Live in Cully* (2015).

Portugal

Bernardo Sassetti

Pianista poético y compositor de músicas para el cine, Bernardo Sassetti (Lisboa, 1970-Cascais, 2012) se interesó por el jazz tras oír a Bill Evans. Empezó a tocar profesionalmente en 1988, acompañando a músicos de paso por Portugal. Vivió en Londres en los años noventa y murió en Portugal, un mes antes de cumplir cuarenta y dos años, cayendo de un acantilado. Sus discos incluyen *Nocturno* (2002), *Unreal: Sidewalk Cartoon* (2006) y *Motion* (2010).

Rusia

Simon Nabatov

Simon Nabatov (Moscú, 1959) posee un toque precioso y su repertorio abarca tanto Herbie Nichols como el compositor brasileño Ary Barroso. A los dieciséis años, empezó a tocar con un grupo de bebop. En 1979 se mudó a Roma, donde sustituyó a Dick Wellstood, y luego a Nueva York. En 1989 se instaló después en Colonia, Alemania. Sus discos incluyen *Circle the Line* (1986), *Inside Lookin' Out* (1988), *Around Brazil* (2005) y *Tunes I Still Play* (2017).

Simon Nabatov

Olga Konkova

Olga Konkova (Moscú, 1969), basada en Oslo, ofrece una música muy rica, a veces abstracta y al borde de la atonalidad. Estudió música clásica en Moscú y luego jazz en Boston. Actúa a menudo con su esposo, el bajista Per Mathisen. Sus discos incluyen *Her Point of View* (1997), *Some Things from Home* (2001), *Return Journey* (2011) y *Old Songs* (2017).

Ivan Farmakovsky

Ivan Farmakovsky (Moscú, 1973) se expresa en un lenguaje post bebop armónicamente sutil. Ha tocado, entre otros, con el saxofonista Igor Butman, Eddie Henderson, Curtis Fuller, Wynton Marsalis y Jaleel Shaw y grabado *Next to the Shadow* (2010) y *The Way Home* (2014).

Otros pianistas

Son también descollados Mijaíl Okun (Moscú, 1946), el lírico Vladimir Shafranov (Leningrad, 1948), ahora basado en Finlandia tras vivir en Nueva York, y el muy talentoso pianista y cantante ciego Oleg Akkuratov (Yeisk, 1989).

Ucrania

Vadim Neselovskyi

Vadim Neselovskyi (Odessa, 1977), ahora basado en Estados Unidos, ha colaborado como pianista y arreglista con Gary Burton. Sus discos incluyen *Music for September* (2013) y *Get up and Go* (2017).

Rumanía

János Kőrössy

Rumano de origen húngaro, János Kőrössy (Cluj-Napoca, Rumania, 1926-Atlanta, Estados Unidos, 2013), también conocido como Jancsi, Iancsy y Yancy Kőrössy, combinaba a veces, y con mucho swing, jazz y música rumana. Se instaló en Alemania en 1969, luego en Estados Unidos, colaborando en 1981 con Zoot Sims, y volvió a Rumania tras la caída de Ceauşescu. Grabó *It's Midnight – Hungarian Jazz Series 4*, con el saxofonista Deszö Lakatos.

Marian Petrescu

Virtuoso que recuerda a veces a Oscar Peterson, Marian Petrescu (Bucarest, 1970), hoy basado en Finlandia, integró también los aportes de Art Tatum, Bill Evans y Rachmaninov. Ha tocado con Al Jarreau, Toots Thielemans, Tony Williams y Renee Rosnes y grabado *Plays Tribute to Oscar Peterson* (2009) y *Pianist* (2013).

Bulgaria

Milcho Leviev

Milcho Leviev (Plovdiv, 1937) utiliza a veces modos y ritmos búlgaros. Fundó el grupo Jazz Focus '65. En 1970 se estableció en Los Ángeles, donde colaboró como pianista y arreglista con Don Ellis, Billy Cobham, Art Pepper, Roy Haynes, y Dave Holland y grabó con Holland, Ellis, Cobham, Airto Moreira, Gerald

Wilson y Al Jarreau. Sus discos incluyen *Bulgarian Piano Blues* (1990), *The Oracle* (1992), *Up and Down* (1993) y *Quiet March* (2015). Compuso también obras clásicas y música para el cine.

Croacia

Matija Dedi

Muy melódico, con un profundo sentido del fraseo y del tempo Matija Dedi (Zagreb, 1973) ha tocado con Lenny White, Buster Williams y otros, y grabado *Trio* (2009), *Sentiana* (2013), *Ligherian Rhapsody* (2015) y *Dedicated* (2017).

Matija Dedi

Azerbaiyán

Azerbaiyán ha dado a luz a un impresionante número de pianistas de jazz, algunos de los cuales fusionan jazz y *mugham* (música tradicional azerbaiyana). Entre ellos Amina Figarova (Baku, 1964), Shahin Novrasli (Baku, 1977), admirado por Ahmad Jamal; el técnicamente asombroso Emil Afrasiyab (Baku, 1982), basado en Estados Unidos; Elchin Shirinov (Baku, 1982), elogiado por Brad Mehldau; e Isfar Sarabski (Baku, 1989), ganador, en 2009, del concurso de piano del Festival de Jazz de Montreux.

Turquía

Tuna Ötenel

Tuna Ötenel (Estambul, 1947) se unió en 1964 al conjunto de jazz de Metin Gürel, y en 1978, al de Erol Pekcan. Ha tocado con Benny Carter, Harry 'Sweets' Edison, Buster Williams y otros y grabado *Sometimes* (1994) y *L'Écume de Vian* (1999).

Aydin Esen

Muy fluido, marcado por Herbie Hancock y Chick Corea, Aydin Esen (Estambul, 1962) combina a veces jazz y música turca. Ha tocado con Gary Burton, Pat Metheny y Dave Liebman y grabado *Light Years* (2006) y *Toys For All Gods* (2013).

Hungría

Aficionado al free jazz, György Szabados (Budapest, 1939-Nagymaros, 2011) tocó, en particular, con Roscoe Mitchell y Anthony Braxton.

Pianista y arreglista, George Mesterhazy (Hungría, 1954-Cape May, Nueva Jersey, 2012) pasó la mayoría de su carrera en Estados Unidos. Acompañó a varios cantantes, entre los cuales a Shirley Horn y Mark Murphy.

Basado en Estados Unidos, Laszlo Gardony (Hungría, 1956) fundó el grupo Forward Motion. Ha tocado con Dave Holland, Bill Pierce y Miroslav Vitouš, entre otros, y enseña hoy en el Berklee College of Music. Sus discos incluyen *The Secret* (1988), *The Legend of Tsumi* (1989), *Ever Before Ever After* (2003), *Clarity* (2013) y *Serious Play* (2017).

Daniel Szabo (Hungría, 1975), basado en Los Ángeles, mezcla jazz, música clásica y música de Europa del Este y ha tocado, en particular, con Joe Lovano y Harvey Mason (*Duola*, 2014, *Visionary*, 2019).

Pianista en la tradición de Oscar Peterson, Mulgrew Miller y otros maestros del jazz *mainstream*, Robi Botos (Nyíregyháza, 1978), basado en Canadá, ha tocado con Michael Brecker y Dave Young y grabado *Old Souls* (2018).

República Checa

Jan Hammer

Tecladista de *fusion*, Jan Hammer (Praga, 1948) se dio especialmente a conocer en los años setenta con el Mahavishnu Orchestra de John McLaughlin. Adoptó la ciudadanía estadounidense, realizó una gira con Sarah Vaughan, grabó con Elvin Jones y Jeremy Steig y colaboró luego con Jeff Beck, Al Di Meola, Stanley Clarke y otros. En 1976 formó el Jan Hammer Group, y en la década de los noventa hizo una gira con Tony Williams. Musicalizó también varias películas y programas de televisión, entre los cuales *Miami Vice*. Entre sus discos se encuentran *The First Seven Days* (1975), *Melodies* (1977) y *Live in New York* (2008).

Armenia

Vardan Ovsepian

Dúctil, poético y siempre inventivo, Vardan Ovsepian (Ereván, 1975), basado en Estados Unidos, ejecuta a veces frases casi atonales. Ha tocado y grabado en particular con Peter Erskine y Jerry Bergonzi. Sus discos incluyen *Chromaticity* (2012),

As Autumn Departs y *Hand in Hand* (2016). Es también autor de un método de piano titulado *Mirror Exercises*.

Georgia

Giorgi Mikadze

Giorgi Mikadze (Tbilisi, 1989), basado en Nueva York, tiene un excelente sentido del ritmo. Utiliza a veces elementos de música georgiana, de hip hop, de R&B, de funk y de *fusion*. Ha tocado con Lee Ritenour, Roy Hargrove, Stefon Harris, Patti Austin, Chris Potter, Dave Liebman y otros y grabado *Voisa* con el Ensemble Basiani.

Beka Gochiashvili

Beka Gochiashvili (Tbilisi, 1996) empezó a tocar profesionalmente a los nueve años. Chick Corea y Keith Jarrett lo influenciaron particularmente. Lenny White, que lo oyó cuando era muy joven, lo ayudó a darse a conocer. Gochiashvili se instaló entonces en Nueva York y fue reclutado por Stanley Clarke. Ha también actuado en dúo con Corea y con sus propios grupos, y grabado *Beka Gochiashvili* (2012).

América Latina, el Caribe y el resto del mundo

"Las melodías latinas y caribeñas constituyen un tesoro que no ha sido completamente explotado", afirma atinadamente el pianista panameño Danilo Pérez. Su colega venezolano Ed Simon asiente: "La música de América Latina, con sus ritmos contagiosos, su poesía y su pasión, es uno de mis mayores recursos. Ofrece un océano de posibilidades, tanto rítmica como melódicamente". Y, declaraba el saxofonista Phil Woods: "Siempre he pensado que si hay un futuro en el jazz, vendrá de una fusión más estrecha con la música de América Latina y del Caribe".[250] Con sus ritmos complejos, diferentes de los del jazz, la música latinoamericana ha fascinado a los jazzmen desde décadas, y ya ha dejado de desempeñar un papel secundario en relación al jazz, como en la época de Charlie Parker cuando, según Ross Russell, biógrafo del saxofonista, era considerada un simple *south of the border entertainment*" (entretenimiento del sur de la frontera [de Estados Unidos]). Las contribuciones de América Latina y del Caribe están cobrando más y más protagonismo en el jazz. Algunos temas "latinos" forman ahora parte integrante del repertorio del jazz y varios jazzistas latinoamericanos y caribeños han alcanzado prominencia internacional.

En los años cincuenta el pianista Billy Taylor, alentado por Dizzy Gillespie, reclutó al percusionista cubano Cándido Camero. "Cándido […] escribió, me hizo tomar consciencia de que se podía sacar todo tipo de sonidos nuevos de las tumbadoras y del bongó y me ayudó a incorporar procedimientos latinos más eficazmente a mi estilo jazzístico… El jazz latino se convirtió en una parte cada vez más importante de mi manera de tocar. Empecé a pensar en términos de poliritmos, de poliarmonías y de politonalidad. Estas combinaciones no sólo eran apasionantes sino que también constituían un reto completamente nuevo para mí como improvisador".[251]

---

[250] Citado por Fernando Trueba en su prefacio de Nat Chediak, *Diccionario de Jazz latino*, pp. 13-14.
[251] *Jazz Piano, op. cit*, p. 149.

América Latina y el Caribe han aportado nuevos ritmos, nuevas melodías, nuevos colores y nuevas técnicas al piano jazz. De Cuba y Puerto Rico, en particular, viene la utilización de diseños rítmicos conocidos como *montunos* (con sus equivalentes dominicanos, los *jaleos*). En Cuba, los *montunos* eran originalmente tocados por instrumentos de cuerdas en el *son* campesino de la región de Oriente. Cuando el *son* llegó a La Habana, fue luego adoptado por el piano y más tarde, en el jazz, por numerosos pianistas estadounidenses como Kenny Barron, Kenny Kirkland, Mulgrew Miller y Geoff Keezer. Los estilos de piano cubanos y puertorriqueños se caracterizan también por la utilización de hemiolas, y de desplazamientos rítmicos que crean una impresión de arrancamiento al tiempo metronómico (se escuchará por ejemplo el solo de Papo Lucca en "La sopa en botella" en *Tremendo Caché* de Celia Cruz y Johnny Pacheco, 1975). Cuba y Puerto Rico han también contribuido al retorno de los breaks en el jazz, breaks que solían constituir un elemento esencial del antiguo jazz neoorleanés. Por su parte Brasil le aportó al piano jazz un desfase característico entre las manos, conocido como *balanço*; y se puede oír un diálogo rítmico entre las manos diferente pero igualmente complejo en la biguine y en otros estilos pianísticos francoantillanos como los de los martiniqueses Mario Canonge y Gilles Rosine o el del guadalupeño Alain Jean-Marie o aun en "Song for my Father" de Horace Silver. En el jazz de hoy, diferentes géneros "latinos" pueden a veces coexistir como en "Sao Pablo" de Jay Hoggard, en el que Kenny Kirkland comienza con *montunos* y sigue con ritmos de samba.

Precursor del jazz latino, Jelly Roll Morton recurrió al piano y, en algunas de sus composiciones, a un "tango bass" sincopado parecido a los *tumbaos* (diseños de bajo o de tumbadores) cubanos. De hecho, se ha hablado de un "tango belt" en la Luisiana, una zona en la que los pianistas utilizaban *tango basses*. Sin embargo, los ritmos "latinos" irrumpieron verdaderamente en el jazz a partir de los años cuarenta, con los Afro Cubans de Machito y Mario Bauzá o temas como "Caravan" de Juan Tizol, éxito de la orquesta de Duke Ellington, y se pusieron de moda durante la década siguiente, coincidiendo esta pasión con la del mambo, género popularizado por el pianista cubano Dámaso Pérez Prado, radicado en México. Erroll Garner grabó *Mambo Goes Garner* (1955) y utilizó a Johnny Pacheco al bongó para su disco *That's My Kick* (1967), Phineas Newborn reclutó a los percusionistas Willie Rodríguez y Chino Pozo para *Phineas Newborn, Jr. Plays Harold Arlen's Music from Jamaica* (1957), Nat 'King' Cole añadió un bongó a su trío, Vince Guaraldi tocó y grabó con Cal Tjader y con el guitarrista brasileño Brazilian Bola Sete y realizó en 1964 *The Latin Side of Vince Guaraldi*, Dave Brubeck grabó en México *Bravo! Brubeck!*, que incluía temas mexicanos. Más tarde, McCoy Tyner, Kenny Barron y otros pianistas también grabaron con músicos latinoamericanos o caribeños. George Shearing, Clare Fischer y Chick Corea se cuentan entre los pianistas angloparlantes que más interés han mostrado por el jazz latino.

A partir de los años cincuenta, algunos jazzmen también adoptaron el calipso, oriundo de Trinidad que gozaba entonces de popularidad en Estados Unidos. Duke Ellington y Ray Bryant grabaron "Oscalypso" de Oscar Pettiford, Kenny Barron tocó en *Jambo Caribe* de Dizzy Gillespie (1964) y grabó "Calypso" (en *At the Piano*, 1982) y "Fungii Mama" de Blue Mitchell (en *Lemuria-Seascape*, 1991). Herbie Hancock también grabó un tema titulado "Calypso", imitando, al piano, el sonido de un steel drum (en *Mr. Hands*, 1980). Monty Alexander realizó *Jazz Calypso*, Mark Soskin *Calypso and Jazz*, Michel Camilo grabó "On the Other Hand" y Michel Petrucciani "O Nana Oye".

La samba, y la bossa nova, cuya boga culminó en los años sesenta, constituyen otra importante fuente de inspiración para los jazzmen. El estilo de piano del samba jazz, género que precedió el advenimiento de la bossa nova, se caracteriza por el ya mencionado *balanço*, con la mano izquierda acentuando o tocando a menudo en los contratiempos. La bossa nova – las composiciones de Antonio Carlos Jobim en particular, así como las de Luiz Eça, Milton Nascimento, Djavan, Ivan Lins, Toninho Horta y otros brasileños – tienden a ser armónicamente sofisticadas, con polychords, suspensiones y cromatismos que les confieren un encanto particular. Entre los numerosos pianistas de jazz atraídos por la música brasileña mencionemos a Hampton Hawes ("Carioca"), Erroll Garner ("One Note Samba"), Horace Silver ("Swingin' the Samba"), Oscar Peterson ("Tristeza", "Triste", y "Wave", también interpretados por Hank Jones, Shirley Horn, McCoy Tyner y otros), Ramsey Lewis (*Bossa Nova* y *Goin' Latin*), Dave Brubeck (*Bossa Nova U.S.A.*), Kenny Barron (*Sambao* y *Canta Brasil*), Eddie Higgins (*Speaking of Jobim*), Cedar Walton ("Triste"), Duke Pearson ("Book's Bossa"), Bill Evans ("Corcovado", "Minha", "The Dolphin", "Saudade do Brasil"), Herbie Hancock (en *Native Dancer* de Wayne Shorter y otros discos), Steve Kuhn ("Blue Bossa"), Chick Corea ("O grande amor" en *Sweet Rain* de Stan Getz), Clare Fischer ("Samba claro", "Blues Bossa"), Dave Grusin ("Amparo"), Jorge Dalto ("Samba All Day Long"), Mulgrew Miller ("O grande amor"), Fred Hersch (*Plays Jobim*) y Otmaro Ruiz ("O grande amor", "Chovendo na roseira", "Aos nossos filhos", "Garota de Ipanema").

Cuba

Durante las últimas décadas muchos pianistas de jazz cubanos se han radicado fuera de la isla, en Estados Unidos en su mayoría. Generalmente muy rítmicos y fogosos, son los herederos del estilo llamado "típico" pero han también integrado el lenguaje del jazz moderno. Entre los antiguos exponentes de este estilo típico están los puertorriqueños Noro Morales y los hermanos Charlie y Eddie Palmieri (aunque Eddie Palmieri ha también tocado jazz latino), los cubanos Isolina Carrillo, Obdulio Morales, 'Peruchín' (Pedro Jústiz), Facundo Rivero, René Touzet,

René Hernández, Dámaso Pérez Prado, Juan Bruno Tarraza, 'Lilí' (Luis) Martínez Griñán, 'Bola de Nieve' (Ignacio Villa), Bebo Valdés, Frank Emilio Flynn, Virgilio López, Rafael Somavilla, Rolando Baró y Felipe Dulzaides, el mexicano 'Chamaco' (Armando) Domínguez y Eddie Cano (estadounidense de origen mexicano). La mayoría de los nuevos pianistas de jazz cubanos tienen una impresionante técnica y oscilan entre música afrocubana y jazz propiamente dicho.

Chucho Valdés

Uno de los primeros pianistas de jazz que se dio a conocer fuera de Cuba desde la Revolución es 'Chucho' (Jesús Dionisio) Valdés (Quivicán, 1941). Hace a veces surgir fuerzas telúricas de su teclado, que cubre fácilmente con sus grandes manos. Integra ocasionalmente música clásica,a algunos de sus conciertos, empezando por ejemplo "All Blues" con una reducción para piano del *Scheherazada* de Rimski-Kórsakov.

Hijo del pianista Bebo Valdés, oyó de niño a artistas como Sarah Vaughan y Nat 'King' Cole cuando actuaban en el famoso cabaret Tropicana de La Habana. Durante sus años de formación, fue también impresionado por McCoy Tyner y Bill Evans. En 1970 Dave Brubeck oyó tocar a Valdés en Polonia y lo elogió. Valdés formó parte de la Orquesta Cubana de Música Moderna. En 1973 fundó la banda Irakere, que realizó una gira a Estados Unidos en 1979, obtuvo un *Grammy Award* y propició el despegue del jazz moderno en Cuba. Valdés también ha tocado en dúo con su padre, con Michel Camilo y con Gonzalo Rubalcaba, ha acompañado a cantantes como Concha Buika, Diego El Cigala y su hermana, Mayra Caridad Valdés, ha tocado con Paquito D'Rivera y Archie Shepp, y dirigido sus propios grupos: Afro-Cuban Messengers y Jazz Batá. Sus discos incluyen *Lucumi* (1988), *Briyumba Palo Congo* (1999), *Live at the Village Vanguard* (2000), *Solo: Live in New York* (2001), *Border-Free* (2013), *Tribute to Irakere: Live in Marciac* (2016). Es, además, autor del estándar "Mambo influenciado".

Emiliano Salvador

Poco conocido fuera de Cuba, Emiliano Salvador (Puerto Padre, 1951-La Habana, 1992) sigue siendo sin embargo muy apreciado por los músicos cubanos. Fue, apuntó el musicólogo Leonardo Acosta, "el eslabón imprescindible" del jazz cubano moderno. De niño tocó piano y otros instrumentos en la banda de su padre. En 1969, entró en el Grupo de Experimentación Sonora del ICAIC (la orquesta del Instituto cubano de cine). Pasó a ser director musical del cantante Pablo Milanés, colaboró con Chucho Valdés y formó parte del conjunto de jazz del teatro Martí. En 1979 grabó *Nueva Visión*, con versiones jazzísticas de estándares cubanos como "Son de la loma". Realizó al año siguiente *Salvador 2*, que incluye un son (género tradicional en 2/4 o 4/4 tocado aquí en 7/4), y en 1992, poco antes su muerte repentina, a los cuarenta y un años, *Ayer y Hoy*.

Gonzalo Rubalcaba

Gonzalo Rubalcaba

Descrito por Herbie Hancock como "el pianista de jazz más excepcional del siglo XXI", Gonzalo Rubalcaba (La Habana, 1963) toca frases fulgurantes, polimodales, a menudo puntuadas por acordes incisivos. Su repertorio incluye temas latinoamericanos así como temas de jazz y sus propias composiciones. Como Shirley Horn, puede ejecutar baladas lentísimas. Ha también actuado con los brasileños João Bosco e Ivan Lins.

Su abuelo, Jacobo Rubalcaba, era un destacado compositor de danzones y su padre Guillermo pianista y director de orquesta. En 1978 Gonzalo formó el Grupo Proyecto. Cuando Dizzy Gillespie estuvo actuando en Cuba en 1985, el joven pianista lo impresionó y el trompetista lo invitó a grabar con él. En 1992 Rubalcaba se instaló en la República Dominicana. Al año siguiente fue autorizado a actuar en Estados Unidos. Se radicó entonces en Florida y empezó a tocar internacionalmente y a grabar. En 2018 realizó una gira en dúo con Chucho Valdés y tocó y grabó con su Skyline Trio (con Ron Carter y Jack DeJohnette). Ha grabado prolíficamente, en particular *The Blessing* (1991), *Diz* (1993), *Inner Voyage*, (1999), *Nocturne* (2001), *Solo* (2006), *Avatar* (2008), *Fé* (2010) y "*Joy, Joie*" (2019).

Chuchito Valdés

Hijo de Chucho Valdés, 'Chuchito' (Jesús) Valdés, Jr. (La Habana, 1964) tiene un estilo pujante que recuerda el de su padre. Acompañó a varios músicos cubanos y a fines de los años noventa asumió el cargo de director de Irakere. Se radicó luego en Cancún y emprendió una carrera de solista. Ha grabado *Encantado* (2002), *Herencia* (2004), *Keys of Jazz latino* (2007) y *Cuban Dreams* (2010).

Omar Sosa

El ecléctico Omar Sosa (Camagüey, 1965) se inspira a menudo en la música sacra afrocubana, en particular en la santería (culto de origen yoruba) así como en el hip hop y varios géneros musicales del mundo. Actúa generalmente con el atuendo blanco de los seguidores de la santería, y sus conciertos parecen rituales. Crea en particular, en su disco *Senses* (2014) o con sus bandas Quarteto AfroCubano y Afreecanos, un mundo poético y místico. En 1993 se instaló en Ecuador, donde descubrió la música de las comunidades negras de Esmeraldas. Dos años más tarde se trasladó a San Francisco, y hacia 1999 a Barcelona. En 1997 realizó su primer disco en solitario, *Omar Omar*. *Mulatos* (2005), *Across the Divide* (2009) y *Calma* (2011) fueron nominados a los *Grammy Awards*. En 2009 compuso una suite con motivo del quincuagésimo aniversario del álbum *Kind of Blue*, grabada en 2013 con el título de *Eggun: The Afri-Lectric Experience*. En 2015 realizó *Ilé* con el saxofonista y flautista Leandro Saint-Hill y el baterista Ernesto Simpson, ambos cubanos, y con el bajista mozambiqueño Childo Tomas. Ha también actuado con otros músicos africanos y grabado *Aguas* (2018), con la cantante y violinista cubana Yilian Cañizares.

Aruán Ortiz

Aruán Ortiz (Santiago de Cuba, 1973) tiene un estilo que raya en el free jazz y recuerda a veces a Andrew Hill o a Horace Tapscott. Domina también perfectamente la música cubana. Fue influenciado por Thelonious Monk, Ornette Coleman y espiritualmente, dice, por Muhal Richard Abrams. Tras vivir en España y en París se instaló en Nueva York. Ha tocado, entre otros, con Don Byron, Terry Lyne Carrington, Greg Osby, Wallace Roney, Esperanza Spalding y Nasheet Waits y también en trío y cuarteto. Compuso "Santiarican Blues Suite" y la música de la película *Sin alas*, y ha grabado en particular *Aruán Ortiz Trio, Vol. 1* (2004) e *Hidden Voices* (2016).

Roberto Fonseca

Roberto Fonseca (La Habana, 1975) combina música afrocubana jazz, hip hop y otros géneros musicales y ha colaborado con músicos brasileños y africanos. Nacido en una familia de músicos, se presentó en el Festival Jazz Plaza de La Habana. Formó luego parte de la banda Buena Vista Social Club, acompañando a Ibrahim Ferrer, y grabó con Ferrer y con Omara Portuondo. Sus discos incluyen *Zamazu* (grabado en Bahía en 2007), *Afrokan* (2009), *Yo* (2012) y *Abuc* (2016).

Aldo López Gavilán

Hoy basado en Estados Unidos y tan deslumbrante en el jazz como en la música clásica o afrocubana, Aldo López Gavilán (La Habana, 1979) fue descrito por el *London Times* como un "formidable virtuoso". Sus discos incluyen *En el ocaso de la hormiga y el elefante* (1999), *Talking to the Universe* (2008) y *De todos los colores y también verde* (2013).

Manuel Valera

Manuel Valera (La Habana, 1980) puede pasar del bebop a un jazz más vanguardista y sus actuaciones integran a veces poesía y rituales afrocubanos. Algunas de sus interpretaciones revelan la influencia de Bill Evans, Chick Corea o Keith Jarrett. En 2000 se mudó a Nueva York y tocó con Paquito D'Rivera, Arturo Sandoval, Jeff 'Tain' Watts, Lenny White y otros y formó el grupo Manuel Valera and the New Cuban Express. Grabó *Forma Nueva* (2004), *Currents* (2009), *Self Portrait* (2014) y *Urban Landscapes* (2015).

Manuel Valera

David Virelles

Pianista y tecladista, David Virellles (Santiago de Cuba, 1983) toca a veces de manera percusiva y polimodal y a veces en un estilo post bebop. Tocó en Toronto con Jane Bunnett, con la que grabó *Alma de Santiago* (2001). Estudió luego con Henry Threadgill en Nueva York. Se instaló en esta ciudad en 2009 y ha tocado con Steve Coleman, Chris Potter, Mark Turner, Marcus Gilmore y otros. Sus discos incluyen *Oblivion* (2008), *Antenna* (2016) y *Gnosis* (2016), en el que utiliza rezos afrocubanos abakwá.

Alfredo Rodríguez

Alfredo Rodríguez (La Habana, 1985) –que no debe ser confundido con el difunto pianista cubano de salsa y de jazz latino con el mismo nombre– toca con asombrosa intensidad, energía y entusiasmo. Su música no es siempre jazz en el sentido estricto de la palabra aunque lleva armonías de jazz. Utiliza a menudo el piano como instrumento de percusión o a veces como una arpa, con frases fulgurantes. Es, también, capaz de gran ternura, con ciertos estándares cubanos que reinterpreta a su manera. Es influenciado por el estilo cubano surgido en La Habana en los años ochenta y conocido como "nueva timba" o simplemente "timba". En 2006 se presentó en el Festival de Jazz de Montreux donde Quincy Jones lo descubrió y se convirtió en su productor. En 2007 formó su primer trío. Dos años más tarde pidió el asilo político en Estados Unidos y se instaló en Los Ángeles. Ha grabado *Sounds of Space* (2012), *The Invasion Parade* (2014), *Tocororo* (2016) y *The Little Dream* (2018).

Otros pianistas

Otros pianistas cubanos incluyen Hilario Durán, basado en Toronto, Ramón Valle, Harold López Nussa y Fabián Almazán.

Argentina

Pianista de bebop, Enrique 'Mono' Villegas (Buenos Aires, 1913-Buenos Aires, 1986) formó el Santa Anita Sextet en 1943 y al año siguiente Los Punteros. En 1955 grabó en Estados Unidos con Milt Hinton y Cozy Cole (*Introducing Villegas* y *Very Very Villegas*) y volvió a Buenos Aires en 1964.

Lalo Schifrin

Pianista y compositor, hijo de un violinista, 'Lalo' (Boris) Schifrin (Buenos Aires, 1932) estudió en París con Olivier Messiaen y Charles Koechlin y fue influenciado por Ravel. Allí comenzó a tocar jazz, grabó sus primeros discos y colaboró con Astor Piazzolla. A fines de los años cincuenta volvió a Argentina y formó una big band. En 1956 Dizzy Gillespie, de paso por Buenos Aires, quedó impresionado por esta big band y le prometió a Schifrin que si iba a Estados Unidos lo reclutaría. Gillespie cumplió su promesa: Schifrin trabajó con él de 1960 hasta 1962 y compuso todas las piezas del disco *Gillespiana*, publicado en 1960. En 1960 realizó también una gira por Europa con los conciertos JATP, junto con Roy Eldridge, Benny Carter, Don Byas y Coleman Hawkins. Se estableció luego en California, donde compuso con grandísimo éxito para la televisión y el cine. Sus discos incluyen *Piano Español* (1959), *Bossa Nova: New Brazilian Jazz* (1962), *Jazz latino Suite* (1999) y *Jazz Goes to Hollywood* (1999).

Baby López Furst

'Baby' (Rubén) López Furst (Buenos Aires, 1937-Buenos Aires, 2016) debutó como guitarrista. Tocó luego el piano con Los Hot Jammers y los Picking Up Timers y a mediados de los años sesenta formó un trío. Grabó, en particular, *Jazz en la Universidad* (1966) y *Jazz Argentino* (1967), en el que transluce la influencia de Bill Evans.

Horacio Larumbe

Pianista y organista ciego Horacio Larumbe (Lincoln, provincia de Buenos Aires, 1939-2003), despertó la admiración de Chick Corea y de Hermeto Pascoal. En los años sesenta vivió en Suecia, tocando con Albert 'Tootie' Heath y acompañando a músicos de las orquestas de Count Basie y Duke Ellington. Colaboró también con Herb Ellis y grabó *Carnaval* (1989).

Jorge Navarro

Pianista de orientación bebop, Jorge Navarro (Buenos Aires, 1940) ha tocado en dúo con López Furst y el pianista Manuel Fraga así como con su propio trío y otros grupos. Debutó en 1958 con los Swing Timers. Organizó luego la Agrupación Nuevo Jazz y Sound and Company y tocó con La Banda Elástica. Sus discos incluyen *Navarro con polenta* (1977), *Fascinating Rhythm* (1996) y *Viva el Swing* (2014).

Jorge Dalto

El exuberante Jorge Dalto (Roque Pérez, Buenos Aires, 1948-Nueva York, 1987) empezó a presentarse a los quince años en los clubes de Buenos Aires. Se marchó luego a Estados Unidos. Grabó con Gato Barbieri en 1974 y colaboró con Machito, Tito Puente, George Benson (pasando a ser su codirector musical y grabando con él, en 1976, el hit "This Masquerade"), Carmen McRae, Grant Green, Grover Washington, Randy Crawford, Harvey Mason y Paquito D'Rivera. Poco antes de morir, a los treinta y nueve año, tocó en dúo con D'Rivera en el Town Hall de Nueva York. Grabó *Chévere* (1976), *Rendez-Vous* (1983), *Listen Up!*, *Nueva York Nightline*, (1984), *Urban Oasis* (1985), con su Interamerican Band, y *Listen Up!* (1988).

Carlos Franzetti

Carlos Franzetti (Buenos Aires, 1948) toca con igual facilidad y fineza tanto jazz como tango y otros géneros musicales. En 1970 se fue a México para estudiar composición y se instaló en Nueva York en 1974, actuando con su conjunto de jazz latino. Ha tocado con los trompetistas Roberto 'Fats' Fernández y Lew Soloff, con Paquito D'Rivera y con sus propios grupos, y escrito espléndidos arreglos para D'Rivera, David Sánchez y otros. También ha compuesto música para el cine así como obras clásicas. Sus grabaciones de jazz incluyen *Graffiti* (1977), *Tropic of Capricorn* (1999), *You Must Believe in Spring* (2004), *Soundtracks and Jazz Tunes* (1994), *Duets* (2008) y *Ricordare* (2018).

Otros pianistas

Norberto Machline tocó con algunos de los más famosos jazzmen argentinos y norteamericanos y con las secciones rítmicas de Oscar Peterson y Bill Evans, así como con su propio trío, y grabó *Ain't Misbehavin'* (1989), *Notorious en vivo* (2003) y *Es lo que hay* (2007). Se destacan asimismo Adrián Iaies, Darío Eskenazi, que ha colaborado en particular con Paquito D'Rivera, el Caribbean Jazz Project, Gato Barbieri, Jon Lucien y Herbie Mann, Guillermo Klein, ahora basado en España, Leo Genovese y Pablo Ablanedo.

Puerto Rico

Papo Lucca

Con su excepcional sentido del ritmo y sabor, 'Papo' (Enrique) Lucca (Ponce, 1946) es uno de los mejores pianistas y arreglistas de salsa y el director de La Sonora Ponceña, fundada por su padre. Grabó un disco titulado *Jazz latino* (1993) y ha interpretado a la manera "latina" estándares de jazz como "Night in Tunisia" y "Nica's Dream".

Edsel Gómez

Edsel Gómez (Bayamón, 1962) acompañó en Puerto Rico a famosos cantantes de salsa. De 1986 a 1996 vivió en Brasil, donde colaboró con numerosos músicos, entre ellos el trombonista Raul de Souza (en *The Other Side of the Moon*, 1991). En 1997 se instaló en Nueva York y pasó a ser el pianista y director musical de Dee Dee Bridgewater. Ha grabado con Gary Burton, Claudio Roditi, Don Byron, Jerry Gonzalez y, con su propio nombre, *Cubist Music* (2006) y *Road to Udaipur* (2015).

Zaccai Curtis

De origen puertorriqueño y afroamericano, Zaccai Curtis (Nueva York, 1981) fundó las bandas Latin Flavor y Curtis Brothers Quartet (con su hermano Luques en el bajo) y ha colaborado con Donald Harrison, Eddie Palmieri, Christian Scott, Papo Vázquez, Ralph Peterson y Wallace Roney. Grabó *Insight* (2000), *Blood, Spirit, Land, Water, Freedom* (2010), *Nuestro Tango* (2013) y *Syzygy* (2017).

La República Dominicana

Michel Camilo

Ardiente y apasionado, tocando a veces de manera muy percusiva Michel Camilo (Santo Domingo, 1954) puede también interpretar baladas sensuales. A los dieciséis años tocó con la Orquesta Sinfónica Nacional de la República Dominicana. En 1979 se trasladó a Nueva York y colaboró con Paquito D'Rivera. En 1985 dio un concierto en trío en el Carnegie Hall, y el mismo año logró el éxito con su composición "Why Not!" Ha colaborado con numerosos jazzmen, de Dizzy Gillespie a Wynton Marsalis y Chucho Valdés, interpretado música clásica y compuesto música de cine así como un concierto para piano y orquesta. Su discografía incluye *On Fire* (1989), *Solo* (2005), *What's Up?* (2013), *Spain Forever* (2016) y *Live in London* (2017).

Uruguay

Hugo Fattoruso

Hugo Fattoruso (Montevideo, 1943) se inspira en el *candombe* (música afrouruguaya de tambor) y otros géneros rioplatenses para crear un jazz muy personal. A los doce años tocó acordeón y piano en el trío de su padre. En 1959 entró en la banda de Dixieland y swing The Hot Blowers. En 1969 se fue a Estados Unidos con su

Hugo Fattoruso

hermano Osvaldo, baterista, y formaron el grupo de *fusion* Opa. Volvió a Uruguay en 1981 y organizó el conjunto Barcarola. Se instaló luego en Brasil, actuando y grabando con Milton Nascimento, Chico Buarque, Djavan y otros. Regresó de nuevo a Uruguay, organizando el Trío Fattoruso y el grupo Rey Tambor, que incluye a percusionistas de *candombe*, y con el que grabó *Emotivo*. Ha tocado también con Airto Moreira, Abraham Laboriel, Hiram Bullock, Don Cherry, Ron Carter y el cantante y percusionista uruguayo Rubén Rada. Grabó en particular *Magic Time* (1977) y *Montevideo* (1995).

Ricardo Nolé

También influenciado por el *candombe*, Ricardo Nolé (Montevideo, 1953) integró a los quince años la banda de su padre, Pancho Nolé, precursor del jazz en Uruguay. En 1973 tocó en Buenos Aires y estudió composición. De 1979 a 1982 vivió en Europa, actuando en varios países, y al volver a Argentina colaboró con Rubén Rada. Basado hoy en Montevideo, actúa generalmente en trío. Sus discos incluyen *Cuareim* (1990), el álbum en solitario *Afrombe* (1993), en el que parece tener cuatro manos, *De Profundis* (2004) y *Enfoques* (2007).

Federico González Peña

Pianista y tecladista, Federico González Peña (Montevideo, 1966) creció en Buenos Aires. Ha tocado con Meshell Ndegeocello, Angela Bofill, Roy Hargrove, Chaka Khan, Cassandra Wilson, Marcus Miller y el Trio Gaïa (con el armonicista Grégoire Maret y el baterista Gene Lake).

Venezuela

Otmaro Ruiz

Otmaro Ruiz (Caracas, 1964) es un músico señero con un constante brote de ideas. Puede tocar jazz "straight", estándares latinos y piezas suyas con la misma inventiva. En 1983 abandonó sus estudios de biología para dedicarse plenamente a la música y trabajó con varios artistas, entre ellos Soledad Bravo. En 1989 se trasladó a Los Ángeles y colaboró con Alex Acuña, Arturo Sandoval, Herb Alpert, Hubert Laws, John McLaughlin, Diane Reeves (durante cinco años) y muchos otros. Dos de sus composiciones más sobresalientes son "Las tres Marías", grabada con el flautista venezolano Pedro Eustache, que alterna entre compases pares e impares, y "CCS-Lax" (en *Distant Friends*, 1977). Ha grabado también *Latino* (2005), con estándares latinoamericanos, y *Sojourn* (2008).

Ed Simon

Fluido y sofisticado, capaz de improvisar con mucha facilidad sobre ritmos impares, Ed Simon (Punta Cardón, 1969), basado en Estados Unidos, es, también, un excelente compositor. Ha tocado con Herbie Mann, Paquito D'Rivera, Arturo Sandoval, Bobby Watson y Terence Blanchard. Lidera varias agrupaciones incluyendo su trío, el Sexteto Venezuela y el Afinidad Quartet, y actúa a veces con sus hermanos, Marlon (baterista) y Michael (trompetista). En 2010 integró el SF JAZZ Collective

Otmaro Ruiz

y en 2012 el grupo Ninety Miles, dirigido por Stefon Harris, David Sánchez y Nicholas Payton. Sus discos incluyen *Beauty Within* (1995), *Simplicitas* (2005), *Poesía* (2009), *Latin American Songbook* (2016) y *Sorrows and Triumphs* (2018).

Luis Perdomo

Luis Perdomo (Caracas, 1971) posee una gran independencia de las manos y un estilo robusto y contrapuntístico. Ha tocado con Ray Barretto, Jerry González, Ravi Coltrane, el saxofonista puertorriqueño Miguel Zenón y otros. Mencionemos, entre sus discos, *Awareness* (2006), *Pathways* (2008) y *Universal Mind* (2012).

Benito González

Pianista robusto, Benito González (Venezuela, 1975) comenzó a actuar en varios clubes de Venezuela. Se marchó a Estados Unidos a principios de los años 2000 y ganó el primer premio de la Great American Jazz Piano Competition. Ha tocado y grabado, entre otros, con Kenny Garrett, lidera un trío y ha grabado *Starting Point* (2004), *Circles* (2010) y *Dream Rhapsody* (2016).

Colombia

Edy Martínez

Edy (Eduardo) Martínez (San Juan de Pastos, 1942) es uno de los más experimentados pianistas y arreglistas del jazz latino. Debutó como baterista en la banda de su padre y con varias orquestas latinas. Tras tocar en Aruba, Miami y Nueva Orleans, se estableció en 1960 en Miami y empezó a consagrarse plenamente al piano. En 1965 se instaló en Nueva York. Vivió luego en Puerto Rico, París, Colombia, los Países Bajos, de nuevo en Nueva York y después en Colombia. Colaboró con Ray Barretto, Tito Puente, Mongo Santamaría, Gato Barbieri, Billy Cobham y David Sanborn y grabó *Su majestad el Piano* (1998) y *Midnight Jazz Affair* (2008), que incluye su *Suite for Piano, Percussion and Jazz Orchestra*.

Héctor Martignon

Polifacético, Héctor Martignon (Bogotá, 1959) toca jazz, música latina, música clásica, pop y rock. Estudió música clásica en Colombia y en Alemania, donde acompañó a músicos latinoamericanos. Vivió y trabajó luego en Brasil. En los años noventa colaboró con Ray Barretto. También tocó con Paquito D'Rivera, Gato Barbieri, Steve Turre, Don Byron y Max Roach y dirigió el grupo Foreign Affair. Compuso además música clásica y para el cine. Sus discos incluyen *Portrait in Black and White* (1996), *Refugee* (2008), *Second Chance* (2010) y *The Big Band Theory* (2016).

Panamá

Víctor Boa

Creador de lo que llamaba "tambo jazz" o "Pana jazz", mezcla de calipso y de jazz, Víctor Boa (Everton McRae) (Ciudad de Panamá, 1925-Ciudad de Panamá, 2004), se conocía en Panamá como "The high priest of jazz" (El gran sacerdote del jazz). Dirigió varias agregaciones entre las cuales Las Estrellas de Víctor Boa, La Sonora de Víctor Boa y Los Ejemplos. Acompañó a jazzmen estadounidenses como Charlie Parker, Woody Herman y Gerry Mulligan, y grabó en particular *Leyendas de Tambo Jazz* (2003).

Danilo Pérez

Creativo y apasionado, con un impresionante sentido del ritmo, Danilo Pérez (Ciudad de Panamá, 1966), toca con un entusiasmo contagioso e interpreta a menudo temas y ritmos panameños. Empezó a estudiar instrumentos de percusión y debutó con la banda de su padre y con un conjunto de baile. Instalado en Estados Unidos, colaboró con Jon Hendricks, James Moody y Paquito D'Rivera. El trompetista Claudio Roditi y D'Rivera lo recomendaron a Dizzy Gillespie, y el trompetista lo reclutó en su United Nations Orchestra. Tocó también con Tom Harrell, Roy Haynes, Wayne Shorter (ganó un Grammy Award con Shorter), y con sus propios grupos, siendo el último Children of the Light (con John Patitucci, bajo y Brian Blade, batería). Ha compuesto "Suite for the Americas" y "Rhythm in Blue Suite" y fundado el Festival de Jazz de Panamá, y enseña en el Berklee College of Music. Sus discos incluyen *Danilo Pérez* (1993), *Panamonk*, (1996), *Till Then* (2000), *Motherland* (2000), *Providencia* (2010), *Panama 500* (2014) y *Children of the Light* (2015).

México

Eugenio Toussaint

Eugenio Toussaint (Ciudad de México, 1954-Ciudad de México, 2011) conocía perfectamente el bebop y creaba a veces climas oníricos. Tocó en 1972 con el grupo Odradek y en 1975 con el grupo Blue Note. En 1976 fundó el conjunto Sacbé, en el que su hermano Enrique era bajista y Fernando, su otro hermano, baterista. Vivió algún tiempo en Minneapolis y se estableció en Los Ángeles en 1980, colaborando con Paul Anka y Herb Alpert. Volvió a México en 1986 y murió a los cincuenta y seis años, de una sobredosis de antidepresivos. Grabó en particular *El pez dorado* (2002) y *Trio* (2004).

Héctor Infanzón

Héctor Infanzón (Ciudad de México, 1959), dirigió el trío Antropóleo, formado a fines de los años ochenta y, en 1991, un cuarteto. Tocó también con varios artistas de jazz, de música "latina" y de pop music y ha compuesto música clásica. Su estilo a veces fogoso recuerda el de Michel Camilo. Ha también tocado con orquestas sinfónicas. Sus discos incluyen *De Manera Personal* (1993), *Nos Toca* (2000), *Impulsos* (2004) y *Citadino* (2007).

Héctor Infanzón

Arturo O'Farrill

Hijo de Chico O'Farrill y de la cantante mexicana Lupe Valero, Arturo O'Farrill (Ciudad de México, 1960) creció en Nueva York. Ha tocado con Carla Bley, Dizzy Gillespie, Howard Johnson, Harry Belafonte y con la Fort Apache Band de Andy y Jerry González. Colaboró con su padre y formó la Afro-Cuban Orchestra, de la que tomó la cabeza tras la muerte de su padre, y la más ecuménica Afro Jazz Latin Orchestra, que incorpora varios géneros latinoamericanos. Sus discos incluyen *Blood Lines* (1999), *Live in Brooklyn* (2005), *Risa Negra* (2009), *Final Night at Birdland* (2013) y *Cuba: the Conversation Continues* (2015).

Édgar Dorantes

Pianista de música clásica y de jazz con una impresionante técnica, Édgar Dorantes (Córdoba, México, 1971) ha actuado, entre otros, con Paquito D'Rivera, Eddie Gomez, Joe Lovano, Greg Hutchinson y Jack DeJohnette. Estudió en México y en Estados Unidos y se presenta generalmente en trío. Sus discos incluyen *He's Coming! Édgar Dorantes Trio* (2005), *Remembranzas* (2013) y *Encuentros* (2014).

Nicaragua

Donald Vega

Robusto y comunicativo, Donald Vega (Masaya, Nicaragua 1974) se instaló en Los Ángeles en 1989 y luego en Nueva York. Ha tocado con el Golden Striker Trio de Ron Carter, grabado con Claudio Roditi, Al McKibbon y Justo Almario y, con su propio nombre, *Tomorrows* (2008), *Spiritual Nature* (2011) y *With Respect to Monty* (2015), homenaje a Monty Alexander.

Brasil

A principios de los años sesenta la samba y sobre todo la bossa nova, que despuntaba entonces en Brasil, empezaron a inmiscuirse en el jazz. Los pianistas y cantantes Dick Farney y Johnny Alf fueron los dos mayores exponentes del samba jazz, precursor de la bossa nova.

Dick Farney

Dick Farney (Farnésio Dutra e Silva) (Río de Janeiro, 1921-São Paulo, 1987) dirigió varios conjuntos entre los cuales Os Swing Maniacos. Tras una estancia en Estados Unidos a fines de los años cuarenta, donde se presentó en varios lugares y también en la radio, volvió a Brasil y de 1973 a 1978 tocó y cantó en un club de Río. Sus discos incluyen *April in Paris/All the Things You Are* (1953), *Jazz Festival* (1956), *Jazz After Midnight* (1956), *Jazz* (1962), en el que su cuarteto recuerda el grupo de Dave Brubeck, y *Um piano ao cair da tarde* (1975).

Johnny Alf

Johnny Alf (Alfredo José da Silva) (Vila Isabel, 1929-Santo André, 2010) logró el éxito en 1955 con la canción "Rapaz de bem", cuya versión instrumental anunciaba algunas de las composiciones de Antonio Carlos Jobim. Actuó en varios clubes de Río, a los que Jobim acudía a escucharlo. El papel de Alf en la génesis de la bossa nova fue generalmente pasado por alto porque se estableció en São Paulo cuando esta música se estaba haciendo popular en Río de Janeiro y porque no quiso participar en el famoso concierto de bossa nova organizado en el Carnegie Hall en 1962. Sus discos incluyen *Rapaz de bem* (1961), *Eu e a brisa* (1966) y *Cult Alf* (1998).

Antonio Carlos Jobim

Pianista, guitarrista, flautista y cantante sobrio y refinado, 'Tom' (Antonio Carlos) Jobim (Río de Janeiro, 1927-Nueva York, 1994) fue uno de los principales compositores de música popular de Brasil, y seguramente del siglo veinte, con una admirable imaginación melódica y armónica. Durante toda su carrera tocó su propia música y acompañó a cantantes como Elis Regina, Miúcha, Gal Costa y Milton Nascimento. Varias de sus composiciones, entre ellas, "Garôta de Ipanema", "Desafinado", "Chega de saudade", "Triste", "Meditation" y "Wave" se han convertido en estándares. Estudió piano con un maestro alemán de obediencia dodecafónica y escuchó música de Ravel, Debussy y Villa-Lobos así como jazz y los arreglos de los directores de orquesta brasileños Radamés Gnattali y Custódio Mesquita. En los años cuarenta se convirtió en el asistente de Gnattali. A fines del decenio comenzó a presentarse en clubes de Río y a componer para cantantes, e introdujo en sus obras armonías sofisticadas, con cromatismos y suspensiones entonces bastante desconocidos en la música popular brasileña. En 1954 grabó su composición *Sinfonia do Rio de Janeiro* con

Dick Farney y el grupo vocal Os Cariocas. Su canción "One-Note Samba" ("Samba de uma nota só") se volvió uno de los primeros clásicos de la bossa nova. Explicó su génesis: "Componía con economía de medios. Tocando menos, haciéndome oír más y empleando menos notas para aumentar la tensión. Pero lo que chocó a los críticos en aquella época fue mi alejamiento de la armonía tradicional. Fuimos más lejos, utilizando acordes alterados y disonantes mientras respetábamos el movimiento de las voces. Desmonté el ritmo de la samba para tocarlo al piano con un solo dedo."

En 1956 conoció al poeta, cantante y diplomático Vinícius de Moraes, quien escribiría maravillosas letras para varias canciones de Jobim. Jobim compuso la música para la obra de teatro *Orfeu da Conceição* de Moraes y también la canción "Manhã de Carnaval" para *Orfeu negro*, la película de 1959 de Marcel Camus, más o menos basada en esta obra de teatro y galardonada en el Festival de Cannes. La interpretación, por João Gilberto, de "Chega de saudade" (conocida en inglés como "No More Blues") y de otras composiciones de Jobim contribuyó al éxito internacional de la bossa nova. Tras el famoso concierto de bossa nova del Carnegie Hall de 1962, Stan Getz grabó "Desafinado" con el trío de Charlie Byrd, "The Girl from Ipanema" con Astrud Gilberto (esposa de João) y *Jazz Samba Encore!*, con Jobim al piano. A mediados de los años sesenta Jobim se instaló en Estados Unidos y colaboró con Frank Sinatra. Grabó *The Composer of Desafinado Plays* (1963), arreglado por Claus Ogerman, *The Wonderful World of Antonio Carlos Jobim* (1965), arreglado por Nelson Riddle, *A Certain Mr. Jobim* (1967), arreglado por Ogerman, *Wave* (1967), con las cuerdas arregladas por Ogerman, *Stone Flower* (1970), con el maravilloso "Amparo", también conocido como "Olha Maria", y *Tide* (1970) escribiendo, junto con Eumir Deodato, los suntuosos arreglos de estos últimos dos discos, en los que participaron músicos estadounidenses y brasileños. De vuelta en Río de Janeiro, Jobim compuso obras diferentes de la bossa nova, entre ellas el poema sinfónico "Urubu" (1976) y

Isabelle Leymarie

más tarde "Passarim". En 1992 el carnaval de Río lo homenajeó y, desde una carroza, participó en el desfile. Cuando falleció, el municipio de Río declaró tres días de luto oficial. Citemos, entre sus conciertos grabados, *Antônio Carlos Jobim em Minas – piano y voz* (1981) y *Tom Jobim ao vivo em Montreal* (1986) así como el clásico *Elis & Tom* (1974), grabado con Elis Regina.

João Donato

João Donato (João Donato de Oliveira Neto) (Rio Branco, 1934) es un pianista elegante, gran exponente de la samba y de la bossa nova (*João Donato e seu Trio*, 1962, *A Bossa Muito Moderna de Donato e seu Trio*, 1963) y un compositor inspirado. Pianista profesional a los quince años, acompañó a Dick Farney y al saxofonista Paolo Moura. A partir de 1953 dirigió varios conjuntos, sorprendiendo a algunos oyentes con su lenguaje armónico, que, recuerda, encontraban inusual. Vivió algún tiempo en Estados Unidos, tocando, en particular, con Mongo Santamaría, y regresó a Brasil en 1962. Durante una segunda estancia, más larga, en Estados Unidos, colaboró con Herbie Mann, Chet Baker, Cal Tjader, Bud Shanky y otros jazzmen y se dio a conocer con *Piano of João Donato: The New Sound of Brazil* (1965), y, sobre todo, con el funky *A Bad Donato* (1970), mezcla de jazz y de música cubana y brasileña. En 2006 grabó de nuevo con Bud Shank, y en 2010, obtuvo un *Latin Grammy* con *Sambolero*.

Luiz Eça

Como Antônio Carlos Jobim, Luiz Eça (Luiz Mainzi da Cunha Eça) (Río de Janeiro, 1936-Río de Janeiro, 1992) aportó una sofisticación considerable a la música popular brasileña. Pianista de honda sensibilidad, era aficionado a Ravel, Gershwin, Rachmaninov y Debussy y conocía muy bien el jazz. Empezó a los dieciséis años a presentarse en los clubes de Río y fue influenciado por Johnny Alf. Estudió posteriormente en Viena con Friedrich Gulda y Martha Argerich. De regreso a Brasil, acompañó a las cantantes Maysa y Leny Andrade. Formó un trío sin batería y, en 1962, el Tamba Trio. Al año siguiente su versión de "Garôta de Ipanema" se volvió un *best seller*. El grupo acompañó también a Edu Lobo y otros artistas brasileños. Eça lo reorganizó entonces con el nombre de Tamba 4 (con el bajista, guitarrista y percusionista Dorio Ferreira y el baterista y percusionista Rubens Ohana). A fines de los años sesenta grabaron en Estados Unidos. Uno de sus mejores discos es el clásico *We and the Sea* (1967). En 1969 Eça se unió al conjunto A Sagrada Família, con el que grabó en particular *La Nueva Onda de Brasil* y viajó. En 1970 Bill Evans grabó "The Dolphin" de Eça (en *From Left to Right*). En 1979 Evans y Eça hicieron juntos *Bill Evans and Luiz Eça – Piano Four Hands – Live in Rio*, con una mezcla de temas brasileños y de composiciones de Evans. Eça compuso también obras clásicas. Después de su muerte, Tamba 4 reclutó al pianista Weber Iago. Entre sus discos están *Um piano na madrugada* (1956), *Piano e cordas* (1970), *Triângulo* (1985) y *Luiz Eça Trio* (1995).

Manfredo Fest

Manfredo Fest (Porto Alegre, 1936-Tampa Bay, Florida, 1999) fue otro pionero del samba jazz y de la bossa nova e interpretó estándares de jazz con ritmos brasileños. En 1961 se instaló en São Paulo, organizó un trío y grabó en 1963 *Bossa Nova-Nova Bossa*. En 1967 se mudó a Los Ángeles, donde colaboró con Sérgio Mendes, y luego a Chicago y a Palm Harbor. Sus discos incluyen también *Jungle Cat* (1989) y *Fascinating Rhythm* (1996).

Hermeto Pascoal

Multiinstrumentista y compositor prolífico y exuberante, considerado como un genio por Miles Davis, Hermeto Pascoal (Olho d'Agua, estado de Alagoas, 1936) crea músicas a la vez arraigadas en las tradiciones de Brasil y fuera de toda categoría, entre las cuales "Bebê", "Slaves Mass", y "Ginga carioca". Creó también lo que llamó "som da aura", interpretando con varios instrumentos los sonidos de voces como las del papa o de tres cantantes ciegas de Paraíba. "Puedo estar comiendo un bocadillo, y de repente me viene la inspiración para un tema. No necesito un lugar o un momento específico para hacer música. Lo hago porque es lo que hago, porque me viene, casi como si saliera de un grifo," dice.[252] Su primer instrumento fue el acordeón, pero toca también flauta, guitarra y saxofón y utiliza además, para su música, toda clase de objetos. Empezó a tocar *forró* y *frevo* y a experimentar con varios sonidos. En Río de Janeiro actuó con un grupo de *choro*, comenzó a tocar el piano y se estableció después en São Paulo. En 1964 grabó con Edu Lobo, Elis Regina, y César Camargo Mariano y luego formó parte del Sambrasa Trio, del Quarteto Novo y de Octopus. Tocó en *Live-Evil* de Miles Davis (1971), que incluye varias de sus composiciones, y lideró sus propios grupos. Entre sus discos están *Hermeto Pascoal* (1970), *Slaves Mass* (1977), *Hermeto solo: Por diferentes caminhos* (1988), *Hermeto Pascoal: The Monash Sessions* (2013) y *Naturaleza Universal* (2017).

Dom Salvador

Poderoso y muy rítmico, Dom Salvador (Salvador da Silva Filho) (Rio Claro, 1939) fue, en los años setenta, uno de los principales pioneros del jazz afrobrasileño. En los años sesenta tocó en clubes de São Paulo. Se instaló luego en Río de Janeiro, se unió al Copa Trio y formó el Rio 65 Trio, que acompañó a Flora Purim, Elis Regina, Jorge Ben, Edu Lobo, Astrud Gilberto, Pixinguinha, y otras estrellas brasileñas. Organizó también el grupo Abolição, con el que realizó *Som, Sangue e Raça* y se volvió uno de los pianistas más conocidos de Brasil. A principios de los años setenta se fue a residir a Nueva York. Grabó con el percusionista Dom

---

[252] "Interview: "Hermeto Pascoal on Making 'Universal Music' and Boxing Miles Davis", agosto 2013, *daily.redbullmusicacademy.com*.

Um Romão, acompañó a Harry Belafonte, pasando a ser su director musical en 1977, y tocó con Herbie Mann, Ron Carter, Cecil McBee, Richard Davis, Robin Kenyatta, Charlie Rouse, Azar Lawrence y otros. A partir de 1977 fue el pianista regular del River Cafe en Brooklyn. Sus discos incluyen *Salvador Trio* (1965), *My Family* (1976), *Rio Claro* (1984), *Dom Salvador Trio* (2007), *The Art of Samba Jazz*. Es también autor de "Meu fraco é cafe forte" y "Gafieira".

Francis Hime

Francis Hime (Río de Janeiro, 1939) es autor de "Minha", grabado por Cannonball Adderley y Bill Evans y de otras canciones, interpretadas por Elis Regina, Jair Rodriguez y otros artistas brasileños así como de obras clásicas. En 1963 acompañó a Vinícius de Moraes y se consagró luego a la composición mientras seguía actuando, cantando y acompañándose al piano. Sus discos incluyen *Francis Hime* (1973), *Pasaredo* (1977), *Se Porém Fosse Cantando* (1978), *Pau Brasil* (1982) y *Francis Ao Vivo* (2007).

Luiz Carlos Vinhas

Luiz Carlos Vinhas (Río de Janeiro, 1940-Río de Janeiro, 2001) participó también en los inicios del samba jazz y de la bossa nova. En 1961 formó O Bossa Três, rebautizado en 1966 Gemini V cuando los cantantes Leny Andrade y Pery Ribeiro se unieron al trío. Gemini V actuó en Estados Unidos. Vinhas tocó y grabó también, en 1963, con el ensamble Os Copa 5 del flautista y saxofonista J.T. Meirelles, y luego con el cantante Emílio Santiago. Mencionemos, entre sus discos, *Novas Estruturas* (1964), *No Flag* (1970), *O Piano Mágico de Luiz Carlos Vinhas* (1986), *Piano Maravilhoso* (1989) y *Piano na Mangueira* (1997).

Sérgio Mendes

Con Antônio Carlos Jobim, Sérgio Mendes (Niterói, 1941) es uno de los primeros músicos brasileiros que popularizó la música de su país en Estados Unidos, con un tipo de jazz brasileño fácilmente accesible, que rayaba muchas veces en la pop music. Es también un pionero del *samba cruzado*, suerte particularmente sincopada de samba que terminó por fusionar con la bossa nova. Empezó a tocar profesionalmente a los dieciséis años. Jobim le ayudó a desarrollar su carrera. En 1961 grabó su primer disco con su propio nombre: *Dance Moderno*, en el que participaron Curtis Fuller, Kenny Dorham y Herbie Mann. Al año siguiente organizó el Sexteto Bossa Rio que, a diferencia de otros grupos de bossa nova, incluía instrumentos de viento. En 1962 realizó *The Bossa Rio Sextet with Cannonball Adderley* (republicado como *Cannonball's Bossa Nova*) y se presentó en el Carnegie Hall junto con Jobim y otros brasileños. En 1964 grabó *Sergio Mendes & Bossa Rio* y formó luego el Sérgio Mendes Trio. En 1966 se instaló en Estados Unidos y grabó *The Swinger from Rio* (con Art Farmer, Phil Woods, Hubert Laws y una sección rítmica brasileña), seguido por su *best seller*: *Herb Alpert Presents Sérgio Mendes and Brasil 66*. En

Sérgio Mendes

1983 logró de nuevo el éxito con "Never Gonna Let You Go". En 1992 su disco *Brasileiro* obtuvo un *Grammy Award*, y su versión de "Mais que nada", grabada en 2006 con los Black Eyed Peas, también logró el éxito. Siguió en una vena bastante comercial con *Magic* (2014).

Amilton Godoy

A la vez lírico y muy rítmico y compositor inspirado, Amilton Godoy (Bauru, 1941) es uno de los pianistas más destacados de Brasil. Empezó a actuar en dúo a los once años con su hermano Adylson, también pianista. A principios de los años sesenta ganó varios concursos de piano y en 1964 organizó en São Paulo el Zimbo Trio (con Luiz Chaves al bajo y Ruben Barsotti a la batería). El grupo duró más de cuarenta y cinco años y grabó cincuenta y un discos entre los cuales *Zimbo Trio Interpreta Milton Nascimento – Nada Será Como Antes* (1986), *Sonny Stitt in Brazil With Zimbo Trio* (1991), *Aquarela do Brasil* (1992) y *Caminhos Cruzados – Zimbo Trio Interpreta Tom Jobim* (1995). Asimismo fundó, con Chaves y Barsotti, una escuela de música en São Paulo, el Centro Livre de Aprendizagem Musical, y es autor de un tratado de armonía.

Eumir Deodato

Eumir Deodato (Eumir Deodato de Almeida) (Río de Janeiro, 1942) también contribuyó a la popularidad de la música brasileña en Estados Unidos con un tipo de música cercano a la *fusion*. A los diecisiete años grabó *Nova Geração em Tempo de Samba*. Hacia la misma época formó el grupo Os Gatos, que incluía a Paulo Moura al saxofón. Fue pianista y arreglista del guitarrista Roberto Menescal y tocó luego con varios cantantes brasileños. En 1964 grabó *Inútil Paisagem*, con composiciones de Jobim. Tres años más tarde viajó a Estados Unidos para tocar y escribir arreglos para Luiz Bonfá. Allí actuó con Chet Baker, Paul Desmond, Bud Shank y Cal Tjader, escribió arreglos para Wes Montgomery, Frank Sinatra, Tony Bennett y Roberta Flack, con quienes grabó, y también participó en sesiones de estudio. En 1972 realizó *U.S. Prelude*, y su versión funk de "Also Sprach Zarathustra" de Richard Strauss se volvió un *best seller*. Creó también una versión samba-funk de *Rhapsody in Blue*, colaboró con Milton Nascimento y otros artistas, produjo sesiones de R&B y musicalizó varias películas. Sus composiciones han sido interpretadas por Al Jarreau, George Benson, Lee Ritenour y Sarah Vaughan. Entre sus discos están *Percepção* (1972), *Artistry* (1974), *Somewhere Out There* (1989) y *The Crossing* (2010).

Cidinho Teixeira

'Cidinho' (Milcíades) Teixeira (Rio Grande do Sul, 1942) participó en la gira africana de Gilberto Gil. Grabó con Gil, Simone, Gal Costa y su propio grupo, Som Tropical. En Estados Unidos grabó con Mark Murphy y colaboró con Blossom Dearie y Harry Belafonte. Sus discos incluyen *Muito Suingue* (1980) y *Luz Maior* (2007). Escribió también el método *Brazilian Rhythms for the Keyboard*.

César Camargo Mariano

César Camargo Mariano (São Paulo, 1943) es uno de los más prominentes pianistas de música popular y de jazz brasileños. Colaboró con numerosos artistas brasileños entre los cuales Chico Buarque, Jorge Ben, Gal Costa, Wagner Tiso y Elis Regina, con la que estuvo casado. Actuó, de adolescente, con varias bandas de jazz en São Paulo y elaboró su propia manera de interpretar el samba jazz. En 1962 formó el grupo Três Américas y se unió luego al Quarteto de Sabá. En 1964 organizó el Sambalanço Trio y luego Som Três. En 1994 se mudó a Estados Unidos y tocó con Sadao Watanabe, Paquito D'Rivera, John Patitucci, Romero Lubambo y otros. Su discografía incluye *Sambalanço Trio Volume 1* (1964), *Samambaia* (1981), *César Camargo Mariano* (1989), *Solo Brasileiro* (1994), *César Camargo Mariano & Romero Lubambo – Duo* (2002) y *Ao Vivo* (2007).

Marcos Valle

Marcos Valle (Río de Janeiro, 1943) también formó parte del movimiento de la bossa nova. Grabó su primer álbum, *Samba Demais* (1963) cuando todavía era adolescente. Eligió un estilo danzante y bastante comercial y se orientó luego hacia la música del Nordeste de Brasil, el rock, y la soul music. En 1966 viajó a Estados Unidos, y durante su segundo viaje a ese país realizó *Braziliance!*". Compuso "Sonho de Maria", grabado por el Tamba Trio, "Samba de Verão" (conocido en inglés como "So Nice" o "Summer Samba") y el bello "Bodas de sangue". Ha también colaborado con Roberto Menescal y con Stacey Kent. Sus otros discos incluyen *Marcos Valle* (1970), *Nova Bossa Nova* (1999), *Valle Tudo* (2011) y *Ao Vivo* (2013).

Wagner Tiso

Exacompañante de Milton Nascimento (fue tecladista de sus grupos Clube da Esquina, Som Imaginário y Luar de Prata), Wagner Tiso (Três Pontas, 1945) crea una música atmosférica muy diferente de la samba o de la bossa nova. También trabajó con Jon Lucien, Ron Carter, Flora Purim y Airto Moreira y participó en *Native Dancer* de Wayne Shorter (en el que toca teclados y Herbie Hancock piano), escribió arreglos para Paulo Moura, Johnny Alf, Gilberto Gil y otros y compuso para el cine. Sus discos incluyen *Wagner Tiso* (1978), *Wagner Tiso & César Camargo Mariano – Todas as Teclas* (1983), *Branco e Preto* (1986), *Brazilian Scenes* (1997) y *Memorial* (2014).

Gilson Peranzzetta

Gilson Peranzzetta (Río de Janeiro, 1946) despertó la admiración de Antônio Carlos Jobim y de Quincy Jones. A partir de los años sesenta tocó con el conjunto Samba Jazz y con varios artistas brasileños, incluso en dúo con Ivan Lins. Sus composiciones han sido interpretadas por Dianne Reeves, Sarah Vaughan, Shirley Horn, George Benson, Toots Thielemans y otros. Sus discos incluyen *Alegria de Viver* (1997), *Virtuoso* (1998), *Frente a Frente* (2003) y *Manhã de Carnaval – Brazilian Standards* (2005). Compuso también obras clásicas.

Amilson Godoy

Hermano de los pianistas Adylson y Amilton Godoy, Amilson Godoy (Bauru, 1946) ingresó en 1964 en el Bossa Jazz Trio. Tocó también con Elis Regina, Dizzy Gillespie, Shirley Bassey y Sadao Watanabe, y se puede oírlo en particular en *Ferrovias* (1983) del Grupo Medusa o en *Brasil Musical* (1995), que incluye varias composiciones suyas.

Egberto Gismonti

Egberto Gismonti (Carmo, 1947) crea obras originales, rayando en la música contemporánea e imposible de categorizar, y a veces música de honda inspiración brasileña ("Baião malandro", "Frevo", "Loro", "O sonho"). Su estilo es frecuentemente percusivo pero también puede tejer músicas arácneas y ambientes hipnóticos. Estudió música clásica y grabó *Sonho* (1968), que llamó la atención. Estudió luego en París con Nadia Boulanger y el compositor serialista Jean Barraqué. Boulanger lo alentó a explorar la música brasileña como fuente de inspiración. Colaboró con numerosos músicos, entre los cuales Keith Jarrett, Paul Horn, Herbie Hancock, Jan Garbarek, Collin Walcott, Ralph Towner y Charlie Haden. Su discografía incluye *Agua e Vinho* (1972), *Academias de Danças* (1974), *Danças das cabeças* (1976, uno de sus álbumes más conocidos), *Meeting Point* (1995) y *Feixe de Luz* (2013).

Nelson Ayres

Nelson Ayres (São Paulo, 1947) ha grabado con Dizzy Gillespie, Benny Carter, Milton Nascimento, Chico Buarque y muchos otros. En 1961 tocó con la São Paulo Dixieland Band y en 1967 con Os Três Morais. En 1969 colaboró con Astrud Gilberto y Airto Moreira. Fundó la Nelson Ayres Big Band y luego la Banda Pau Brasil. En 1985 tocó con César Camargo Mariano. Desde 1992 ha sido el director musical y artístico de la Orquesta Jazz Sinfônica do Estado de São Paulo. Sus discos incluyen *Mantiqueira* (1981), *Perto do Coração* (2003), *Trio 202* (2007) e *Invisible Threads* (2018).

Antonio Adolfo

Antonio Adolfo (Río de Janeiro, 1947) toca jazz *straight* y música brasileña. Estudió con Eumir Deodato y, en Francia, con Nadia Boulanger, y se volvió profesional a los diecisiete años. En 1964 formó el Trio 3-D y acompañó a Elis Regina, Leny Andrade, Flora Purim, Milton Nascimento, Wilson Simonal y otros artistas. En la década del setenta actuó y prosiguió sus estudios musicales en Estados Unidos. Compuso "Sa Marina" (también conocido como "Pretty World"), grabado por Sérgio Mendes, Stevie Wonder, Herb Alpert, Earl Klugh y Dionne Warwick. Sus discos incluyen *Chiquinha con jazz* (1998), *Finas Misturas* (2013), *O Piano de Antonio Adolfo* (2014) y *Tropical Infinite* (2016).

Tania Maria

Efervescente pianista y cantante, Tania Maria (Tania Maria Correa Reis) (São Luis do Maranhão, 1948) logró una fama considerable en Estados Unidos en 1981 con su disco *Piquant*, producido por Cal Tjader. Su poderosa mano izquierda marca generalmente los contratiempos, y Tania Maria canta a veces al unísono con las frases que toca. Cuando tenía unos once años vio a Nat 'King' Cole en la televisión y decidió ser música. A los trece años dirigió un conjunto organizado por su padre. En 1971 grabó su primer disco: *Olha Quem Chega*. A fines de los años setenta se instaló en París, donde realizó *Via Brasil* (1975) y empezó a presentarse internacionalmente. Vivió en Nueva York en los años ochenta y volvió a Francia. Su discografía incluye *Taurus* (1982), el *best seller Come With Me* (1983), *Viva Brazil* (2000), *Outrageously Wild* (2003), *Tempo* (2011) y *Canto* (2012).

Jovino Santos Neto

Brillante y rítmico, Jovino Santos Neto (Río de Janeiro, 1954) colaboró de 1977 a 1992 con Hermeto Pascoal y se instaló luego en Seattle, donde lidera su propio grupo. Ha actuado también con Airto Moreira, Flora Purim y otros. Sus discos incluyen *Canto do Rio* (2003), *Roda Carioca* (2006), *Current* (2011), y *Por Causa de Você* (2018).

Marcos Silva

Ahora orientado hacia la *fusion* Marcos Silva (Río de Janeiro, 1954) debutó profesionalmente en 1973. Se instaló en Nueva York y luego en la región de San Francisco, donde trabaja con su conjunto Intersection y dirige el Departamento de música brasileña del California Jazz Conservatory de Berkeley. Ha colaborado con Leny Andrade, Toninho Horta, Jon Lucien, Claudio Roditi, Airto Moreira y Flora Purim, de los que fue director musical, Dorival Caymmi, Paquito D'Rivera y Edu Lobo, y escribió arreglos para Dizzy Gillespie. Sus composiciones han sido tocadas por Bud Shank, Herbie Mann y otros. Grabó, con Intersection, *Here We Go* (1986) y *White & Black* (1988).

Eliane Elias

Pianista y cantante, Eliane Elias (São Paulo, 1960) se dio a conocer en el mundo del jazz con Steps Ahead, con el que tocó cuando llegó a Nueva York, en 1981. Compagina el jazz con la música brasileña,, estudió con Amilton Godoy y, a los diecisiete años, acompañó a Vinícius de Moraes y a Toquinho. En Estados Unidos se casó con Michael Brecker y luego con el bajista Marc Johnson, con quien actúa generalmente. Grabó con Joe Henderson y otros jazzmen y su discografía incluye *Cross Currents* (1987), *Eliane Elias Plays Jobim* (1990), *Around the City* (2006), *Light My Fire* (2011), *Made in Brazil* (2015) y *Music from Man of La Mancha* (2018).

Weber Iago

Weber Iago (Weber Ribeiro Drummond) (Río de Janeiro, 1962) posee un bello toque. En 1987 se mudó a Estados Unidos, donde tocó con James Newton, Moacir Santos, la big band de Carla Bley, Alex Acuña y otros, y formó el grupo Zen Blend. En 1998 fue invitado a ser pianista y director musical del Tamba Trio. Su discografía incluye *Children of the Wind* (2004), *Jovino Santos Neto & Weber Iago – Live at Caramoor* (2008) y el álbum en solitario *Nehmat* (2010). Con el nombre de Weber Drummond grabó también *Face to Face* y *Dos* con Romero Lubambo.

Helio Alves

Músico con gran sensibilidad melódica, Helio Alves (São Paulo, 1966) es uno de los pianistas brasileños más orientados hacia el jazz pero también toca admirablemente la música brasileña. Adquirió experiencia con varios grupos de pop, rock y jazz brasileños. En 1985 se instaló en Nueva York. Ha tocado y a veces también grabado con Claudio Roditi, Santi Debriano, Joyce, Airto Moreira, John Pizzarelli, Joe Henderson y Paquito D'Rivera y actúa con sus propios grupos. Sus discos incluyen *Trio* (1997), *Portrait in Black and White* (2003), *Yatratá* (2003), *Forests* (2008), *Música* (2010) y *Milagre* (2013).

Fabio Torres

Fabio Torres

Fabio Torres (São Paulo, 1971) toca con un dinamismo considerable y un profundo entendimiento de la música brasileña. Con un poco más de veinte años grabó con Paulo Moura. Ha tocado con Rosa Passos y el trombonista Raul de Souza y forma actualmente parte del Trio Corrente, fundado en 2001 con el bajista Paulo Paulelli y el baterista Edu Ribeiro. El Trio Corrente se ha presentado con varios artistas invitados, entre ellos, los clarinetistas Paquito D'Rivera y Nailor 'Proveta' Azevedo y el virtuoso del *bandolim* Hamilton de Holanda. Torres ha grabado *Para Esquecer das Coisas Úteis* (2009), *Song for Maura* (2013, con el Trio Corrente y D'Rivera, galardonado con un *Grammy*), *Trio Corrente vol. 3* (2016) y *De Cara Pro Sol* (2017).

Marcos Resende

Marcos Resende (Cachoeira de Itapemirim) es un excelente pianista y arreglista, con solos muy lógicos. En 1966 se fue a Portugal para estudiar medicina y allí formó un trío. En 1971 organizó el grupo Status y volvió a Brasil en 1976, donde organizó el ensamble Index. Tocó con Dexter Gordon en el Festival de Jazz de Newport y acompañó a Don Byas, Chico Buarque, Caetano Veloso, Gilberto Gil y Sarah Vaughan. Sus discos incluyen *Marcos Resende* (1989), *Nonchalance*, 1990 *About Jobim* (1996) y *Abrolhos* (2000).

Jamaica

Monty Alexander

Pianista exuberante y de mucho swing en la línea de Oscar Peterson, 'Monty' (Montgomery Bernard) Alexander (Kingston, 1944) es, con el guitarrista Ernest Ranglin, el músico de jazz más conocido deJamaica. Vivió allí hasta 1961, escuchando calipso, R&B, góspel y jazz. Su familia se instaló entonces en Estados Unidos y a los dieciséis años Alexander formó la banda Monty and the Cyclones. Grabó con Milt Jackson, Ernestine Anderson, Frank Sinatra, Dizzy Gillespie, Tony Bennet, Sonny Rollins, Quincy Jones y otros, y más de treinta discos como líder, entre ellos *Duke Ellington Songbook* (1983), *Caribbean Circle* (1993), *Steamin'* (1995), *Stir It Up – The Music of Bob Marley* (1999), *Jazz Calypso* (2005) *Solo* (2008) y *Harlem-Kingston Express*, 2014.

Las islas Bermudas

Lance Hayward

Pianista en la tradición de un Erroll Garner o de un Eddie Higgins, Lance Hayward (Spanish Point, islas Bermudas, 1916-Nueva York, 1991) tocó con Carmen McRae, Marvin Gaye, Sarah Vaughan y Arthur Prysock. Ciego de nacimiento, estudió música clásica en Massachusetts, y aprendió solo el jazz. En 1966 se trasladó a Nueva York. Grabó en particular *Lance Hayward at the Half Moon Hotel, Vol. 2*, 1960), *A Closer Walk* (1984) y *Killing Me Softly* (1992).

Guadalupe

Alain Jean-Marie

Marcado por el bebop, Alain Jean-Marie (Pointe-à-Pitre, 1945) toca también una mezcla de jazz y de ritmos antillanos que llama "biguine-jazz". Empezó amenizando bailes en Guadalupe. En 1973 se instaló en París, acompañando a numerosos músicos estadounidenses, entre ellos Chet Baker, Sonny Stitt, Dee Dee Bridgewater, Art Farmer, Johnny Griffin y Max Roach, así como a músicos antillanos. Grabó con Abbey Lincoln y muchos otros, y con su propio nombre, *Lazy Afternoon* (2000), *Afterblue* (1999), *That's What* (2004) y *Abandon à la nuit* (2010).

Martinica

Michel Sardaby

Michel Sardaby (Fort-de-France, 1935) es el primer pianista de jazz martiniqués que logró cierta fama al nivel internacional. En 1967 se instaló en París, donde actuó y grabó con numerosos jazzmen estadounidenses. Su discografía incluye *Michel Sardaby in New York* (1972), *Straight On* (1993) y *Karen* (2000).

Mario Canonge

Exuberante, inventivo y sumamente rítmico, Mario Canonge (Fort-de-France, 1960) toca música antillana, cubana, brasileña y jazz norteamericano. Es, también, un excelente compositor. A fines de los años setenta se instaló en París, donde trabajó con el conjunto Manigua, con el grupo de *fusion* Ultramarine y con Chico Freeman, Carter Jefferson, Dee Dee Bridgewater y otros jazzmen. Dirigió los ensambles Sakiyo, Kann', Sakésho, Rhizome y CAB y grabó *Retour aux Sources* (1991), *Mitan* (2011), *Jazz à Porquerolles* (2011) y *Quint' Up* (2018).

Grégory Privat

Grégory Privat (Schoelcher, 1984) es uno de los nuevos y brillantes pianistas de jazz antillanos. Hijo de José Privat, pianista de la orquesta Malavoi, estudió música clásica antes de escoger el jazz. En Toulouse formó un trío y empezó a actuar. Ha tocado con Jacques Schwarz-Bart, Sonny Troupé, Orlando 'Maraca' Valle y sus propios grupos, y grabado *Tales of Cyparis* (2013), *Luminescence* (2015) y *Family Tree* (2016).

Tony Tixier

De origen martiniqués, Tony Tixier (Montreuil, Francia, 1986) toca con intensidad y determinación. Fundó en 2013 el ensamble de música de cámara MooN Paradox. Basado ahora en Nueva York, ha actuado con su hermano, el violinista Scott Tixier, Justin Brown, Kendrick Scott, Logan Richardson, Seamus Blake y su propio trío, y grabado *Parallel Worlds* (2009), *Dream Pursuit* (2012) y *Life of Sensitive Creatures* (2017).

Otros pianistas

Mencionemos a Marius Cultier (1942-1985) precursor de la biguine-jazz; a Ronald Tulle, que ha tocado con la West Indies Jazz Band, el Caraïbe Jazz Workshop, Monty Alexander y sus propios grupos; a Gilles Rosine y a Hervé Celcal.

Algunos más

Cabe también mencionar, de Noruega a Ketil Bjørnstad; de Finlandia a Alexi Tuomarila; de Suiza a Malcolm Braff; de Portugal a Mário Laginha; de Estonia a Tõnu Naissoo; de Romania a Romana Horvath; de Bulgaria a Antoni Donchev; de Turquía a Burak Bedikyan y Kerem Görsev; de Georgia a Papuna Sharikadze; de Serbia a Bojan Z (Bojan Zulfikarpašić); de Armenia a Tigran Hamasyan; de la República Dominicana a Miguel Andrés Tejada y Josean Jacobo; de México a Alejandro Corona; de Brasil a Walter Wanderley (1932-1986), João Carlos Assis Brasil, Leandro Braga y Amaro Freitas; de Sudáfrica a Chris McGregor (1936-1990), al multiinstrumentista Bheki Mseleku (1955-2008) y a Moses Molelekwa (1973-2001); de Israel a Yaron Herman, Omer Klein, Shai Maestro, Nitai Hershkovits y Ehud Asherie; de Mauricio a Jerry Léonide, ganador del primer premio de piano solo en el Festival de Jazz de Montreux; de Madagascar a Jeanot Rabeson (1936-1971); de Nueva Zelanda a Mike Nock y Alan Broadbent; y de Filipinas a Bobby Enríquez (1943-1996).

Apéndice

Los pianistas y su arte

Los oyentes, entendidos o no, los críticos y los historiadores de la música tienen su propia concepción y comprensión del jazz, pero sólo los músicos saben lo que está realmente pasando detrás del escenario y la prodigiosa cantidad de trabajo necesario para llegar a dominar este género. Práctica, práctica y más práctica: ésa es la clave indispensable para desarrollar su talento. "Tuve que sudar mucho para ya no tener que hacerlo ahora", dijo supuestamente Mozart; y Bill Evans admitía –quizás con excesiva modestia– que nada le llegó fácilmente y que tuvo que trabajar muchísimo. Se sabe que Oscar Peterson practicaba durante horas y horas, y Thelonious Monk se pasaba a veces toda la noche al piano buscando ideas. Los músicos de jazz deben poseer virtuosismo técnico, sentido del ritmo y del tempo, conocimientos de armonía, don de la melodía, imaginación y, quizás más que nada, saber escuchar. Además, los pianistas de jazz en particular, tienen que proveer también la melodía y el acompañamiento rítmico. Algunos pianistas de jazz han prodigado consejos sobre la manera de adquirir la destreza y los conocimientos necesarios, y también han expresado sus opiniones sobre su oficio. Aquí están algunos de sus comentarios, reflexiones y recomendaciones.

Consejos generales

Herbie Hancock: "El jazz es estar presente en el momento".

"Si piensas 'lo confortable es genial, eso es lo bueno, ¿no?', pues no, no en el mundo del jazz. Si te pones cómodo, te vuelves perezoso y complaciente, y entonces la búsqueda desaparece".[253]

---

[253] Mark C. Horn, "Herbie Hancock on Playing with Miles Davis and the Meaning of Life", *op. cit.*

Fats Waller: "Empieza estableciendo una línea de bajo sólida, más rítmica que espectacular y que tenga un pulso. Aprende primero a tocar sin los pedales y luego utilízalos con moderación. Estudia armonía para conocer bien los acordes. Toca de manera limpia tanto con la mano derecha como con la izquierda: una de las características del pianista moderno es que toca mucho más limpiamente que el de la vieja escuela. La manera moderna de tocar es también mucho más expresiva y es necesario saber cómo crear momentos fuertes, cómo excitar y luego calmar para producir contrastes repentinos. Que tu mano derecha siempre exprese la melodía. Tratar de tocar demasiado siempre perjudica la pieza".[254]

Barry Harris: "No creo en un piano que se toque con los dedos. Se toca con el trasero, con los pies, con el codo... Lo que hay que hacer es tocar cada día solo, tomar algunos temas y tocarlos –tocar el blues, tocarlo una y otra y otra vez... Bud y Monk solían tocar la misma pieza sin parar".[255]

Hank Jones: "Sólo se puede dar lo mejor de sí mismo si uno está relajado".[256]

Hal Galper: "En resumidas cuentas: hay que tener un buen pulso y un excelente oído".[257]

Michel Petrucciani: "Tienes que ser organizado, disciplinado; tienes que controlar tus emociones. No recurras demasiado al *glamour*, a los pedales de sostenimiento, a armonías de ese tipo o a notas sobre pedales armónicos. Debes tratar de ser honesto, tratar de mantener un buen equilibrio. Esto, claro, vale para todos nosotros. Aprendemos a controlar, a tocar sólo lo que es necesario para conmover. Hay que aprender a pararse. Cuando la música se convierte en silencio, es maravilloso".[258]

James Weidman: "Dominar los elementos de la música (melodía, armonía y ritmo) es absolutamente esencial si uno quiere improvisar bien. Aprender temas y estudiar varias versiones grabadas por grandes músicos es indispensable para adquirir el oficio. Es importante recordar que escuchar es también una manera de practicar. Aprender a escuchar es profundizar la percepción".[259]

---

[254] Maurice Waller and Anthony Calabrese: *Fats Waller*, p. 126.
[255] Comunicación oral.
[256] "Hank Jones on Piano Jazz", 6 agosto 2010, *www.npr.org*
[257] "Interview with Bradley Carter on Practicing", *halgalper.com*.
[258] Masterclass dada en 1997, *YouTube.com*.
[259] Steve Nixon: "Grammy Nominee James Weidman Jazz Piano Interview", *freejazzlessons.com*.

Eric Gilson: "No serás realmente adulto hasta que no hayas tocado jazz durante treinta años. Toda una vida es necesaria, el estudio es constante, nunca para. El piano jazz es la forma de arte más exigente. La cantidad de horas y de años que requiere es infinita".[260]

Bill Dobbins: "Hay que encontrar modelos en los que el desarrollo temático sea muy claro, y aprender el lenguaje del jazz".[261]

Danilo Pérez: "Hay que entender la función de los diferentes instrumentos y estudiar la literatura del piano, incluso la música clásica, así como la tradición del tambor. El sonido es muy importante, no sólo el ataque de la nota sino también la caída, ya que es la caída de la nota la que proporciona lirismo a la manera de tocar. Hay que saber también cómo utilizar los pedales, y no sólo para sostener las notas".[262]

Inventiva

Earl Hines: "Tocar el piano es como cualquier otra cosa. Nunca traté de tocar nada de la misma manera. Cuando me siento al piano siempre enfrento un desafío. Siempre estoy explorando. Cada vez que me siento al piano busco cambios de acordes, nuevas ideas".[263]

Sullivan Fortner: "En vez de tratar de copiar y compararse a otros, busquen su propia voz".[264]

Improvisación

Art Tatum: "¡Hay que practicar la improvisación, no se deje engañar!"[265]

Alan Broadbent: "Improvisar al piano es la verdadera esencia del jazz. Cuando empiezas a tocar, sabes cuál va a ser el arreglo, sabes cómo sonará el resultado. Tomas una melodía familiar como punto de partida y el resto depende del humor de los músicos. La música puede ir en varias direcciones imprevistas. Puedo tocar

[260] "Interview with Jazz Pianist Eric Gilson", 19 marzo 2017, *pianoways.com*
[261] Comunicación oral.
[262] Comunicación oral.
[263] En: Studs Terkel, *op. cit.*, p. 150.
[264] Masterclass dada en París en junio 2019.
[265] Fuente desconocida.

esos temas cada día y cada día sonarán de manera completamente diferente según cómo me sienta en aquel momento".[266]

Keith Jarrett: "Si improvisas y no escuchas, en el siguiente segundo ya no tendrás nada que decir".[267]

Hal Galper: "Considero la relación entre los acordes y las escalas como una manera completamente falsa de enseñar la improvisación... La improvisación siempre ha sido dejar que la melodía te guíe y embellecer la melodía".[268]

"De hecho, comencé fingiendo lo que es, básicamente, el proceso que está en juego para mejorarse en la improvisación".[269]

Michel Camilo: "El jazz impulsa constantemente al artista inventivo a buscar nuevas ideas, nuevas emociones y nuevas soluciones para contribuir al arte de improvisar y refinarlo. Es como si uno compusiera una nueva pieza cada vez que uno toma un 'solo'. Esta composición en el momento (o improvisación) –que llamamos el 'factor riesgo'– es lo que más me incitó a convertirme en músico de jazz".[270]

Tocar en solitario

Oscar Peterson: "En el jazz, por ser la música inventiva e improvisada que es, tocar en solitario me da la oportunidad de hacer lo que siento con el piano sin tener que preocuparme de que alguien esté tocando conmigo. No digo esto para criticar a ninguno de mis tríos, ya que todos me han encantado por múltiples razones. Tocar en solitario es egoísta, pero me permite acercarme de verdad a mi instrumento y tocar mi propia música".[271]

McCoy Tyner: "Tocar en solitario es importante porque así es como todos los pianistas solían actuar antes. Se remonta a personajes como Willie 'The Lion' Smith, que todavía tuve la oportunidad de oír tocar en solitario cuando llegué a Nueva York. Se necesita un estado de ánimo particular para tratar de hacer todo

---

[266] Notas del CD *Alan Broadbent - You and the Night and the Music*, A440 Music Group
[267] "At 70, Keith Jarrett Is Learning how to Bottle Inspiration", *Jazznight in America*, 10 mayo,2015, *npr.org.*
[268] "Masterclass – Technique Part 2", *YouTube.com.*
[269] "Interview with Bradley Carter on Practicing", *op. cit.*
[270] Guido Michelone, *Speak Jazzman: 15 Interviews with Jazz Musicians*, p. 48.
[271] Tom Wilmeth, "Oscar Peterson in Conversation. Ruminations and Rebuttals", *Jazz Times* 12/31/11, *jazztimes.com.*

un disco, porque sentarse al piano y tocarlo es más que una simple idea; pero la libertad absoluta que alcanzas tocando en solitario es fantástica". [272]

"Siempre trato de dejar en un *set* un espacio para tocar en solitario porque me gusta tocar solo. Te encuentras completamente libre de ir adonde quieras y de hacer lo que quieras, armónica y rítmicamente".[273]

Richard Wyands: "Puedo tocar todo lo que me viene a la mente. No hay forma o estructura particular, se puede tocar cualquier tema. Si quiero volver al puente lo puedo hacer. Si quiero cambiar de tonalidad en el puente lo puedo hacer sin tener que indicarlo, lo que tendría que hacer si otros músicos estuviesen tocando conmigo".[274]

Denny Zeitlin: "Tiendo a pensar orquestalmente, así que cuando doy un concierto de piano en solitario trato de alguna manera de ser una orquesta, a veces tocando poco, sólo algunas notas, y otras veces queriendo sonar como una orquesta sinfónica de ciento veinte músicos. Pues tocando en solitario hay que recurrir a todo lo que uno ha aprendido de música; se necesita una paleta de colores más amplia para poder pintar que, por ejemplo, cuando se toca en trío".[275]

Cómo practicar el piano

Oscar Peterson, contando cómo practicaba: "Yo empezaba por la mañana con escalas, ejercicios y con cualquiera de las piezas clásicas que estuviera estudiando en aquel momento. Después de una pausa volvía al piano y practicaba *voicings*. Me planteaba retos con los *voicings* que había utilizado y trataba de cambiarlos y de tocarlos en ritmo sin olvidarme del contexto armónico. Practicaba también el tiempo en contra a mí mismo, dejando la mano izquierda tocar de manera bastante libre y fluctuante mientras que la mano derecha mantenía perfectamente el tiempo. Después invertía el proceso, estirando y contractando el ritmo de la mano derecha mientras que mantenía una mano izquierda regular. Mira, practicar así elimina la necesidad imperiosa de ir, en un solo, de un punto A a un punto B. Esto te da suficiente confianza para renegociar una frase mientras la estás ejecutando. Te confiere también respeto por las diferentes formas".[276]

---

[272] Notas del CD *Jazz Roots*, Telarc 83507

[273] "McCoy Tyner: A Walking Spirit in Concert", 11 julio 2008, *npr. org.*

[274] Ted Panken, "An Interview with Richard Wyands for the Liner Notes for Half and Half (Criss-Cross)", 7 febrero 2000, *tedpanken.wordpress.com.*

[275] Video: "Denny Zeitlin: Precipice – The Challenge of Solo Piano", *YouTube.*

[276] Len Lyons, *The Great Jazz Pianists*, pp. 132-133.

"Lo primero con lo que me tuve que enfrentar fue el movimiento de bajo que le quería dar a la mano izquierda. Por supuesto las primeras notas del bajo eran importantes, pero aún más importante era el *cluster* (agregado) armónico que constituye la parte superior del *pattern* del bajo. Esto puede parecer muy fácil de realizar pero, créame, ¡no lo es! Pasé horas incontables –horas de verdad– practicando estos *patterns* en diferentes secuencias hasta que se convirtieran en mi segunda naturaleza. Lenta pero seguramente empecé a ver y a oír todo esto plasmándose. Una vez este proceso iniciado, me puse a tocar frases en contra de esos *patterns* y escuché con la mayor atención para asegurarme de que había verdad y convicción en todas las sinuosidades de la mano derecha. Si en algún momento veía que había tensión o inconexión en mis frases de mano derecha, me paraba inmediatamente y, en vez de fijarme en lo que había tocado con la mano derecha, indagaba qué nota de bajo había utilizado como tónica y con qué *cluster* armónico tenía que responder".[277]

Jaki Byard: "[Con mis alumnos hago hincapié en] las escalas, la importancia de aprender las tonalidades, y el uso de triadas. Les muestro también los ciclos de cuartas y de quintas. El estudio de los cuartas incluye a tipos como McCoy Tyner, con el análisis de su estilo y la manera en que evolucionó. Les digo que se aprendan las siete escalas modales y que practiquen cruzar las manos para tocar arpegios. Se pueden cruzar las manos y obtener dos sonidos diferentes; si se utilizan las dos manos, puede sonar como una arpa. Los insto también a que escriban todo lo que tocan, como sus propios solos –a que los documenten y a que pasen tanto tiempo como posible creando".[278]

Hampton Hawes: "Cuando era más joven solía practicar el piano todos los días, pero ya no. Creo que cuando debutas y mientras te estás desarrollando, mientras más practiques, mejor. Antes practicaba cinco o seis horas al día y tenía algunos libros de ejercicios para los dedos. Pero ahora trato de crear en vez de nada más practicar. Cuando llegas a cierto nivel de dominio técnico tienes que encontrar otra manera de descubrirte cosas nuevas".[279]

McCoy Tyner: "Normalmente en casa no practico de manera regular porque cuando toco en público… para mí es como si practicara".[280]

Mike Longo: "Recuerdo aquella época en que trataba de dominar los ejercicios de la *Escuela de la velocidad* de Czerny. Día tras día me ponía a practicar uno de

[277] *A Jazz Odyssey, Op. cit*, pp. 293-294
[278] *Ibid*, p. 192.
[279] *Notes and Tones*, p. 186.
[280] Interview with McCoy Tyner, noviembre 2005, *jazzcenter.org*.

ellos sin lograr tocarlo y me concentré entonces en la mejor manera posible de utilizar el tiempo que yo pasaba en lugar de concentrarme en los resultados. Y efectivamente, me desperté una mañana, me senté al piano y todo salió mejor. Es porque hay que dejar pasar algún tiempo, lo que podría llamarse un período de "maduración". A veces puedes practicar algo, y basta con irse a dormir, y al día siguiente lo logras. Recuerda siempre que nunca debes dejar que la frustración sea la más fuerte".[281]

Robert Glasper: "Hay quienes practican durante once horas y se van sin haber aprendido nada nuevo. En realidad no practicaron, sólo tocaron durante once horas. Cuando practicas hay que aplicarse de verdad. Cuando practicas, trata de ver lo que no haces bien y dónde suenas mal. Es normal que suenes mal cuando practicas porque estás haciendo algo que todavía no sabes hacer".[282]

Cada pianista tiene sus propios ejercicios. John Turville, por ejemplo, recomienda, arpegios con la secuencia siguiente (si se empieza en do): do mayor (do-mi-sol-si), la bemol mayor (do-mib-sol-lab), fa mayor (do-mi-fa-la), re bemol mayor (do-reb-fa-lab). (El ejercicio debe practicarse en todas las tonalidades); Manuel Rocheman practica los *40 ejercicios diarios* de Czerny; Sullivan Fortner puede dedicar una sesión de práctica a sólo *drop 2s* (acordes en los que la nota junto a la más alta, o sea la voz alto, es sacada de su posición para convertirse en la nota más baja); Bruce Barth recomienda practicar saltos de octavas; Bernard Maury preconizaba practicar diferentes *voicings* en todas las tonalidades; y Herbie Hancock practica a veces los ejercicios de Oscar Beringer.

Chick Corea: "Trato de simplificar las cosas y hacer que el músico *escuche* lo que está haciendo y sea su propio juez. Le pregunto: '¿Te gusta? Correcto. ¿Cómo practicas? Pues, tócalo más despacio. Vuélvelo bello (…) En otras palabras, establece un tempo para ti y aprende a tocar una frase a un tempo muy lento'".[283]

Hacer cantar el piano

Keith Jarrett: "La gente ha notado que parece que tengo una relación amorosa con el piano cuando toco. La verdad es que es un encuentro de lucha. El piano es tan rígido e inflexible en sí que tengo que hacer todos los esfuerzos posibles para lograr que cante".[284]

---

[281] "Important Tip on How to Practice", *mikelongojazzcom*.
[282] "Robert Glasper Exclusive Interview", *revive-music.com*.
[283] John Regen, "Chick Corea Answers Your Questions", 24 mayo 2017, *keyboardmag.com*.
[284] Robert Doerschuk, *88: The Giants of Jazz Piano*, p. VI.

Jean-Michel Pilc: "Tu técnica y la manera en que el piano sonará gracias a tu técnica tiene mucho que ver con la manera en que puedes hablar con el instrumento. De nuevo salimos aquí de la esfera pianística y la transcendemos. ¿Cómo podemos hacer que esa cosa cante? No es un instrumento que canta, es un instrumento en el que los martillos percuten las cuerdas, y sin embargo puedes hacerlo cantar. Es verdaderamente algo que tiene que ver con cómo mantener la nota previa, cómo pasar a la siguiente y ejecutar esas inflexiones".[285]

Tocar estándares

Bill Evans: "Yo diría que tocar nuevas composiciones trae cierta frescura de inspiración, pero tocar temas familiares constituye una dificultad suplementaria. Es una suerte de desafío, porque uno agota rápidamente todas las posibilidades. Para crear algo nuevo a partir de esos temas, hay que desentrañar sus más profundos e íntimos recursos. Es lo que trato de hacer con las piezas que más tocamos. Así, en la medida en que uno se abstiene de siempre recurrir a las mismas soluciones, uno aprende más que con un repertorio constantemente renovado. Por eso he optado por utilizar los dos".[286]

Cedar Walton: "En todo caso, cuando toco la misma pieza una y otra vez frente a un público, lo importante es que los oyentes no deban tener una impresión de *déjà vu*. Deben ser sorprendidos, su interés debe ser suscitado cada vez que se toca un estándar. Tal es mi meta con los estándares".[287]

[285] Jean-Michel Pilc, "Piano technique: how to make the piano sing", YouTube, *jazzheaven.com*.
[286] Laurent Goddet: "Bill Evans ou la révolution tranquille".
[287] Daniel Cecchini : "Wiseness at the Piano – Interview with Cedar Walton", *jazzitalia.net*.

Explorar una nueva pieza

Earl Hines: "Generalmente, cuando tengo una nueva pieza empiezo a tocarla un rato y a jugar con ella. Después fotografío los cambios de acordes y de allí hago lo mío".[288]

Swing

Dizzy Gillespie: "Mientras más *upbeats* haya, más swing tendrá".

Johnny O'Neal: "Es el lenguaje corporal el que proporciona el swing". [289]

Acompañamiento

Jimmy Jones: "Cuando acompañas a un cantante, imagínate un retrato en un museo. El cantante es el sujeto del retrato. ¿Qué necesita el retrato? Un buen marco. Lo eres tú".[290]

Lalo Schifrin, a propósito de Dizzy Gillespie: "Me enseñó a acompañar. ¿Sabes? Porque en el jazz moderno es muy difícil hacerse de acompañante con el piano. Estás a medio camino entre el contrabajo y el solista, y no sabe que hacer. Te limitas a tocar acordes. Dizzy, por ejemplo, cuando yo tocaba por dos, haciendo dibujos muy complicados, muy rápidos y con muchas notas, me decía que tocara sólo una cosa, ¡*bum*!, y que después hiciera una pausa, lo cual da sensación de amplitud. Al mismo tiempo a él yo le daba libertad para elegir que camino quería seguir. No hay choque, ¿Sabes?".[291]

Oscar Peterson: "Cualquier acompañante de alto nivel debe ser capaz de discernir inmediatamente la más mínima molestia y rectificar el problema".[292]

Teddy Wilson: "Cuando toco con una cantante, toco un ostinato que va con la melodía, nunca sobre la melodía. Si la cantante mantiene una nota, en una de estas canciones en las que hay notas mantenidas, como 'All the Things You Are', tocaré otras notas para ornamentar lo que hace… Con instrumentos de viento, en vez de

---

[288] Del documental de 1975 sobre Earl Hines dirigido por Charlie Nairn y rodado en el Blues Alley club de Washington.
[289] Video "In the Moment" (Smoke Sessions Records).
[290] Entrevista por Marc Myers, enero 2011, *jazzwax.com.*
[291] *To Be or not to Bop, op. cit.* p. 456.
[292] *A Jazz Odyssey,* p. 211

los *patterns* y de los pasajes con mucha digitación que utilizo con un cantante, tocaré mucho más con acordes. Sólo *patterns* rítmicos con acordes. Y también tienes el scat, que se acerca mucho más a la manera de tocar de un instrumento de viento que al canto".[293]

Renee Rosnes: "Una de las primeras cosas que yo le diría a un alumno es que la clave de toda excelente interpretación en jazz es escuchar, ya sea que estés en un solo o acampañando. En el papel de acompañante –en el *comping*– hay que seguir al solista y también al resto de la sección rítmica. Lo que eliges tocar o no tocar depende de lo que está ocurriendo a tu alrededor. Así que quizás más vale no abordar una pieza con una idea preconcebida sobre la manera en que crees que debes acompañar, porque lo que exige la música en aquel momento puede ser un poco diferente de lo que te imaginabas".[294]

Jeb Patton: "Ser un buen acompañante o *comper* requiere cierta sensibilidad. Se necesita alguien a quien le guste profundamente ser un miembro de apoyo del grupo. Frecuentemente, un músico al que le encanta la sensación de acompañar, alguien capaz de oírse a sí mismo en el fondo formando parte de un todo musical resulta ser un excelente acompañante. Ser un gran *comper* quiere decir proporcionar un *groove* y un rico apoyo armónico y mantener un equilibrio perfecto entre reaccionar, tomar iniciativas y aguardar –todo esto permaneciendo alerta, creativo y reactivo".[295]

Tocar rápido

Herbie Hancock: "Temas como 'Cherokee', que Donald Byrd quería tocar, eran muy rápidos. Yo no tenía problemas con los acordes, pero no lograba improvisar. Para ayudarme a tocar rápido, Donald me enseñó un método que Barry Harris le había transmitido: 'Si piensas en un tempo lento no puedes pensar rápidamente, pero si piensas rápido, puedes desarrollar tu oído para lograr tocar muy velozmente, *uptempo*.' Me aconsejó también tomar un tema como 'I Got Rhythm', empezar a escribir un solo y practicarlo. No tanto para memorizar el solo sino para oír mis propias ideas tocadas rápidamente –me obligó a pensar en términos de fraseo rápido, a apuntar esos fraseos y a practicarlos. Al día siguiente hice exactamente eso y cuando vino el momento de tocar, me di cuenta de que podía tocar más rápido, aunque no perfectamente, pero había mejorado. Practiqué mucho esa técnica".[296]

---

[293] *The Great Jazz Pianists*, p. 64.
[294] Jeb Patton, *An Approach to Comping: The Essentials*, p. 261.
[295] "Comping Rule #1: 'Make it Feel Good,' Keyboard School Woodshed", *Down Beat*, septiembre 2016.
[296] Howlett, Mathieu, "Hancock Before, With and After Miles", p. 30

Cantar mientras se toca

Oscar Peterson: "Cuando toco, canto mientras las notas llegan a mi piano... Eso viene de que toqué la trompeta antes de volverme pianista, e intriga a mucha gente cuando actúo en un club. Se ponen muy cerca de mí y tratan de seguir lo que canto: esto los deja a menudo perplejos porque muchas veces lo que canto no tiene absolutamente nada que ver con lo que estoy improvisando al piano. Muchas veces canto muy adelante de lo que voy a tocar, o canto el acompañamiento de lo que estoy tocando en mi piano –no sé si esto me ayude o no, es simplemente algo que acostumbro hacer".[297]

Thelonious Monk: "Cuando toques, marca el ritmo con el pie y canta la melodía en tu mente".[298]

Comunicar con el público

Erroll Garner: "La gente quiere tener la impresión de que lo que estás tocando es *para mí*. Hay que tocar con esa actitud".[299]

Chick Corea: "El desafío es mantener al público interesado en un sonido –el piano– durante todo un concierto. Nunca tengo la certeza de qué esperar –así que no puedo decirte a ti ni al público qué esperar– siempre busco nuevas maneras de presentarme únicamente con el piano".[300]

Técnica

Ray Bryant: "Para mí la técnica no es el punto crucial y no me gusta hacer gala de ella. Siempre pensé que mucha técnica y pocas ideas no forman un buen matrimonio. Por mi parte, mientras pueda expresar mis ideas, me siento satisfecho. Es cierto que mis ideas se vuelven cada vez más complejas, lo que me obliga a practicar el aspecto técnico de mi manera de tocar, pero sólo para poder expresar en mi piano lo que tengo que decir. Es una concepción utilitaria de la técnica y creo que es lo mejor".[301]

---

[297] *Jazz Me Blues, op. cit.*, p. 348.
[298] Transcrito por Steve Lacy.
[299] *Down Beat*, 31 octubre 1957, p. 13.
[300] *chickcorea.com/blog*, mayo 2013.
[301] *Jazz Me Blues*, p. 366

Mike Longo a propósito de Oscar Peterson: "Yo tocaba con las muñecas bajas. Él me hizo levantarlas y me enseñó a tocar sin poner mucho peso en los brazos. Esta técnica viene de Liszt; permite atacar las teclas sin ningún esfuerzo".[302]

Toque

Hank Jones: "Nunca traté conscientemente de adquirir un 'toque'. Lo que traté de hacer fue que cualquier frase que tocara brotara regular y ampliamente y lo más fluidamente posible. Creo que la manera de practicar el piano tiene mucho que ver con eso. Si practicas las escalas religiosamente y si tocas cada nota firmemente y con la misma fuerza, no cabe duda que desarrollarás cierta fluidez. Solía practicar mucho. Lo sigo haciendo cuando estoy en casa".[303]

Sullivan Fortner: "Algunos pianistas tienen el síndrome de Tourette. No es necesario gritar para hacerse oír. Uno puede lograr mucha intensidad y decir más tocando suave".[304]

Pensar con anticipación

Paul Bley: "Nunca tocas donde estás. Tocas a donde vas. Piensa por adelantado. Hay quienes pueden pensar dieciséis compases adelante, otros pueden pensar cuatro *chorus* adelante. Ahora he llegado al punto en que puedo oír todo un solo con anticipación –no nota por nota, sino estructuralmente. Me viene una idea, frente a una sección rítmica o un instrumento particular en un entorno específico, de lo que se puede hacer en un lapso de tiempo determinado". [305]

Mano izquierda

Oscar Peterson: "La dirección armónica fundamental y las ideas melódicas vienen de lo que la mano izquierda expresa. En otras palabras, la mano izquierda pregunta y la mano derecha contesta –extensamente si es necesario".[306]

---

[302] Citado por Stuart Isacoff en: *A Natural History of the Piano*, p. 15.
[303] *The Detroit Free Press*, 1997.
[304] Masterclass de París (*Ibid*).
[305] Paul Bley: *Stopping Time*, *op. cit.* p. 35.
[306] *A Jazz Odyssey*, p. 294.

Carlos Franzetti: "La mano izquierda en el jazz tiene infinitas posibilidades de acuerdo a las circunstancias. En el caso de pianistas acompañados por secciones rítmicas de bajo y batería, muchas veces la mano izquierda desaparece durante los solos, en otras oportunidades y con pianistas como McCoy Tyner la mano izquierda se convierte en un constante pulso rítmico y modal, en el caso de Oscar Peterson muchas veces la mano izquierda duplicaba sus líneas de la derecha, Bill Evans la usaba para alterar y modificar armónicamente sus solos, Shearing para duplicar los acordes de su mano derecha. En el caso de pianistas sin sección rítmica, Tristano convertía su mano izquierda en un contrabajo tocando líneas contrapuntísticas, mientras que Bill Evans usaba una mínima cantidad de notas sabiamente dispuestas para acompañar sus solos sin demasiada interferencia".[307]

Fred Hersch : "Billy Hart me dijo una vez: 'Si quieres saber dónde colocar tu mano izquierda y si tocas jazz *straighthead* [clásico], escucha dónde Philly Joe Jones golpea las cajas o improvisa cortos pasajes en los toms. Éstos son de verdad buenos lugares para colocar un acorde'".[308]

---

[307] Comunicación a la autora.
[308] Ethan Iverson, "Interview with Fred Hersch" (sin fecha), *ethaniverson.com*.

Olvidarse de las notas

Abdullah Ibrahim: "Siempre les digo a los músicos: 'Olvídense de las notas, no se preocupen por ellas.' No estoy de acuerdo con el término 'composición.' Lo que hago es más bien fotografiar una experiencia, cristalizar una experiencia. Es como una semilla que crece en la oscuridad".[309]

Melodía

Eddie Heywood: "La melodía es lo más difícil de tocar en este mundo porque hay que ponerle swing".[310]

Hank Jones: "Mantén la melodía intacta. Puedes hacer todo lo que quieras con la armonía pero la melodía tiene que quedarse".[311]

Conocer la letra de las canciones

Johnny O'Neal: "Respeto las bellas melodías, y la letra siempre anda rondando en mi mente cuando toco. Te comunica lo que el compositor debe haber sentido al escribir la pieza, y te da una idea del ritmo. Escucho mucho a los cantantes. Valorar la letra te convierte en un mejor improvisador".[312]

Tocar con otra gente

Hank Jones: "Cuando tocas con cualquier grupo… confeccionas tu manera de tocar, la ajustas al estilo requerido por el solista, la orquesta o la sección, y tratas de hacer lo que mejor respaldará al solista y también al grupo… Cuando formas parte de un grupo, hay que tratar de realzar lo que está ocurriendo".[313]

Oscar Peterson: "Lo importante es el sonido colectivo, aun cuando tocas un solo. Conocer su instrumento no es suficiente, también hay que conocer los otros y saber cómo respaldarlos a todo momento. Eso es el jazz".[314]

---

[309] Don Palmer, "Abdullah Ibrahim: Capetown Crusader", p. 20.
[310] Don Gold: "They all want Eddie Heywood", p. 56.
[311] "Hank Jones on Piano Jazz", 6 agosto 2010, *npr.org*.
[312] Notas del LP *Coming Out*, Concord.
[313] Entrevista por John Synder en *artistshousemúsica.org*.
[314] De *jazzquotes.com* (fuente de la citación no mencionada).

Herbie Hancock: "Para el pianista en solitario hay tantas cosas qué elegir: qué altura de sonido, cuántas notas, escoger entre tocar un acorde o una frase. Tengo diez dedos que siempre se están moviendo, así que todas estas decisiones tienen que tomarse en un instante. Reacciono a lo que el resto de la banda está tocando pero si nada más reacciono, en realidad no estoy eligiendo sino sólo siendo empujado por las impulsiones que recibo.. *Acción* es elección, así que todos los músicos deben estar listos tanto para la *acción* como para la *reacción*. Deben poseer el talento y la confianza necesarios para alcanzar las dos".[315]

Chick Corea: "Haz que tu sonido se mezcle, oye tu sonido y ajústalo al resto de la banda y a la sala".[316]

Digitación

Oscar Peterson: "Si colocamos las dos manos razonablemente cerca, nos damos inmediatamente cuenta de que los pulgares de ambas manos se posan razonablemente próximos uno del otro. Rechacé este sistema y empecé a sugestionarme de que el anular o el meñique de mi mano izquierda era el pulgar de la misma mano izquierda, y que para tocar estas frases tenía que comportarse instintivamente como el pulgar de mi mano derecha… Empecé entonces a librarme de esta discapacidad relativa a una sola mano cantando frases en voz alta y luego tocándolas con la mano derecha, y después tocando la misma frase con la mano izquierda (mal al principio), y finalmente tocando las frases con ambas manos".[317]

Lennie Tristano: "Puedes lograr que tus dedos reproduzcan exactamente lo que sientes si te aplicas de verdad. Yo lo logré, no sólo pasando mucho tiempo al piano sino encontrando maneras de lograr que mis dedos expresaran mis sentimientos más profundos. Eso significa que cuando percutes una tecla con el dedo, te hundes en esa nota hasta el fondo del teclado hasta que haga ¡pum!"[318]

Tocar en todas las tonalidades

Michel Petrucciani: "Una vez que tocaba con Freddie Hubbard, anunció un tema que yo no conocía muy bien. Me regañó en público. Me encerré luego en mi

[315] Herbie Hancock, *Possibilities*, p. 115.
[316] Papel dactilografiado no publicado.
[317] *A Jazz Odyssey, op. cit.*, pp. 289-90.
[318] *lennietristano.com*

habitación hasta estar seguro que me lo había aprendido en todas las tonalidades: ya nunca más me atraparían con la guardia baja".[319]

Intuición y espontaneidad

Bill Evans: "Todo el mundo tiene que aprender ciertas cosas, pero cuando tocas, el proceso intelectual ya no desempeña ningún papel. En todo caso no debería. Uno tiene ya sus tablas y trata de pensar dentro del campo que se domina hasta cierto punto. Así que recurro sólo a la intuición. No tengo ni idea de lo que va a ocurrir, y si lo supiera, estaría hecho un manojo de nervios ¿Quién lo soportaría?"[320]

Contrapunto

Bernard Maury: "El contrapunto no se aprende: se debe tocar de oído".[321]

Hal Galper: "Hay que tener un conocimiento profundo y completo de las inversiones para utilizar la armonía como contrapunto".[322]

Crear su propio estilo

Hank Jones a propósito de la creación del estilo: "Es la destilación de todas las experiencias y situaciones musicales en las que te has encontrado y de todo lo que ha influido en tu manera de tocar hasta ese momento. Creo que, inevitablemente, esos elementos están representados en tu estilo… permanecen en tu subconsciente y simplemente los tocas. Se convierten en una parte de ti que consideras como elementos de tu propia identidad".[323]

Ran Blake: "El estilo es una recreación selectiva que depende de valores y juicios a veces conscientes y a veces inconscientes. Lo que el artista omite es tan o más importante que lo que él o ella conserva. El silencio es muy eficaz en la música de Anton Webern, Monk, Ahmad Jamal en sus inicios, Miles Davis, Chris Connor a principios de los años sesenta, Count Basie (al piano), Chet Baker y tantos otros.

---

[319] Comunicación oral.
[320] In: Dan Morgenstern, *Living with Jazz*, p. 237.
[321] Oral communication.
[322] Entrevista realizada por Jan Stevens en abril 2002, *www.billevanswebpages.com*.
[323] Masterclass dada en NYU Steinhardt.

El estilo debe necesariamente ser selectivo; es tu destilación de la realidad. Eres un periodista y tienes que descartar lo que es insignificante en tu historia".[324]

Bill Dobbins: "Los elementos comunes entre Waller, Ellington, Tatum, Monk y Jimmy Rowles, Tatum, Hines y Wilson, Smith y Ellington, Corea y Beirach, etc., deberían claramente mostrar que la individualidad resulta en gran medida de la preeminencia concedida inconscientemente a algunos elementos musicales en detrimento de otros, en lugar del hecho de cultivar la originalidad por sí".[325]

Oscar Peterson: "Tener un verdadero estilo es crear un sonido inmediatamente reconocible como propio".[326]

Gonzalo Rubalcaba: "Hay numerosos ejemplos de grandes voces, de documentos fabulosos en la historia de esta música, y es muy difícil, después de haber absorbido todo eso, después de haber escuchado tanta música, y haber creído asimilar esos documentos, encontrar su propio camino, su propia voz. Una voz gracias a la cual seas reconocido por la gente. Ése es el gran reto y creo que no es sólo un gran reto para mí sino para todos".[327]

Pruebas de sonido

Abdullah Ibrahim: "¿Cuál es el mejor método para transmitir lo que sientes? Descubrí que si trabajas acústicamente en el local en vez de amplificar todo primero, por ejemplo, si tocamos para un gran concierto con un grupo, le sugiero al ingeniero del sonido que toquemos primero sin amplificar para que podamos oírnos unos a otros en el escenario y luego transferir esto a la sala... Puedo realmente oír a qué nivel de volumen tengo que tocar una nota... para llenar el espacio".[328]

[324] *Primacy of the Ear*, p. 2.
[325] *The Contemporary Jazz Pianist*, Vol. 4, p. 2.
[326] Citado por Stuart Isacoff en: *A Natural History of the Piano*, p. 15.
[327] Entrevista por Ted Panken, WKCR, 5 diciembre 2004, *tedpanken.wordpress.com*.
[328] "Abdullah Ibrahim & Dan Morgenstern in Conversation", *YouTube*.

Bibliografía

ACOSTA, Leonardo, *Descarga Número Dos: El jazz en Cuba 1950-2000*, Ediciones Unión, La Habana, 2002.

ALBERT, Don, ANSELL, Gwen, BRUBECK, Darius and GALETA, Hotep Idris, *Jazz, Blues & Swing: Six Decades of Music in South Africa*, David Philip, Sudáfrica, 2007.

ALKYER, Frank (ed), *DownBeat – The Great Jazz Interviews: A 75th Anniversary Anthology*, Hal Leonard Books, Nueva York, 2009.

AYERS, Edward, L., *Southern Crossing: A History of the American South, 1877-1906*, Oxford University Press, Nueva York y Oxford, 1995.

BALLIET, Whitney, *Jelly Roll, Jabbo and Fats: 19 Portraits in Jazz*, Oxford University Press, Nueva York y Oxford, 1983.
- *American Músicaians II: Seventy-One Portraits in Jazz, University Press of Mississippi, Jackson, 1986.*

BANG, Derrick, *Vince Guaraldi at the Piano*, McFarland & Company, Jefferson, Carolina del Norte, 2012.

BASIE, Count (as told to Albert Murray), *Good Morning Blues*, Da Capo Press, Cambridge, Massachusetts, 1985.

BATTEN, Jack, *Oscar Peterson: The Man and His Jazz*, Tundra Books, Ontario, 2012.

BATTERSON, Jack, A., *Blind Boone: Misuri's Ragtime Pioneer*, University of Missouri Press, Columbia y Londres, 1998.

BECHET, Sidney, *Treat It Gentle: An Autobiography*, Da Capo, Nueva York, 1978.

BERENDT, Joachim E., *The Jazz Book: From Ragtime to Fusion and Beyond*, Lawrence Hill & Co., Westport, 1982.

BERKMAN, Franya J., *Monument Eternal: The Mús..ca of Alice Coltrane*, Wesleyan University Press, Middletown, 2010.

BERLIN, Edward A, *Ragtime: A Musical and Cultural History*, University of California Press, Berkeley, Los Ángeles y Londres, 1980.
- *King of Ragtime: Scott Joplin and His Era*, Oxford University Press, Oxford y Nueva York, 1994.

BILLARD, François, *Lennie Tristano*, Éditions du Limon, Montpellier, 1982.

BLAKE, Ran, with ROGERS, Jason, *Primacy of the Ear: Listening, Memory and Development of Musical Style*, Third Stream Associates, 2010.

BLESH, Rudy, *Shining Trumpets: A History of Jazz*, Alfred A. Knopf, Nueva York, 1946.

- *They All Played Ragtime: The True Story of an American Music, Alfred A. Knopf, Nueva York, 1950.*

- *(selección e introducción), Classic Piano Rags, Dover Publications, Inc. Nueva York, 1973.*

BLEY, Paul con LEE, David, Stopping Time: *Paul Bley and the Transformation of Jazz*, Véhicule Press, Quebec, 1999.

CAPPELLETTI, Arrigo, *Paul Bley: The Logic of Chance*, Véhicule Press, Montreal, 2010.

CARR, Ian, *Keith Jarrett: The Man and His Música*, Paladin, Londres, 1991.

CARR, Roy, *A Century of Jazz: A Hundred Years of the Greatest Music Ever Made*, Hamlyn, Londres, 1997.

CHARLES, RAY et RITZ, David, *Brother Ray: Ray Charles' Own Story*, Da Capo Press, Nueva York, 2004.

CHEDIAK, Nat, *Diccionario de Jazz latino*, Fundación Autor, Madrid, 1998.

CHILTON, Karen, *Hazel Scott: The Pioneering Journey of a Jazz Pianist from Café Society to Hollywood to HUAC*, University of Michigan Press, Ann Harbor, 2010.

CLAERBAUT, A. Alyce et SCHLESINGER, David (eds.), *Billy Strayhorn: An Illustrated Life*, Ashgate Bolden, Boston, 2015.

CODGELL DJEDJE, Jacqueline and Eddie S. MEADOWS (eds), *California Soul: Music of African Americans in the West*, University of California Press, Berkeley, Los Ángeles y Londres, 1998.

COLLIER, James Lincoln, *The Making of Jazz*, Delta, Nueva York, 1978.

COMBS, Paul, *Dameronia: The Life and Music of Tadd Dameron*, The University of Michigan Press, Ann Arbor, 2013.

CONS, Carl, "A Black Genius in a White Man's World", *Down Beat*, julio 1936.

CROW, Bill, *Jazz Anecdotes*, Oxford University Press, Nueva York y Oxford, 1990.

CUGNY, Laurent, "Keith Jarrett : Un trésor caché", *Les Cahiers du Jazz*, No 1, 2004, nouvelle série, pp. 22-36.

DAHL, Linda, *Morning Glory: A Biography of Mary Lou Williams*, Pantheon Books, Nueva York, 1995.

DANCE, Stanley, *The World of Earl Hines*, Da Capo Press, Nueva York, 1983.

DAVIS, Miles with TROUPE, Quincy, *Miles: The Autobiography*, Simon & Schuster, Nueva York, 1989.

DERBEZ, Alain, *El Jazz en México – Datos para esta historia*, Fondo de Cultura Económica, México, 2001.

DICAIRE, David, *Jazz Musicians of the Early Years, to 1945*, McFarland & Company, Inc., Jefferson y Londres, 1963.

DOBBINS, Bill, *The Contemporary Jazz Pianist*, Volume 4, Charles Colin Music, Nueva York, 1988.

HERBIE Hancock: *Classic Jazz Compositions and Piano Solos* (transcritas por Bill Dobbins), Advance Music, 1992.

DOERSCHUK, Robert L., *88: The Giants of Jazz Piano*, Backbeat Books, San Francisco, 2001.

DORAN, James M., *Erroll Garner: The Most Happy Piano*, Scarecrow Press e Institute of Jazz Studies, Rutgers University, Metuchen, 1983.
  - *Herman Chittison: A Bio-Discography, International Association of Jazz Record Collectors, 1993.*

DRIGGS, Frank and HADDIX, Chuck, *Kansas City Jazz: From Ragtime to Bebop - A History*, Oxford University Press, Oxford y Nueva York, 2005.

DYER, Geoff, *But Beautiful: A Book About Jazz*, Canongate, Edinburgo y Londres, 1991.

ELLINGTON, Duke, *Music Is My Mistress*, W. H. Allen, Londres, 1974.

ENSTICE, Wayne and RUBIN, Paul, *Jazz Spoken Here*, Louisiana State University Press, Baton Rouge y Londres, 1992.

EPSTEIN, Daniel Mark, *Nat King Cole*, Farrar Straus and Giroux, Nueva York, 1999.

FEATHER, Leonard, *Inside Jazz*, Da Capo, Nueva York, 1977.
  - *The Passion for Jazz, Horizon Press, Nueva York, 1980.*

FITTERLING, Thomas, *Thelonious Monk: His Life and Music*, Hill Books, Berkeley, 1987.

GABBARD, Krin, *Better Git it in Your Soul: An Interpretive Biography of Charles Mingus*, University of California Press, Oakland, 2016.

GARLAND, Phil, *The Sound of Soul: The Story of Black Music*, Pocket Books, Nueva York, 1971.

GIDDINS, Gary, *Visions of Jazz: The First Century*, Oxford University Press, Oxford y Nueva York, 1998.

GIDDINS, Gary and DEVEAUX, Scott, *Jazz*, W.W. Norton & Co., Nueva York, 2009.

GILLESPIE, Dizzy & FRASER, Al, *To Be or Not to Bop, Memorias de Dizzy Gillespie*, Global Rhythm Press, Barcelona, 2009.

GIOIA, Ted, *The History of Jazz*, Oxford University Press, Oxford y Nueva York, 2011.

GITLER, Ira, "Portrait of a Legend: Joe Albany", *Down Beat*, 24 octubre 1963.
  - *Swing to Bop: An Oral History of the Transition in Jazz in the 1940s, Oxford University Press, Nueva York y Oxford, 1985.*

GLEASON, Ralph, J. "He's Garner", *Down Beat*, 8 agosto 1956.
  - *Celebrating the Duke, Little Brown & Co., Boston, 1975.*

GODDET, Laurent, "Bill Evans ou la révolution tranquille", *Jazz Hot*, No 354, octubre 1978.

GOETZMAN, Keith, "How I create" (conversation with Keith Jarrett), *Utme. com*, Web Special Archive Issue.

GOLD, Don, "They All Want Eddie Heywood", *Down Beat*, 28 noviembre 1956.
- *"George Shearing", Down Beat, 25 junio 1958.*

GOTTLIEB, Bill, "Thelonious Monk: Genius of Bop", *Down Beat*, 24 septiembre 1947.

GOURSE, Leslie, *Unforgettable: The Life and Mystique of Nat King Cole*, Cooper Square Press, Nueva York, 2000.

GROVES, Alan and SHIPTON, ALYN, *The Glass Enclosure: The Life of Bud Powell*, Continuum, Nueva York y Londres, 2001.

HADJU, David, *Lush Life: A Biography of Billy Strayhorn*, Farrar Straus Giroux, Nueva York, 1996.

HALL, Fred M., *It's About Time: The Dave Brubeck Story*, University of Arkansas Press, Fayetteville, 1996.

HANCOCK, Herbie y DICKEY, Lisa: *Possibilities*, Viking, Nueva York, 2014.

HARRAH, Madge, *Blind Boone: Piano Prodigy*, Carolrhoda Books, Minneapolis, 2004.

HAWES, Hampton (con ASHER, Don), *Raise Up Off Me*, Coward, McCann & Geoghegan, Nueva York, 1974.

HEATH, Jimmy y MCLAREN, Joseph, *I Walked With Giants: The Autobiography of Jimmy Heath*, Temple University Press, Filadelfia, 2010.

HENNESSEY, Thomas J, *From Jazz to Swing: Afro-American Jazz Musicians and Their Music, 1890-1935*, Wayne State University Press, Detroit, 1994.

HENTOFF, Nat, "Multi-Taping Isn't Phony", *Down Beat*, 16 mayo 1956.
- *"Just Call Him Thelonious", Down Beat, 25 julio 1956.*

HERSCH, Charles B, *Subversive Sounds: Race and the Birth of Jazz in Nueva Orleans*, The University of Chicago Press, Chicago y Londres, 2007.

HORN, Mark C., "Herbie Hancock on Playing with Miles Davis and the Meaning of Life", *Phoenix New Times*, 15 augusto 2017.

HOWLETT, Mathieu and ROUSTAIN, Dominique, "Hancock avant, avec et après Miles", *Jazz Magazine*, No 383 junio 1989, pp. 30-33.

IND, Peter, *Jazz Visions: Lenny Tristano and His Legacy*, Equinox, Londres, 2005.

ISACOFF, Stuart, *A Natural History of the Piano: The Instrument, the Music, the Musicians –from Mozart to Modern Jazz and Everything in Between*, Souvenir Press, Londres, 2011.

JANSON, H.W. and KERMAN, Joseph, A History of Art & Music, Harry N. Abrams, Nueva York, 1968.

JASEN, David A, *Ragtime: An Encyclopedia, Discography, and Sheetography*, Routledge, Nueva York y Londres, 2007.

JASEN, David A. and JONES, Gene, *Black Bottom Stomp: Eight Masters of Ragtime and Early Jazz*, Routledge, Nueva York y Londres, 2002.

JEWELL, Derek, *Duke: A Portrait of Duke Ellington*, Elm Tree Books, Londres, 1977.

JOBIM, Helena, *Antonio Carlos Jobim: Um Homem Iluminado*, Editora Nova Fronteira, Río de Janeiro, 1996.

JOHNSON, David, "Hope Lives: A Portrait of Elmo Hope", *indianapublicmedia.org*, 10 enero, 2016.

JONES, LeRoi, *Black Music*, William Morrow, Nueva York, 1969.

JONES, Quincy, *The Autobiography of Quincy Jones*, Hodder and Stoughton, Londres, 2001.

KAHN, Ashley, *Kind of Blue*, Granta Books, Londres, 2000.

KELLEY, Robin D. G., *Thelonious Monk: The Life and Times of an American Original*, Free Press, Nueva York, 2009.

KERNODLE, Tammy L., *Soul on Soul: The Life and Music of Mary Lou Williams*, Northeastern University Press, Boston, 2004.

KEROUAC, Jack, *On the Road*, Penguin Books, Londres, 2011.

LEES, Gene, *Oscar Peterson: The Will to Swing*, Cooper Square Press, Nueva York, 2000.

LESTER, James, *Too Marvelous for Words: The Life and Genius of Art Tatum*, Oxford University Press, Nueva York y Oxford, 1944.

LEVIN, Floyd, *Classic Jazz: A Personal View of the Music and the Musicians*, University of California Press, Berkeley, Los Angeles, Londres, 2000.

LEYMARIE, Isabelle, "Jazz Profiles: Kenny Kirkland, Mulgrew Miller and Dom Salvador", *Jazz Spotlite News*, 1982.
- "Le Message de Mulgrew", *Jazz Magazine*, diciembre 1985.
- "Quand Gonzalo fait un tabac", *Jazz Magazine*, abril 1992.
- *Jazz latino*, Ma Non Troppo, Ediciones Robinbooks, Barcelona, 2005.
- *Cuban Fire: La música popular cubana y sus estilos*, Akal, Madrid, 2005.
- *Del tango al reggae: Músicas negras de América Latina y del Caribe*, Prensas de la Universidad de Zaragoza, Zaragoza, 2015.

LOMAX, Alan, *Mr. Jelly Roll*, University of California Press, Berkeley, Los Ángeles y Londres, 1950.

LUCCIONI, Roger, "Monk et Bud: piano contest", *Les Cahiers du Jazz*, No. 2, 1994.

LYONS, Len, *The Great Jazz Pianists: Speaking of Their Lives and Music*, Da Capo Press, Nueva York, 1989.

MALSON, Lucien, *Histoire du jazz et de la musique afro-américaine*, Seuil, París, 2005.

MATHIESON, Kenny, *Giant Steps: Bebop and the Creators of Modern Jazz, 1945-65*, Payback Press, Edinburgo, 1999.

MAURY, Bernard (con LEYMARIE, Isabelle), "Bill Evans: Modality and 20th Century French composers", *Jazz Improvisation*, Vol. 3, No. 1.

MAZOLETTI, Adriano, *Il Jazz in Italia: Dalle Origini al Dopoguerra*, Laterza, Roma, 1983.

MCDONALD, Ian, *Tadd: The Life and Legacy of Tadley Ewing Dameron*, Jahbero Press, Londres, 1998.

MEEHAN, Norman, *Time Will Tell: Conversations with Paul Bley*, Berkeley Hill Books, Berkeley, 2003.

MINGUS, Charles, *Beneath the Underdog*, Random House, Nueva York, 1971.

MORGENSTERN, Dan, *The Jazz Story: An Outline of Jazz*, Nueva York Jazz Museum, 1973.

- *Living Jazz*, Pantheon Books, Nueva York, 2004

MURRAY, Albert, *Stomping the Blues*, McGraw-Hill Book Company, Nueva York, 1976.

- *Good Morning Blues – The Autobiography of Count Basie*, Random House, Nueva York, 1985.

NEWBORN, Calvin, *As Quiet as It's Kept! The Genius of Phineas Newborn*, The Phineas Newborn, Jr. Family Foundation, Memphis, 1996.

OLIVER, Paul, *The Story of the Blues*, Northeastern University Press, Boston, 1977.

OLLIVIER, Stéphane, *Charles Mingus*, Vade Retro, París, 1997.

PALMER, Don, "Abdullah Ibrahim: Capetown Crusaders", *Down Beat*, enero 1985.

PATTON, Jeb, *An Approach to Comping: The Essentials*, Sher Music Co, Petaluma, 2013.

PAUDRAS, Francis, *Bud Powell: La Danse des infidèles*, L'Instant, París, 1986.

PERETTI, Burton W, *The Creation of Jazz*, University of Illinois Press, Urbana, 1994.

PETERSON, Oscar, *A Jazz Odyssey*, Continuum, Londres, 2002.

PETTINGER, Peter, Bill Evans: *How My Heart Sings*, Yale University Press, New Haven y Londres, 1998.

PIERANUNZI, Enrico, *Bill Evans: Ritratto d'artista con pianoforte*, Stampa alternativa, Viterbo, 2001.

PINFOLD, Mike, *Louis Armstrong*, Universe Books, Nueva York, 1987.

PORTER, Lewis, *John Coltrane: His Life and Música*, University of Michigan Press, Ann Arbor, 2000.

POSTIF, François, *Jazz Me Blues*, Outre Mesure, París, 1998.

PRESTON, Katherine, *Scott Joplin Composer*, Melrose Square Publishing Company, Los Ángeles, 1989.

PRIESTLY, Brian, *Mingus: A Critical Biography*, Da Capo, Nueva York, 1983.

PULLMAN, Peter, *Wail: The Life of Bud Powell*, LLC, 2014 (publicado por el autor).

RAMSEY, JR., Guthrie P., *The Amazing Bud Powell: Black Genius, Jazz History*, and *the Challenge of Bebop*, University of California Press, Berkeley y Los Ángeles, 2013.

RATCLIFF, Ben, *The Nueva York Essential Library: Jazz*, Henry Holt and Co., Nueva York, 2002.

REILLY, Jack, *The Harmony of Bill Evans*, Unichrom Ltd., Brooklyn, 1993.

REISNER, Robert George (ed) Bird: *The Legend of Charlie Parker*, Da Capo, Nueva York, 1977.

ROBERTS, Marcus, "All in Stride: James P. Johnson", *Down Beat*, septiembre 1992.

ROLF, Julia (editora), *Jazz – La historia completa*, Ma Non Troppo, Barcelona 2007.

ROSE, Al, *Eubie Blake*, Schirmer Books, Nueva York, 1979.

ROSENTHAL, David H, *Hard Bop: Jazz and Black Música, 1955-1965*, Oxford University Press, Nueva York y Oxford, 1992.

ROYAL STOKES, W., *The Jazz Scene: An Informal History from Nueva Orleans to 1920*, Oxford University Press, Nueva York y Oxford, 1991.
  - *Living the Jazz Life: Conversations with Forty Musicians about Their Careers in Jazz*, Oxford University Press, Nueva York y Oxford, 2002.

RUSSELL, Ross, *Bird Lives!*, Quartet Books, Londres, 1972.

SALMON, Peter (ed), *Dave Brubeck at the Piano*, Alfred Music Publishing, Van Vuys, 2008.

SANTORO, Gene, "Catching a Sound Wave", *Down Beat*, julio 1987.
  - *Myself When I Am Real: The Life and Music of Charles Mingus, Oxford University Press, Nueva York y Oxford, 2000.*

SCIVALES, Riccardo, Harlem Stride Piano, Ekay Music, Katonah, 1990.
  - *The Soul of Blues, Stride and Swing Piano: 23 Great Piano Solos Transcritos por Ricardo Scivales, Ekay Music, Bedford Hills, 2001.*
  - *Jazz Piano: The Left Hand, Ekay Music, Bedford Hills, 2005.*

SHAPIRO, Nat and HENTOFF, Nat, *Hear Me Talkin' to Ya*, General Publishing Company, Toronto, 1955.

SHEARING, George with SHIPTON, Alyn, *Lullaby of Birdland: The Autobiography of George Shearing*, Continuum, Londres y Nueva York, 2005.

SHERIDAN, Chris, *Brilliant Corners: A Bio-discography of Thelonious Monk*, Greenwood Press, Westport, Londres, 2001.

SHIM, Eunmi, *Lennie Tristano: His Life in Music*, University of Michigan Press, Ann Harbor, 2007.

SHIPTON, Alyn, *A New History of Jazz*, Continuum, Londres y Nueva York, 2001.
  - *Fats Waller: The Cheerful Little Earful, Continuum, Londres y Nueva York, 2002.*
  - *Handful of Keys: Conversations with Thirty Jazz Pianists, Routledge, Londres y Nueva York, 2016.*

SIDRAN, Ben, *Talking Jazz*, Pomegranate Art Books, San Francisco, 1992.

SILVER, Horace, *Let's Get to the Nitty Gritty: The Autobiography of Horace Silver*, University of California Press, Berkeley and Los Ángeles, 2006.

SILVESTER, Peter J., *The Story of Boogie-Woogie: A Left Hand Like God*, Scarecrow Press, Lanham, Maryland, 2009.

SMITH, Willie "The Lion" (with HOEFER, George), *Music on My Mind*, Da Capo, Nueva York, 1978.

SOUTHERN, Eileen, *The Music of Black Americans: A History*, W. W. Norton & Co., Inc., Nueva York, 1971.

SPELLMAN, A. B., *Four Jazz Lives*, University of Michigan Press, Ann Harbor, 2004.

STEPHENSON, Sam, "Sonny Clark: Melody and Melancholy", *jazzloftproject.org*.

STOKES, W. Royal, *Living the Jazz Life: Conversations With Forty Musicians About Their Careers in Jazz*, Oxford University Press, Oxford y Nueva York, 2000.

STORB, Ilse, *Dave Brubeck: Improvisations and Compositions*, Peter Lang Publishing, Nueva York,1994.

SUCH, David G., *Avant-Garde Musicians: Performing 'Out There'*, University of Iowa Press, Iowa City, 1993.

SZWED, John, F, *Space is the Place: The Life and Times of Sun Ra*, Pantheon Books, Nueva York, 1997.

TAYLOR, Arthur, *Notes and Tones*, Quartet Books, Londres, 1983.

TAYLOR, Billy, *Jazz Piano: A Jazz History*, William C. Brown Co Publishers, Dubuque, 1982.

TAYLOR, Billy (Dr.) con REED, Teresa, L, *The Jazz Life of Dr. Billy Taylor*, Indiana University Press, Bloomington, 2013.

TEACHOUT, Terry, *Duke: A Life of Duke Ellington*, Gotham Books, Nueva York, 2013.

TERKEL, Stud, *And They All Sang*, Granta Books, Londres, 2007.

THOMAS, J. C., *Coltrane: Chasin' the Trane*, Da Capo, Nueva York, 1976.

THOMSON, Virgil, *American Music Since 1910*, Holt, Rinehart and Winston, Nueva York, 1970.

TIRRO, Frank, *Jazz: A History*, W.W. Norton & Co Inc, Nueva York, 1977.

TUCKER, Mark (ed.), *The Duke Ellington Reader*, Oxford University Press, Nueva York y Oxford, 1993.

VAN DE LEUR, Walter, *Something to Live For: The Music of Billy Strayhorn*, Oxford University Press, Nueva York y Oxford, 2002.

VAN DER BLIEK, ROB (ed), *The Thelonious Monk Reader*, Oxford University Press, Oxford y Nueva York, 2001.

WALLER, Maurice y CALABRESE, Anthony, *Fats Waller*, Schirmer Books, Nueva York, 1977.

WELTY, Eudora, *A Curtain of Green and Other Stories*, Harcourt, Orlando, 1979 (1st ed. 1936).

WESTON, Randy y JENKINS, Willard, *The Autobiography of Randy Weston: African Rhythms*, Duke University Press, Durham y Londres, 2010.

WILLIAMS, Martin, *The Jazz Tradition*, Oxford University Press, Nueva York y Oxford, 1982.

WILSON, Teddy (con Arie LIGHTHEART, Arie y VAN LOO, Humphrey), *Teddy Wilson Talks Jazz*, Continuum, Londres y Nueva York, 2001.

Índice onomástico

C

P

Puro Jazz
Ricard Gili

La música de jazz es el obsequio más valioso que la comunidad afroamericana ha hecho al mundo. La música que este pueblo ha creado y desarrollado encierra unas características musicales y unos valores culturales que han enriquecido y revolucionado el universo musical de nuestro tiempo. Sin embargo, parece que, con el paso del tiempo, estas aportaciones tan originales y enriquecedoras están siendo olvidadas y arrinconadas. Es así que actualmente, bajo la denominación de jazz, proliferan estilos y tendencias que han abandonado por completo aquellas características que originalmente dieron entidad y todo su sabor y valor a la música de jazz.

Puro Jazz es un toque de atención respecto a esta situación y es, además, una guía histórica y de estilos dirigida a un público que, poseyendo nociones superficiales sobre esta música, desea acercarse a ella con unos conocimientos básicos que le permitan discernir, valorar y moverse con un mínimo de seguridad entre las múltiples variantes que hoy coexisten bajo la denominación de jazz y poder, finalmente, llegar a gozar a fondo con este género musical que tantas alegrías, emociones y placer ha ofrecido a la humanidad.

Historia del Jazz
Frank Tirro

Este libro es una gran obra de referencia para los amantes del jazz, ya que nos ofrece la mejor y más detallada visión de este género: sus orígenes, sus protagonistas y sus estilos periféricos, sin descuidar el análisis riguroso (tan poco frecuente en las obras de esta envergadura) de las estructuras musicales, sus técnicas, sus variaciones y sus raíces.

Se trata de un estudio del jazz clásico y moderno, abordado desde una óptica crítica, ajena tanto al subjetivo culto al mito como a la simple reproducción de la anécdota, algo que, desgraciadamente, se ha convertido en la perspectiva más común en la historiografía musical, y especialmente en la del jazz. En definitiva, un libro insustituible tanto para quien quiera aproximarse por primera vez al excitante mundo del jazz como para el estudioso o profesional que busque profundizar de una forma sistemática y rigurosa en su conocimiento.